解读中国经济

百年变局加速演进下的
民族复兴之路

Demystifying
the Chinese Economy

林毅夫 著

北京大学出版社
PEKING UNIVERSITY PRESS

图书在版编目(CIP)数据

解读中国经济：百年变局加速演进下的民族复兴之路 / 林毅夫著. -- 4 版. -- 北京：北京大学出版社, 2025.1. -- ISBN 978-7-301-35419-3
Ⅰ. F12
中国国家版本馆 CIP 数据核字第 2024ZV5656 号

书　　　名	解读中国经济：百年变局加速演进下的民族复兴之路 JIEDU ZHONGGUO JINGJI: BAINIAN BIANJU JIASU YANJIN XIA DE MINZU FUXING ZHILU
著作责任者	林毅夫　著
责 任 编 辑	张　燕
标 准 书 号	ISBN 978-7-301-35419-3
出 版 发 行	北京大学出版社
地　　　址	北京市海淀区成府路 205 号　100871
网　　　址	http://www.pup.cn
微信公众号	北京大学经管书苑（pupembook）
电 子 邮 箱	编辑部 em@pup.cn　总编室 zpup@pup.cn
电　　　话	邮购部 010-62752015　发行部 010-62750672 编辑部 010-62752926
印 　刷 　者	北京中科印刷有限公司
经 　销 　者	新华书店
	730 毫米×1020 毫米　16 开本　26 印张　404 千字 2012 年 9 月第 1 版　2014 年 10 月第 2 版 2018 年 9 月第 3 版 2025 年 1 月第 4 版　2025 年 1 月第 2 次印刷
定　　　价	88.00 元

未经许可，不得以任何方式复制或抄袭本书之部分或全部内容。
版权所有，侵权必究
举报电话：010-62752024　电子邮箱：fd@pup.cn
图书如有印装质量问题，请与出版部联系，电话：010-62756370

第四版序言[*]

2022年10月召开的中国共产党第二十次全国代表大会上，习近平总书记在大会报告中指出，当前，世界百年未有之大变局加速演进，来自外部的打压遏制随时可能升级，我们必须增强忧患意识，准备经受风高浪急甚至惊涛骇浪的重大考验。

"百年未有之大变局"是在2018年6月举行的中央外事工作会议上提出的论断。对于这一论断，不同的人会有不同的解读。作为一名经济学家，我认为经济是基础，因此我想从世界经济格局的变化来谈"百年未有之大变局"。

百年变局，是指100年间发生的变化。回溯到20世纪初的1900年，世界上发生了一场重大事件——八国联军攻打北京。八国联军由英国、美国、法国、德国、意大利、俄国、日本和奥匈帝国组成，这些国家都是当时的世界列强。它们之所以被称为列强，不仅仅是因为它们拥有强大的军事力量，更是因为它们拥有强大的经济基础。打仗需要大量物资投入，军事训练也需要大量资金支持。因此，经济实力是军事实力的基础。这八个国家被称为列强，是因为按照购买力平价计算，它们的经济总量占到了当时全球的50.4%。

100年后，也就是2000年，有八个国家组成了八国集团，其中七个国家与八国联军时期完全一致，只有奥匈帝国被加拿大代替。奥匈帝国在第一次世界大战后分裂成了奥地利、匈牙利和东欧的捷克斯洛伐克等，国家力量减弱。按照购买力平价计算，2000年的八国集团经济

---

* 本序言中的所有数据来源为 Maddison Project Database（MPD，2020）。

总量占到全球的47%,接近一半。

从1900年到2000年的100年中,这八个国家一直占据着全球经济总量的一半左右,因此它们之间的关系基本主导了全世界的政治经济格局,决定了世界是处于和平还是战乱状态。

回顾两次世界大战爆发的原因。第一次世界大战是由于组成同盟国的德国和奥匈帝国与其他组成协约国的国家发生利益冲突,最终爆发战争并波及全球。同样,第二次世界大战是由于组成轴心国的德国、意大利、日本与组成同盟国的其他国家之间发生了经济和政治利益上的严重冲突,无法调和,最终爆发战争并影响了全世界。

到2018年,中国国家领导人提出"百年未有之大变局"的概念。从经济角度来看,"变局"十分明显。2000年,八国集团经济总量占世界经济总量的47%,而到2018年,这一比重下降至34.7%,下降了12.3个百分点。这种经济力量的下降导致这八个国家领导世界的能力下降,尤其是在应对2008年国际金融经济危机时表现得尤为明显。

在20世纪,除了战争,国际金融经济危机也时有发生。面对危机,领头的几个大国会召开领导人峰会,制定政策方案;国际货币基金组织、世界银行等国际机构会按照这些方案执行,其他国家也会按照这些方案行动,从而控制住危机。然而,2008年的国际金融经济危机却让八国集团感到无能为力。美国前总统小布什在即将卸任的2008年11月,组织了一次史无前例的二十国集团峰会,旨在共同探讨如何应对当时的危机。

自2008年二十国集团峰会首次召开以来,全球治理中最重要的领导机制已从八国集团转变为二十国集团。这是百年未有的大变革。过去,八国集团中的八个国家一直是主角,但随着它们经济地位的下降,其影响力也在下降,最后在全球治理中被二十国集团取代。

在整个20世纪,这八个国家在世界经济和政治格局中的地位非常稳固,其经济总量在全球的占比仅从50.4%下降到47%,仅下降3.4个百分点。而进入21世纪后,其经济总量占比下降超过12个百分点,这一巨大变化主要是由于新兴市场经济体的崛起,尤其是中国的崛起。

2000年,中国经济总量在全球的占比仅为11.8%,仅比1900年时的11.1%高0.7%,但是到2018年已经上升到16.0%,上升了4.2个百分点。八国集团的占比则从47%下降到了34.7%,下降了12.3个百分点,其中34.1%的下降就是由于中国的崛起。

在世纪之交的这场大变局中,美国的失落感最大。1875年左右,美国成为世界上最大的经济体,并且在整个20世纪都是世界上最大最强的经济体,是主导世界格局的力量。

第一次世界大战爆发时,主要战场在欧洲,德国和奥匈帝国的联军横扫欧洲。美国远离战场,最初没有参战,只是旁观,直到德国和奥匈帝国联军几乎占领了所有协约国后才参战。打仗离不开物资供给。作为当时世界上最大的经济体,美国的生产能力强,并且它在前期没有受到战火波及,可以不断为战争投入武器装备,最终将德国和奥匈帝国打败。

第二次世界大战也是这样。德国、意大利和日本组成了轴心国。在欧洲战场上,德国和意大利的联军让英法联军溃不成军。就在德国随时可能跨过英吉利海峡进攻英国时,美国正式参战,并不断投入各种坦克、飞机等武器装备。德国的经济规模比美国小得多,物资力量也较弱,因此在消耗战中打不过美国,最终节节败退。太平洋战场也是如此。日本最初声称要在三个月内攻占中国,尽管这样的计划太狂妄自大,但它还是几乎占领了中国的半壁江山,并从南洋获得源源不断的物资以控制太平洋,并且偷袭了珍珠港。在这种情况下,美国参战后不断投入战争物资。尽管美国舰队在珍珠港被打掉了一半,但很快就得到军力补充,让中途岛海战成为一个转折点。从战场本身来看,日本并没有失败,因为两边损失的航空母舰和战舰差不多,打了平手。不同的是,美国的军舰可以不断得到补充,而日本的航空母舰和主力战舰的补充速度比美国要慢得多。最终,日本节节败退,在本土被美国投下了两颗原子弹后,宣布无条件投降。

在整个20世纪,美国一直是全世界的领头羊。然而,2014年,按照购买力平价计算,中国的经济规模已经超过美国。

随着中国经济的崛起,中国在国际上的影响力也不断提升,这让美国感到失落。从中国经济规模超过美国开始,美国便开始采取各种行动遏制中国发展。最早是美国前总统奥巴马提出"重返亚太"计划。

实际上，美国从未真正离开过亚洲太平洋地区。"重返亚太"计划旨在加强该地区的军事力量，美国把在地中海的第六舰队主力调到太平洋来，将其战略重点转向太平洋地区，以应对中国的崛起。

之后，特朗普政府以各种莫须有的理由，对中国发动了贸易制裁和科技制裁，甚至动用全国的力量打压华为这样一家公司。这是利用美国作为全球第一强国的军事、科技和金融实力，以及在意识形态方面的霸权，来打压中国。

随着拜登政府的上台，美国"重返亚太"的战略依然延续，同时还进一步加强科技制裁和贸易制裁，甚至试图通过组建同盟和利用意识形态来施加压力，从而让更多国家与中国"脱钩"，形成打压中国的集团。

百年未有之大变局的发生，主要是由于世界经济格局的变化，以及中国经济的不断壮大。为了实现中华民族伟大复兴，我们必须继续发展经济，但这也会导致美国的失落感加剧。此外，美国仍然拥有科技、金融和话语霸权等优势，它会利用这些优势来限制中国的发展，并给中国制造各种障碍。因此，百年未有之大变局加速演进，中国面临的外部打压随时可能升级，各种风险挑战也会随之增加。

那么，世界什么时候可以达到一个新的稳定状态？我认为，可能只有等到中国的人均GDP（国内生产总值）达到美国的一半时。

当中国的人均GDP达到美国的一半时，由于中国的人口是美国的4倍，中国的经济规模将是美国的2倍，这是一个不争的事实。更重要的是，中国国内还有一些相对发达的地区，例如北京、天津、上海以及东部沿海的山东、江苏、浙江、福建、广东，这三市五省的人口总量有4亿左右，与美国相当。尽管中国全国的人均GDP只有美国的一半，但这三市五省的人均GDP或许可以与美国相当。人均GDP反映了平均劳动生产率，即平均产业和技术水平。因此，当这些地区的人均GDP达到与美国相当的水平时，意味着美国将很难对中国进行压制，因为这些地区拥有与美国相当的产业和科技实力。

贸易是双赢的，而且在贸易中，小经济体通常比大经济体获益更多。由于中国的经济规模更大，这意味着美国在中美贸易中将获得更多的好处。尤其对于美国的世界领先的科技公司而言，其创新并非凭空产生,而是需要大量的研发投入。研发投入多少,取决于企业能获得多大的利润。中国是世界上最大的市场,比美国市场大一倍。如果拥有中国市场,美国的这些企业就能够获得利润并继续投入研发,维持其技术领先地位;如果失去中国市场,它们就会失去很大一部分利润,进而可能失去持续研发的能力,最终被其他企业取代。因此,对于美国的领先企业而言,中国市场是其生存和发展的关键。而且,美国普通民众的生活也离不开中国的产品。正如美国财政部长耶伦最近所说,中美经济完全脱钩是不现实的,美国需要中国的产品。没有中国的产品,美国将无法解决通货膨胀和就业问题。

百年未有之大变局之所以出现,中国的崛起是主要原因。解决任何问题的关键和基础都在于发展,驾驭百年未有之大变局的关键和基础仍然是中国要继续保持比发达国家更快的发展速度。如果中国能够实现人均GDP达到美国的50%,我们将可以成功驾驭百年未有之大变局,世界将进入一个新的格局。同时,2019年跨过高收入门槛的经济体有70个,人均GDP达到或超过美国50%的经济体有28个,除了一些以金融业或石油出口为主的小国,囊括了英国、德国、法国、意大利、瑞士等欧洲老牌工业化国家和加拿大、澳大利亚、新西兰以及日本、韩国、新加坡、以色列等亚洲新兴工业化经济体,这些经济体被认为是当今世界上最先进的经济体。当中国达到这一发展水平时,中国也将成为一个先进的、发达的国家,实现中华民族伟大复兴的目标。

中国如何才能维持一个较快的发展速度并在何时才能达到这一发展水平?这是关心当今世界变局和中国未来发展前景的人们亟待求解的问题,我将在这一版中给予解答。

林毅夫
2024 年 8 月于北大朗润园

参 考 文 献

林毅夫,"百年未有之大变局下的中国新发展格局与未来经济发展的展望",《北京大学学报(哲学社会科学版)》,2021 年第 5 期。

Maddison Project Database (MPD), 2020, accessed August 9, 2024, https://www.rug.nl/ggdc/historicaldevelopment/maddison/releases/maddison-project-database-2020.

第三版序言*

在党的十九大报告中，习近平总书记指出"中国特色社会主义进入了新时代"，并明确"到本世纪中叶把我国建成富强民主文明和谐美丽的社会主义现代化强国"。这是一个宏伟的蓝图，许多具体细节都有待勾画：如何延续40年的增长奇迹？改革应如何推进？外部的不确定性应如何应对？中华民族伟大复兴有什么先决条件，对世界其他国家又意味着什么？这些正是这个新时代的关键问题，也是这本书特别想要探讨的一些新的课题。

走出旧时代？

新时代固然新，但作为其根本特征的趋势之一早已开始，那就是中国正处在从计划经济向市场经济的渐进双轨转型的过程中。这一过程的不断推进是促进稳定、发挥中国的比较优势并推动社会经济迅速发展，从而为深化体制改革铺平道路的关键。

自1978年转型开始以来，中国采取了一系列重要的改革措施，例如放开符合中国比较优势的劳动密集型产业的准入以及农村改革等。但是，中国始终将稳定放在优先位置，给予缺乏自生能力的资本密集型大型国有企业转型期的必要保护补贴，在某些领域保留了部分计划经济时代的干预和扭曲。

---

* 本文依据作者2017年12月1日在世界报业辛迪加（Project Syndicate）上发表的评论文章修改，原标题为"The Economics of China's New Era"。

在转型开始之时,计划经济时代建立的资本密集型国有企业与中国的比较优势相悖,在开放、竞争的市场中缺乏自生能力,需要政府的保护补贴。随着中国经济的高速增长和资本的积累,比较优势发生变化,现在许多国有企业已经具备了自生能力,保护补贴由"雪中送炭"变为"锦上添花",应该予以取消,以避免由此形成的各种扭曲。只有这样不断深化改革,中国才能落实党的十九大报告中提出的让市场在资源配置中起"决定性作用",这也是建立现代化经济体系的关键所在。

尚未结束的增长故事

从多个方面来说,中国已经为未来发展打下了一个坚实的基础。1978—2017年的39年间,中国GDP实现了年均9.5%的增长速度,这是人类经济史上不曾有过的奇迹。展望未来,中国经济仍有很大的增长潜力。

目前,中国作为中等偏上收入国家,与发达经济体之间还存在巨大的人均收入差距。这一差距代表了劳动生产率水平的差异,说明中国在许多传统产业的技术创新和产业升级方面还有巨大的后来者优势。2008年中国大陆人均GDP(用购买力平价衡量)只有美国的21%——这一比例相当于1951年的日本、1967年的新加坡、1975年的中国台湾和1977年的韩国。所有这些经济体随后都以8%—9%的速度增长了20年。而且,自20世纪70年代互联网和移动通信设备产业出现以后,出现了一种研发周期短、以人力资本投入为主的弯道超车型产业,中国人才多,并且可以为新产品提供巨大的国内市场,在这些产业的研发上具有比较优势。目前全球50家最大的"独角兽"(市场估值超过10亿美元的新创公司)中,27家在中国。如果东亚经济体在不存在弯道超车机会时,仅依靠后来者优势就能实现20年8%—9%的年均增长,我国从2008年起还具有20年年均增长8%的潜力应该不是一个过高的估计。

当然上述增长潜力的估计仅从供给的技术面来考量,能实现多少还有赖于需求面的情况,包括国内、国际的需求。国内的需求有赖于供给侧结构性改革是否到位,国际的需求则取决于发达国家能否从2008年的金融经济危机中完全复苏,不陷入"长期的停滞"。

有些人认为,追求GDP增长是一个危险的游戏,甚至认为当前中国面临的腐败、收入分配差距扩大和污染等挑战正是其长期高速经济扩张所带来的苦果。但是,在1978年时印度的人均GDP比中国高30%,现在只有中国的20%,几十年来印度的增长一直落后于中国,如今却面临更严重的污染、收入不平等和腐败问题。简言之,只要潜力允许,让发展中国家不去追求高增长并非明智之举。

改革如走钢丝

当然,这并不意味着中国应当不计后果地盲目追求增长,上述的增长潜力只是从供给的技术面来考量,转变为现实还需要供给侧和需求侧提供适当的条件。如果中国想要可持续地发挥其增长潜力,在推动供给侧结构性改革的同时,也应该辅以需求侧的必要措施。

在需求侧,增长可以通过出口、投资和消费支撑。当出口增长大幅下降时(从1978—2014年的平均16.5%下降到2015—2016年的负数),许多人认为消费将是中国经济增长的下一个重要驱动力,并认为消费比投资更加可持续。但提高消费取决于提高收入,提高收入要依靠提高劳动生产率,而提高劳动生产率则要求持续的技术创新和产业升级。如果没有投资,就不会有创新和升级,收入和消费增长也将大受影响。因此,中国不应该将注意力集中在用消费取代投资,而应该集中在改善投资效率上,从而让投资支持生产率提高、就业创造和工资增长,这些才是支撑国内消费的必要条件。为此,政府需要解决供给侧失衡的问题,包括杠杆率过高和产能过剩。

与此同时,如党的十九大报告所指出的,中国特色社会主义进入新时代,我国社会主要矛盾已经转化为人民日益增长的美好生活需要和不平衡不充分的发展之间的矛盾。中华民族伟大复兴需要中国共产党的领导,人民的拥护和支持则是党的执政基础。未来必须坚持以人民为中心的发展思想,致力于满足人民在环境质量、透明度、政府治理等关系到"美好生活"的各方面日益增长的需要。

境外的阴云

还要看到,中国的经济改革不是在真空中进行的。当前全球经济面临诸多挑战:日本经济泡沫破灭已经二十多年,却仍然无法恢复强劲增长或完全摆脱通缩;欧盟似乎终于从始于2008年金融经济危机的衰退中走出,但复苏依然乏力,GDP年增长率只有1%—2%,失业率也居高不下;美国的表现要好一些,但国际货币基金组织和世界银行都预测其经济增长在2020年前无法恢复到3%。这一状态的一个关键原因是发达国家一直没有采取艰难但必要的结构性改革。政府领导人明知结构性改革是恢复长期竞争力的必要条件,但是却担心其对投资、就业和消费的短期影响所造成的政治反响。在低增长和高失业的时代,这些改革将变得越来越困难。

在日本,安倍晋三首相将结构性改革列为安倍经济学的第三支"箭"(前两支"箭"分别是财政刺激和货币宽松),但五年过去了,第三支"箭"仍然引而不发,日本GDP年增长率也仍然在1%处徘徊。恐怕很多发达国家都会遭受类似日本的长期停滞的折磨,所有这些都容易导致民粹主义、保护主义和政治不稳定。在英国,2016年的脱欧公投带来的是保守党在提前举行的选举中意外受挫。2016年,特朗普在美国总统竞选中胜出,震惊了全世界。德国总理默克尔也为组织联合政府而屡遭挫折……

面对增长乏力、失业高企和不平等恶化的局面,发达国家的选民自然要投票来改变现状。中国需要为这些变化以及随之而来的不确定性做好准备,但决不能反应过度。最佳的办法是保持定力,深化国内的改革,提高自身的实力和优势,并采取明智的、前瞻性的、全局性的政策,从而在"两岸猿声啼不住"时,确保中国能够"轻舟已过万重山"。

中美贸易争端

目前国内外关注的焦点是中美贸易争端,其走向将影响到国内国际经济的稳定和发展。

美国贸易逆差自20世纪70年代以来不断扩大，是其国内储蓄不足的必然结果，并依靠美元作为国际储备货币的优势而长期维持。中美贸易不平衡则导因于比较优势的差异和国际的产业分工。美国作为最发达国家，在第二次世界大战后即从发展水平相对较低的日本、后来的亚洲"四小龙"、现在的中国内地进口低附加值的劳动密集型产品。美国对东亚的贸易逆差在20世纪80年代初超过其对外贸易逆差的100%，对我国的贸易逆差占其对外贸易逆差的比例从1985年的0.3%急剧上升到现在的45%左右，同时对东亚的逆差则降为60%上下。这证明了我国不是美国贸易逆差扩大的原因。

特朗普发动对我国的贸易制裁首先是因为20世纪70年代金融自由化和高科技产业兴起，利润向华尔街和硅谷的企业集中，导致中产阶级比重下降，以及自动化导致工人真实工资四十多年未上涨，而且2008年金融经济危机后增长相对停滞，在政治家的煽动下，美国民众把同期出现的全球化作为美国贸易逆差扩大、中产阶级和一般工人困境的原因，导致民粹主义和保护主义兴起。同时，美国精英阶层虽知贸易逆差扩大的根本原因，但原本以为中国的改革开放会像苏联和东欧那样，在意识形态上被美国同化，在经济上崩溃停滞、危机不断，从而加大与美国的差距，没想到中国在中国共产党的领导下，走自己的道路，维持稳定和快速发展，使美国在国际经济中的比重和影响力相对下降，危及其霸权地位，于是加入"反华大合唱"，并以贸易制裁作为遏制中国进一步崛起的手段。

美国一般民众不了解贸易是双赢的，在真实工资不上涨的情况下从中国进口价廉物美的产品其实是增加了福利，我国被迫做出的有理有利有节的反击，可让美国民众了解到贸易争端将使美国就业减少，生活水平下降，丧失民意支持的基础。为了选举的需要，估计特朗普不会在2018年11月中期选举前，甚至在本届任期结束前达成停止贸易争端的协议，以后即使能达成，也要防止其出尔反尔、得寸进尺。美国的政治体制使其难以推动"伤筋动骨"的结构性改革，巨额贸易逆差的存在和相对地位的下降是难以挽回的趋势。"项庄舞剑，意在沛公"，美国战略精英以贸易制裁遏制中国的崛起，是其少有的几个选项之一。特朗普之后的美国总统也可能会再度以贸易制裁或其他措施遏制中国的发展,我国要有打持久战的准备。

对我国而言,最糟的状况是美国利用其霸权,联合其他发达国家对我国进行围堵。为避免这种情况,我们要用好每年全世界30%的增长和市场扩张来自我国的有利条件,与其他国家分享我国发展给各国带来的双赢机会,与世界其他国家团结在一起,建立反贸易制裁的"统一阵线"。对美国的各种不实指控,应适时给予有力反驳,维护世界贸易组织(WTO),强调在多边框架内解决贸易争端。同时要加速开放,让其他发达国家分享中国市场的机会。其他发达国家和我国没有所谓的"修昔底德陷阱"或"争霸"的野心,我国与它们的关系重在互相尊重、互利共赢。除了落实外国企业投资负面清单和金融服务领域的开放以及扩大国内自贸区的试点,我国也要加速推进东北亚自贸区、东盟"10+3"自贸区、中国和欧盟自贸区等的建设,为经济的进一步发展创造有利的外部环境,也让我国的发展成为其他发达国家增加出口、创造就业、共享繁荣的机会,并让美国企业为了与其他发达国家的企业竞争在我国市场的机会,而成为在美国内部反对发动贸易制裁的力量。

全球治理的重构

随着中国的崛起,中国对国际社会需要承担更多的责任,在国际治理中应该发挥更大的作用。目前,中国是按购买力平价衡量的世界第一大经济体,并将在2030年前后成为按市场汇率计算的世界第一大经济体。中国不断增强的经济实力应该有不断扩大的全球治理影响力与之匹配,这是顺理成章之事。

战后构建的当前国际秩序维持了第二次世界大战结束以来的相对和平与稳定,但这一秩序是由建立它的西方国家所主导,自然把满足这些国家的利益放在满足其他国家利益之先,并倡导西方国家的发展和治理理念与方针。在这一体系中,绝少有发展中经济体取得成功。在1960年的101个中等收入经济体中,到2008年只有13个进入了高收入行列。更糟糕的是,自1945年以来,全世界两百多个发展中经济体中只有中国台湾和韩国两个从低收入行列跃升至高收入行列，中国大陆很可能在2025年前后成为第三个。除了西欧周边的几个发展差距原本就不大的经济体，尚未有发展中经济体按照发达经济体的发展"药方"取得成功。正因为如此，我们需要新的发展思维，这一思维要吸取亚洲"四小龙"和包括中国内地在内的成功经济体的经验：它们之所以成功，恰恰是因为没有按照西方主流的理论来发展。

20世纪五六十年代盛行的结构主义主张，发展中国家若想将收入和劳动生产率提高到发达国家的水平，就需要按照"进口替代"战略在国家主导下推动和发达国家相同水平的工业化。但是，推行的结果是在取得了几年投资拉动的快速增长以后，经济陷入了停滞和各种危机，与发达国家的差距不仅没有缩小，反而不断扩大。20世纪80年代，新自由主义取代了结构主义，认为发展中国家的问题在于它们没有像发达国家一样完善的市场经济体制，因此必须根据"华盛顿共识"，以"休克疗法"实行私有化、市场化、贸易自由化，立即取消政府干预。但最成功的发展中经济体正是那些拒绝了这些"药方"的经济体。日本和亚洲"四小龙"优先发展出口导向的劳动密集型小规模传统制造业，而非采用进口替代战略。我国内地与越南、柬埔寨则采取了渐进式的双轨制，实现从计划经济向市场经济的转型，从而实现了稳定和快速发展。

理论的适用性取决于前提条件的相似性，运用总结于发达国家经验的理论难免遭遇"南橘北枳"的困境，而根据来自中国和其他成功的发展中转型国家经验总结的理论，将会对其他发展中国家抓住机遇、克服困难，实现工业化、现代化的梦想更有帮助。

发展是所有国家的共同愿望，第二次世界大战以后形成的以发达国家的意愿和理念为主导的国际治理和发展合作格局并未帮助绝大多数发展中国家摆脱贫困，实现繁荣。我国提出的"一带一路"倡议以基础设施的互联互通为抓手，以形成利益、责任、命运共同体为目标，给广大发展中国家带来了新的期望和机遇。第二次世界大战以来少数几个摆脱贫困，实现工业化、现代化的经济体都是抓住了劳动密集型产业国际转移的窗口机遇期，从而实现从农业经济向工业化、现代化经济的转型。我国要善于利用国内产业转型升级的机遇，把让劳动密集型产业"抱团出海",从创造 GDP 变为创造 GNP(国民生产总值),作为发展合作的一个法宝,并以我国的发展理念和在基础设施建设上的比较优势助力"一带一路"国家"筑巢引凤",抓住工业化现代化的机遇,摆脱贫困、实现繁荣,使它们成为我国民族复兴和维护全球化的同盟军。

林毅夫
2018 年 7 月于北大朗润园

增订版前言

2012年6月,我在世界银行高级副行长兼首席经济学家的任期届满,回到北京大学继续在国家发展研究院担任教职。应北京大学出版社的邀请,我把2008年到世界银行任职前出版的《中国经济专题》一书,根据2012年英国剑桥大学出版社出版的 Demystifying the Chinese Economy 增补了一些内容,并将书名改为《解读中国经济》出版,转眼已过去两年。

此书出版以后得到国内各界的欢迎,获得了不少好评,并已经销售超过10万册。更让我高兴的是,2013年11月召开的中共十八届三中全会决定全面深化改革,消除改革开放以来以双轨、渐进的方式从计划经济向市场经济转型所遗留下来的各种产品和要素市场的扭曲,让市场在资源配置中起决定性作用,让政府在经济发展中发挥更好的作用。这些改革措施和总体方向,与我在这本书中对中国经济转型取得的成绩、产生的问题、解决的思路的分析,以及建立"有效市场和有为政府"的主张不谋而合。相信沿着党的十八届三中全会全面深化改革的规划,落实好各项措施,利用好我国发展的潜力和有利条件,党的十八大提出的到2020年国内生产总值和城乡居民人均收入在2010年的基础上翻一番,全面建成小康社会,以及在新中国成立100周年时把中国建设成一个富强、民主、文明、和谐的社会主义现代化国家的"两个一百年"奋斗目标完全有条件实现,自鸦片战争以来几代中国人孜孜以求的中华民族伟大复兴的中国梦的实现指日可待。

不过,过去三十多年的改革开放过程中不时出现的"中国崩溃论"

的论调,最近又此起彼伏,起因是从2010年第一季度开始,我国经济增长速度持续下滑,国外许多机构和分析人士认为,这是由中国经济难以克服的体制、机制、增长模式的内因造成的,改革开放以来积累下来的各种经济社会矛盾会在低速增长时总爆发。针对上述"唱衰中国"的论调,我在此增订版中特地增加了新的一章"全球危机后的国际国内经济形势和中国未来的经济发展",作为结束章予以驳斥。我认为中国作为一个发展中的转型国家,固然有许多有待改善的体制、机制和增长模式问题,但是,自2010年以来的经济增长减速,主要是由发达国家尚未从2008年爆发的国际金融经济危机中完全复苏的外部因素引起的。沿着十八届三中全会的既定目标深化改革,并利用好我国作为发展中国家在产业升级、基础设施完善、环境保护和城市化中的有利机会来扩大内需、稳定增长,我国有能力维持7.5%左右的中高速增长,实现党的十八大提出的增长目标。

我国现在已经是世界最大贸易体,也即将成为世界最大经济体,资本账户开放是我国现代化进程中必须逾越的一个门槛,也将是一个很难逾越的门槛,这两年国内经济学界对此讨论很多。资本账户的开放包含三个内容:对外商直接投资的开放,对国内金融和实体企业到国外举债的开放,以及对以证券投资为主的短期资金流动的开放。外商直接投资对我国资本积累、技术创新、产业升级有直接的贡献,不存在通过借短债投资于长期项目的期限错配,或还债时本国货币和外国货币错配的问题,利远大于弊,我国实际上也早已经开放。允许我国金融或实体企业到国外举债,最好的情况是将借来的资金投资于国内的实体经济,但是,到要还款时可能因为期限错配或货币错配而诱发危机,所以,弊大于利。短期流动的资本,一般是进入流动性较强及有投机性质的股票市场和房地产市场,由于不投入实体经济,对生产力水平的提高没有太大帮助,而且这些资本流入股票市场和房地产市场容易催生股市和房市泡沫。如果有大量资金流入,也会带来真实汇率的上升,使得出口竞争力下降,实体经济受到不利影响。到那时,短期流入的这些投机性资本就会由于股市、房市存在泡沫难以支撑而唱空,资金又将大量流出。总体而言,这种短期资金的大进大出除了带来短期的虚假繁荣和参与其中的国内外金融机构的短期利润,对发展中国家的经济发展和稳定而言弊远大于利。所以，我不主张在人民币成为国际储备货币前，毫无限制地允许中国企业到国外举债，或是允许外国短期资本毫无限制地自由流进流出。这一版也收录了我在2013年发表的"我为什么不支持资本账户完全开放"作为附录四。

今年是著名经济学家杨小凯教授逝世十周年，复旦大学在7月5—6日举办了一场追思会，讨论我国经济学科未来发展道路乃至中国社会发展的整体问题。会上我和张维迎教授关于市场经济中政府作用的争论备受关注，并连带地追述到1995年我和张维迎教授有关国企改革以及2002年我和杨小凯教授有关后发优势与后发劣势的讨论。这些争论实际上涉及我国改革道路的选择、经验的诠释和理论的创新问题。每个学者的研究其实都是"瞎子摸象"，由于观察的角度和掌握的资料有异，提出的解释和建议不同在所难免，学者间的争论是正常的，是相互切磋以完善各家之言的必要途径。不过争论要具有建设性，双方应该对争论对方的观点和逻辑有准确的把握，从内部逻辑的自洽和逻辑的推论与所要解释的现象是否一致，以及理论的政策建议在实践中是否取得预期的效果等方面来评论对方的观点。为了使这场争论能够实现会议主办方的初衷，我特地对照我国和其他转型中国家的实践，再次回顾20年前关于国企改革、12年前关于后发优势与后发劣势的争论，并就中国经验和回归斯密等问题写了一篇专文《我到底和杨小凯、张维迎在争论什么》作了进一步的阐述（原文发表于FT中文网，发表时编辑将标题改为《中国学术界不能只引进》）。这篇文章作为附录五收在这一版中，以供对中国经济改革和学科发展感兴趣的读者参考。

1994年我和蔡昉、李周合作出版了《中国的奇迹》，预测到2015年按购买力平价计算，中国的经济规模将超过美国。根据世界银行最新的估计，这一预测将提前在今年年底实现。1995年我撰文《本土化、规范化、国际化》以庆祝《经济研究》创刊40周年，倡议我国社科界的学者"以规范的方法研究本土的问题，提出创新性的理论，贡献于人类社会科学的发展"，转眼也即将20年了，《解读中国经济》是根据这个倡议所做的一点努力。我很高兴地看到，这本书已经有了英、日、德、俄、韩、泰文等版本。中华民族伟大复兴不仅是经济的腾飞，也应该是科学和文化的繁荣,中国经济的转型和发展未根据西方主流经济学的理论进行,取得了不能用现有理论来解释的成绩,是经济学理论研究和创新的金矿。期盼这本书能够抛砖引玉,促使国内经济学界涌现出一批深入研究中国经济现实和经验的学者来共同挖掘这座金矿,为我国的改革和发展,为我国社会科学的繁荣做出贡献。

林毅夫

2014 年 8 月 20 日于北京大学朗润园

初 版 前 言

  2008年6月赴世界银行任职前夕,我将在北京大学十余年讲授"中国经济专题"课程的内容整理成书,由北京大学出版社以和课程同名为题出版,聊补我在世界银行工作期间未能教学相长之憾。该书出版后甚受读者欢迎,获得不少佳评。最让我感动的是有位司机朋友在车上等领导开会时,从车座上看到其领导所购该书,闲来无聊拿来浏览,等领导开完会出来,竟已快阅毕全书,并能和其领导探讨书中所涉问题。
  我在世界银行工作期间,世界经济风起云涌,中国经济的发展因攸关全球经济能否从20世纪30年代世界经济大萧条以来最大的危机中复苏,而普受国外各界关注。然而,国外学界、政界、舆论界对中国经济的认识甚为肤浅,通常以国外学界现有理论为框架来解读中国经济的现象,未能把握中国作为一个发展中、转型中国家所具有的特性,客观分析判断以及了解问题的原委和走向,其观点还经常掺杂着意识形态和政治的偏见。
  忆想二十多年来,国外学界经常论断中国经济因未依其理论所主张的方式来进行改革,虽取得耀眼成绩,但不可持续,并崩溃在即。尤其是这次全球金融经济危机源于全球贸易不平衡,而从2003年开始,国外学界、政界、舆论界几乎众口一词地认为人民币汇率低估是全球贸易不平衡的主因。随着中国经济的崛起,我国在国际舞台上扮演着越来越重要的角色,但常因"理不直"而"气难壮",承受着诸多不该有的压力。根据中国的现实,提出新的理论框架,以严谨的分析、浅显易懂的语言,帮助国外各界了解中国经济改革开放以来取得的成绩、面临的问题,以及未来发展的走向,中国经济学家责无旁贷。因此,今年年初我将《中国经济专题》一书翻译成英文,并增补一些新的数据资料,由英国剑桥大学出版社以《解读中国经济》(Demystifying the Chinese Economy)为题在全球范围出版发行。

此书出版以来深受国外读者欢迎,四位国外著名学者(包括三位诺贝尔经济学奖获得者)为此书撰写了推荐语,给予了甚高评价。在国际舆论界影响颇巨的英国《金融时报》首席评论员马丁·沃尔夫为此书撰写了书评,发表于该报,认为这是他读过的有关中国经济最好的一本书。日本、韩国、俄罗斯、越南、泰国等国的学者也正将此书译成该国文字,以介绍给他们国家的读者。根据《中国经济专题》的版本翻译的德文版则早已在2010年出版。

随着世界经济可能陷入长期低迷,上轮宏观调控的作用已近尾声,中国经济又面临着新一轮重大挑战和战略机遇期。中国经济的改革、发展将何去何从？国内学界、舆论界众说纷纭。2007年我曾以《解读中国经济没有现成模式》为名由社会科学文献出版社出版了一本论文集,提醒读者不能简单地用现有的理论和过去的经验来看待中国的问题。但是,任何经济现象和问题总有其自身的逻辑,如果能秉持一种"常无"的心态,不受过去理论和经验的束缚,实事求是、解放思想,客观地观察、分析,任何现象和问题总能弄清其来龙去脉和表象背后所蕴含的逻辑,因此,解读中国经济并非不能有模式,只是必须有新的模式。这本书是我在提出新模式来解读中国经济上所做的一个努力和尝试。

很高兴北京大学出版社能够根据英文版,将《中国经济专题》的内容进行更新补正,并以《解读中国经济》为名出版,将本书再次献给关心中国的过去和未来发展前景的国内各界读者。当然,解读中国近几百年来的兴衰是一个大课题,无论是对经济学家,还是对社会科学各个领域的学者来说都是巨大的挑战和机遇。希望这本书的出版能够抛砖引玉,引来更多经济学家和各个领域的专家学者深入研究中国的现实,提出更多逻辑严谨、自成体系,能够说明中国乃至其他发展中国家过去的发展成败,指引其未来发展道路的理论。中华民族的复兴不仅是中国人均收入水平的提高,而且也应包括中国学者对人类知识、精神财富的增加所做出的新的贡献,这是对中国学界的挑战,也是提供给中国学者的千载难逢的机遇。

林毅夫
2012年8月于北京大学朗润园

目　　录

第一讲　**中国经济发展的机遇与挑战**　　　　　　　1

　　中国改革开放以来取得了惊人的经济发展绩效,不仅极大地改善了人民生活水平,也对世界发展作出了重要贡献,堪称人类经济史上不曾有过的奇迹。身处百年未有之大变局,对中国来说,既是挑战,也是机遇。依靠后来者优势与换道超车优势,中国完全可以继续发掘经济潜力,保持经济的高速增长。

第二讲　**李约瑟之谜与中国的兴衰**　　　　　　　25

　　中国在前现代社会的科技和经济发展程度均领先于西方,到了现代社会却落后于西方,最直接的原因是西方发生了工业革命,但更为重要的原因是西方在18世纪和19世纪以后,每当遇到技术发明瓶颈的时候,都可以通过对基础科学进行投资的方式来克服这种瓶颈。因此,要寻找中国没有出现工业革命的原因,关键不在于了解这一问题本身,而是要回答中国为什么没有出现科学革命。

第三讲　近代的屈辱和社会主义革命　　61

中国知识分子自古以来有"以天下为己任"的责任感。自鸦片战争以后，中国从一个天朝上国在短时间内迅速衰弱下去。面对千年巨变，中国的知识分子油然生出一种让中华民族重新强盛起来的使命感；而面对战争的屈辱和国势的日下，他们又有极大的挫折感。在这几种心态的相互交融之下，中国知识分子不懈努力、上下求索，共同推动了中国近代政治和社会的历史进程。

第四讲　赶超战略和传统经济体制　　77

中华人民共和国成立后，立足于低的经济发展历史起点，为了快速从一个落后的农业国转变成一个先进的工业国，中国的领导人选择了以优先发展重工业为目标的发展战略。重工业优先发展战略是传统经济体制形成的逻辑起点，不仅影响了"三位一体"制度体系的形成，而且深刻影响了包括农村公社化在内的中国农村几个重要制度的产生。

第五讲　"东亚奇迹"与可供替代的发展战略　　104

凭借重工业优先发展战略，中国迅速建立起完备的军事力量，但也为此付出了相应的经济代价。其他经济体也采取了类似的发展战略，但大多数未能实现"赶超"。真正在第二次世界大战以后赶上发达国家的只有日本和亚洲"四小龙"这几个东亚经济体，被称为"东亚奇迹"。它们的成功经验是否给发展中经济体提供了一个可行的替代路径？要回答这个问题，就必须深入了解东亚经济成功背后的原因。

第六讲　农村改革及相关问题　　144

中国改革开放是从农村起步的。作为其中最重要的变革,家庭联产承包责任制提高了农民的生产积极性,促进了农业快速增长、农民收入的增加和城乡收入差距的缩小。进入20世纪90年代以后,农村收入增长滞后于城市,出现了关于农村、农业、农民的一系列问题。而要从根本上解决"三农"问题,只有通过大力发展符合中国比较优势的劳动密集型产业,带动和加快农村劳动力转移,并建立全国统一的大市场。

第七讲　城市改革及遗留问题　　161

中国的城市改革从国有企业微观治理开始,逐步推向资源配置和价格形成机制,从计划单轨转变成双轨并存,最终趋向市场单轨。在此期间,非国有的民营企业、合资企业和外资企业的进入和逐渐壮大,使得中国在转轨过程中保持了经济的稳定,并取得了快速发展,但也存在金融部门脆弱、腐败、国有企业缺乏自生能力等遗留问题。

第八讲　国有企业改革　　178

与苏联、东欧的存量改革的思路不同,中国采取了渐进式的增量改革,这种方式更为有效,也为发展中国家的制度改革提供了宝贵经验。但中国在经济稳定和快速发展过程中出现的许多问题都与国有企业改革不彻底息息相关。国有企业问题的根源在于政策性负担。只有解决了国有企业在竞争的市场上缺乏自生能力的问题,构建高水平社会主义市场经济体制的目标才能最终实现。

第九讲　金融改革　　192

金融的主要功能是为实体经济服务,中国的金融体系以大型国有银行和股票市场为主体。从经济发展的角度来说,一个核心问题是金融结构不尽合理,未能为实体经济中占主导地位的民营中小企业和农户提供足够的金融服务。因此,我国应该在加强金融监管的同时,积极发展地区性的中小银行,以完善金融结构。

第十讲　中国的增长是否真实与社会主义新农村建设及乡村振兴　　208

中国在1998年出现的通货紧缩以及经济同时高速增长的现象,使得国外许多学者质疑中国经济增长的真实性。其实,这种现象之所以存在,是因为前期的大量投资造成了现有产业产能过剩,但是,中国还有巨大的产业升级空间。在社会主义新农村建设的目标基本完成的基础上,党的二十大对全面推进乡村振兴做出了新部署。乡村振兴要建立在产业兴旺的基础上,这既需要有效市场,也需要有为政府。

第十一讲　完善市场体系,促进公平与效率统一,实现共同富裕　　229

中国改革进程中出现的收入分配不均问题,原因在于推行渐进双轨式改革,采取了以压低利率等要素价格的方式来补贴违反比较优势、没有自生能力的国有企业。在市场经济下,按照比较优势发展,则有助于在初次分配过程中实现公平与效率的统一,并且使得政府更有能力在二次分配过程中进一步缩小贫富差距。

第十二讲　新常态下如何推进供给侧结构性改革与经济转型升级　243

2010年以后,中国经济增长速度持续下滑,其主要原因在于发达国家的经济尚未从国际金融经济危机中完全恢复,造成对中国的外部需求不足。在经济新常态下,中国仍然处于大有作为的战略期,可以根据不同产业的特征,发挥好有效市场和有为政府的作用,通过因势利导来推动技术创新和产业转型升级,实现经济可持续发展。

第十三讲　中国式现代化与高质量发展　264

党的二十大提出了以中国式现代化全面推进中华民族伟大复兴的中心任务,并强调高质量发展是全面建设社会主义现代化国家的首要任务。要实现中国式现代化,按照要素禀赋决定的比较优势发展是关键。要完整、准确、全面贯彻新发展理念,创新是抓手,只有按照比较优势进行技术创新和产业发展,协调、绿色、开放、共享才能水到渠成。

第十四讲　中国经济发展与文化复兴　278

国家经济的发展与文化复兴密不可分。文化的先进或落后主要在于经济基础的差异,而文化的绵延不断则在于其核心价值的延续不断。虽然组织和器物几经变化,但中国文化五千年绵延不断,这正是由于儒家以"仁"为核心的伦理价值数千年来未变。在中华民族伟大复兴的过程中,中国文化有能力保持以"仁"为核心的伦理价值取向,并根据时代需要进行上层建筑的创新。

| 第十五讲 | 新古典经济学的反思与总结 | 289 |

经济理论是为了帮助我们认识世界、改造世界,其作用就像一张地图——地图不是真实世界本身,而是帮助我们了解周遭的环境以及下一步如果往前、往后、往右或往左会遇到什么样的新景象。地图一定要有一定程度的抽象和简化,但如果把重要的地标忽略了或画错了,则经常会造成人们行动的失误。

| 附录一 | 经济增长与制度变迁 | 314 |

制度是发挥技术潜力和促进经济增长的重要保障。当经济持续发展时,制度本身也会不断地发生变化。这自然就引出了一个重要问题,即什么是最优的制度安排,以及什么是最优的制度结构。

| 附录二 | 前现代社会中国人均收入水平长期保持不变和人口众多之谜 | 345 |

本部分内容讨论了中国经济史上的两大谜题。谜题一:中国的人均收入为什么在历史上长期保持不变?谜题二:为什么中国在历史上一直是一个人口众多的国家?

| 附录三 | 我到底和杨小凯、张维迎在争论什么 | 351 |

每个学者的研究其实都是"瞎子摸象",由于观察的角度和掌握的资料有异,提出的解释和建议不同在所难免,学者间的争论是正常的,是相互切磋以完善各家之言的必要途径。

附录四 **"一带一路"与自贸区：中国新的对外开放倡议与举措**   **367**

自由贸易试验区政策以及"一带一路"倡议都是我国在当前发展阶段，根据国内、国际形势的变化，与时俱进提出的新的改革开放战略。这些战略的落实，能够让我国有一个更加完善的市场经济体系，以及一个更好的对外开放环境。

后 记 **对近期中国发展悲观论调的剖析和辩驳**   **371**

近年来，由于中国经济增速下降，且新冠疫情之后经济的复苏低于预期，对中国未来的发展有很多悲观论调。这些论调都是站不住脚的，既没有真正弄清楚中国经济增速下降的原因，也没有看到中国经济发展的机遇和条件。目前中国还是世界上机会最多的国家，我们有理由对中国的前景保持信心。

第一讲

中国经济发展的机遇与挑战

在前现代社会(工业革命以前的社会)的一千多年中,中国曾经是世界上最先进、最强大的国家。直到19世纪,中国仍雄踞世界经济版图。根据著名经济史学家安格斯·麦迪森(Angus Maddison)的研究,中国在1820年占全球GDP的三分之一左右(见图1.1)。但是随着18世纪工业革命的兴起,西方快速崛起,发展一日千里,而中国的发展则一落千丈。脆弱的经济使得中国在与西方列强的战争中不断遭到挫败,从而沦为半殖民地国家,向二十多个国家出让了通商口岸的治外法权,关税收入也掌握在外国人手中,并且向英国、日本和俄国割让了领土。

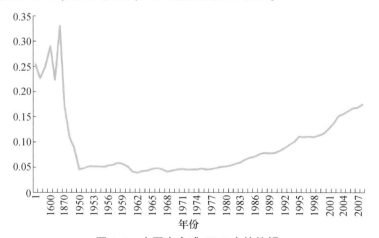

图1.1 中国在全球GDP中的份额

资料来源：Angus Maddison, *Historical Statistics of the World Economy*: 1—2008 AD.

自1840年第一次鸦片战争战败割地赔款以来,以天下为己任的中国社会精英抛头颅、洒热血,致力于使自己的祖国民富国强,重获尊严。但是其后的一百多年,成果不彰,中国在全球GDP中的份额直线下滑,缩减到了只剩5%,并在这样的低点上一直徘徊到1979年。

20世纪70年代末中国经济的命运发生了根本性的转变。在改革开放后的44年(1978—2022)中,中国GDP年均增长率达到9.0%,对外贸易按美元计算年均增长率达到13.9%。1978年时中国是世界上最贫穷的国家之一,按现价美元计算人均收入只有156美元,不足当时撒哈拉以南非洲国家平均水平(496美元)的三分之一,今天中国已经成为一个上中等收入国家,2022年人均GDP达到12 720美元。中国2010年取代日本成为世界第二大经济体;同年取代德国成为世界最大商品出口国;2013年取代美国成为世界最大贸易国;2014年成为按照购买力平价计算的世界第一大经济体。其间,中国有8亿以上人口摆脱每天1.25美元的世界贫困线(按世界银行2008年发布的贫困线标准),为全球减贫做出巨大贡献。目前中国是世界上最大的钢铁生产国、最大的汽车生产国,上海港则自2005年以来成为世界上最繁忙的港口(以货吨计算)。在过去四十多年间,中国还是唯一没有发生过系统性金融经济危机的新兴大国。中国改革开放以来取得的成绩堪称人类经济史上不曾有过的奇迹。

在这一时代背景下,本讲将集中讨论中国经济发展的机遇与挑战,并为回答以下五个问题打下基础:

- 为何中国在前现代社会文明鼎盛,而在现代却远远落后于西方国家?
- 为何中国在20世纪70年代末的改革开放之前经济发展绩效很差,而在改革开放之后却取得了奇迹般的增长?
- 为何中国在70年代末改革开放开始之后经济发展的总体绩效很好,但却出现了经济周期波动、金融体系脆弱、国有企业改革困难、地区差距扩大、收入分配不公等一系列问题?
- 在面对百年未有之大变局的今天,中国经济应进行哪几个方面的改革才能持续、快速、健康成长?
- 中国当前经济中的一些热点问题包括:中国的经济增长能否

持续,乡村振兴,和谐社会构建及共同富裕,新常态下供给侧结构性改革,中国式现代化的推进,高质量发展,全球经济治理,共建"一带一路",等等。

中国改革开放的成就

中国这场奇迹似的变革始于1978年十一届三中全会后的改革开放。所谓改革开放,就是要改革经济结构,开放对外经贸,参与全球化。一个经济的开放程度通常由对外贸易占GDP的比重,即"对外贸易依存度"来衡量。中国大陆在1978年的对外贸易总值是206亿美元,比台湾地区的230亿美元少12%,其中进口占GDP的5.1%,出口占4.6%,总共占9.7%。在20世纪80年代初,邓小平同志为改革开放提出了一个发展目标,那就是从1981年到20世纪末的20年内国民生产总值要"翻两番",这个目标意味着平均每年的经济增长率必须达到7.2%。当时我作为一名在北大学经济的学生,对这个目标的实现有所怀疑,因为那时学界普遍接受发展经济学中的"自然增长率"理论,认为任何一个经济体除了在战争和受到自然灾害破坏之后的恢复期,都不可能长期维持年均7%以上的增长速度。60年代以后,日本和亚洲"四小龙"的经济虽然曾有二十多年超过7%的增长,但是这些经验因属于特例而被称为"东亚奇迹"。1978年年底的中国拥有10亿左右的庞大人口数量,其中80%左右是农民,文盲众多。这样一个贫穷落后的农业国家要在20年内维持7.2%的年均增长率,实在让人难以置信。中国有句古训"取法乎上,始得其中;取法乎中,只得其下",于是"翻两番"的目标在那时看来更像是一个动员的口号而非切实的目标。然而四十多年的时间过去了,现在回头再看,邓小平同志当时提出的目标实在太过保守了。正如上文所说的,在1979—2022年的44年间,中国的年均经济增长速度达到了9.0%,比7.2%高出1.8个百分点。这1.8个百分点看起来虽然不大,但是从总量上看,中国的经济规模已经发展为1978年的44.8倍,比按"翻两番"的速度

7.2%计算的21.3倍高出一倍还多。而且在此期间,中国对外贸易的年增长率也达到了13.9%,比GDP的增长率还高出4.9个百分点。2022年中国外贸进出口总值达到了63 096亿美元,是1978年的305.7倍,实现了飞跃式增长。由此可见,邓小平同志确实是一位伟大的政治家,他提出了当时被认为不可能实现的目标,并最终超额实现。

1987年,我完成了在芝加哥大学的博士学位学习和在耶鲁大学的博士后工作,回到北大,当时国内正在推行以"大进大出""三来一补"等加工贸易的方式参加"国际大循环"的战略。① 我参与的第一个政策讨论是:如果我国参加国际大循环,对外贸易在国民经济中可能达到的比重将有多大?一般而言,小经济体的对外贸易比重可以比较高,比如亚洲"四小龙",它们的对外贸易依存度(以下简称"贸易依存度")可以超过100%,而大经济体的进出口在经济总量中所占的比重通常都较小。根据世界银行每年出版的《世界发展报告》,在人口超过1亿的大国中,印度尼西亚的贸易依存度在1984年达到了23%。如果中国努力一点,有望做到更好,所以我提出中国的贸易依存度有可能达到25%,这个数字在当时同样不被大多数人所接受,他们普遍认为我在美国受外国理论的影响,不能很好地了解中国国情:像中国这样的国家在1978年时贸易依存度只有9.7%,到1984年才达到16%,而当时美国的贸易依存度约为15.2%,日本也只有23.9%,所以即使推行这个新战略也不可能达到25%的贸易依存度。现在回头再看,当时我的预测同样过于保守,因为在21世纪的第一个10年,中国的贸易依存度曾经超过了60%,即使在国际金融经济危机之后有所下降,近年来也维持在35%上下的水平。

除了大力拓展对外贸易,中国还不懈地积极引进外资,2014年曾首次超越美国,成为世界第一大外资吸引国。伴随着经济的持续增长以及对外贸易的日益扩大,中国积累了大量的外汇储备(截至2024年7月底,总额为32 564亿美元),成为世界上最大的外汇储备国,这对中国在国际社会所能起到的影响添加了重量级的砝码。

---

① "国际大循环"经济发展战略是由王建教授提出的,主张通过发展劳动密集型、出口导向型加工业务来进一步开放中国的沿海地带,其目的一方面在于吸收农村剩余劳动力,另一方面在于引进外资以发展经济。

中国经济增长的影响

中国自改革开放以来的快速经济增长对国内外均产生了非常大的影响。国内方面最大的影响就是人民生活水平的迅速提高。在20世纪80年代,凡是出国即可免税带回"三大件",出国半年可免税带回"六大件"。1987年我从美国学成回国时,国家为鼓励留学生回国,特别准许免税带回"八大件"。我带回来的"八大件"中,除了彩电、冰箱、洗衣机和电热水器,还给家里四口人每人带回了一台电风扇。当时根本无法想象,有一天学校的办公室和城里几乎每户人家都能装上空调。不仅城市居民的生活水平提高了,农村居民的生活质量也普遍得到了提高。在1978年,中国农村贫困人口有7.7亿人,其中还有将近30%的人生活在温饱线下的所谓"生产靠贷款、吃粮靠返销、生活靠救济"的"三靠队",这部分农村居民的绝对数量估计有2.5亿。2021年2月25日,习近平总书记在全国脱贫攻坚总结表彰大会上庄严宣告,我国脱贫攻坚战取得了全面胜利。改革开放四十多年来,中国近8亿人口摆脱绝对贫困。[①] 第二次世界大战后成立了包括世界银行、亚洲开发银行、联合国开发总署、联合国粮农组织等在内的一批国际机构以减贫扶贫为努力目标,但是到了20世纪末大盘点的时候才发现,扣除中国改革开放以来减少的贫困人口之后,世界上的贫困人口数量不仅没有减少反而增加了。2004年5月,世界银行在上海召开了有史以来规模最大的世界减贫高峰会议。会议一方面肯定了中国经济发展对世界减贫努力所做出的重大贡献,另一方面也向与会国分享了中国在减贫实践中的成功经验。

中国公民绝非改革开放的唯一受益者,从世界人民的角度来看,中国最直接的贡献体现在,中国向外输出的主要是消费产品以及生活必需品,这些低价优质的中国产品无疑使得其他国家或地区不少穷人

---

① 如果按世界银行2008年发布的每天1.25美元的以购买力平价计算的贫困线标准,中国减少的贫困人口数量则大于8亿。

的生活得到了切实的改善。中国对世界经济的另一个大的贡献是促进其稳定,最为显著的例子就是中国在1997年爆发的东亚金融危机和2008年爆发的国际金融经济危机中的突出表现。

东亚在发生金融危机的时候,各国的货币都在大幅贬值。例如,韩国在金融危机之前的汇率大约是770韩元兑1美元,金融危机时跌到了1700韩元兑1美元;泰国在金融危机之前的汇率是25泰铢兑1美元,金融危机时跌到了54泰铢兑1美元;印度尼西亚在金融危机之前的汇率大约是2203盾兑1美元,金融危机最严重的时候曾经跌到11950盾兑1美元(汤姆森财经数据库)。这些东亚国家的经济发展阶段与中国相差不远,出口产品的结构也比较类似。这些国家的货币大幅贬值,使得它们的产品在世界市场上的价格大大下降,给中国的出口产品带来很大的竞争压力。各国的政策一般都以自己国家的利益为考量,既然出口对中国很重要,那么从中国的国家利益出发,国际金融界普遍认为人民币一定会贬值。而人民币一旦贬值,就很可能会诱发"竞争性贬值",使得那些陷入危机的国家未来更加风雨飘摇。东亚金融危机发生时,很多危机发生国的经济下滑尤甚于1929年美国经济大萧条时的状况,国际经济学界和金融学界有许多人认为东亚经济可能要十年甚至更长的时间才能恢复,在这种看法甚嚣尘上的1998年和1999年,世人把目光对准中国,人民币是否会贬值这一问题成为国际社会关注的焦点。面对种种猜疑和推断,中国作为一个负责任并且有远见的大国,此时将周边经济的稳定放在了首位,最终顶住压力,宣布了人民币不贬值的明确决定,并以之后的行动兑现了这一承诺。这一举措对亚洲经济能够在金融危机后的两三年内就迅速复苏做出了巨大贡献,这种贡献背后的支持则是与改革开放后中国对外贸易迅速发展所积累的充足外汇储备分不开的。这些外汇储备在关键时刻维持住了人民币的币值稳定,并以中国快速的经济发展和对其他东亚经济体的大量进口,拉动了东亚经济的复苏。

同样,2008年9月,在紧随雷曼兄弟的破产而爆发的国际金融经济危机中,中国依靠其巨大的财政空间和充足的外汇储备,迅速采取了4万亿元人民币(约合6850亿美元)的经济刺激方案。中国经济在

2009年第一季度即开始恢复增长,GDP 增长率在 2009 年达到了 9.2%,在 2010 年达到 10.4%,而全球 GDP 在同期分别下降了 2.3%和增长了 4.1%。中国在危机中的强劲增长是拉动全球经济复苏最为重要的一支力量。

中国的经济增长不仅泽被周边,我们将目光投远一点,2000—2008 年,非洲有三分之二以上的国家和地区的经济增长率超过了 5.5%,还有将近三分之一的国家和地区达到 7%,这种增长速度在非洲是史无前例的,也同样可以在很大程度上归功于中国的带动作用。中国是一个自然资源相对短缺的国家,支持经济增长的资源严重依赖进口,进口拉动世界资源价格上涨,这对资源相对丰富的非洲国家经济无疑是一个有效的推动。同样的情况也适用于亚洲及拉美的一些国家。例如日本新日铁公司,在 20 世纪五六十年代曾有过非常辉煌的历史,70 年代以后逐步衰弱,钢铁业在日本已经是一个夕阳产业。但是,在 21 世纪初,新日铁公司的利润大增,又重新焕发出青春,最主要的原因就是中国对钢铁的大量进口拉抬了国际钢铁市场的价格。此外,

中国在与非洲国家的能源资源合作中十分重视对环境和生态的保护(图为中石油在非洲架设石油管道时注意保护沿线的一草一木)

阿根廷、巴西、智利等拉美国家近年来的经济发展也都得益于与中国的贸易往来,中国市场对世界经济的拉动作用不言而喻。

中国从20世纪80年代起成为拉动世界经济增长的重要力量。尤其在21世纪开始之后,中国取代美国成为全球经济增长的最大贡献国(见图1.2)。

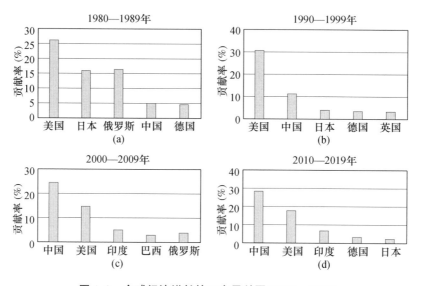

图1.2　全球经济增长的五大贡献国(1980—2019)

资料来源:作者根据世界银行世界发展指数计算。

尽管有过去四十多年的高速增长,但是以2015年的美元不变价计算,中国的人均GDP在2022年是11 560.3美元,只有当年美国人均GDP(62 816.7美元)的18.4%。中国与发达国家在人均收入水平上还有很大的差距。没有稳健的增长速度作保证,这样的差距是很难被缩小的。增长中的劳动力人口同样需要经济的持续增长来提供充足的工作岗位,以满足城市与农村人口的就业需要。此外,改革作为一种政策的变动也是利益的再分配过程,因此其间总是要损害到一部分人的既得利益,这种情况最易引发社会矛盾。中国社会之所以在改革中保持了稳定,没有重蹈苏联与东欧的覆辙,正是由于经济的迅速发展创造出了更多的可支配资源,使得政府有能力补偿在改革开放过程中利益受损的那部分群体,避免了矛盾的激化。

中国经济继续增长的潜力

对于整个世界而言,在18世纪之前,经济增长得非常缓慢——年增长率只有0.05%。18世纪工业革命以后,经济增长加快,经济发展不平衡同时加剧,各国的经济增长速度出现很大的差距。值得注意的是,在这样的背景下,总有一两个国家会一马当先,成为拉动世界经济增长的"火车头"。最早扮演这一角色的是作为工业革命起源地的英国,而从19世纪末直到第二次世界大战,美国则取代了英国,成为带动世界经济的领跑者。第二次世界大战后,日本和德国经济的快速复苏又为世界经济注入了新的活力。然而,进入21世纪,英、美、日、德等高度发达国家已很难再找到新的经济增长点,其所面临的诸多政治与社会问题也为自身的经济发展增添了重重障碍。与此同时,中国已经明显担负起了这些国家过去曾担负的责任,驾起世界经济这列"火车"。至于这趟"中国号"列车究竟能开多远,无疑取决于"火车头"的燃料是否足够,而这些"燃料"就是中国经济增长的潜力所在。

关于中国未来经济增长的潜力,各界的看法多有不同。总体来看,有两种具有代表性的预测。一种预测认为中国经济最迟到2030年能赶上美国;另一种预测是中国经济可能随时崩溃。[①] 要正确看待这两种截然不同的看法,首先必须了解经济增长的决定因素。经济增长从生产函数的角度主要取决于以下几个方面:

• **生产要素** 经济学家所讲的生产要素包括自然资源、劳动力以及资本。如果各种生产要素成比例地增加,产量也一定会增加。然而在现代社会中,自然资源受国土面积的限制可以视为给定的。劳动力虽然能够增加,但是受人口增长速度的制约,每年的增加也非常有限。在三种生产要素中,变动可能性最大的就是资本。中国在改革开

---

① 章家敦的《中国即将崩溃》(*The Coming Collapse of China*)一书就是这类观点的代表,参见本讲的参考文献。

放后,资本积累率(即资本积累占国内生产总值的比重)为40%左右,这个数字在有些国家只有10%到15%,在某些非洲国家甚至接近于0,由此可见资本积累率的差距之大。因此,从投入要素来看,资本积累是促进一国经济增长的重要因素。

● **产业结构**　如果将给定的生产要素配置在附加价值高的产业部门,那么产值就高,所以经济增长还取决于经济中的产业结构。如果将生产要素从低附加值的产业部门转移到高附加值的产业部门,即使要素投入不增加,经济也可以实现增长。

● **技术**　技术是产量增长的又一重要因素。即使产业结构不变、各种要素不增加,只要技术取得进步,也能获得较高的生产率,从而提高产出,带来经济增长。

● **制度**　利用前面给定的投入要素、产业结构和技术水平,我们可以计算出一条生产可能性边界,即在理想状态下一个经济体可能取得的最大产出。但能否最大限度地贴近这条边界,在既定条件下取得最优结果,就取决于制度的安排。完善的制度能够充分调动劳动者的积极性,有效利用各种资源,选择适当的技术,获得最大产值。

在以上四个经济增长的决定因素中,对实践操作意义最大的就是技术。其他三个因素事实上都在一定程度上受制于技术变迁的可能性和速度。

技术进步与资本积累

因为土地、自然资源基本上是给定不变的,劳动力增长又相对缓慢,如果技术不进步,即使资本积累速度非常快,由于边际报酬递减,资本的回报也会不断下降,资本积累的积极性也就会越来越低。因此,一国的资本积累速度取决于该国技术变迁的速度,只有维持比较快速的技术变迁,才能在资本积累的同时打破资本回报不断下降的规律,维持较高的资本积累的积极性。

关于技术进步对资本积累的作用,诺贝尔经济学奖获得者西奥多·舒尔茨曾做出精辟的论述。舒尔茨最主要的贡献来自他在1964

年出版的《改造传统农业》(*Transforming Traditional Agriculture*)[①]一书。在这本书之前，大部分经济学家认为，传统农业社会的农民是不理性的，因为他们一般不进行储蓄和积累；而现代农业社会的农民则是理性的，他们会进行各种投资，例如美国的一位农场主花费在农业机器设备上的投资经常会超过100万美元。因此，这些经济学家认为传统农民的非理性行为是导致其贫穷的主要原因，而现代农民是理性的，因此贫穷程度会相对较低。舒尔茨教授在《改造传统农业》一书中提出了与众不同的观点：在传统农业社会里，农民不进行储蓄和积累其实是一种最理性的选择。因为传统农业社会的技术进步缓慢，农民的储蓄已经达到一种均衡的状态，如果农民在技术停滞的情况下增加积累，可能反而会导致生产力下降，当期的储蓄则要以省吃俭用为代价，这样做的结果是增加了成本却没有获得收益。以一个简单形象的例子来说明：中国农民一般种植水稻和小麦，收获时需要用镰刀。假设传统农业社会里每个农民都有一把镰刀，在这种情况之下如果增加投资，每个农民将一把镰刀换为两把镰刀，在割稻子的时候同时使用，效率反而会下降。因此大部分农民会选择在一把镰刀用坏之后才进行储蓄，投资购买新的镰刀用以替换，但没有积极性去追加积累。所以，在传统的农业社会里，农民不储蓄是理性的。在这种状况下要打破这样的局面，只有不断给农民提供一些更新更好的技术，从而使得资本积累能有较高的回报，才能调动起农民进行资本积累的积极性。

技术进步与产业升级

如果没有新技术，就不会产生新的高附加值产业，产业升级也就无从谈起。像现在被认为具有高附加值的电子、生物工程、人工智能等产业基本都是最新技术发明和创新的结果。只有技术不断创新，新的高附加值的产业部门才会源源不断地出现，企业在高额利润回报的驱动下，会自发地投资于这些新兴的高附加值的产业部门，最终影响整个产业结构的变化。

[①] 这本书的中文版参见商务印书馆1987年版或2006年版；英文版可参见本讲的参考文献。

制度完善

制度完善与资本积累、产业升级甚至技术进步这些利益驱动下的主动变化有所不同,是一个消极适应的过程。制度本身无所谓优劣,马克思最早提出经济基础决定上层建筑,制度作为上层建筑的内容必须与实际的经济状况相适应。上文我们讲到技术变迁会在不同方面改变经济基础,从而会进一步对制度的完善有所要求,因此制度完善仍要以技术变迁作为前提。关于制度变迁与经济增长的关系,我们将在附录一中作详细说明。

综上所述,要对一国经济发展的潜力做出判断,最重要的还是要分析其技术变迁的可能性。研究长期经济发展的经济史学家安格斯·麦迪森在其著作《世界经济千年史》(*The World Economy: A Millennial Perspective*)[①]中的研究发现:18 世纪以前的一两千年,最发达的欧洲国家平均每年人均 GDP 的增长速度只有 0.05%,也就是说要经过 1 400 年的时间人均收入才能翻一番。工业革命以后,欧洲国家的经济增长速度加快,18、19 世纪人均收入平均每年增长 1%,人均收入翻一番的时间缩短为 70 年。到了 20 世纪,人均收入的年均增长率提高到 2%,是工业革命前的 40 倍,人均收入翻一番只需要 35 年。也就是说,在一代人多一点的时间内,人们的收入就会翻倍,这种翻天覆地的变化充分证明了技术变迁对经济发展的关键性作用。我们要了解中国未来发展的潜力,就需要研究中国技术变迁的可能性。

技术创新:自主研发和技术引进

技术创新的方式主要有两种。一种是产品创新,新的先进的产品出现,取代旧的落后的产品,例如由计算机取代算盘;另一种是流程创新,即产品不发生变化,但以成本更低、更有效率的方式组织生产,其中最著名的例子就是福特汽车采用高效的流水线生产取代传统的集

---

① 这本书的中文版参见北京大学出版社 2003 年版或 2022 年版,英文版可参见本讲的参考文献。

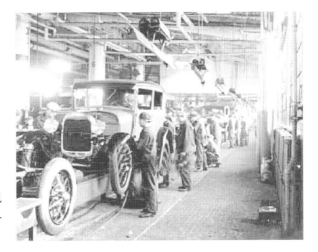

福特汽车的流水线生产大大提高了生产效率

中装配,这一高效的生产方式最终将汽车这一产品推向了大众市场。

无论是产品创新还是流程创新,技术变迁或技术创新①都主要有自主研发(R&D)和技术引进两种机制。技术创新的英文是"innovation",是指在下一次生产时,所用的技术比现在好,效率比现在高,不一定要求使用最新的技术。但是,不同国家在技术变迁的方式上可以有不同的选择。像美国、日本、德国等这些目前世界上最发达的国家,人均收入世界最高,技术水平处于世界前沿,要想取得技术创新只能依靠自己的力量进行研发。而对于一个发展中国家来说,技术水平与发达国家有很大差距,在多数产业中都可以通过向行业内比自己领先的国家进行技术引进、模仿和购买专利来实现自己的技术创新。

如何比较自主研发与技术引进的优劣?不同行业、不同分工的人往往会给出不同的答案。科研人员作为技术研发的主体,往往更加关心研发的具体成果以及研发过程中的经验积累等研发内容本身,较少关注研发之后的技术推广以及科研机构或企业的研发部门对研发项目的资金投入。因此研发对于这些人来说总是收益为正,比起使他们的参与度大大降低的技术引进,这些人多半会支持自主研发这一机制。如果是向经济学家和企业家进行咨询,他们就很可能支持技术引进。因为企业家考虑的是企业的成本和效益。首先,新技术的自主研

---

① 关于技术变迁和技术创新,可参考我的著作《发展战略与经济发展》(北京大学出版社2004年版)中的《技术创新、发展阶段与战略选择》一文。

发投入非常大,例如IBM、Intel、华为每年在研发上的投入多达数十亿、上百亿美元,占到总营收的15%甚至更高。其次,自主研发成功率非常低,因为前沿技术的研发风险非常大,99%以上的研究都以失败而告终,即使是研发成功的产品,也不能确保一定会被市场接受。当然,成功的产品在专利保护期内可能拥有全世界的市场,回报率非常高。但是我们往往只看到了这种高额的回报率,却忽视了这一件成功产品的背后那99次失败所导致的高额成本及巨大风险。正所谓"一将功成万骨枯",大多数人只看到了那位将军的功成名就,却没有看到成千上万死去的士兵。

总的来说,两种创新机制各有优劣,涉及具体情况还要视各国的国情而定。对于中国这样的发展中国家,即使经过44年的快速增长,人均GDP和发达国家还有相当大的差距。在产业、技术总体而言和发达国家有差距的领域,引进技术优于自主研发;只有一些已经处于世界领先地位的产业和少数出于大国竞争的政治考虑可能被"卡脖子"的技术,才需要利用新型举国体制来自主研发。新技术的专利保护期一般最长为20年,实际上因为当前技术变迁速度较快,有众多技术在10年以后引进就基本不需要任何花费了。如果引进的是比较新的技术,虽然会有花费,但是一些统计分析表明,引进所需的专利费大致也不会超过当初研究这项技术所花成本的30%。如前所述,若将失败的研究所消耗的成本也算进去,那引进这项技术总共的花费很可能连为取得这项成功技术所进行的成百上千研发项目成本的1%都不到。这也就是华为总裁任正非所说的,对各种技术要跟上,并保持做"备胎"的能力,但是,只要买比自己生产便宜,能买的时候就要买。

技术引进与后来者优势

依靠从发达国家引进先进技术和经验,发展中经济体可以在较短时间内用较低成本实现自身的技术创新,从而带来效率的提高,提高资本回报率,并通过快速的资本积累,促进产业升级和经济增长。这就是发展中经济体在现代化进程中的后来者优势。从工业革命后的国际社会来看,进入快速增长阶段以来,世界各国人均GDP第一次翻倍所花费的时间分别为：英国58年（1780—1838），美国47年（1839—1886），日本34年（1885—1919），土耳其20年（1957—1977），巴西18年（1961—1979），韩国11年（1966—1977），中国10年（1977—1987）。时间跨度按照经济开始快速增长的先后顺序依次递减。上文还提到发达国家在工业革命后的100年人均GDP的年均增长率为1%左右，20世纪以来为2%左右，而成功的发展中经济体人均GDP的年均增长率可高达8%。这些经济体，首先是日本，后来是亚洲"四小龙"和改革开放后的中国内地。日本的崛起和亚洲"四小龙"的腾飞被并称为"东亚奇迹"。

第二次世界大战结束后，亚洲"四小龙"与中国内地的起点基本相同，但是亚洲"四小龙"到20世纪80年代已发展成为新兴的发达经济体，人均收入达到美国的三分之一。这一奇迹背后最主要的原因就是这些东亚经济体善于利用与发达国家之间的技术差距，以引进技术来实现技术进步和产业升级。亚洲"四小龙"在50年代绝大多数人口都是农业人口，但是依靠不断引进新技术，发展高附加价值的新兴部门，劳动力不断被重新配置到服务业等附加价值高的行业。这些行业的资本回报率大大提高，资本迅速积累，整个经济也如同"滚雪球"般越做越大。

从中国改革前后经济发展的不同绩效，也能看出以引进技术为先决条件的后来者优势对整体经济的带动作用。中国在1978年之前提出过"七年超英，十五年赶美"的口号，60年代成功试爆原子弹，70年代成功发射人造卫星，在现代科技领域取得相当大的突破，为国防安全和国家的独立自主作出了巨大贡献，但是经济总体发展并不快。1978年改革开放以后，中国开始走上东亚成功经济体的经济发展道路，以引进技术和引进外资参与"国际大循环"，出口劳动密集型产品，增加外汇储备。引进技术的成本低，技术变迁的速度快，这是改革开放后中国经济快速增长的最主要原因。

中国的中高速增长能否维持

世界上还没有任何一个国家可以在连续四十多年的时间里维持

9%的平均经济增长速度。中国在改革开放后已经实现了44年的中高速增长,那么这种增长有没有可能持续下去,再维持十年甚至更长时间呢?我个人对此是持肯定态度的。这一观点并非只是纯粹乐观的估计,而是基于后来者优势和新经济的换道超车的潜力。

首先,就后来者优势而言,其大小并不在于这个优势过往已经用了多少年的时间,而在于当前中国的产业技术与发达国家之间的差距还有多大。根据宾夕法尼亚大学发布的最新《世界表》第10版的统计数据,按购买力平价计算,2019年中国的人均GDP为美国的22.6%,相当于德国在1946年、日本在1956年、韩国在1985年与美国的差距水平。1946—1962年,德国的年均GDP增长率达到9.4%;1956—1972年,日本的年均GDP增长率为9.6%;韩国虽然遭遇了1997—1998年的东亚金融危机,但其在1985—2001年的年均GDP增长率仍然达到9%。考虑到经济增长包括人口增长和人均GDP增长两个因素,现在中国因为人口老龄化,人口增长率接近于零,经济增长率基本等同于人均GDP增长率,因此我们可以只参考这些国家人均GDP的增长情况。德国在1946—1962年的年均人口增长率为0.8%,人均GDP增长率为8.6%;日本在1956—1972年的年均人口增长率为1%,人均GDP增长率也为8.6%;韩国在1985—2001年的年均人口增长率为0.9%,人均GDP增长率为8.1%。

从与中国相似的发展阶段来看,这些发展好的国家,其人均GDP增长率都达到8%以上,说明中国也有实现这样高速增长的潜力,在2021—2035年这段新征程上,中国应该也有8%的增长潜力。

与德国、日本、韩国相比,中国目前还有一个它们当年没有的优势,那就是在大数据、人工智能、互联网和新能源等新经济领域的换道超车优势。在这些新经济领域,中国不仅与发达国家站在同一起跑线上,而且新经济的技术有一个重要特性,即新产品和新技术的研发周期非常短,通常为12—18个月甚至更短。例如最近大家谈论较多的ChatGPT,短短3个月就更新了版本。而传统经济领域,产品和技术的研发周期非常长,一般要花费5—10年甚至更长时间。因此,技术研发周期短是新经济最重要的特征之一。

因为研发周期很短,所需资本投入相对较少,"烧钱"的规模也不大。那么,研发最终要依赖什么呢?要依赖人力资本。新经济的技术研发需要高素质人才。与发达国家相比,虽然中国的资本积累时间少了两三百年,但在人力资本方面并没有明显劣势。人力资本包括人的先天聪明才智和后天受教育程度两部分。就受教育程度来说,从幼儿园到大学再到研究所,中国人与发达国家的人基本上没有太大差距。再看人的先天聪明才智,各国天才在国民中的比重应该都差不多。中国人口众多,因此拥有的天才人数也多。这就好比买彩票,每张彩票中奖的概率是相同的,你手中的彩票数量越多,中奖的概率就越大。因此,在以人力资本投入为主的新经济中,中国拥有更大的人才优势。

中国还拥有全球最大的市场,因此新技术、新产品投放市场后就可带来规模经济效应,从而降低生产成本,提升在全球市场竞争中的优势。同时,中国拥有世界上最齐全的产业门类、最强的硬件配套能力,从产品的想法到实际产品的生产所需时间也最短。以APP(应用软件)为例,这是新经济中非常重要的领域,美国下载量最高的5个APP中,有4个来自中国。再比如特斯拉汽车,在美国发展了十多年,每年只能生产不到三万辆,2019年到上海来投资设厂,由于硬件配套能力非常强,仅一年时间就建立了工厂,并且年产量达到了50万辆。这也是为什么中国在新经济领域已经超越了日本、韩国和德国。而在"独角兽"的竞争中,基本就是中美两国在竞争。

2010年以后,中国经济增长速度持续下降,这虽然有中国作为发展中国家和转型国家所固有的体制、机制问题,但更多的是由于2008年的国际金融经济危机之后,发达国家的经济一直未恢复,对我国出口增长的影响。危机之前的30年,美国的年均经济增长率是2.9%,OECD(经济合作与发展组织)国家整体的年均经济增长率为2.7%。危机之后,美国依靠美元作为国际通货,采取量化宽松政策来支持经济增长而在发达国家中表现最好,但危机之后的14年(2009—2022年),美国的年均经济增长率也仅为1.8%,而OECD国家的年均经济增长率则为1.5%。由于发达国家经济增长慢,进口需求增长也慢,在危机之前,世界贸易的增长率为世界经济增长率的两倍以上,危机后世界经济增长率放缓,贸易增长率则低于世界经济增长率。我国作为世界第一大贸易国受到的影响更大,1978—2008年我国的出口年均增长 18.1%,2009—2022 年出口年均增长率降为 6.8%。① 但是,从后来者优势和换道超车优势来看,中国在 2035 年之前应该还有年均 8%的中高速增长潜力。

增长潜力是从生产侧的技术可能性角度来做的判断,存在有这样的增长潜力,并不代表需要每年都按这个速度来增长。在到 2035 年前我国还有年均 8%的增长潜力下,考虑到要实现高质量发展的目标、克服中美摩擦所可能带来的"卡脖子"挑战,以及作为转型中国家必然存在的一些制约生产潜力释放的体制、机制问题,只要保持定力、做好自己的事,中国应该有可能实现 5%—6%的年均增长。同样的道理,从 2036 年到 21 世纪中叶,中国应该还有年均 6%的增长潜力,并有望实现年均 3%—4%的增长。

按购买力平价计算,中国 2022 年的 GDP 规模约占世界的 18.4%,按不变价计算则为 18.1%,这就意味着,中国每年只要维持 5.5%左右的增长,就将对世界经济贡献一个百分点的增长,中国仍是世界经济增长最重要的引擎。预计中国大陆将很快跨过人均收入 13 845 美元的门槛,成为第二次世界大战结束以来继韩国和中国台湾地区之后第三个从低收入行列跨入高收入行列的经济体,从而使得全世界 34.3%的人口生活在高收入经济体中。预计到 2030 年左右,中国则将成为按汇率计算的世界第一大经济体。按照党的二十大的战略安排,中国预计到 2035 年基本实现社会主义现代化,到本世纪中叶建成富强民主文明和谐美丽的社会主义现代化强国。

中国经济存在的问题

上一节集中讨论了中国经济发展的潜力并对未来做出了相关的预测,但是所有这些潜力能否最后被发挥出来、实现高质量发展的目标,仍取决于能否克服经济增长潜力以外种种体制、机制的瓶颈限制。中国是正处于体制转型过程中的发展中国家,在经济快速增长的同时

---

① 关于 2010 年以来中国经济增速放缓的原因可参见本书第十二讲。

也必然出现很多不可忽视、需要克服的问题。

收入不平等及城乡差距扩大

在改革开放初期,城乡收入差距以及东部、中部和西部的地区收入差距都在不断缩小。但从1985年以后两类收入差距又开始重新扩大。基尼系数(一种用来衡量收入平等状况的指标,数值为0表示绝对平等,数值为1表示绝对不平等)从1981年的0.31上升到2012年的0.42,接近于拉美国家的水平。古语有云"不患寡而患不均",过大的贫富差距会让低收入人群产生不平衡心理,加之当前中国教育、医疗、卫生事业以及社会保障体系的发展还相对滞后,因而极易引发矛盾,影响社会的和谐与稳定。

资源利用低效率及环境不平衡

中国经济在高速发展的过程中,消耗了大量的能源和资源。2006年,中国国内生产总值只占世界的5.5%,却消耗掉全世界9%的石油、23%的氧化铝、28%的钢材、38%的煤炭和48%的水泥。自然资源的总量是有限的,这种资源消耗水平和增长模式如果持续下去,势必会影响到世界其他国家和子孙后代。同时,资源价格的不断攀升也使得过度利用资源的成本不断加大,有悖于新发展理念的要求。

由经济快速发展所造成的环境问题同样不容忽视,前些年国内频发的矿难、水灾就多与环境的恶化有关。20世纪90年代中国发生了三次大的水灾,每一次都号称"百年不遇",为何"百年不遇"的水灾在十年内发生了三次,值得人们去深思。自然灾害对经济的打击常常是致命的,保护环境,将灾难防患于未然是一个重要问题。

腐败问题

改革前,中国社会各阶层收入来源单一,贪污腐化的现象易于被察觉并加以遏制。改革后,物质激励成为提高效率的主要手段,每个人的收入来源因而多元化,但在提高人们积极性的同时,也给形形色色的"灰色""黑色"收入提供了保护伞。各级政府官员的贪污腐化现象,扩大了改革后原本难以避免的收入分配不平等,增加了在改革中利益受损者的不满情绪,也降低了政府的公信力。在亚洲金融危机以后,只有印度尼西亚的经济复苏迟缓,其中的重要原因就是其政府的贪污腐败现象过于严重,使民众对政府失去了信心。民众一旦对政府失去了信心,在大的危机面前,社会就难有向心力,进而影响经济和社会的稳定和发展。党的十八大以后,反腐成为全面从严治党的主要内容之一并且取得了明显成效,已经出现了官员"不敢腐"的情形,但是如何进一步完善体制和风气,使得官员"不能腐"和"不想腐",还有待持续的努力。

教育问题

教育问题因其影响长远而不易被立刻发现,却并不代表不重要。中国现阶段的教育政策仍然存在求量大于求质的问题,尤其在大学这样的高等教育阶段,这种政策从长期来看是不利于人才培养和社会的长足进步的。上一节讲到技术创新对经济发展的关键作用,无论是技术引进还是自主创新都需要人才去实现,人才的产生背后无疑是教育的支持。尤其在社会科学方面,目前所用教材、所教理论绝大多数都是照搬发达国家。社会科学理论来自对社会经济现象的总结,必然内嵌于理论产生国的社会、经济、文化结构之中,并以理论产生国的社会、经济、文化结构为暗含前提,如果暗含前提中的变量出现关键性变化,盛行一时的理论就会被新的理论所取代,所以,发达国家的社会科学理论在发达国家并非"百世以俟圣人而不惑"。我国作为一个发展中、转型中国家,社会、经济、文化结构和发达国家有诸多关键差异,简单照搬发达国家的社会科学理论难免会有"南橘北枳"的问题。因此,急需根据我国自己的现象来进行自主理论创新,编写有中国特色的教材,这样才能使得社会科学理论在中国实现"认识世界,改造世界"的目标。

人口老龄化问题

1999年,中国60周岁以上老年人口占到总人口的10%,按照国际通行标准,我国人口已进入了老龄化阶段。进入21世纪后我国人口老龄化速度持续加快,据全国老龄工作委员会公布的数据,截至2011年年底,中国60周岁及以上老年人口达到1.85亿(占总人口的13.7%),2022年年底达到2.8亿(占总人口的19.8%)。预计到2035年左右,中国60周岁及以上老年人口将突破4亿。2022年中国人口自然增长率为-0.06%,人口开始停止增长,劳动力也即将出现负增长,给经济发展带来了新的挑战。

全球气候变暖

自18世纪开始的工业革命以后,随着各国工业化的进展,二氧化碳的大量排放和在大气中的积累,造成了温室效应,全球气候随之变暖,如果不给予控制,将导致极端气候的频仍出现和海平面的上升,给全球的发展甚至人类的生存带来威胁。2015年12月,世界各国在巴黎气候变化大会上达成了把全球平均气温升幅控制在工业化前水平以上2℃之内,并努力将气温升幅限制在工业化前水平以上1.5℃之内的目标。中国全国人大常委会于2016年9月3日批准中国加入《巴黎协定》,中国成为第23个完成批准协定的缔约方。2020年9月,习近平主席在第七十五届联合国大会一般性辩论上阐明,"应对气候变化《巴黎协定》代表了全球绿色低碳转型的大方向,是保护地球家园需要采取的最低限度行动,各国必须迈出决定性步伐",同时宣布,"中国将提高国家自主贡献力度,采取更加有力的政策和措施,二氧化碳排放力争于2030年前达到峰值,努力争取2060年前实现碳中和"。为了实现这个目标,我国必须探索实现绿色发展的新道路。

大国竞争所带来的"卡脖子"问题

随着中国改革开放后经济的快速发展,2014年按购买力平价计算,中国的经济规模超过美国,成为世界第一大经济体,在国际上的影响力也不断上升,这让自19世纪末以来一直为世界第一大经济体的美国感到失落。从中国经济规模超过美国开始,美国便开始采取各种行动遏制中国发展。最早是奥巴马提出"重返亚太"计划。实际上,美国从未真正离开过亚洲太平洋地区。"重返亚太"计划旨在加强该地区的军事力量,美国把在地中海的第六舰队主力调到太平洋来,将其战略重点转向太平洋地区,以应对中国的崛起。之后,特朗普政府以各种莫须有的理由,对中国发起贸易制裁和科技制裁,甚至动用全国的力量打压华为这样一家公司。这是为了利用美国作为全球第一强国的军事、科技和金融实力,以及在意识形态方面的霸权,来打压中国。拜登政府上台后,"重返亚太"的战略依然延续,同时他们还将进一步加强贸易制裁和科技制裁,甚至试图通过组建同盟和利用意识形态来施加压力,从而让更多国家与中国"脱钩",形成对中国的打压集团。这既不利于中国利用后来者优势,以引进消化吸收作为技术创新产业升级的来源,也给世界带来了许多的不确定性,不利于世界的稳定和发展。

以上谈到的只是中国当前所面临问题的几个侧面,还有社会发展滞后、技术能力不强、地方保护主义盛行、法律法规体系不够完善等政治、经济、社会乃至来自外部的各方面问题需要去发现和一一解决。这些问题都是切实存在着的,如果在一定时期内得不到有效解决,任何一个问题严重到一定程度都会带来社会经济大的矛盾,甚至影响到政治体系的稳定。而如果没有稳定的政治经济大环境作为保证,发掘经济潜力、维持高速增长的目标也就无从实现。

综上所述,中国有很大的潜力将当前的增长势头维持下去,并有望在2030年前后重登其世界第一大经济体的宝座。为此,中国需要克服很多内在的问题,并应对外来的挑战。接下来的几讲将具体分析如何发掘中国的潜力并克服这些问题。如果实现上述潜力,中国可能成为按汇率计算的世界第一大经济体,而且将是一个不依赖殖民掠夺、黑人奴役、种族屠杀和帝国主义战争而崛起的大国,一个完全依靠人民的勤劳、政府的良政、正确的产业政策而崛起的国家(Martinez,2020)。在本书最后一讲中,我将探讨中国的崛起对现代经济学的意义。

参 考 文 献

林毅夫,《发展战略与经济发展》,北京:北京大学出版社,2004年。

林毅夫,《本体与常无:经济学方法论对话》,北京:北京大学出版社,2012年。

林毅夫、蔡昉、李周,《中国的奇迹:发展战略与经济改革(增订版)》,上海:上海三联书店和上海人民出版社,1999年。

亚当·斯密,《国民财富的性质和原因的研究》,北京:商务印书馆,1981年。

Bergsten, C. F., "Currency Misalignments and the U. S. Economy", Statement before the U. S. Congress, May 9, 2007. accessed August 1, 2012, http://www.sas-ft. org/Content/ContentGroups/PublicPolicy2/ChinaFocus/pp_china_bergsten_tstmny. pdf

Chang, G. H., *The Coming Collapse of China*, New York:Random House, 2001.

Goldstein, M., "Confronting Asset Bubbles, Too Big to Fail, and Beggar-thy-Neighbor Exchange Rate Policies", Paper based on remarks delivered on December 15, 2009, at the workshop on "The International Monetary System:Looking to the Future, Lessons from the Past", sponsored by the International Monetary Fund and the UK Economic and Research Council, Peterson Institute of International Economics, 2010.

Groningen Growth and Development Centre, "Angus Maddison", Last modified September 3, 2008. accessed August 1, 2012, http://www.ggdc.net/MADDISON/oriindex.htm

Krugman, P., "World Out of Balance", *New York Times*, November 15, 2009.

Krugman, P., "Chinese New Year", *New York Times*, January 1, 2010.

Lin, J. Y., "Global Imbalances, Reserve Currency and Global Economic Governance", Prepared for the Closing Panel at the IPD-FEPS Global Economic Governance Conference at Brookings Institution, Washington DC, October 7, 2010.

Maddison, A., *The World Economy:A Millennial Perspective*, Paris:OECD, 2001.

Maddison, A., *Historical Statistics of the World Economy:1-2008 AD*, Paris:OECD, 2010. accessed August 1, 2012, http://www.ggdc.net/maddison/Historical_Statistics/horizontal-file_02-2010.xls

Martinez, C., Carlos Martinez@ agent_of_change,9:20 pm 14 July 2020, TweetDeck.

Schultz, T. W., *Transforming Traditional Agriculture*, New Haven, CT: Yale University Press, 1964.

Smith, A., *The Wealth of Nations*, Chicago: University of Chicago Press, 1776.

World Bank, *World Development Report 1986: Trade and Pricing Policies in World Agriculture*, Washington, DC: World Bank, 1986.

World Bank, *World Development Report 1991: The Challenge of Development*, Washington, DC: World Bank, 1991.

World Bank, *World Development Indicators 2010*, Washington, DC: World Bank, 2010.

World Bank, *Global Development Horizons 2011—Multipolarity: The New Global Economy*, Washington, DC: World Bank, 2011.

第二讲

李约瑟之谜与中国的兴衰

中国在前现代社会的成就

首屈一指的经济规模

我在上一讲里提到,中国经济在不久的将来有可能成为全世界最大最强的经济,这对中国人来说算不得什么新奇难想之事。在研究长期经济历史的经济学家中,著名经济学家麦迪森在其著作《世界经济千年史》中对中国、欧洲以及世界上很多国家和地区的长期经济发展历史作了非常细致的数量研究。根据他的分析,中国直到19世纪中叶还是全世界最大的经济,而且在之前将近两千年的时间里,中国也一直是全世界最大最强的经济。在公元元年,欧洲有古罗马帝国的盛世,中国也即将迎来"光武中兴",当时中国的汉朝与欧洲的罗马帝国相比,因为没有发生过战争,很难说明哪个更强。但是麦迪森通过对各种历史数据的推算,认为当时中国在人均收入水平方面与罗马帝国不相上下。欧洲在罗马帝国之后很快就分崩离析,进入封建社会。封建贵族各自拥有独立的城邦,每个城邦就是一个自然经济,城邦之间很少交易。根据亚当·斯密在《国富论》中论述的第一个经济发展规律,劳动分工是经济发展的动力之一,分工越细,生产力水平就会越高。但是分工的规模又取决于市场的规模大小,市场规模越大,分工就可以越细,否则即使提高了产量也无法为市场所吸收。欧洲在罗马帝国时期是大一统的帝国,进入封建社会后分解为各个城邦,市场规模急剧缩小,分工和生产力水平下降,所以在罗马帝国以后欧洲的人均收入水平有所下降。中国自汉朝以来,固然有所谓的"天下合久必分,分久必合",但总体而言,绝大多数年代都是一个统一的国家,市场规模也远远大于欧洲。在这种背景下,中国的劳动分工水平不断提高,经济不断发展。因此,两千年前的中国与欧洲处于同一经济发展水平,但在罗马帝国结束以后,欧洲的经济水平逐渐下滑,而中国的经济规模还在继续上升,中国的经济发展水平在当时世界上确实是首屈一指的。

汉朝以和亲等政策平息战乱,并为与边疆少数民族进行通商铺平了道路(图为清朝倪田的《昭君出塞图》,收藏于北京故宫博物院)

领先的技术水平

从长期经济发展来看,技术变迁是相当重要的。与发达国家相比,技术落后是一个国家经济发展落后的主要标志。从技术的角度看,在17、18世纪之前,中国的技术处于全世界领先的水平。当时英国的著名政治家、哲学家弗朗西斯·培根(Francis Bacon,1561—1626)在一篇文章中指出,有三项技术让欧洲走出黑暗时代,这三项技术分别是火药、指南针以及纸张和印刷术*。

火药不仅打破了固若金汤的封建贵族城堡,也打通了统一的全国市场。从13、14世纪开始,统一的民族国家代替了割据分立的贵族城堡,国家内部市场规模得以扩大,分工变得更细,经济持续发展。因此火药是让欧洲走出黑暗时代的第一项重要技术。

第二项重要技术是罗盘,也就是指南针。如果没有罗盘,也就不会有所谓的"地理大发现",也就没有哥伦布的横渡大西洋、发现新大陆。新大陆的发现不仅给欧洲带来了大量的财富(比如黄金),还带来了许多新的作物品种,极大地改变了欧洲的人类发展历史。16、17世纪以后欧洲的人口激增与这些新作物品种的引进有很大关系。与中国的情况相类似,玉米和马铃薯等高产或耐旱作物在美洲新大陆被发现并被传到欧洲,使得原本不适宜耕种的土地承载量大大提高,人的生存变得更有保证,人口迅速膨胀起来。

在没有纸张和印刷术之前,知识传播是相当困难的,因为文字通常只能写在羊皮上,羊皮又比较贵重。书的制作也不是靠印刷而要靠手抄。修道院里的一个修道士可能一辈子只能抄出一部《圣经》,一部书的价值几乎相当于一个人生命的价值。当出现了纸张和印刷术以后,书的生产成本大大下降,书籍作为知识的载体,使得知识的积累和传播不断加快。

以上就是"让欧洲走出黑暗时代的三大技术发明"。培根看到这三大技术的重要性,却不知道这些技术来自哪里。现在我们知道,这些技术是中国人发明的,这表明当时中国的科技水平实际上处于世界的前沿位置。不仅这三大技术处于世界的前沿,其他很多

---

* 培根在文中将造纸术和印刷术合并为一项技术。——编者注

技术也是如此。例如,钢铁的产量是衡量一个国家工业化水平的重要指标,因为钢铁是生产所有机器设备和武器的原材料。在前现代社会,中国在钢和铁的生产上远远领先于西方。根据研究,在 11 世纪的宋朝,中国的钢产量就已经达到 15 万吨,尽管在现在看来这个数量微不足道,但在当时这个产量是整个欧洲的 5—6 倍。就战争武器而言,中国的铁制武器比同时代欧洲的铜制武器更具杀伤力。就农业工具而言,中国的铁制农具也比欧洲的木制农具拥有更高的生产力。由此可见当时中国在技术水平上的领先地位。

活跃的市场经济

当时中国在世界的领先地位还体现在活跃的市场经济上。现在认为私有制是市场经济的基础,而土地的私有是私有制中最重要的一环。中国早在春秋战国时期就已经开始推行土地私有,允许土地自由买卖。而欧洲在整个封建社会时期,土地都属于贵族,不存在土地市场。中国从春秋战国时期开始,就已经有相当活跃的劳动力市场。例如,春秋时期像孔子一样周游列国的人有很多,这在今天相当于高级"白领"出国寻找就业机会,可见当时劳动力市场非常发达。《管子》里有句话叫作"国多财则远者来",即如果一个国家比较富裕,这个国家就会吸引很多人从远方移民过来。这表明当时就存在活跃的劳动力市场,而且劳动力的流动原则与现在劳动力的流动原则是完全一致的。而在同时代的欧洲,土地属于封建贵族,农民是半农奴,即农民依附于土地,不能自由流动,必须取得自由农的身份才能自由流动,但只有极少数的人有办法成为自由劳动力。

中国在当时不仅要素市场极为活跃,商品市场更是如此。中国在春秋战国时期就已经有了期货市场和投机行为,而且投机的原则与今天毫无二致。一个最著名的例子就是关于范蠡的故事。在 2 500 多年前的吴越之争中,范蠡曾是越王勾践的重要谋士。范蠡帮助越王勾践打败吴王夫差后就选择"弃官从商",并在很短的时间内"三聚其财三散之",意即在很短的时间里积聚了大量的财富,并在积聚了财富以后,为了构建和谐社会的需要,又把这些财富分给了贫穷的老百姓,还一共做了三次。一个人要在很短的时间内赚取很多的财富,最简单的手段就是投机。在司马迁的《史记·货殖列传》里,有一段关于范蠡的传记。范蠡又叫陶朱公,他在很短的时间内依靠投机敛聚钱财,并且掌握了投机的规律,那就是"论其有余不足,则知贵贱。贵上极则反贱,贱下极则反贵。贵出如粪土,贱取如珠玉"。"论其有余不足,则知贵贱"说明他深谙价格由市场上的供求关系决定这一道理。"贵上极则反贱,贱下极则反贵"是指价格机制在调节供求关系上的作用,生产者通过价格这一指标来决定生产,价格高时生产得多,导致供给增加,在需求变化不大时,价格就会下降;价格下降抑制了生产积极性,到一定程度时供给会大量减少,在需求变化不大时,就会出现短缺,价格又会大幅上扬。而"贵出如粪土,贱取如珠玉"就是指投机的原则,即在商品价格贵的时候要像清理脏土一样赶快把囤积的商品卖掉;在商品价格便宜的时候要当珠宝一样买进越多、囤积越多越好。当然一般人都正好相反,东西贵的时候握在手里舍不得卖,东西便宜了又认为不值得去买,这与今天很多股民的心态非常类似——在股票价格上涨的时候买进,在股票价格下跌的时候卖出,因此只赔不赚。由此可见21世纪的投机原理在范蠡的时代就已经被掌握。

在投机中最困难的就是如何判定商品的价格是贵还是便宜。例如,二十几年前在纳斯达克非常热的时候,纳斯达克指数从20世纪90

范蠡因生财有道被民间尊奉为"财神"

年代初的1 000点上升到了1998年的2 000点,在1999年升至3 000点,在2000年涨到4 000多点,2001年3月达到5 300点。在5 300点的时候还有人不断买进股票,因为当时有人估计可以涨到10 000点,所以他们认为在5 300点的时候买进还很便宜。随后纳斯达克从5 300点跌到3 000多点,这时有人认为已经跌到谷底,开始买进,结果最后跌到1 100点。可见投机最难的是如何确定商品的贵贱。

商品的贵和贱都是由商品的供给和需求决定的,正如范蠡所谓的"论其有余不足,则知贵贱",这完全符合市场经济规律。但更重要的是如何判断价格的变化趋势。范蠡将价格的变化规律归纳为"贵上极则反贱,贱下极则反贵",当生产者按照市场价格来决定生产和投资决策时,如果一种商品很贵,就会有很多人以牟利为目的大量生产这种商品,当供给增加到一定程度时如果需求不再增加,价格就会下跌;价格下跌导致很多人亏本,就有很多人撤出投资停止生产,供给逐渐减少,而需求可能还会增加,当需求的增加达到一定程度以后,出现供少于求,价格就会再度上升。发生以上情况的前提是必须有一个非常灵活的市场制度,市场价格能够很好地反映供求情况。这意味着在两千多年以前的春秋战国时代,中国就已经有了活跃的市场经济。中国在现代从计划经济体制向市场经济体制转变的过程中,一向对欧美的市场经济制度非常崇拜,殊不知中国早在两千年前,不管是土地市场、劳动力市场还是商品市场都已经非常完善。当时中国的文明不仅在经济基础、科学技术上领先于西方,而且在制度层面也走在世界前列。

繁华的城市

中国在前现代社会比西方发达,人民的生活水平也比西方高出很多。中国在15、16世纪以前是世界上最发达、最富有的国家,也是城市化水平最高的国家。当时中国的城市相对于西方而言非常繁华。我们常说繁华如烟,转瞬即逝,今天我们坐在这里,很难想象千百年前这片土地上的繁盛,然而即使是从当时留存于世的为数不多的艺术作品当中,也能略窥出一些形貌。北宋张择端的《清明上河图》就是这些艺术作品中的代表作,它描绘的是北宋都城汴梁的胜景。画面巨细无遗地再现了这一当时世界第一大都市的繁华景象,其艺术价值当然毋庸置疑,而这幅画呈献给后世的关于当时社会历史、文化、自然等诸多方面的种种信息细节,还要远远超过单纯的艺术享受。

《清明上河图》(局部)中繁华的汴梁城

又如北宋词人柳永在名篇《望海潮》中就有对南宋都城临安(今杭州)的描述,这些描述即使在今天看起来依然让人无限神往。

望海潮

柳永

东南形胜,三吴都会,钱塘自古繁华。烟柳画桥,风帘翠幕,参差十万人家。云树绕堤沙,怒涛卷霜雪,天堑无涯。市列珠玑,户盈罗绮,竞豪奢。

重湖叠巘清嘉,有三秋桂子,十里荷花。羌管弄晴,菱歌泛夜,嬉嬉钓叟莲娃。千骑拥高牙,乘醉听箫鼓,吟赏烟霞。异日图将好景,归去凤池夸。

"钱塘自古繁华"自然不用多讲。"烟柳画桥"说明杭州的绿化非常好,而且河流很多,河流之上还建有雕画的桥梁。"风帘翠幕"指的是家家户户的外观都装饰得非常漂亮,连帘幕都十分讲究。"参差十万人家"虽然作为文学上的描写不一定非常准确,但是可以由此粗略推测当时的临安城至少有百万人口。"市列珠玑,户盈罗绮,竞豪奢",讲的是商店里陈列着各种珠玉珍宝,家里都堆满了绫罗绸缎,一些富裕的家庭还会相互攀比。从"菱歌泛夜"中可以看出当时临安人的夜生活也是非常丰富的,到了晚上还会去湖上采菱放歌。至于"乘醉听箫鼓,吟赏烟霞"的声色犬马之乐,虽说可能并非寻常百姓都能体会得到,但至少体现了当时娱乐生活的奢华情调。

如果说柳永的词句多少有些艺术夸张的成分在里面,那么当时远渡重洋前来的欧洲人对中国的描述就应当比较客观了。意大利人马可·波罗在元朝的时候来到中国,在扬州等地不仅做生意而且还当上了官,后来他回到意大利,在《东方游记》中形容苏州"周围四十里",并且认为苏州大到人口无法计数。提到杭州时,他认为杭州是全世界最漂亮、最繁荣的城市,杭州的繁华让他不禁发出这样的感叹:"一个城市怎么可能有办法养活如此多的人口!"

逆转:近代中国的突然衰落

曾有人统计过,在18世纪以前,全世界超过百万人口的城市当中,中国有8个。在13世纪,不仅马可·波罗,当时整个欧洲对中国的印象都有点像现在中国对欧美的印象,欧洲人都觉得中国很富有。亚当·斯密在《国富论》(1776)中就有对中国的很多描述,他认为中国在长期以来都是一个非常富足的、生产力水平非常高的、经济发展程度也非常高的国家。在18世纪末对东西方的比较中,有一本著作由历史学家卡洛·M.奇波拉(Carlo M. Cipolla)撰写,研究的是工业革命以前(1000—1700)的欧洲社会。① 这本著作最后的结论非常有趣,它认为在11世纪至18世纪初这段时间,西方基本上是一个贫穷、落后的农业经济,而中国则是一个富有的、发达的工业经济。而近代只要把上述的"西方"与"中国"两两互换,这句话同样适用。

中国落后于西方,其实是在很短的时间里发生的一个很大的逆转,主要的事件就是西方在18世纪中叶发生了工业革命。有学者对此进行了一个非常好的描述:"当中国使用铁犁的时候,欧洲还在使用木犁;但是当欧洲使用钢犁的时候,中国还是在使用铁犁。"在很短的时间里,欧洲发生了很大的变化,而中国没有变化,因此才会落后于西方。18世纪中叶工业革命在英国发生并逐渐传播到欧洲大陆,这

---

① 具体可参见本讲的参考文献。

场革命从纺织业的机械化开始,以蒸汽机的发明和钢铁的大量使用为标志。很多人研究欧洲为什么会发生工业革命,尤其是工业革命为什么会发生在英国。当然从各种条件看,英国确实具有各种各样的有利条件。但是研究中国历史的不少学者发现,英国在18世纪中叶发生工业革命时的经济、科技和工业条件,中国早在13世纪就基本上已经具备了。这意味着中国在13世纪至14世纪初的时候,就已经到了发生工业革命的边缘。但更重要的问题是中国在接下来的几个世纪并没有迈入工业革命的大门,所以直到19世纪中叶鸦片战争爆发,中国才会突然发现自己已经落后于世界。由此出现了一个很有趣的问题,这个问题是由一位研究中国科技史的学者李约瑟提出的,他对中国科技史进行了大量细致的研究,所以这个问题就以他的名字来命名,被称为"李约瑟之谜"。下面我们就对李约瑟之谜进行详细介绍和解释。

李约瑟之谜的提出

李约瑟其实是一个很有趣的人,在20世纪初他还很年轻的时候,就已经是英国剑桥大学研究生物化学的著名科学家,在生物化

李约瑟(Joseph Needham,1900—1995)在其1954年出版的15卷巨著《中国科学技术史》首卷中正式提出了被称为"李约瑟之谜"的著名谜题

学领域做出了很大贡献。李约瑟在剑桥大学做研究的时候，实验室里当时有三位中国学生，在实验休息的时候李约瑟经常与他们一起聊天，聊的话题主要是科学技术。在李约瑟看来，当时的英国是全世界最大最强的经济，不仅技术领先，而且是工业革命的发源地。在研究这些技术的时候，李约瑟想当然地认为当时的先进技术应该都是欧洲发明的，并且更有可能是英国发明的。但是这三位学生当中有一位女生的父亲是北大的科技史教授，家学渊博，所以对科技史非常熟悉。每当谈论一个过去的技术时，李约瑟总是认为这项技术是欧洲发明的，但这位女生都会告诉他，那是中国发明的，而且在哪本书上已经有过记载。开始李约瑟并不相信，后来他查阅了很多资料，才发现这些技术果然早在中国古代的某本文献里就已经有了记载。因此他感到非常惊讶，惊讶之余便是好奇，而他的兴趣从此就转到研究中国科学技术史上了。在第二次世界大战的时候，他在英国驻华领事馆做文化参赞，利用此次机会收集了大量的中国史籍。在第二次世界大战结束以后，他先到联合国的教科文组织工作了一段时间，后来又回到英国，在剑桥大学建立了一个李约瑟图书馆（里面收集了大量中国的历史文物资料），随后就开始编辑《中国科学技术史》。他所编辑的《中国科学技术史》非常详细地记录了每一个科学技术或者机械设备、工具最早在哪一本史书上可以查出其出现的确切年代，还比较了同样的技术在中国与在欧洲出现时间的差异，并由此推测这些技术到底是从中国流向西方还是相反。根据他的研究，在15、16世纪以前，东西方科学技术的交流是中国的技术传向西方；到了16、17世纪，开始有一些西方的技术传到东方；到了18世纪中叶以后，这种流向逐渐固定下来，基本上都是西方的技术传向东方。

由此，李约瑟提出了一个问题，后被称为"李约瑟之谜"。这个问题包含了两个方面：第一个方面是为什么在前现代社会中国的科学技术非常发达；第二个方面是为什么在现代社会中国又成为技术落后的国家，没有继续维持原来的领先。这是历史上一个很大的转变，当然就会激发很多人去思考为什么会有这样的转变。对这个问题的回答对于中国人来说意义尤为重大，因为中国的知识分子一向以振兴国家为己任，虽然过去的历史已经成为过去，但这段历史背后的因由对于预测中国在未来的复兴一定有所启示,值得我们去深入探究。

在人类文明史上有很多文明都曾写下过光辉的一页。像埃及在五千到七千年前是全世界最大最强的经济,后来到三千年前,两河流域文明成为世界上最发达的文明,之后才有中华文明的辉煌。但是世界上大多数的文明,都是由弱到强,强了以后各领风骚几百年乃至几千年,就会逐渐走向衰落,最终湮没消失在了历史长河中。对于埃及文明,虽然从地理名词上看,现在的埃及与五千至七千年前法老时代的埃及用的是同一个地名,但就文化角度而言,古代的埃及文明已经消亡。其他文明如两河流域文明同样也是如此。中华文明被认为是唯一延续了几千年并传承不灭的文明,但是中华文明到底会不会像古埃及文明和两河流域文明那样由小而盛、由盛到衰,最后走向消亡呢?对李约瑟之谜两个问题的回答可能会影响到对这个问题的判断,会让我们明白中国到底有没有再度复兴强大起来的可能。而要回答上述问题,就要弄清中国过去为何繁盛,后来又为何由盛转衰,这是预测中国未来发展前景的一个突破口,由此我们可以知道未来的发展需要克服哪些不利因素,才能重新恢复中华民族原有的创造力。这个问题引起了很多人的关注,也有不少各式各样的解释和理论不断被提出,但是目前的理论大多只能解释两个问题中的一个,即要么回答为什么中国在过去繁荣先进,要么回答为什么中国在进入现代社会后变得落后,而不能同时对两个问题都非常适用。一个真正有效的理论,应该同时对两个问题都有很好的解释力,只有这样才有可能在中国未来如何实现伟大复兴的问题上具有可信的指导意义。

解释李约瑟之谜的现有理论

文化决定论与李约瑟之谜

文化决定论是解释中国现代之所以落后的一种重要理论。文化决定论中的文化指的是儒家文化。这种观点认为,因为儒家文化强调社会的和谐,强调人与自然之间关系的和谐,所以比较保守。文化决定论的提出者是马克斯·韦伯(Max Weber)[1],他认为资本主义之所以在西方出现是因为西方信奉新教,只有新教文明才能产生资本主义和工业革命。因此,强调儒家文化消极影响作用的人指出中国的儒家文化不讲科学、不够先进,受儒家文化影响的人都表现得比较中庸和保守。因为自然是和谐的,所以中国人只会讲"天人合一"而不去追求科技发明和科技革命。五四运动时期提出的口号就是"科学"与"民主",针对的就是儒家文化不讲科学、注重礼教、不讲社会秩序和迷信权威的弊病,儒教被认为是"吃人的礼教"。因此文化决定论者认为中国落后的原因是长期无法摆脱儒家文化的影响。

但是只要稍微分析一下就能发现,如果这个原因是对的,那么中国在未来就不会有多大希望,因为中国的文化经历了几千年的历史积淀,已经深深植根于国家以及国民当中,没有几百年甚至几千年的时间是很难动摇的。文化不会在短期之内改变,是因为文化具有传承性。当然文化包括很多领域,像物质、社会体制以及思想观念等。从思想观念来看,并不是接受了西方文化,一个人的思想就会完全改变。俗话说"三岁看大,七岁看老",说的就是一个人的价值取向在很早的时候就已经基本确定了。现代研究心理学的学者在实验室里通过很多控制严谨的心理学实验也证实了这一点。如果一个中国的新生儿在很短的时间内就会从身边的父母、兄弟以及周围的人和事物当中接受本民族当前的价值取向,那么要改变这一结果的唯一方式,就是在他刚一出生的时候就把他送到欧美国家,让他从小接受西方的教育,等思维成型之后再接回到国内来。中国每年有数以千万计的新生儿,每一个都这样做显然是不可能的,更不要说将民族性格中可能的遗传因素考虑进去后得出的结论。因此,如果文化决定论是正确的,那么它的结论就是悲观的。

可是,如果中国在现代落后于西方是因为中国没有像西方那样挑战自然的价值取向,那又如何解释一千多年前中国的强盛并领先于世界?因为中国的价值取向是一脉相承的。所以文化决定论尽管也许

---

[1] 韦伯的主要观点体现在《新教伦理与资本主义精神》一书中,这本书的中译本可参考陕西师范大学出版社2002年版,英文版可参见本讲的参考文献。

能够解释中国在现代为什么落后,但却没办法解释中国在过去为什么强盛。因此这个理论并没有真正揭示中国在现代落后的原因。

国家竞争假说和专利保护说

一些学者在报纸杂志上讨论中国问题的时候,认为欧洲之所以强盛是因为欧洲分成很多小国,国家与国家之间存在着竞争,为了让国家强盛,各个国家就会努力去倡导科学技术。而中国是大一统的国家,不存在这种竞争,由于长期缺乏竞争的压力,因而不会有科技进步。这种理论看起来似乎说得通,因为欧洲确实分成了许多小国,国家间相互竞争。但是如果这个理论是正确的,就不能解释为什么中国在过去的一千多年里是一个既统一又非常强盛的国家。因此,这个理论也没有真正解释问题。此外,还有很多类似的理论。例如,有人认为欧洲出现工业革命是因为欧洲有专利制度,英国在15世纪时就有专利制度,所以后来才会强盛,但是这个假说也无法解释为什么在前现代社会中国的科技比欧洲进步。

这些理论都是用现代的状况来判断当时的状况,其实我们在讨论社会经济问题和历史问题的时候,绝对不要着眼于欧洲社会现在看来非常重要的东西,然后与几百年前的情况进行对比。实际上现在有的一些东西,欧洲在两三百年前并没有。例如,在工业革命的早期,绝大部分的技术没有专利的保护,因为申请专利时必须公开技术信息,申请专利后别人只要稍作变化就可以在不侵犯专利权的情况下很容易地把技术学去。尤其是在工业革命的早期,因为信息收集和执行保护的成本很高,专利保护的效率很低,所以多数新技术为了保护技术秘密宁愿不申请专利,直到现在还有不少新技术基于同样的原因而不申请专利。因此专利制度在当时的重要性是值得怀疑的。专利制度即使在现在非常重要,也并不代表它是工业革命的决定因素。

高水平均衡陷阱假说

在国内外的学术界,尤其是在国外的学术界中,目前影响最大的一个假说是从需求不足的角度解释这个问题。这个假说认为在中国当时的社会经济状况下,对新技术的需求不足导致了中国的技术进步停滞。该假说的提出者是研究中国经济史的英国著名学者伊懋可(Mark Elvin)。伊懋可在《中国过去的模式》(*The Pattern of the Chinese Past*,1973)一书中提出了"高水平均衡陷阱"理论。他认为在前现代社会,中国拥有先进的现代制度,包括土地市场、劳动力市场和产品市场制度以及私有产权制度等,由此导致较快的技术发明和传播。但是由于中国人受传宗接代的传统观念等因素的影响,中国人口增长非常迅速,在两千多年当中积累的人口相当多。

中国人口的快速膨胀会产生几个结果:首先,由于总的土地面积是不变的,相对而言人均土地就会越来越少。伊懋可以及和他有同样主张的学者认为,人均土地越来越少可以通过两种不同的机制对技术的需求产生不利影响。第一个机制是随着人口的增加,人均耕地下降,导致经济中的剩余越来越少,当新技术出现的时候,已经没有足够多的剩余来购买新技术。因为工业革命产生的都是新技术,而新技术又很贵,机器设备价格很高,如果经济中的剩余非常少,那就买不起新的机器设备,导致新机器设备的需求不足,因此就不会鼓励发明新技术。第二个机制是当人口越来越多而土地越来越少的时候,劳动力的价格就会越来越低。当劳动力的价格越来越低的时候,即使新技术出现,人们也不会去购买这项新技术,不会使用机器设备来替代劳动力,因此对新技术的需求不足。

所以伊懋可认为,中国过去之所以兴盛繁荣,技术发明快,是因为中国有很好的市场制度,就像欧洲的技术发达是因为它有很大的市场需求以及市场竞争压力等。他把当时的中国称为"高水平均衡"。在20世纪五六十年代,发展经济学中有一个"均衡陷阱"理论,指的就是一些非洲、南亚的发展中国家曾出现过的情况。当时有一位著名的经济学家叫沃尔特·W. 罗斯托(Walt W. Rostow),他提出过一个关于经济起飞的理论[①],指出欧洲国家进入现代社会都有一个经济"起飞"阶段。经济"起飞"阶段的一个主要特征是:只有经济的积累率超过国内

---

① 这个理论主要体现在罗斯托的《经济增长的阶段》一书中,这本书的中译本可参考中国社会科学出版社 2001 年版,英文版可参见本讲的参考文献。

生产总值的11%,经济才能开始起飞。一些非洲和南亚的落后国家,每年生产出的剩余达不到国内生产总值的11%,所以无法跨越经济"起飞"的门槛。他把这种低生产能力、低发展水平的阶段称为"低水平均衡陷阱"。中国古代的发展水平并不低,到17、18世纪,中国还属于当时的发达国家的行列。亚当·斯密在写《国富论》的时候,欧洲人还认为中国是非常富有的国家。因此伊懋可就给当时中国的这个阶段取名为"高水平均衡"。本质上来说,"高水平均衡"与"低水平均衡"一样,都是指剩余的积累太少,换句话说就是人口太多,劳动力的价格太低。

在国外有关中国经济史的研究中,"高水平均衡"是一个被普遍接受的理论。但是一个被普遍接受的理论不一定就是一个正确的理论。仔细分析后,不难发现这个理论有明显的错误。先说第一个关于剩余不足的机制,它暗含的前提是没有技术变迁,或者技术变迁的速度非常缓慢。例如,人越来越多,土地越来越少,剩余并不一定就越来越少。如果技术变迁非常快,剩余也可以越来越多。因此该理论成立的暗含前提就是没有技术变迁,却想解释中国没有出现快速的技术变迁的原因,其大前提就是错误的,由此推得的结论自然也不可能正确。人口越来越多可能会导致劳动力越来越便宜,但是劳动力越来越便宜的背后机制是劳动力的边际产值下降。如果给定土地面积不变和没有技术进步,劳动力的不断增加的确会导致劳动力的边际产值下降,劳动力的价格也就会越来越低。这个理论有一个明显的假设即土地给定,但另一个暗含假设即没有技术变迁或技术变迁的速度很慢却被很多人忽略了,而我们想解释的恰恰就是为什么没有技术变迁这个问题。从没有技术变迁的假设出发,推出没有技术变迁的结果,这是明显的循环论证。并且,对于劳动节约型技术的需求不仅取决于劳动的成本,同样也取决于该技术的成本。如果劳动替代型技术进步的速度足够快,从而新技术成本的下降速度可能会超过由人口增长导致的劳动成本的下降速度,那么,即使劳动力价格已经有所下降,使用机器生产也会更便宜,也就不存在以劳动力替代机器设备造成技术需求不足的问题了。

"高水平均衡陷阱"理论不仅存在内部逻辑不自洽的缺陷,而且也与真实的经济现象存在矛盾。中国人口从长期趋势来看是不断增加的,但是人口的增长速度却存在着波动,如图2.1所示。

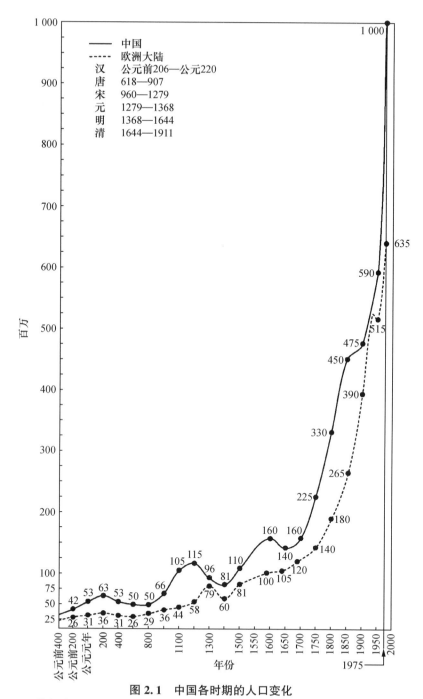

图 2.1 中国各时期的人口变化

资料来源:Feuerwerker A., "Chinese Economic History in Comparative Perspective", in Paul S. Ropp, ed. *Heritage of China: Contemporary Perspectives on Chinese Civilization*, Berkeley: California University Press, 1990, 227.

按照一般学者的研究,公元前400年中国的人口大概是3 000万,然后人口数量一直增加,到公元200年东汉末期的时候最高达到6 300万,随后由于战乱人口开始减少,到公元800年时减少到5 000万;到了唐朝由于政通人和人口又开始增加,到宋朝达到11 500万;到了元朝人口又开始下降,明朝初年的时候人口是8 100万,并在明朝末年最高达到1.6亿;到了清初,战争使人口减少到1.4亿,随后因为新的农作物品种传到中国,人口再次快速增长。历史上的大部分时期,欧洲人口只有中国人口的一半。由于朝代更替导致的战争以及自然灾害,人口会周期性地减少,但是耕地面积的变化速度相对而言较小,人均耕地面积也没有发生相当大的波动。按照赵冈的研究(见表2.1),从人均的角度来分析耕地的波动,人均耕地从原来的将近10亩①,降到最低6亩左右,又上升至9亩左右(战乱造成很大伤亡),然后很快地降到了大约4亩,明清之间开始有所提高,随后就一路下降,直到2021年下降为1.36亩。

表2.1 中国的人均可耕作土地面积(2—1887)

年份	耕地面积(百万亩)	年份	人口数量(百万)	人均耕地(亩)
2	571	2	59	9.67
105	535	105	53	10.09
146	507	146	47	10.78
976	255	961	32	7.96
1072	666	1109	121	5.50
1393	522	1391	60	8.70
1581	793	1592	200	3.96
1662	570	1657	72	7.92
1784	886	1776	268	3.30
1812	943	1800	295	3.19
1887	1 154	1848	426	2.70

资料来源:Kang Chao, *Man and Land in Chinese History: An Economic Analysis*, Stanford: Stanford University Press, 1986,89.

研究中国科技史的学者公认,8—12世纪是中国历史上技术进步最快的时期,也有外国学者称那段时间是"中国的工业革命"。从8世纪开始,科技发明的速度加速上升,这种趋势一直持续到12世纪,12

---

① 中国市制土地面积单位,1亩约为667平方米。

世纪以后技术创新的速度开始减缓,直到接近停止,技术的进步也越来越慢。如果从技术变迁速度的变化和耕地面积的变化趋势来看,就可以看出"高水平均衡陷阱"这个理论存在的问题。首先,从剩余的多少来看。如果人均耕地越多剩余就越多,那么从2世纪到10世纪中国的人均耕地在减少,意味着剩余也在减少。如果剩余减少是导致技术变迁缓慢的原因,那么9世纪到10世纪的技术变迁速度应该比它之前的时期更慢。但是8世纪以后中国技术变迁的速度是不断加快的,所以这些数据资料与"高水平均衡陷阱"理论的逻辑推论不一致。到14世纪时,中国的科技创新速度日趋缓慢,但是人均耕地面积在这段时间内却在增加,剩余也在增加,这也与"高水平均衡陷阱"理论的逻辑推论不符。因此,"高水平均衡陷阱"理论与历史数据资料并不一致。

其次,从剩余数量与经济发展的关系来看。按照罗斯托的"经济起飞"理论,一国的积累率超过11%后会进入经济起飞阶段。而各种资料证明,中国在20世纪的实际剩余率一直超过11%。美国研究中国近现代经济史的著名学者卡尔·瑞斯金(Carl Riskin)在对20世纪30年代中国社会的研究中发现,中国30年代超过国民经济30%的产出被用在非必要性消费上,所以他由此推断当时中国经济的剩余率应该超过30%,只不过这些剩余没有被用于投资。剩余没有被用于投资,可能是因为没有投资的机会,而"高水平均衡陷阱"理论却认为有投资的机会,只是没有投资的能力。从经验上看,中国历史上的实际情况应该是有剩余却没有进行投资。最好的证明是在"一五"计划启动的时候,中国人口多于历史上的任何时期,而且使用的大多是传统的技术,但是"一五"计划时期的积累率却达到25%,由此可见当时国内市场上至少存在占产出25%的剩余,只是这些剩余没有被用于投资。

最后,从人口与耕地的关系来看。如果"高水平均衡陷阱"理论是正确的,那么人均耕地越多劳动力就会越贵,人均耕地越少劳动力就会越便宜。从8世纪到11世纪,中国的劳动力越来越多,人均耕地越来越少,按照这个理论,劳动力在这段时间内应该越来越便宜,所以技术的更新速度应该减慢,但实际上技术更新的速度却在加快。又如,16世纪到17世纪,中国的人均耕地面积增加,劳动力的价格应该上升,但是技术变迁的速度在这段时间内并没有加快。因此,"高水平均衡陷阱"理论不仅在内部逻辑上不一致,而且它的逻辑推论与历史现象也不一致。使用近现代的一些资料也可以证明这一点。

在20世纪30年代,南京金陵大学农学院有一位叫Buck(中文名为卜凯)的美国教授,他让自己的学生利用暑假的时间收集资料,并把这些资料整理成一个研究30年代中国农村经济常用的资料库。[①] 根据他们的统计,中国在30年代的时候,农民全年平均只有一个半月的休息时间,而且这一个半月主要是北方农户在冬天的休耕。当时江南的农民不休息,除了过年过节休息两三天,一年到头都在耕种。可见,中国并没有因为人口多,农民就闲着没事干;恰恰相反,中国的农民一年到头都非常忙碌。也就是说,只要有新的便宜的劳动替代型技术可以引进,农民肯定会采用这项新技术。例如,中国现在的劳动力已经比20世纪初的时候多了许多,20世纪初中国只有4亿人口,现在已经超过14亿,但现在的农民还要买农业机械,就是因为农业机械很便宜。所以问题的关键在于有没有更好的便宜技术不断涌现。在没有更好、更便宜的新技术涌现时,给定耕地数量,劳动力的增加就会导致劳动力越来越便宜。这样的情形确实发生过,比如有很多在宋朝发明的纺织机器到了明朝就已经不再使用,因为在没有技术变迁的情况下,劳动力变得便宜了,就可以使用廉价劳动力去替代机器设备。

解释李约瑟之谜的新理论

对做学问来说,指出现有理论的不足只是第一步,更重要的是能否在总结现有理论的基础之上提出一个能合理解释同样现象的新理论。中国在工业革命以后才落后于西方,这是大多数学者的共识,所以在研究这个问题之前必须首先理解"工业革命"究竟是什么。传统的方法将"工业革命"定义为"蒸汽机的发明和使用、纺织业的机械化以及钢铁的大量生产和使用",但这只是我们所能看到的工业革命的

---

① 书名为《中国土地利用资料》,参见本讲的参考文献。

表象，而不是其最本质的特征。

工业革命的本质

18世纪中叶以后，西方技术变迁的速度加快，并且是以加速度的方式加快，一直到今天也没有看到尽头，也正因如此，中国才会在那么短的时间内与西方产生那么大的技术差距。所以技术变迁的速度加快才是工业革命最重要的特性。如果工业革命只是纺织业的机械化、蒸汽机和钢铁的使用，那么在13世纪时中国纺织业的工业化程度已经达到相当高的水平，《天工开物》中有很多对此的详细记载。如果当时中国的机械化水平再往前多走一步，那么结果也无非就是机械化水平停留在一个更高一点的层次上，然后就停在那里不动了。如果英国在18世纪中叶以后只停留在纺织业的机械化、蒸汽机和钢铁的使用水平上，而没有此后一系列新技术和新产业的出现——比如后来在化工产业、汽车产业、航天产业和信息科技产业的一连串技术发明，那么中国就不会在短短100年的时间里从遥遥领先于西方变为远远落后于西方。在公元元年的时候，欧洲与中国处于同一经济发展水平，中国在公元元年以后因为技术变迁速度加快，所以在收入水平和经济发展水平上领先于欧洲。在18世纪工业革命以前中国的技术变迁速度比欧洲快，并在8—12世纪有一个技术变迁的加速期，随后中国技术变迁的速度减缓。欧洲的技术变迁速度在17世纪前比较慢，从17世纪开始不断加快。当欧洲的技术变迁速度不断加快时，中国依旧维持不变，以至于沦为相对贫穷落后的国家，与西方的差距越来越大。如果要解释工业革命为什么没有发生在中国，就要解释欧洲技术变迁速度加快的原因是什么。

一些概念

- **技术与"技术分布曲线"** 首先我们需要了解技术的定义以及技术的发明机制。一般的研究往往把技术当作机器设备，但是经济学家通常认为技术是一种关于怎样组织各种投入要素来生产某种产品

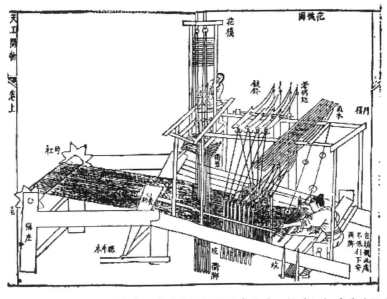

明朝宋应星的《天工开物》中记载的花楼机图是有关手工提花织机最早的记录

的知识。高水平的技术和低水平的技术，可以从投入和产出的关系进行定义。假设生产某种产品的投入要素包括资本、劳动和土地，可以使用各种不同的要素投入组合来生产产品。有些可能多用资本，少用劳动和土地；有些则少用资本，多用劳动和土地。如果以同样一个单位的成本来根据这些技术组织投入要素从事生产，则生产出来的产品价值较高的技术就是较好的技术，产品价值较低的技术就是较差的技术。

我们可以用如下方式来表示技术的概念：画一条横轴，左侧代表产品的价值低，右侧代表产品的价值高。横轴上方平面上的每一个像 A、B、C 这样的点都代表一种以一个单位的成本来组织投入要素从事生产的技术，这些技术所生产出来的产品的价值都由横轴上对应的点来代表，这三个技术所生产的产品价值：$C<A<B$。我们假定把各种可能以一个单位的成本来组织投入要素从事生产的技术都以一个点来表示，并使用一个分布来表示这些点的集合，这个分布集合的界线称为"技术分布曲线"（如图2.2所示）。在技术分布曲线内部的点都代表在生产上可能的技术，而曲线外的点则代表不可能的技术。在技术分布曲线下面同一条垂直线上的各个点代表不同的要素组合方式对应的技术，但是生产出的产品的价值是相同的。

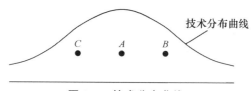

图 2.2　技术分布曲线

● **发明与"发明可能性曲线"**　发明是发现一种可能的要素的组合方式,这种要素组合方式的成本和现在生产所用的要素组合方式的成本是一样的,但产出比现在更高。假定现在的技术是在 A 点,如果发现一个点 C,它用和 A 技术相同的成本来生产,生产出来的产品的价值却比 A 点少,那就可以把它舍弃掉,因为它不是发明。跟 A 点的技术相比,只有类似于 B 点的技术才会算作发明。由此我们可以定义"发明可能性曲线"。给定技术分布曲线,在现在采用的技术右边面积中的每一点都是可能的发明。也就是说,如果现在的技术在 A 点,那么 A 点右边、技术分布曲线下边的任何一个点都是可能的发明。所谓"发明可能性曲线"就是把这些点组合起来(如图 2.3 所示)。

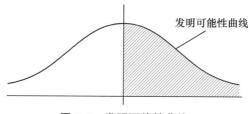

图 2.3　发明可能性曲线

● **发明的机制:"尝试错误"(trying error)**　通过"发明可能性曲线"可以理解发明的机制。发明的机制不管在前现代社会还是在现代社会都可称为"尝试错误"。例如,在前现代社会,一般是按照传统的耕种方法进行耕种,假如有一天突然有一个农民因为偷懒或其他原因没有完全按照传统的方法去耕种,在多数情况下他的产出应该比原来少。但是如果这个农民在偷懒使用了其他方法之后,结果却发现产出反而比原来多,那么第二年他就可能会按照"错误"的方法再做一次。如果再做一次的结果还是产出比原来更多,那么这个农民就"发明了一个新技术"。开始的时候这个农民可能不愿意把自己的发现告诉别人,但是别人会奇怪为什么他的产出总是更多,就会去探听,想方设法学到他的技术,于是这项技术就传播开来。现代社会的技术发明方式与前现代社会基本一致。比如曾任香港科技大学校长的朱经武是研究超导材料的著名学者,他在实验室里研制出了多种能够产生"高温超导"特性的不同的材料组合。与农民对耕种技术的发明一样,高温超导材料的研制也是使用尝试错误的方法,把不同的材料组合都试一试,看哪一种组合制作出来的材料会具有超导的特性。

尝试错误有两种方式。在前现代社会都是靠经验的方式,因为当时不管在中国还是在欧洲真正从事生产的都是农民和工人,士大夫基本不参加生产活动,正所谓"君子远庖厨",连杀生做饭都不能去做,更不要说下田种地了。在现代社会,尝试错误主要靠科学家在实验室里进行的可控实验。可控实验是以科学为指导的尝试错误。虽然从机制上看两者是相同的,但方式上有很大差别。因此尝试错误是一个关于可能性的概念,就像买彩票,每张彩票都有一定的中奖概率。如果尝试错误是一种概率,那么在发明可能性曲线图上,右边的面积越大,做每一个尝试时"中奖"的概率就会越大。

技术分布曲线可以往右移动(如图2.4所示),有几个决定因素能够导致这种移动。第一个因素是个人的天赋。比如牛顿被苹果砸中头之后发现了万有引力,但要换作一般人,可能只会抱怨一句或是感谢上帝送给他一个免费的水果。从个人的角度来看,发明的可能确实与个人的聪明才智密切相关。第二个因素是进行发明的材料。生产活动有一些前提,例如种田一定要发明耙子。如果社会里有钢,就会用钢制作耙子;如果没有钢,就只能使用木头,等到后来社会上出现了钢这种材料,再改用钢制作耙子。虽然此时耙子的形状和功能还是和原来一样,但这也是一种技术变迁,因为钢耙使得社会的生产力水平大大提高了。第三个因素是科学知识。在现代化学出现以前,很多人相信可以"点石成金",但是无论怎样也无法把石头炼成黄金。现代科学知识告诉我们,只有从含有黄金成分的石头当中才能提炼出黄金。在了解这一知识的情况下,就不会有人去提炼没有金属成分的石头。因此,假设尝试错误的次数同样多,在有了科学知识以后,炼出黄金的概率就会较过去高出很多。

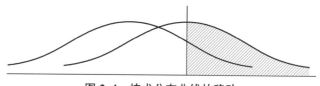

图 2.4 技术分布曲线的移动

当人口达到一定规模以后,社会中具有不同天赋的人的分布情况应该是一样的:可能天才占 1%,智商极低的占 1%,两者之间的占 98%,所以,人口数多的国家,天才的数量就多,在技术创新上就具有优势;同时,给定了人口总量,天才的数量就等于是给定的。

三个假说

根据以上对技术、技术发明和技术变迁的理解,现提出以下三个假说:

假说一:给定现有的技术水平和技术分布曲线,就可以决定现有的技术发明可能性曲线。在给定发明可能性曲线的条件之下,尝试错误的次数越多,发现新技术的可能性就越高。尝试错误就像随机抽取彩票一样,每一张彩票都有一定的中奖可能性,每一张彩票中奖的可能性都是一样的,因此买 10 张彩票中奖的可能性就一定比买 1 张彩票中奖的可能性更高。

假说二:给定尝试错误的数量和技术分布曲线,现有的技术水平越高,发明新技术的可能性就越低。道理很简单,因为给定技术分布曲线并给定尝试错误的数量,现在的技术水平越高,发明可能性曲线下面的面积就越小,"中奖"的概率当然也就越小。仍旧使用买彩票的例子:假设一等奖只有 1 个,二等奖有 100 个,任何一张彩票中二等奖的可能性就是中一等奖可能性的 100 倍。

假说三:给定现有的技术水平和尝试错误的数量,技术分布曲线越往右移动,发明可能性曲线下面所包含的面积就越大,发明新技术的可能性就越高。对自然界认识的加深是人类进步的关键。例如,"炼金术"曾在中世纪的欧洲大行其道,但几百年、上千年过去了,依然没有人能够成功;当有了科学知识作为指导,人们可以有选择地进行实验,成功的概率就比没有科学知识时大很多。同样,发明所能够使用的基础材料物质不同,发明的可能性也会有所不同。例如,在钢物质还没被发现的时候,钢耙的发明就是无从进行的;但在钢物质作为一种基础材料被发现之后,不仅钢耙的发明成为可能,其他各种钢制工具也都会陆续地被发明出来,于是整个技术分布曲线都向右移动了,发明可能性也因此大大增加。

将以上三个假说结合起来,我们现在就来逐一解释李约瑟之谜所涉及的几个问题。

对李约瑟之谜的解释

中国在前现代社会具有优势的原因

中国自古以来就是一个人口众多的国家,由于拥有良好的自然条件,中国耕地的生产力一直高于西方,人的生存成本较低,人口繁衍也比较迅速。相反,欧洲虽然也是人类文明的发源地之一,但气候条件不适宜高产农作物的生长,土地承载人口的能力比较低,所以在历史上人口一直远少于中国。

在前现代社会,技术创新主要来自工人和农民的经验性尝试错误。在人口较多时,参加劳动的农民和工人的数量也会较多,发明新技术的概率也就相对较大。当时的技术主要来自经验的积累,然后一代一代地延续下去。所以中国有句古话叫"不听老人言,吃亏在眼前",就是教育年轻人要遵从老一辈的传统做法,否则就会因犯错而受到惩罚。但是在传统的做法中偶尔也会有创新,就像我们前面讲过的那样,农民一个偶然的"尝试错误"发现了一个可以提高生产力的好方法,之后就推广开来。不管在东方还是西方,在前现代社会都是依靠经验试错的方式来进行技术发明,在这种情况下人多就是一种优势,因为人多时能够进行尝试错误的数量就多,技术发明的概率也就更大。不仅中国是如此,大多数文明古国,如尼罗河流域的古埃及、两河流域的古巴比伦、印度河流域的古印度等,都是人口稠密并且劳动力数量庞大,这一优势使得这些地区的技术进步有更广阔的基础,从而创造了伟大的文明。

8—12世纪中国技术创新加速的原因

在8—12世纪,中国技术创新曾一度不断加速,最主要的原因就是北方少数民族的入侵,导致经济重心南迁,人口大量南移。南方与北方相比,同样有3—11月的雨季与阳光,但是北方比南方降雨少,所以北方的粮食作物以小麦、高粱和谷物为主,南方则是以水稻为主。人口迁移到南方以后,以高产的水稻作为主要的粮食作物,生产力水平得到提高。生产力水平提高的前提是必须有合适的工具,但是北方带来的工具并不适合南方的环境。北方的主要劳动工具是耙子,但耙子不适合在南方水田使用,因此必须把耙子改进为锄头,这一改进本身就是一个技术变迁的过程。同样,北方的交通工具以马车为主,到了南方则需要以乘船为主,所以与船相关的一系列技术就相继出现。生产力水平较高的地方,给技术变迁也提供了更为广阔的空间。对于给定的技术分布曲线,由于南方的阳光、水、土质等环境条件提供了较高生产力水平的可能性,技术分布曲线右移,所以新技术不断涌现。

在8—12世纪,由于人口自北向南的迁移,南北自然环境的差异使得人口迁移到南方之后技术分布曲线往右移动,但是由人口迁移引起的技术分布曲线移动不可能永远持续下去,因此在出现一段时间的加速期后,技术发明的速度就会不断减缓,出现第二个假说的情况:随着生产力水平和技术水平的不断提高,在给定技术分布曲线的情况下,现有技术右侧的面积越来越小,达到一定程度以后,即使人口和尝试错误的数量还在增加,技术发明的速度也会放慢。当然,如果人口减少,技术发明的速度同样会放慢,因为人口减少意味着发明新技术的尝试错误次数减少。在8—12世纪以后,中国的人口有时增加,有时减少,但是技术变迁的速度再也没有加快过。

中国在现代落后于欧洲的原因

在前现代社会,与中国相比,人口少是欧洲的一个劣势,所以欧洲技术变迁的速度一直慢于中国。中国在技术上领先于西方,新的技术以及产品通过丝绸之路和海洋航线之上的商贸往来不断传往西方,引起了西方人的羡慕。18世纪以后，欧洲出现了工业革命。工业革命的特征包括纺织机、蒸汽机以及钢铁的使用，但最重要的特征是技术变迁的速度加快。技术变迁的速度之所以能不断加快，是因为经验的重要性已为实验所取代。在前现代社会，经验主要是生产的副产品，农民通过偶然的试错发明新技术。到了18世纪，试错变为通过主动的实验来进行，一个科学家在实验室里一年所能做的尝试错误数量，可能是几千个工人和农民一辈子尝试错误数量的总和。在这种情况下，人口的数量就变得不再重要。如果有意去支持实验，即使人口很少，也可以通过密集的实验来增加发明技术的可能性。在工业革命前后，由于经验型的技术发明转变为实验型的技术发明，欧洲尝试错误的数量突然间迅猛增加，技术发明的速度也就随之不断加快，远远超过中国和其他地区。但是按照上面第二个假设的说法，在技术发明的速度加快到一定程度之后，随着技术水平不断提高，技术发明的可能空间越来越小，从而出现新技术发明的瓶颈。但是欧洲人在遭遇到发明瓶颈后，能够在基础科学上大力投资，增进了对自然界特性的了解，于是技术分布曲线右移，技术发明的可能空间又再度扩大。如此循环往复，加速的技术发明就得以持续下去。在18世纪，科学对于技术进步的作用曾引起过科技史上的争论，例如瓦特发明了蒸汽机，但瓦特并不是知识分子，而只是在实验室里帮教授做实验的工人。到了19世纪以后，科学对于技术进步的作用才有了定论，几乎所有的新技术发明都要依靠科学知识进步。科学增进了人们对自然界特性的了解，给新技术的发明创造了很大的空间。

中国在很短的时间内落后于西方，最直接的原因是西方的工业革命，但更为重要的原因是西方在18世纪和19世纪以后，每当遇到技术发明瓶颈的时候，都可以通过对基础科学进行投资的方式来克服这种瓶颈，使技术分布曲线不断右移，扩宽了发明可能性曲线下方的空间，提高了技术发明的可能性。而这一切之所以成为可能，前提就是西方在15、16世纪的时候出现了科学革命。因此，要寻找中国没有出现工业革命的原因，关键不在于了解中国为什么没有出现工业革命这一问题本身，而是要回答中国为什么没有出现科学革命。

为什么科学革命没有发生在中国

要弄清楚中国为什么没有出现科学革命,首先要从原始科学(也称为传统科学)和现代科学之间的区别出发来进行研究。

科学的定义很简单,它是对自然现象的一种系统性的知识,它的发现机制与技术的发明是一样的。科学革命不是内容的革命,因为在科学革命之前就存在原始科学,原始科学与现代科学都是一套对自然界现象的系统解释。例如,亚里士多德除了是哲学家,还是一个科学家,他对自然现象提出过系统性的解释,例如"四元素"说就认为任何物质都是由四种元素组成的,中国也存在类似的"五行说",认为世间万物都是由金、木、水、火、土五种物质组成的。在古代还有一个关于老鼠来源的解释,认为只要在箱子里装上布,然后放在床铺底下就会生出老鼠来。这是一个假说,虽然现在看来是荒谬的,但当时人们不了解现象背后的原因,只凭借对自然界现象的好奇(老鼠从哪里来的),加上长时期的观察(箱子放在床底下总会有老鼠出现),再通过自行的总结归纳,就得出一个看似正确的结论,提出一套假说。

当然,现代科学与传统科学是有很大差别的,尽管作为一套系统的知识来解释自然界,它们并没有本质上的差异。两者的不同之处在于:第一,现代科学使用数学模型来表述关于自然界现象的假说;第二,现代科学使用可控制实验或可复制实验的方式来检验假说的真实性。与传统科学相比,现代科学最大的进步在于方法论的进步,这种进步主要表现在:第一,使用数学模型来表达对自然界现象的理解,比其他方式更为准确;第二,有利于知识在时间和空间过程中的传播。例如中国的"阴阳五行"理论,因为金、木、水、火、土的具体所指不容易让人理解,所以对于"阴阳五行"会有各种不同的解释,这样就不利于思想和概念的传播。再如,孔子讲"五十以学易,可以无大过矣",但是对《易经》内容的解释五花八门。又如《道德经》里的"玄之又玄,众妙之门"这句话,一种解释是"又深邃又幽暗是了解各种道理的最根本的办法",这样的解释等于没有解释。如果使用数学的方式表述理论和概念,就会简单明了、易于理解,因为数学符号的含义一清二楚,不会发生变化。另外,在文字的翻译过程中总会产生一些问题,难以做到严复先生所讲的"信""达""雅",即使是最低标准的"信"有时也难以达到,因为译者可能也会有理解的错误。语言的理解需要有文化背景,每个民族的文字都带有本民族文化的烙印,即使在同一语言体系当中,不同时代的词也有不同的含义,所以,使用自然语言不利于知识在不同时代、不同国家之间的传播,使用数学语言则可以克服这些问题,更利于知识的传播。

方法论的革命非常重要,工业革命和科学革命本身也是一场方法论的革命。科学革命对工业革命有两方面的贡献:一是方法论上的贡献,以可控制实验作为试错的方法和手段;二是推动技术分布曲线右移。到了15、16世纪以后,以实验来试错的方法逐渐得到普及。更为重要的是,利用可控制实验发明新技术在遭遇到瓶颈时,可以通过基础研究增进人们对自然界的了解,从而使技术分布曲线向右移动,因此在欧洲出现工业革命以后,技术变迁的速度才能得以不断加快。

科学革命是方法论的革命,方法论本身也是一种技术,想去掌握这种技术的一定是那些对自然界现象感到好奇的人,他们有这种愿望去找到一个比较好的方法来解释自然界现象。在西方,科学革命是数学与可控制实验的结合,最初只是对自然界现象有好奇心的人偶然将它们结合在一起,他们发现,使用数学模型可以把规律更清楚地描述出来,并且使知识变得更易于传播,同时,用可控制实验可以很快地把可以接受的解释和不可接受的解释分开。

有好奇心的人在社会中服从人口的正态分布,也许就是正态分布曲线右侧那很小的百分之一或者千分之一,他们在不同的社会中占一定的比例。中国的人多,有好奇心的人自然也多,中国人并非不会使用数学,也并非天生就不会进行可控制实验,那为什么中国众多有好奇心的天才没有发现数学模型和可控制实验这种可以较好地满足他们的好奇心的新方法呢?

根据李约瑟的解释,中国是官僚体制,欧洲是封建贵族体制。封建贵族体制比较有利于重商主义的价值观的培养,随着封建贵族体制的崩溃,就出现了资本主义与现代科学。李约瑟并不是一个很好的经济学家或者历史学家,他只是罗列现象,在解释现象的时候缺乏逻辑性。李约瑟认为中国的封建社会不利于重商主义的出现，是因为儒家文化是按照"士、农、工、商"的地位排列，"商"被排在最后。而且从历代官方的文件看，商人不能参加"举孝廉"和科举考试，也就不能做官。但是实际上，从唐朝开始，商人就可以参加科举，甚至可以买官。中国传统工商业在春秋战国时代就已经非常发达，所以才有范蠡的"三聚其财三散之"。即使后来汉武帝接受董仲舒"罢黜百家，独尊儒术"的建议，商人阶级也没有完全被压制下去，至少在明代时工商业资本依然非常发达，而且有很多研究认为，明代时中国已经出现了资本主义萌芽。欧洲封建贵族体制的崩溃是在14、15世纪以后，因此至少在14、15世纪时，中国的"资本主义"不会比西方的"资本主义"差。

另有一些人认为，英国之所以出现工业革命是因为有专利制度、产权保护等。既然科学革命决定工业革命，而科学革命又发生在工业革命之前，那就要从欧洲当时科学革命发生时的状况进行分析，而不能以现在的标准去衡量过去。四百年前中国没有的制度，西方国家也不一定会有。例如，现在经常讲产权很重要，但是15世纪欧洲发生科学革命的时候，西方并没有完善的产权保护，那时的研究完全是出于好奇心而没有商业动机，研究的成果也基本上都是公共知识。所以，商业价值也不能解释科学革命发生的原因。

在国内外还有一种比较流行的观点，认为中国在历史上就是一个大一统的国家，大一统的环境缺少竞争，而西方则分成很多小国，小国多了有利于竞争。竞争会产生压力，压力能够转化为促进技术进步的动力，因此西方的技术进步速度就比较快。现代社会也是如此，在美苏争霸时期，由于两国竞争十分激烈，美国和苏联都在科技上，尤其是航天技术和军事工业技术上进行了大量投资。我们需要对这种观点进行仔细的分析。

第一，中国虽然是大一统国家，但是在思想控制上不一定比欧洲更严格，因为欧洲在宗教上是统一的，对自然界的理解来自宗教。在当时的欧洲，如果有人提出与正统宗教思想相悖的理论，就会被视为宗教异端而被判处死刑，但在中国并没有出现类似的宗教迫害现象。虽然中国历史上也有过秦始皇的"焚书坑儒"，但在这以后就没有再发生过类似的事情。在自然探索方面，政府基本是放任不管的态度，即使有人对自然界的解释与主流学说不同,也没有被烧死的危险。因此,大一统的政治氛围至少在思想方面不会成为人们进行自然探索的阻力。

第二,国家竞争并不一定是促进科学发展的决定因素。即使在现代社会,在技术进步遇到瓶颈时,如果不对基础科学进行研究,也没有办法打破瓶颈。而三百年前,更不会有哪一个国家为了打破技术瓶颈和实现国家强盛,就去投资基础科学研究,因为当时把科学知识转化为技术需要两三百年。当时对科学的投资,并不像现在人们所理解的,是为了国家的强盛。

第三,科学研究需要经费,大国显然可以拿出更多的资金支持科学研究。中国在宋代就曾经由国家出资制造用水力来驱动的时钟。当然,这种由大一统的国家政府出资研究的概率较小,但还有很多富有的家族或者王公贵族也有可能支持科学研究。但是,中国的富有家族并不像有些欧洲贵族那样支持科学研究。

科学研究和著作出版都需要大量经费,因此早期的科学家很多要么出身贵族,要么受到过贵族的资助(图为著名天文学家、数学家,同时又资助过牛顿出版著作的埃德蒙·哈雷,1656—1742,画像作者托马斯·穆雷,1687)

因此,国家竞争理论在现代可能有一定的解释力,但在五百年之前基本行不通。下面我将给出一个新的解释。

既然好奇心是与生俱来的,中国人口多,有好奇心的人就多,在技术创新上取得发现的概率就比较大。但是中国没有出现科学革命,主要的原因是虽然好奇心是与生俱来的,但是使用数学与做可控制实验却需要后天学习。在前现代的中国,有好奇心的人因为以下所要讨论的科举制度,没有积极性去学习数学与可控制实验,从而导致在数学与可控制实验上的人力资本投资不足,科学革命就无法产生。相对而言,欧洲有好奇心的人对于数学与可控制实验有比较高的积极性,因为欧洲的政治体制和官僚选拔体系与中国不同。欧洲的封建贵族采用的是继承制,如果父亲是贵族,儿子就是贵族,所以,虽然欧洲有好奇心的人可能比中国少,但是,有好奇心又学习了数学和可控制实验的人反而比中国多得多,从而导致了科学革命在欧洲发生而没有在中国发生。

在秦朝以前,中国和欧洲国家一样是封建社会,但是,从秦朝开始废除封建贵族,设立郡县,地方官员都由中央政府委派,以后的朝代也都是沿用秦朝的制度。隋朝以来,官员通过科举制度进行选拔。宋朝以后,科举考试的教科书指定为"四书五经"。在古代对于读书的评价是"万般皆下品,唯有读书高",因为当时经由科举考试做官的投资回报率最高,所谓"书中自有黄金屋,书中自有千钟粟",而且还可以光宗耀祖。在这种状况之下,有聪明才智的人大都会为科举的物质回报所吸引,热衷于参加科举考试。聪明人不一定有好奇心,但是有好奇心、懂得去观察发现并能总结出科学理论的人却一定是聪明的人。人的行为方式会受到激励机制的高度影响,对于这些有着聪明才智的人来说,参加科举考试获得加官晋爵无疑是投资回报率最高的行为,因此当然会为科举考试所吸引。对于科学技术,即使他们有心研究,也不会有多少时间。宋朝以后,四书五经是标准的科举考试教科书,有人做过统计,仅仅是四书五经的字数之和就有四十多万,如果要把这四十多万字倒背如流,假设每天背两百字,而且背完以后不会忘记,也需要六年多的时间。此外,还要读史书,学作诗和作八股文,所有这些至少要花上十年的时间,所以叫"十年寒窗",比现在读书要辛苦得多。

就算有考生一朝得中,还要一层一层地爬官阶,并且必须按照官僚阶层的考核标准要求自己。考核标准就是四书五经里所灌输的价值标准与理论体系。这可以解释中国历史上的一个谜,即在信息与监控手段非常落后的古代,皇帝是如何控制全国的官僚并维持国家的稳定的。中国的统一与秦朝以后的官僚体系有很大的关系。在秦朝以前,中国的统治者确实与欧洲的国王一样没有控制力,所以才会出现春秋战国时的局面。但自秦朝以后,这样的现象就再也没有发生,因为科举制度为那些既聪明又有野心的人进入官僚体系提供了一个机会。如果可以通过正常的手段成为统治阶级的一部分,他们就不用造反。所以各个朝代都依靠科举制度不断吸收社会上有能力又有抱负的人进入官僚体系,使其不必造反就可以成为统治阶级。既然社会上有能力的人都被吸收进统治阶层,统治阶层当然就会比较稳定。这与欧洲的制度不同,欧洲没有文官体系,贵族都是世袭的。到了宋朝以后,通过科举考试前四书五经的价值灌输,儒家哲学"君君臣臣父父子子"的思想被内化为个人的价值观体系。如果臣子不忠于皇帝,就会有极大的罪恶感,因为他从小就是在这套价值体系里被教育长大的。同时,整个社会也是以儒家的价值标准作为道德标准。黄仁宇的《万历十五年》是了解中国古代社会政治体系的一本好书。书中写到张居正是明神宗时期的内阁首辅,推动变法革新,但是他的母亲去世后,按照中国的儒家传统文化,他必须辞官"丁忧三年"。当时张居正的改革大业正处在关键时期,如果他辞官"丁忧三年",改革大业可能就会夭折,所以张居正本人不太愿意离开,明神宗也不太愿意让他走。但是当时就有一些言官因此而弹劾他。皇帝的权位来自官员对儒家伦理价值体系的

岳母刺字"精忠报国",其中"忠"即指"忠君"

遵守,如果连内阁首辅都不遵守这个体系,就是鼓励对皇帝的不忠,从而动摇国家的根基。可见,在传统社会中央政府的统治成本特别低,因为整个社会都有一套统一的价值观念。这是中国古代能够长期维持大一统的重要原因。

在科举制度实行初期,考试的科目也曾包括数学。但是皇帝很快发现,考数学对于维持自己的统治没有什么帮助,所以后来就把数学考试取消了。明代宋应星的《天工开物》是中国科技史上非常重要的著作。在《天工开物》的序言中,宋应星写道,聪明而又有抱负的人是不应该读这本书的,因为读这本书对于科举没有帮助。每个人的时间有限,在学四书五经的同时难以兼顾数学和可控制实验。即使有一些聪明的人,可能分心进行科学观察,但是由于缺乏数学工具,也难以产生科学革命。例如,王阳明有一首诗,"山高月远觉月小,便道此山大于月。若人有眼大如天,还道山高月更阔"。这是一种观察,从现代科学来看也是对的,但他不可能发展出一套科学体系,因为他缺乏适当的数学工具。

一个在特定的技术和物质条件下显得优越的制度,在其他条件下可能会成为社会进步的障碍。这也就是经济学里所说的制度障碍。当然,在信息手段非常有限、监测成本非常高的年代,科举制度本身是一个非常卓越的制度安排,它让那些有野心有抱负的人可以通过自己的努力进入官场。科举制度有一个考核的客观标准,因此相对来说是公平的、客观的。它让那些有能力的人不断进入官僚体系,维持官僚体系的活力。如果有能力的人不造反,那么国家就很安定,就能维持大一统。过去中国的繁荣和中华文明的鼎盛与此有很大的关系。但是,科举制度的优越性只局限在技术创新都是依靠经验来发明的时候。到了需要科学实验发挥作用的时候,科举制度便开始妨碍新发明的产生和科学技术的进步。

还有一个相关的命题,因为是韦伯提出的,所以叫"韦伯疑问",与前面分析的李约瑟之谜有共通之处。按照韦伯的研究,中国在明朝就已经出现了资本主义的萌芽,于是他就问:为什么资本主义在中国很早就出现了萌芽,但是中国最终并没有进入资本主义社会?其实仔细思考以后就会发现,问题的关键还是在于没有科学革命,没有科学革命也就不会出现工业革命。中国在8世纪到12世纪期间,技术变迁速度非常快,但之后技术就基本处于停滞状态。在技术处于停滞状态的状况之下,资本就没有办法深化,当然也就不会出现全面的资本主义。资本主义的含义是,资本不断深化,在此基础上资本与劳动的雇佣关系也不断深化。在中国传统的技术之下,资本能够雇用的工人非常少,没有办法进行现代的机械化大生产,也就不会出现与机械化大生产相伴随的资本主义。回答韦伯疑问,追根溯源还是在于中国没有工业革命。没有工业革命,就没有技术的不断创新和资本的不断深化,所以虽然中国的资本主义形态早已出现,但是只能停留在萌芽的阶段。

结语

本讲讨论了中国在前现代社会科技、经济发展程度领先于西方,到了现代社会却远远落后于西方之原因,认为技术的不断创新、升级是一个国家经济长期发展的基础,在前现代社会,技术的发明以农民、工匠的经验为主,中国人多,农民、工匠多,所以,在技术发明上具有优势。到了工业革命以后,技术发明的方式变为以科学家在实验室里进行以科学为指导的实验为主,中国人多的优势消失。工业革命产生的前提是以数学和可控制实验为主要特征的科学革命的发生和普及,由于科举制度所产生的激励机制妨碍了中国人对数学和可控制实验这种后天能力的学习,使得科学革命无法在中国产生,因此中国也就无法自发地从以经验为主的技术变迁方式向以科学为指导的实验方式进行转变。在西方完成了这个转变以后,中国的科技与经济发展水平和国际地位也就迅速地从领先变为落后。然而,中国人并非先天就不能进行科学革命与工业革命,在现代社会,中国人学习数学、可控制实验的激励已发生变化,中国人在将来一样能对科学与技术的进步做出很大贡献。

在古代,在儒家文化的影响下,中国知识分子形成了"以天下为己任"的责任感。1840年鸦片战争以后,中国屡遭列强侵略,很多知识分子由此产生了一种很大的挫折感,以及让中华民族重新强盛起来的使命感。在这几种心态的相互交融之下,中国知识分子不懈努力、上下求索,共同推动了中国近代政治和社会的历史进程。

参 考 文 献

卜凯,《中国土地利用资料》,南京:南京大学出版社,1937年。

林毅夫,"李约瑟之谜、韦伯疑问和中国的奇迹——自宋以来的长期经济发展",《北京大学学报(哲学社会科学版)》,2007年第4期。

Feuerwerker, A., "Chinese Economic History in Comparative Perspective", in Paul S. Ropp, ed. *Heritage of China*: *Contemporary Perspectives on Chinese Civilization*, Berkeley: California University Press, 1990.

Lin, J. Y., "The Needham Puzzle: Why the Industrial Revolution Did Not Originate in China?" *Economic Development and Cultural Change*, 1995, 41, 269-292.

Chao, K., *Man and Land in Chinese History*: *An Economic Analysis*, Stanford: Stanford University Press, 1986.

Cipolla, C. M., *Before the Industrial Revolution*: *European Society and Economy*, 1000-1700, second edition, New York and London: Norton, 1980.

Elvin, M., *The Pattern of the Chinese Past*, Stanford: Stanford University Press, 1973.

Maddison, A., *The World Economy*: *A Millennial Perspective*, Paris: OECD, 2001.

Needham, J., *Science in Traditional China*: *A Comparative Perspective*, Cambridge, MA: Harvard University Press, 1981.

Perkins, D. H., *Agricultural Development in China*, 1368-1968, Chicago: Aldine, 1969.

Rostow, W. W., *The Stages of Economic Growth*, Cambridge: Cambridge University Press, 1960.

Smith, A., *The Wealth of Nations*, Chicago: University of Chicago Press, 1776.

Weber, M., *The Protestant Ethic and the Spirit of Capitalism*, London: Allen and Unwin, 1930.

第三讲

近代的屈辱和社会主义革命

中国近代史上知识分子的探索之路

屈辱的开始

直到17世纪末,中国还被认为是一个强大的国家;但到19世纪的时候,中国已经沦为一个落后的农业国。根据研究,在两千多年以前的公元元年前后,中国的经济绩效水平与古罗马帝国非常接近,在公元前500—公元1400年间还要高于欧洲水平。根据研究,欧洲开始赶上中国是在公元1400年以后。欧洲赶上中国,开始并不是因为生产力的提高,而是在地理大发现之后,由于从美洲新大陆带回了大量的黄金、白银,积累了巨额的财富,欧洲人的生活水平才得以迅速提高。到了18世纪以后,欧洲的工业革命开始,技术变迁速度加快,在很短的时间内中国就迅速落后了,而且这种落后还在不断加剧。根据麦迪森的研究,按照1990年国际货币单位来衡量,1820年中国的人均收入是600国际元,当时美国是1 257国际元,英国是1 706国际元,当时中国的人均收入是美国的48%、英国的35%。到了1950年,中国的人均收入变成448国际元,美国变成9 561国际元(世界最高),英国变成6 939国际元,中国是美国的4.7%、英国的6.5%,可见收入差距在扩大。随着收入差距与发达国家的拉大,中国在国际政治舞台上的地位也一落千丈。例如在清朝中期以前,中国还是全世界最强的国家,周遭的国家都来中国朝贡,中国成为它们的宗主国。英国派使节到中国来,中国将英国翻译为"猰猡猁",意思是蛮夷之邦。然而在1840年,也就是工业革命发生不到一百年后,中国就在与英国的鸦片战争中战败,并在接下来的一系列战争中接连战败,每次战败的经历对中国来说都是一次重创。接连战败让中国失掉了可以让周遭国家朝贡的国际地位,例如,作为朝鲜的宗主国和保护国,却眼看其沦为日本的殖民地;中国本身虽然没有沦为殖民地,但实际上已具有了半殖民地的性质,与二十多个国家签署了不平等条约,在很多城市划出租界。另外,中国还把土地割让给英国、日本和俄国等国家。丧权辱国的局面在很短的时间内就出现了。

有不少人在总结这段历史的时候认为,中国从一个天朝上国在短时间内迅速衰弱下去,主要是因为清政府过于腐败。但这一说法与事实并不完全符合,因为清朝在历史上并没有出现过让百姓民不聊生的昏君。尽管当时官僚体系的贪污腐化现象的确存在,但是贪污腐化的情形在中国的历朝历代都不鲜见。因此,将中国走向贫弱的过失完全归结于清政府的腐败是不合理的。中国在近代之所以不断遭受外国欺凌,最主要的原因还是在于欧洲的工业革命迅速将中国与西方的差距拉大了。在欧洲借助于科学实验的方式加速进行技术创新、经济发展一日千里的同时,中国却在科举考试和传统的教育制度之下不能形成自主的科学与工业革命,只能固守着旧有的技术与生产水平,从而导致两者之间的差距越来越大。而中国在真刀实枪的战场上屡尝败绩,只是把这种差距以最残酷的方式摆在了中国人的面前。中国的知识分子在传统儒家文化的影响下和科举制度的教育之下,形成了对国家的强烈责任感,处处以天下为己任。一方面,面对这种千年剧变,中国的知识分子油然生出一种让中华民族重新强盛起来的使命感。但另一方面,面对战争的屈辱和国势的日下,这些知识分子又有极大的挫折感。中国过去是非常强大的国家,有着辉煌的历史和灿烂的文化,在短短不到一百年的时间里,就被一些在过去称之为"蛮夷之邦"

的国家打败,并任由它们欺凌,所以对当时中国的政治、文化精英来说,努力实现中国的复兴是鸦片战争之后的当务之急。理解这一努力是理解中国近代政治、经济、历史的重要线索。中国作为一个古老的文明,与一个新崛起的文明发生了冲突,而战争就是冲突的激化。正如亨廷顿的《文明的冲突》①一书中所表现的那样,在这种文明的冲突中,知识分子对于国外文明的反应和理解必然会涉及文明和文化的含义。

中国早期知识分子救国救亡的探索

对于文明和文化,不同的学者给出了不同的定义。例如,按照马克思的观点,经济基础决定上层建筑,经济基础加上上层建筑就构成了一个文化体系。在研究中国近代史的问题上,我比较倾向于费孝通的老师马林诺夫斯基对文化的定义。他把文化定义成三个层次的有机结合。最低的层次是器物,包括能看到的各种有形物质,比如刀枪、车马、吃饭的筷子和刀叉等。第二个层次是制度和组织,比如银行体系、教育体系、政治体系等。第三个层次是精神或伦理价值,也就是行为规范,即对好坏的判断。当然,这种分法与马克思的方法实际上并无矛盾。马克思的经济基础指的就是器物层面,上层建筑其实是另外两个层次的相加,即同时包含了组织的层次和行为伦理规范的层次。按照马林诺夫斯基的文化三因子论,三个因子是有机结合在一起的。当一个文明与另外一个文明发生冲突的时候,社会上的普通大众与知识分子的反应是如何理解清楚这种冲突产生的原因。

在 1840 年的鸦片战争中,中国战败。对于清政府而言,这是第一次在对外战争中遭受败绩,这在之前是无法想象的。对外战败引起了当时中国知识分子极大的反思,反思过后他们认为这主要是因为中国与西方在器物层次上有很大差别。所以在同治年间,曾国藩、李鸿章、左宗棠、张之洞等"中兴名臣"发起了洋务运动。洋务运动的内容就是"中学为体,西学为用",即一方面仍要坚守以儒家哲学为基础的社会

---

① 这本书的中译本可参考新华出版社 1997 年版。

体系和伦理价值标准,另一方面要学会利用西方的器物文明成果,向外国购买枪支、大炮和轮船。他们认为有了这些枪炮和轮船,中国就可以强盛起来。可以看出这时的中国知识分子尚未能摆脱"天朝上国"的思维定式,仍然认为中国在文化的社会组织和价值体系上具有优越性。经过三十多年的努力,从某种角度上说,洋务运动确实取得了相当的成果,在中国建立了北洋、南洋以及福建水师,也就是以山东的威海卫以及福建的泉州和马尾为基地的三支海军舰队。

第二次冲突的激化是1894年的中日甲午战争。甲午战争发生的原因是当时的朝鲜受中国的保护,后来日本在明治维新后发展非常快,对朝鲜有殖民的企图,所以和中国发生了冲突。日本在19世纪中叶以前基本都是闭关锁国,后来在美国海军舰队的外在压力之下才被迫开放门户。这也引起了当时日本社会的极大反思,出现了所谓"尊王攘夷"、幕府还政于天皇的思潮。在权力由幕府大将军交还天皇以后,明治天皇开始推动维新改革。日本与英国一样确立了"君主立宪"的政治制度,并引进了现代的学校、军队、银行、工厂等组织体系,与中国的洋务运动在开始的时间上差不多。在甲午战争开始之前,国际上的评论普遍认为中国应当能打赢。因为中国拥有当时世界上最新型的军舰,拥有从英国、法国购买回来的最先进的武器。日本没有中国的财力雄厚,买不起大吨位的军舰,所以只能自己生产小吨位的军舰,使用的枪炮也比不上中国。有一段野史的记载,能够在一定程度上反映当时的状况。甲午战争之前,清政府采取了《孙子兵法》中的"不战而屈人之兵"的战术,在上海的黄浦江举行盛大的海军阅兵典礼,邀请各国驻华武官前来参观中国的海军舰队,目的是吓阻日本的侵略野心。日本的驻华武官也被邀请,他在参观后回去给政府写了一份报告,报告称虽然日本的军舰和武器比中国落后,但日本仍能打赢中国,原因是中国的军队没有现代化的组织观念,没有纪律,即使有现代的枪炮也发挥不了作用。当然这只是野史,没有经过考证,但仍能反映出洋务运动只是从器物层面学习西方,在组织层次上并没有任何改革,比如教育制度的改革、政治体制的改革、经济体制的改革等。文化的三因子应该是统一的整体,单单有现代化的枪炮,而没有相应的组织体系,枪炮也发挥不了很大的作用。

甲午战争失败以后,清政府割地赔款,把台湾省割让给日本,于是又掀起了另外一场社会反思。原来的反思是"中学为体,西学为用",认为输给欧洲主要是因为枪炮的落后,现在枪炮和欧洲一样的情况下还是会打败仗,那就一定还有其他方面的原因。反观日本,同样是在列强的压力之下,短短三十多年,从闭关锁国到锐意革新,很短的时间内就超过了中国。因此中国的知识分子对中国落后的原因有了一种新的认识,认为中国如果要奋发图强赶上西方,就必须像日本一样,采取君主立宪制,废除科举。上一讲我们讲到,科举考试的问题主要在于内容,而不是在于形式,这个形式能够挑选有能力的人进入政府作为治国安邦之才,所以总体上说还是好的。英国还学习中国的科举制度,建立了自己的文官制度,只是没有以四书五经作为考试内容。当时中国推行君主立宪制度的维新运动被称为"戊戌变法"。"戊戌变法"很快就被保守的清政府官员镇压下去,唯一得以保留的成果就是在当时名为"京师大学堂"的今北京大学。

图为京师大学堂在成立之初的门匾

与建立君主立宪制的社会认识不同,另外一个思路是来自以孙中山为代表的海外留学生和华侨。孙中山原为广东人,后移民到夏威夷,之后在美国接受教育。他看到中国遭受西方列强的欺凌,也迫切地希望中国能够迅速强盛起来。他看到美国的制度非常先进,认为总

第三讲 近代的屈辱和社会主义革命

统制要比君主立宪制更为优越,所以中国应该推翻清政府,建立民主制国家。当时,不管是保皇派还是革命党,所提倡的基本内容都是一样的,就是要推动一场组织层面的大的社会制度变革和政治制度变革。

慈禧太后在八国联军侵华战争以后,知道变法已是势在必行。但是,到了这个保守分子也开始主张要变法的时候,已经来不及了,清政府很快就被推翻了。当时的中国人普遍认为,中国的积弱是因为社会制度和政治制度的落后,只要推翻腐朽落后的封建制度,建立新的民主制国家,中国就会迅速地走向富强。但是,实际上并不是这样。在第一次世界大战中,中国也是参战国,而且是战胜国,但是巴黎和会却不把中国当作战胜国看待。当时青岛原本是德国的租界,既然在第一次世界大战中中国是战胜国,德国是战败国,那么租界理应归还给中国。但是,当时日本已经变为列强,列强通过幕后交易,在《凡尔赛和约》中把青岛从德国手中转给了日本。这在当时引起了很多人对北洋政府的强烈不满,于是就掀起了以包括北大学生在内的先进青年知识分子为先锋、人民群众广泛参与的反帝反封建的五四运动。当时社会的政治制度已经改变,在科举制度废除以后,建立了初中、高中、大学,社会制度也发生了改变。但是,中国还是一个非常落后的国家,还是会被欧洲列强欺辱,原因就是光有现代的器物和组织制度还不够,还必须有现代的精神和价值观,所以需要提倡"民主"与"科学"。

社会主义思潮在中国的兴起和中国的社会主义革命

社会主义思潮在中国的兴起

从认识到武器的作用,到认识到这种武器在什么样的组织状态下起作用,到最后认识到不仅要有西方的组织状态,还要有西方的思想,是一个渐进的思想转变过程。五四运动以后,中国的知识分子分为两派:一派主张全盘西化,建议培养与西方一样的价值标准、行为规范和社会组织,所使用的器物也要一样;另一派主张社会主义。在1921年中国共产党成立以后,社会主义运动星火燎原,很快发展为全国范围的社会政治运动。

状如警钟的五四运动纪念章

社会主义思潮在很短的时间内就在中国盛行起来主要有以下原因：

首先，当时中国社会各个阶层都有不少人有反西方的情结，因为在历次战争中西方列强让中国受尽了屈辱。在坚船利炮面前，中国人虽然不得不认输，但内心里始终不愿屈服，这是一种相当重要的精神状态。所以，如果有一种制度能够替代西方的制度，从理论上和实践上表现得比西方制度更优秀，就很容易被接受。当时的西方社会处于资本主义早期，确实存在着很多社会问题，比如社会动荡不安、工人的生活状况非常悲惨。当时西方的社会动荡主要是因为虽然由于工业发展，城市化的水平已经比较高，但是大部分的劳动力还在农村，进入城市里的人并不多。城市的收入比在农村高，所以农村的劳动人口就源源不断地流向城市。按照马克思的理论，这就是巨大的失业大军，劳动力的供给远远大于劳动力的需求。在这种状况下，资本家会把工资压得很低，因为城市里的生活始终比农村好，不必担心没有人来。当时的社会现实是贫富差距不断拉大，资本家的收入增长非常快，一般工人的生活状况却没有什么改善，于是资本家和工人之间的冲突就会频繁发生。针对社会存在的这些问题,马克思提出了历史唯物主义理论,认为社会发展是由原始共产社会进入奴隶社会,由奴隶社会进入封建社会,由封建社会进入资本主义社会,最后进入共产主义社会。在当时中国有一个很时兴的说法,叫"毕其功于一役",孙中山的"三民主义"就包含很多这样的说法。"三民主义"包括"民族、民权、民生",其中的民生主义按照孙中山的说法就是共产主义,因为资本主义社会里有很多社会问题,革命要彻底,就必须把所有的问题一次性解决,也就是所谓的"毕其功于一役"。连孙中山这样倡导资产阶级革命的人都接受社会主义,可见社会主义思潮范围之广、影响之大。

其次,俄国十月革命建立了第一个社会主义政权后,单方面取消了过去对中国订立的所有不平等条约。当时中国的社会情绪中有很多不满是针对列强的,因为它们对中国施加了很多不平等条约,让中国丧权辱国并失掉了和列强平等相处的机会。当时社会运动的强烈愿望就是与发达国家平起平坐。这时人们突然发现,一个推行社会主义革命的国家对中国愿意以兄弟相待,主动把过去的不平等条约全部取消,自然会对其产生好感,认为苏俄的这一举动是对中国的平等相待,孙中山也开始推行起联俄联共的政策。而且到了20世纪30年代之后,苏联的逐渐强盛又为中国树立了一个好的榜样。中国的知识分子在鸦片战争之后最主要的理想就是救亡和图强。在30年代,从1929年纽约股票市场崩盘开始,西方出现了十多年的经济萧条,社会上到处都是失业现象,经济发展水平在短时间内下滑了30%—40%,而且不止一个国家,几乎所有的资本主义国家都受到了冲击。这如同马克思所预言的,资本主义社会的崩溃即将来临。相比之下,苏联从1929年开始,在斯大林的领导下在短短十几年的时间里,就从一个贫穷落后的农业国变成一个当时世界上的工业化军事强国。这对当时的中国知识分子无疑充满了吸引力。

马克思主义与中国共产党

1917年俄国十月革命的胜利给中国送来了马克思列宁主义,李大钊等一批北京大学的知识分子开始传播马克思列宁主义,为中国共产党的建立奠定了思想基础。1919年爆发的五四运动促进了马克思主义同中国工人运动的结合,为中国共产党的建立作了思想上和干部上的准备。1921年中国共产党成立以后,社会主义运动在中国的开展有一系列的理论和认识问题需要解决。

按照马克思的历史唯物主义,社会主义革命只有在资本家与工人阶级的矛盾积累到一定程度后才会爆发。资本家掌握了政权、财富,单个工人无法抵抗资本家的剥削和压迫,就需要把整个工人阶级联合起来。仅仅一个国家的工人联合起来还不够,因为当一个国家的工人联合起来发生暴动、推翻资本主义政权时,旁边的资本主义国家会有唇亡齿寒的感觉,害怕国内的工人也会闹革命推翻自己,所以它们会帮助这个国家把工人革命镇压下去。任何一个单独的国家的工人阶级都抵抗不了这些资本主义国家队伍的联合。所以按照马克思主义的理论,社会主义革命必须在所有的发达资本主义国家同时发生,才会取得革命的成功,要想在单个国家取得成功是不可能的。马克思主义在社会主义革命问题上与后来出现的列宁主义的差别就在于,列宁主义认为马克思主义的设想在单一的国家也可能成功,而且还不一定首先在发达的资本主义国家取得成功。但前提条件是,必须由共产党来领导,必须有一批社会精英来组织这个共产党。这些社会精英也不一定完全是工人阶级,但必须是有组织、受过良好教育的精英团体。以他们作为核心,团结无产阶级大众,这样革命就有办法在单一的国家完成。实际上,俄国当时就是这样做的,首先成立了共产党,联合城市里的工人进行暴动,后来果然推翻了沙皇的统治。中国在1921年成立共产党之初,学的就是马克思主义和列宁主义,而且共产国际还派来了代表指导包括中国在内的其他国家的革命活动。早期的中国共产党领导人基本上遵循的是列宁主义的路线,先成立一个精英党,然后发动城市暴动。这样的模式在俄国非常成功,建立了社会主义政权。但在中国共产党成立早期,按照列宁主义模式组织起来的共产党多次组织无产阶级工人发动城市暴动,但都没有取得成功。

列宁主义模式在中国失败的原因

列宁主义模式在苏联是成功和正确的,但是应用到中国却不成功。当时中国共产党按照第三国际的指示,进行社会运动和革命,结果却屡战屡败,我认为最主要的原因是条件不同。在俄国基本没有外国租界,在中国却有很多。俄国在沙皇时代,工业就主要集中在城市里,企业主要是贵族拥有,当然也有一些企业由职业企业家和外国资本家拥有。而在当时中国主要的工业集中在租界,例如天津、上海、武汉、福州的外国租界。在沙皇时代,如果出现工人暴动,政府就要派军队镇压。工人阶级是一个弱势群体,容易引起社会的同情,政府的镇压会使得社会把怒气和怨恨指向政府,认为这是一个保护资本家、剥削穷人的不公正的政府,于是整个社会都把矛头对准了沙皇。在中国,大工厂都是在租界里。以上海发生的"五卅惨案"为例,当时日租界里的纺织厂工人发生暴动,日本政府派军队进行镇压。后来工人联合起来,发展到其他租界,英租界里的工人也发动暴动,同样被英国巡捕使用武力镇压下去。对于这些手无寸铁的工人遭到武力镇压,社会上当然是抱以同情态度,但是愤怒的矛头却指向了列强政府而不是当时执政的国民党。所以,同样是工人暴动,产生的结果却大不相同。这个例子提醒我们在学习外国理论的时候应该非常小心,任何经验或者理论在具体应用时都有一定的前提,假如前提发生了即使是非常细微的变化,产生的效果也会完全不一样。因此,不要把一个理论当作真理。理论作为一种假说,都是在一定的条件之下才得以应用和实现的。即使在一个国家已经得到证实的理论,拿到另外一个国家去也不一定就能获得成功。列宁主义没有真正指导中国革命取得成功,就是一个很好的例证。

毛泽东"农村包围城市"战略的成功

在第三国际所指导的列宁主义模式在中国的社会主义革命实践中屡屡失败之后,中国共产党内的一些有识之士渐渐意识到了不能完全依赖外国的经验指导中国革命,于是又开始了新的探索。毛泽东就提出了新的"农村包围城市"的战略。按照马列主义,如果要发动社会革命,就必须要保证社会当中存在社会不公平和财富分配不均的状况。在中国农村,有地主、贫农和无地农民的差别,按照20世纪50年代的统计,中国占人口总数3%的地主控制了26%的耕地,而占人口68%的贫农拥有的土地却只有22%,所以土地分配的差距非常大。城市里的工人和资本家当然也存在收入分配不均的情况,但差距远不如农村明显。按照马克思主义,农民不见得是最先进的阶级,但是在这种状况下,如果按照毛泽东所讲的"打土豪、分田地",没收地主的土地分给贫穷的农民,那么这些农民当然就会支持共产党的政策。而且在中国农村地区,政府的影响非常薄弱。在传统社会,政府的管理只能到县一级,县以下要依靠士绅(也就是地主)进行管理。正因为如此,如果在农村领导农民发起"打土豪、分田地"运动,国民党政府就要派军队前来镇压农民,其效果就像沙皇派军队镇压工人暴动一样,因为保护了富有的地主、打击了应该被同情的贫穷农民而受到社会正义力量的一致指责,从而丧失执政的合法性。所以,发生在中国农村的"打土豪,分田地"运动实际上产生的结果就相当于俄国的城市暴动。当然,依照列宁主义模式,革命应该由最先进的工人阶级来进行,而不是依靠相对保守的农民阶层。从这一点来看,毛泽东同志非常实事求是,他对理论活学活用,而不是生搬硬套。"农村包围城市"战略是他通过对很多农村进行调查,经过对中国社会各阶层状况的分析才最终提出来的,最大限度地结合了中国社会当时的实际情况,因此获得了巨大的成功。

　　在毛泽东"农村包围城市"战略的指导下,中国共产党先在农村建立了革命根据地,然后再慢慢地把矛头对准城市里的资本家。这是军事上的战略。在政治上的战略是"团结大多数,打击一小撮"。当时在城市里有工业和商业,但是这些工业和商业都为民族资本家所有,相对那些外国列强在租界里的工厂而言,普遍规模较小,因此在市场竞争中时常受到欺压。按照毛泽东当时的说法,这些民族资本家也应该得到保护,要打击的"一小撮"是官僚资本家——"蒋宋孔陈"四大家族。第二次世界大战以前,日本和欧洲资本家在中国建立了很多工厂,包括日伪政府在中国建立的工厂。日本战败后,这些工厂都被没收,变成了国民党政府的资产,由国民党中的官僚权贵继承,变为官僚资本。1947年提出的新民主主义政策是把前面的几项战略具体划分为三个方针:一是没收地主的土地,分给贫穷的农民;二是没收垄断官僚资本,把它变为社会主义政府直接掌握的国家资本;三是保护民族资本主义工商业,并且保证在社会主义政府的领导下民族资本家至少有50年的黄金时期。中国要想从农业社会迅速地进入社会主义社会,需要有一个过渡时期。发展中国家的工业基础和现代化进程需要"补课",在这个"补课"的过程中,民族资本家可以扮演非常重要的角色。按照当时的新民主主义政策,民族资本主义在社会主义政府的领导下,至少有50年的黄金时期可以发展。这些民族资本主义过去受到外国政府和企业的欺压,社会主义革命以后得到了平等的待遇,就可以发展得更快。这三个方针都得到了民心的支持,保证了中国共产党在推翻国民党政府统治斗争中的胜利,并最终建立了社会主义政权。

拥有百年历史的张裕酿酒公司曾是民族资本主义的优秀代表

从1921年宣告成立到1949年,不过短短28年,差不多一代人的时间,中国共产党就成为统一中国的政党,这在中国历史上可以说是一个旷古奇迹。

中华人民共和国成立后照搬苏联经验的原因

为什么推行重工业优先发展的战略

中华人民共和国成立以后,中国就开始了社会主义建设。在毛泽东同志的领导之下,中国推行了计划经济体制。从1949年到1978年,计划经济从探索到实行也是28年,后来证明这套制度行不通,所以需要转型与改革。

一个通常的说法是中华人民共和国成立后在毛泽东的领导下照搬苏联经验建立了不适合中国的计划经济体制,我们需要思考的是:为什么毛泽东在革命战争时期能够做到实事求是,正确地分析中国的现状提出"农村包围城市"的战略,而在中华人民共和国成立以后却照搬苏联的经验?一些人认为中国照搬苏联经验是因为毛泽东没有工业建设的经验,但是,这个说法有问题,因为他同样没有革命战争的经验。事实上,照搬苏联经验也是实事求是的行为,因为在革命战争时期,中国与苏联的目标相同、环境不同,所采用的方法当然也必须有所不同。到了中华人民共和国成立以后,中国与苏联目标相同,条件也变得相同,所以采取的方法手段也必然相同。

老一辈革命家参加社会主义革命最主要的目的是使中国富强起来。例如,1949年10月1日,毛主席站在天安门城楼上向全世界宣布的是"中国人民站起来了!"这句话一定是经过了慎重的思考,代表了他的心愿,也代表了那个时代的中国人的心愿。让中国人站起来,是社会主义革命最主要的动力,鸦片战争以后几代革命先驱抛头颅、洒热血,一个共同的心愿就是让中国人站起来,让中国富强起来。但是没有强大的国防,就要挨打;要想有强大的国防,就要有强大的军事工业;要想有强大的军事工业,就必须有强大的重工业。1952年,中国从战争的破坏中恢复后开始建设国家,提出了以重工业优先发展为目标的战略,目的就是让中国早日屹立在世界强国之林,不再受外国的欺凌。苏联的经验为中国提供了一个参考基准。当时中国是一个贫穷落后的农业国家,苏联在1929年以前也是一个贫穷落后的农业国家,但是在斯大林的领导之下,工业化进程非常快,在很短的时间内就建立起了自己的重工业体系和国防体系。而且,当时欧美的市场经济仍处于大萧条之中,所以苏联以重工业为先导的经验看来是可行的,符合发展中国家的发展愿望。

其实,这种想法不仅中国有,其他国家也有。第二次世界大战以后新独立的许多国家,不管是在亚洲、拉丁美洲,还是在非洲,所采取的政策基本上都是在第一代革命领导人的领导下推行重工业优先发展战略。中国的毛泽东、印度的尼赫鲁、埃及的纳赛尔、印度尼西亚的苏加诺和苏哈托都是如此。当时在拉丁美洲提出的依赖理论(Dependent Theory)[1]把世界上的国家分为核心国家和边缘国家,核心国家就是那些发达的资本主义国家,边缘国家就是那些落后的发展中国家。根据依赖理论,发达国家生产和出口工业产品,发展中国家出口原材料,购买发达国家的工业产品。依赖理论之所以在20世纪40年代由拉美国家提出,是因为在30年代的时候,出口原材料的价格下降得非常厉害,但是工业品的价格基本不变。根据依赖理论,如果是处于依赖的地位,也就是出口自然资源产品、进口机械制造业的产品,就会被剥削。[2] 在当时依赖理论有着非常大的影响,大部分发展中国家受到这种理论的影响,不愿意出口资源产品,而是想自己生产需要进口的制造业产品,这就是所谓的"进口替代战略"。"进口替代战略"下,发展中国家不仅自己生产日常生活品,而且连用于生产日常生活品的机器设备都要自己生产,所以这个战略与重工业优先发展战略其实是一样的。当时的主流经济学也是想方设法帮助发展中国家建立自己的重工业体系。几乎所有发展中国家都千篇一律地推行重工业优先发展战略,只有少数几个例外。中国当时属于大多数,按照毛泽东主席的说法,没有军事工业就没有国防,就要挨打;要有国防,就必须要有自己的军事工业和重工业。所以中国推行了重工业优先发展的战略。

重工业优先发展与要素禀赋的矛盾

中国在1952年的情况与苏联在1929年的情况非常相似,发展战略都是重工业优先,面临的条件都是贫穷落后的农业国家。重工业有

---

[1] 这个理论的两个代表性人物是Prebisch和Singer。
[2] 依赖理论是由政治学者提出的,他们不太了解经济的运行机制。在20世纪30年代,资源产品的价格下降幅度很大,而工业产品的价格下降幅度较小,其实与这些产品的供给弹性有关。1929以后发生经济大萧条,世界总的需求量不断萎缩。在需求萎缩的状况下,供给弹性越大的产品价格下降越少,供给弹性越小的产品价格下降越多。同样是需求减少,特性不同的产品价格反应就不一样,并不是剥削的结果。

三个基本特性。第一个特性是建设周期长。重工业的建设周期可能长达五年甚至十年,而轻工业则有可能在当年投资,当年投产,当年实现收益。所以与轻工业比较起来,重工业的建设周期相当长,收效也是相当慢的。第二个特性是对于贫穷落后的发展中国家而言,生产重工业的机器设备必须依靠进口。第三个特性是重工业一次性投入非常大,几十亿元甚至上百亿元的工程都很常见,而轻工业项目有几百万元或上千万元的投入就算相当大了。

作为一个贫穷落后的农业国家也有三个特性。第一个特性是剩余少。贫穷落后的农业国家生产主要是在农村,大部分人口是农民,生产活动集中在农业部门,生产出来的产品有很大部分是供自己食用,再除去饲养家畜和留作种子,剩余很少。部分剩余可以卖到市场上转变为资金,但是由于社会剩余非常少,所以资金就非常少,资本积累不足,从而导致资金的价格非常高。发展中国家的利率普遍较高,很多发展中国家民间借贷的月利率可以高达2%到3%,但这绝对不是高利贷。古代的高利贷指的是月利率在5%以上,甚至达到10%,所以2%到3%的利率仍属正常。第二个特性是可供出口的产品非常少,而出口少又导致赚得的外汇非常少,所以外汇价格——汇率就会非常高。第三个特性是资金分散,难以动员和集中。这些落后的农业国家不仅剩余很少,而且农业地区相当广阔,这必然造成较少的剩余分散在较为广阔的农村里,动员这些分散的资金进行投资是相当困难的。因为农民的收入很少,一般不会把钱存入银行。在农村地区,银行的数量很少,虽然把钱存在银行既安全又可以赚利息,但是农民一般却不愿意这么做。因为如果农民把百来块钱甚至几十块钱存入银行,以后取钱还要步行几十里地到县城的银行去。每天就为买酱油、买醋、买火柴的几分钱而走几十里路到县城,即使安全又有利息,交易费用也实在太高。在这种情况下,农民宁愿把钱放在家里的枕头下或缝进被子里。不仅中国的农民这样做,其他国家的农民也有类似的行为。我到国外讲学的时候,发现外国的农民会把钱放进袜子里随身携带。但是无论怎样,只要钱不存进银行,就会面临资金动员困难的问题。

由于重工业的三个特性和落后的农业国家三个特性之间的矛盾,在市场经济条件下,也就没有办法建立建设周期很长、需要依靠大量进口技术和机器设备、一次性投资规模很大的重工业项目。如果正常状况下民间借贷的月利率是2.5%,那么年利率就是30%。如果一个建设项目十年才能完成,建成投产后才有利润,按年利率30%的复利计算,那么十年以后项目建成之日需要还本付息之和就为原贷款的13.7倍,几乎全世界都难以找到如此高利润的项目。另外,要建设重工业就要有机器设备,当时国内没有重工业需要的机器设备,就要从国外进口。由于外汇非常短缺,外汇价格就非常高,与高利率一样,高外汇价格也会导致重工业建设的成本偏高。而且重工业建设一次性的投资非常大,可能是动辄几亿元、几十亿元,但社会剩余主要是在农村,难以把这部分剩余集中起来,所以重工业优先发展战略困难很多。

苏联1929年在斯大林领导下采用重工业优先发展战略,中国1949年在共产党领导下采用重工业优先发展战略的政策目标与苏联一样,遇到的困难也一样,因此解决困难的办法也就一样。1929年以后,苏联推行的计划经济是在一个非常贫穷落后的农业社会里短时间内建设起重工业体系的一个非常有效的办法。中华人民共和国成立后的经济情况跟苏联比较类似,所以也提出类似的重工业优先发展的战略。因此,毛泽东在革命战争时期提出"农村包围城市"的战略是实事求是的行为,在社会主义建设时期借鉴苏联经验推行重工业优先发展战略也是实事求是的行为。

参 考 文 献

〔美〕亨廷顿,《文明的冲突》,北京:新华出版社,1997年。

林毅夫、蔡昉、李周,《中国的奇迹:发展战略与经济改革》,上海:上海三联书店和上海人民出版社,1994年。

林毅夫、蔡昉、李周,《中国的奇迹:发展战略与经济改革(增订版)》,上海:上海三联书店和上海人民出版社,1999年。

Singer, H. W., "The Distribution of Gains Between Borrowing and Investing Countries", *American Economic Review*, 1950, 40, 473-485.

Maddison, A., *Historical Statistics of the World Economy: 1-2008 AD*, Paris: OECD, 2010.

Prebisch, R., *The Economic Development of Latin America and Its Principal Problems*, New York: United Nations, 1950.

第四讲

赶超战略和传统经济体制

鸦片战争以后,中国从一个文明鼎盛的天朝大国日益衰落,沦为备受列强欺压的贫穷弱国。近代以来,许多仁人志士满怀强国富民的理想和抱负,进行了前仆后继的探索。1949年中华人民共和国成立之后,中国新政权的领导人面临着选择何种发展道路和管理体制进行经济建设,以迅速实现强国富民理想的问题。然而,中国经济发展的历史起点很低,为了能快速且一步到位地把一个落后的农业国转变成一个先进的工业国,实现强国、自立的目标,中国的领导人选择了以优先发展重工业为目标的发展战略。重工业优先发展战略是传统经济体制形成的逻辑起点。

这一讲主要分析重工业优先发展战略和传统的经济体制形成的原因,了解传统的制度安排背后隐藏的经济学逻辑。之后,我们要在此基础上探讨1959—1961年经济困难形成的原因,并对1978年前经济发展的绩效与影响进行简单的回顾。

重工业优先发展战略与传统经济体制

"三位一体"制度安排的内在逻辑[①]

上一讲,我对中华人民共和国成立后照搬苏联经验实行重工业优

---

① 对此更深层次的论述可参见林毅夫、蔡昉和李周的专著《中国的奇迹:发展战略与经济改革》1994年版和1999年增订版。

先发展战略的原因提出了一种可能的解释。在1949年中华人民共和国成立初期,中国与1929年斯大林领导下的苏联一样,都是以快速发展重工业和军事工业、实现富国强兵为目标,并且起步条件同为落后的农业国。因此在两国目标相同、条件一致的情况下,中国借鉴苏联在短时期内迅速建立起完整工业体系的经验优先发展重工业,是一种实事求是的做法。可是对于一个发展中国家来说,如果要推行重工业优先发展的战略,就不能只依靠市场的力量。我在前面已经提到过,重工业是资本高度密集的产业,具有三个主要特征:(1)建设周期长;(2)关键技术和机器设备需要从国外进口;(3)每个项目一次性的投入非常大,动辄上百亿元甚至上千亿元。但大多数发展中国家的产业以农业为主,剩余资金非常少,这意味着:(1)资金积累少,资金的价格就会非常高;(2)可出口的产品少,外汇少,外汇价格高;(3)生产分散,动员资金非常困难。

从以上三对特性的比较当中可以看出,重工业的特性和发展中国家的现实之间存在着巨大的矛盾:首先,一个建设周期长的项目根本就没有办法支付高额的利息。其次,发展重工业需要进口机器设备,但是外汇少、外汇价格高,进口机器设备的价格又非常昂贵。最后,在一个剩余非常少的农业经济中难以动员足够的资金来发展重工业。对于一个处于发展早期的发展中国家来说,不管是社会主义国家还是资本主义国家,它只要优先发展资本很密集的产业,第一件要做的事情就是靠政府的行政手段对银行进行干预,把银行利率压到远远低于市场利率的水平。同时,资本密集型的重工业的机器设备需要从国外进口,所以政府必须直接干预汇率,人为地高估本币价值,压低外汇价值,这样,进口机器设备就会变得便宜,有利于解决外汇短缺、外汇昂贵的问题。关于资金动员问题,一个简便的解决办法是维持已建成企业的高利润作为下期的投入。政府可以通过两种方式提高建成企业的利润。首先,给予企业垄断地位,这样可以让企业为产品制定垄断价格,获得较高的收益。其次,压低各种投入要素的价格,包括资金、原材料的价格以及工人的工资等。如果工人的工资被压低,为了使工人生存下去,就必须压低所有生活必需品的价格,包括粮食、服装、住房、交通等一系列与生活有关的产品和服务。这就是为什么我们在计划经济时代同时看到压低利率、高估本国汇率、压低原材料价格、压低工资、压低所有生活必需品价格的内在逻辑。在非社会主义国家,如果要追求资金密集型产业优先发展,那么至少也必须压低利率和低估外汇价值。对于后面几项措施的执行,需要视这个国家的行政干预力量有多强而定,比如拉美国家就普遍采取压低原材料价格的做法,只是在程度上可能不尽相同。

我们把这一套扭曲的价格体系安排称为扭曲的宏观政策环境,它通过扭曲的价格信号影响每个企业。但是,价格信号被扭曲以后,市场均衡就会被打破。资金的价格被压低,重工业使用资金就相对便宜,轻工业、农业使用资金也变得便宜,对资金的总体需求就会加大;同时由于利率过低,储蓄会减少,资金的供给也会下降,总体上就会出现短期内资本需求远远大于供给的情况。外汇的情形也是如此。因为本币的价值被高估,外币的价值被低估,进口机器设备变得便宜,进口其他产品也同样便宜,所以会出现过量进口而外汇不足;同时,赚取外汇要依靠出口,在本币的价格被人为提高后,出口产品的价格就会上涨,导致出口减少,赚取的外汇也会减少。总体来看,就会出现外汇需求远远大于外汇供给的情况,造成外汇短缺。同样的道理,生活必需品价格的扭曲也会导致市场的供需不均衡。匈牙利有一位研究社会主义经济的经济学家叫科尔奈,他把计划经济下的社会主义国家经济称为短缺经济①。科尔奈认为短缺是由社会主义的特性决定的,但我个人认为这其实是由扭曲价格的特性所决定的。压低某种要素的价格,对这种要素的需求就会大于供给,需求增加而供给减少,就会形成短缺,短缺是人为压低价格所造成的。在第二次世界大战期间,英国和美国这些典型的资本主义国家也采取了配给制度。为了抑制物价,各种生活必需品的价格都被压得非常低,这时供给就小于需求。为了让每个人的生活都得到最起码的保障,即使是首相或总统也必须每个月按照国家的计划配给进行消费,所以这种短缺显然与社会主义的特性无关。市场配置资源的功能被国家以行政手段配置资源取代,市场竞争也就自然会消失。

---

① 可参考科尔奈的《短缺经济学》(*Economics of Shortage*),中译本由经济科学出版社1986年出版(该中译本将"科尔奈"译为"科尔内"——编者注)。

短缺是价格压低所造成的结果,这会导致对资金、外汇、原材料的需求全面大于供给。为保证短缺的资金、外汇、原材料用到国家优先发展的产业上,就不能依靠市场来配置资源。在这种状况下,就必须要有国家计划,把所有行业排出一个优先顺序,而且要把每个行业里每个人所做的项目排一个优先顺序。光有计划还不行,还必须利用行政手段根据计划对这些短缺的资金、外汇和原材料进行配给。这套扭曲价格和计划配给的体系,不仅可以让国家优先发展的产业中的企业建立起来,还可以保证它们拥有很高的利润。在改革开放之前,东北老工业基地之一的辽宁省的经济水平位于全国前列,因为当时辽宁省主要以重工业为主,重工业产品的价格定得非常高,所需要的各种投入要素的价格都被压得非常低,所以它的财政收入位于全国前列。

东北成为中华人民共和国最早的重工业基地得益于地理位置与能源优势(图为大庆油田"大会战"时期的"铁人"王进喜)

在这样的制度环境下,要更好地推行重工业优先发展战略,微观管理机制也必须与市场机制有所不同。要把剩余集中投资到重工业产业上,就需要克服资金剩余控制的难题。假如这些企业是非国有的,剩余掌握在资本家手里,他们就会把这些资金投入利润更高的产业,这些产业往往是轻工业。轻工业赚钱比较快,道理很简单。首先,轻工业需要的投资比较少,而且周转得比较快;其次,在计划经济下短缺现象普遍存在,轻工业产品也会短缺,产品的市场价格会比国家规定的价格高,所以利润也会高。正因为如此,在这种状况下就不能让这些企业为私人所有,必须由国家直接所有,才能掌握对剩余的分配权和指示权。比如在新民主主义时期有一个政策提出,中华人民共和国成立以后的社会主义建设时期会是民族资本主义企业发展的黄金时期,因为不用再受列强政府和企业的欺压和排挤。但是,在短短几年的时间内,我国就完成了对资本主义工商业的社会主义改造。新建的工厂当然是由国家投资的,但对已经建成的工厂而言,如果它同样可以拿到各种低价的原材料,在生产的剩余为私人所有的情况下,资本家就会把这些剩余投资到国家优先发展的产业以外的产业中去,为了保证这些剩余能够全部掌握在国家手里,就需要实行国有化,消灭私有企业。

第一个五年计划之内就以公私合营的方式完成对所有民族资本主义企业的社会主义改造

国家不仅需要对剩余有直接的支配权,还必须能够对企业进行直接的干预,剥夺企业的厂长、经理的自主权。以苏联为例,苏联城市暴动的成功是靠着城市里的大企业厂长和工人,他们是共产党所依靠的主要力量。然而,1929年以后,厂长和经理的自主权被全部剥夺。这是因为在扭曲的价格体系下,一个重工业企业的产品拥有垄断市场,所有的投入要素都是低价的,所以能得到很高的利润。在没有竞争的状况下,难以确定盈利的合适水平。如果给盈利企业的厂长、经理以自主权(比如可以决定工人的工资水平和福利水平),那么厂长、经理可能就会利用职权损公肥私。另外一种可能的情形是,所生产产品被认为是重工业投入要素(例如交通等)的企业,其产出价格被压得非常低,即使这些企业同样可以获得廉价的投入要素,也必然是亏损的。但是在没有竞争的状况下,政府无法知道一个亏损企业的亏损程度。如果给厂长、经理自主权,他们可能会夸大亏损,政府也难以核实。所以,只要给厂长、经理自主权,他们就可能会利用这种自主权侵吞应该为国家所有的剩余,从而减少国家的投资资金。为了保证剩余真正掌握在国家手中,城市企业就必须都是国有的,并且企业毫无自主权。在我国的计划经济时期,国有企业的管理有六个字的顺口溜,"人财物,产供销"。"人"是指企业不能决定它雇用什么样的人以及雇用多少人;"财"是指企业对收益没有支配权,所有的收益全部上缴财政,再由财政根据需要进行拨款;"物"是指企业不能自主决定企业的资产和投资决策;"产"是指企业不能自主决定生产哪种产品;"供"是指企业不能决定各种投入要素供给的来源;"销"是指企业不能决定产品卖给谁。国有企业厂长和经理的自主权基本上被完全剥夺。

以上就是中国和许多发展中国家宏观上扭曲价格信号、行政上计划配置资源、微观上剥夺企业自主权的"三位一体"体系形成的根本原因。这套体系看起来似乎缺乏理性,但是如果把背后的逻辑想清楚,在一定的限制条件之下,从国家所有的角度来看,为了保证资源的最大动员以及剩余的最大化以投资于政府要优先发展的资本密集型的重工业,"三位一体"确实是最优的制度安排选择。

在计划经济体制下,一个资金、资本都非常短缺的农业经济,想要优先发展资本非常密集的重工业,结果形成了"三位一体"的制度体系。这套体系不仅影响了城市中的制度安排,而且也对从 1952 年以后在中国农村出现的几项大的制度产生了直接的巨大影响,甚至直至今日,这套体系对农村经济的影响作用依然存在。这些制度主要包括四个方面:农产品统购统销,合作化运动,地区性的粮食自给自足,城乡隔绝的户籍制度。

农产品统购统销政策的原因

农村地区的统购统销政策是从 1953 年开始的,统购统销的原因可以从《陈云文选》里的一篇文章中找到一些线索。当时陈云是财政部部长,他在 1953 年的时候发现,过去共产党号召卖什么产品,农民会抢先来卖,但在1953年以后,农民突然间不愿再把自己的农产品卖给政府了。所以陈云感慨地说农民变了,但是这种转变背后真正的原因是什么呢?其实是与中国推行重工业优先发展战略分不开的。在1953年之前,政府"打土豪、分田地",把土地分给了农民,农民感恩,而且那时还没有实行计划经济,跟农民的交易主要是按照市场价格进行的,并且从不拖欠。所以,这时政府号召卖什么,农民都会积极响应。1953年第一个五年计划开始实施,城市里已经开始了工业化,为了创造城市里企业的高利润以作为下一期投资的来源,就必须压低企业的投入要素价格。当时企业的很多投入要素如棉花、工人的生活必需品、粮食都来自农村。对政府而言,可以选择高进低出的方式获得农产品,在农村按市场价格买入,在城市压低价格卖出,但是政府不会觉得这是一个好的选择。因为如果这样做,无非是把由企业创造的剩余又转移给农村,体现不出压低价格作为积累手段这种方式的作用。尽管这种高进低出的价格政策会使农民满意,但是却与政府动员资源进行重工业优先发展的目标相违背,所以政府必须通过低进低出的方式把农民的剩余转移到城市。1949年中华人民共和国成立之初,农村里粮商和棉商有的是由政府经营,有的是由民营企业家经营,有的是二者的结合。由民营企业、私营企业购买的粮食和棉花会按照市场价格支付,但政府购买的粮食和棉花却要按照指定低价支付。在这种状况下,理性的农民当然会愿意把自己的产品卖给民营的粮商和棉商。

有鉴于此,政府只能通过垄断的方式才能一直以低价来取得所需要的农产品。于是,政府从1953年开始对粮食和棉花进行统购。所谓统购,就是规定农民只有交售出满足政府购买任务的粮食和棉花数量以后,剩余的产品才能卖向农村的农贸市场;在没有满足之前,就只能卖给国家,国家是唯一的购买者,因此可以自由定价。开始的时候,统购的只是粮食和棉花。但是,1954年以后很快所有的产品都纳入了统购范围,包括芝麻、花生、鸡蛋等。因为如果只压低粮食和棉花的价格,作为理性人的农民就会少生产粮食和棉花,多生产那些价格未被压低的产品,所以很快所有产品的价格都被压低。同时,城市实行统销制度,统销是指卖给谁由国家统一计划,卖给哪些企业也由国家统一计划,像粮食等生活必需品也必须按照国家统一计划(凭粮票、棉票和布票)购买。

全国通用粮票
(1965)

迅速推进合作化运动的原因

在统购统销的政策之下,随着城市里工业化进程的推进,企业对工业投入的需求会增加,城市里工人的数量也会增加,但是农产品的产量难以满足城市工业化水平的需求。为增加农产品的产量,政府对所有农产品进行统购统销,严格控制农产品收购和销售的价格。但是也有政府无法控制的事,那就是农民分配个人生产和休息时间的自由度。产品的价格降低以后,农民的生产积极性下降,休息积极性提高,因为休息的机会成本就是生产所得的收入。城市里的需求不断增加,农民的生产积极性却在下降,这就造成了农产品供给和需求之间的矛盾。解决矛盾的办法有这样几种:(1)干脆把价格提高,农民的生产积极性也会随之提高,但提高价格与最大限度地把剩余集中在城市里的目标相冲突。(2)对农业进行投资,如兴建各种基础设施,提高农业生产率等,但是基础设施建设也需要资金的投入,而这笔投入资金仍要从政府的财政收入中划拨。把财政收入用来投资农村的基础设施建设,这一举措仍然与最大限度地动员剩余来支持工业项目这一目标相冲突。那么,有没有什么办法,使政府既不必增加投入,又能提高农村的生产力水平?这就需要一种"又要马儿跑,又要马儿不吃草"的制度安排,经济学中倒是能够找出类似的理论来提供一个解决方案,那就是我们常说的规模经济。

1952年,农村"打土豪、分田地",把地主的土地都分给了单家单户的农民。单家单户的农民生产单位非常小,当然也就无法达到规模经济。在农村,规模经济主要可能来自以下几个方面:有些要素一般是不可分割的,必须整个使用,例如耕牛之类的牲畜。但是当生产规模太小的时候,这种要素就会用不完,造成一定的浪费。这时如果扩大规模,要素就能得到充分的利用。例如在农业生产中,中国有很多地区都是两熟制,夏季收过夏粮之后就必须立刻开始耕地播种,时间非常紧。如果不抢出这个时间,延误个三五天、十几天,很有可能在粮食成熟前就会赶上下霜,遇到严霜时甚至可能颗粒无收。为了抢出这个时间,在农村仅仅依靠人的劳动投入常常是不够的,所以就需要有一些耕畜作为劳动工具。在各家土地都非常少的情况下,一户养一头耕畜显然是不合算的,这时如果几家农户合作,就大大节约了每户的成本,可以实现规模经济。另外,变成合作化生产以后,田地间不用再划田埂,也节省了相当一部分土地,这也是规模经济的一种来源。所以,1952年把土地分给各家各户,1953年就开始了合作化运动。

地区粮食自给自足的原因

第三个制度安排是地区性的粮食自给自足。这在关于中国经济的研究中,也是经常让人感到困惑的制度安排。粮食不是一般的商品,如果粮食出现短缺,自己又不能生产,就必须要从国外进口。从国外进口粮食就相当于把自己的饭碗端在别人手里,历史上曾有些国家把粮食作为武器,对与其不友好的国家实行粮食禁运,以达到打击该国家的目的。因此,很多国家会追求一个目标:国内一定要保证粮食生产,即全国的粮食要自给自足。中国的情况比较特殊,不仅全国的粮食自给自足,而且各个省份的粮食也必须自给自足。这个政策直到20世纪90年代还不断地以各种形式出现,当时有一个说法叫"市长抓菜篮子,省长抓米袋子",所谓"省长抓米袋子"就是指这个省的省长必须为这个省的粮食供给负责。但中国是一个土地面积非常辽阔的国家,各地的生产条件差异巨大。例如,河南、河北两省干旱,不适合生产粮食,传统上适宜生产棉花,再与安徽、湖北、江西等地交换粮食;西南、西北适合生产药材等经济作物,然后与其他内陆省份交换粮食。各省按照自己地理特性的比较优势生产农产品,有些省是余粮省,有些省是缺粮省,然后各省之间进行农产品交换。1953年的统购统销,是根据1952年中国的粮食生产与销售状况而定的。但在1953年政府实行统购统销政策之后,人为地把粮食价格往下压,余粮省卖余粮给国家越多,就意味着交的税也越多。而作为缺粮省,靠国家把其他余粮省的粮食调进来越多,就等于拿到的补贴越多。在这种状况下,缺粮省有意愿多调进粮食,余粮省却没有意愿多生产粮食。一方面,这些缺粮省人口增加,需要的粮食也相应增加;另一方面,工业发展了,需要的农产品(包括粮食)投入也会增加。可是,余粮省不愿意多生产,就必然导致缺粮省除了国家原来调拨进来的粮食,还必须自己生产,最终造成了所谓的"地区性的粮食自给自足"。这个政策有很大的刚性,直到90年代还在很多地方有影响。

城乡隔绝的户籍制度的原因

城乡隔绝的户籍制度也是在1953年之后才演变出来的。在1953年以前,劳动力流动和人口迁移还比较自由,但到了1953年以后,就变得非常困难了,而且,在改革开放前困难一直在不断加剧。其原因在于,中国从1953年开始推行的是重工业优先发展战略,虽然重工业资本非常密集,投资非常多,但是创造的就业机会却非常少,甚至不能满足城市新增劳动力的就业需要。当时的城市人口不是政府官员就是在国有企业里工作的人,政府对于安排他们以及他们子女的就业是有承诺的。一方面为了防止城市人口失业，另一方面为了不让农民进城来分享城市里的各种补贴，政府只能对农业人口进城的权利进行限制。城乡隔绝的户籍制度背后的原因是城市里的就业机会不足，而城市里就业机会不足的原因与推行了重工业优先发展战略有关。

这些制度基本上是从1953年第一个五年计划实施开始形成的，而第一个五年计划的核心就是保证156个重工业项目的需要，由此诱发出各种内生的制度安排。当时中国的制度安排与苏联的制度安排基本上是一致的，原因在于目的相同，限制条件相同，所以具体的手段也相同。

合作化运动与传统体制的结果

合作化运动的起因与演变历程

对于合作化运动，如果不了解背后的机制，是很难了解其真正动因的，因为有关1953年开始推行合作化运动的说法是：如果不进行合作化，就会造成农村里两极分化，地主可能会重新出现。如果这是主要的原因，那么在1949年或之前没收了地主的土地之后，就可以直接把这些无地的农民号召起来参加农业合作社，而且也不会遇到太多的阻力。因为对于那些无地的农民来说，与之前受地主压迫相比，当然还是和其他农民共同参与合作社更好。之所以在1952年将土地全部分给农民之后，第二年就开始号召农民进行合作化，主要是因为刚开始还未遇到城市里发展重工业所面临的一系列问题，到1953年开始推行重工业优先发展战略之后有关农村的问题就陆续出现了。一方面政府要压低价格购买农产品，另一方面在扩大生产的时候农民又不愿意投入，这才是合作化运动的起因。

合作化运动也经历了不同的阶段。1953—1954年推行的是所谓的"互助组"。互助组的组织情况一般是这样的：由几户农民在农忙的时候自愿组合，土地、耕畜仍然属于个别农户，生产出的产品也归各户所有，但在农忙的时候，三五家自愿地组织起来互助合作。自愿组织是有一定道理的，比如说，有耕牛的人家就可以把耕牛借给别人。再如，收稻子的时候，大家互相帮忙，效率就会有所提高，在很短的时间内能够完成大量工作。互助组在中国农村有它的经济基础，可以说是历来就有，而不是社会主义建设开始以后才出现的。在农村里经常有所谓的"换工"，即在抢收时，几家共同合作，一次性收割完一家的粮食，再到另一家去收割，换工合作。实际上，这也是互助组的一种形式。由于具有一定的经济基础，互助组在1953年开始推广的时候，在农村里受到了农民的广泛欢迎，很快就掀起了组成互助组的各种运动。互助组的形式确实带来了某种规模经济，在抢收、抢种、耕地等方面都为农民带来了一定的便利，同时也增加了产量。政府看到互助组受到农民的欢迎，而且有实际的成效，但是认为三五户的规模还是太小，所以从1954年开始推行初级合作社。

初级合作社由20—30户农户组成，在农村（特别是江南农村）里将近是一个自然村的规模，这种方式比互助组更往前了一步。在互助组里，土地和生产出的产品都是单家单户的；在初级合作社中，则把地集中起来，这样就不需要田埂，省出了不少土地。分配上有两种方式：一是按照土地和带进来的农具、耕畜等分红；二是按劳分配，把每个劳动者的工作时间、工作量变换成工分，到年终时将扣除种子和肥料等成本之后的农业净产出按照工分来分配。当时推行的效果也相当不错，政府鼓励和号召农民参加，很多农民也在政府的号召之下参加了这些合作社。当时的说法就是"入社自愿，退社自由"。

由于初级合作社收效显著，1956—1957年政府又开始推行起高级合作社，户数为150—200户。在华北，村子一般比较大，200户左右还是一个自然村，但在江南，村子一般较小，200户就需要把好几个自然村合在一起。原来在初级合作社的时候，土地、农具和耕畜还是分开的，但高级合作社就不再把它们分开，实行完全的按劳分配，在当时来看对农民似乎并没有很大影响。虽然在1956年的时候，极个别的地方曾出现过农民晚上偷偷把耕畜杀了吃掉的情况，但这种情况并不普遍，原因是经过土地改革以后各家各户的土地、农具和耕畜相差不大。1956年第一届全国人民代表大会通过的《高级农业生产合作社示范章程》(以下简称《示范章程》)中规定高级合作社"入社自愿,退社自由",政府帮忙组织,而且规定农民一旦对高级合作社不满意就可以退社,退社时合作社必须把原来的土地、农具和耕畜归还给他;除此之外,还规定如果农民在参加合作社期间合作社进行了某些积累,退社时合作社也必须把他的那一部分积累折价归还给他。高级合作社在1956—1957年间依然收到了不错的效果,规模经济继续发挥作用,产量持续增加。既然产量还在增加,到了1958年的时候,政府便有理由认为150—200户的规模还不够,还可以更大一些,于是就有了后来的人民公社。

人民公社于1958年8月出现,在短短三个月的时间里,就在全国铺天盖地地开展起来,到11月时全国99%的农户都参加了人民公社。平均而言,一个公社有5 000家农户、10 000个农民和60 000亩地,规模非常庞大。发展起这样的规模与水利有关。农业生产需要用水,用水就需要有水利设施。可是单家单户修不了水利,即使到了高级社,一个社里也只有150—200户,要修建大型的水利设施还是力不从心。例如建小水库、修灌渠这类工程,最好是整个公社协调起来进行。5 000家农户、10 000个农民,这在当时大约就是一个公社的规模,所以整个公社就变成一个生产单位来进行生产。在人民公社时期,社会主义性质就变得更明显了。在高级社的时候,还实行的是按劳分配,先是评工记分,再按照工分来进行分配。到了人民公社开始的时候,就实行所谓按需分配,社员吃公共食堂,节省下做饭的时间和做饭时需要的柴禾,也是一种规模经济的体现。但是问题也随之出现了。1958年11月人民公社在全国推广开,1959—1961年发生了经济困难,1959年的粮食产量比1958年下降了15%,1960年粮食产量继续下降15%,1961年维持在1960年的水平。这次经济困难持续了3年,使国家和人民遭受了重大损失,是人类历史上一次巨大的灾害。

1962年时人民公社并没有解体,但是生产恢复到以生产队为单位。一个生产队一般平均有20—30个农户,即恢复到初级社的规模,以南方的自然村为主。分配上按照工分制,即按劳分配。总体而言,生产队基本上是初级社的规模、高级社的分配方式。生产队的这种生产方式一直持续到1978年党的十一届三中全会,维持了16—17年的时间,1979年以后变为以家庭为单位的家庭联产承包责任制。

在三年困难时期以后,政府不再迷信规模经济,从合作社退回到初级社规模这一点能够看出。随着城市的工业化发展和人口增长,对粮食等农产品的需求持续增加的问题还是要解决,政府应做的是加大农业投入。1964年开始在全国推广的现代水稻品种矮秆水稻,是中国农业科学院的科学家自主研发出来的。1976年开始推广的杂交水稻,是湖南的袁隆平研发出来的。矮秆水稻的产量一般比常规水稻高出30%,杂交水稻的产量在矮秆水稻的基础上再增加30%。国家从1962年就开始走上这条通过农业科研来提高粮食产量的道路,这些科研经费都需要由政府进行投入。而且有了这些现代的品种,就需要多用化肥,这些化肥也是不小的投入。另外,20世纪70年代国家提出了"农业的根本出路在于机械化"的口号,现代化的农业投入在这一时期有了很大的提高。

1959—1961年经济困难的传统解释

三年困难时期造成了较大面积的饥荒,对整个国家和民族来说是一场极大的不幸,非常值得国内外的经济学者进行深入的思考和研究。尤其是作为中国的经济学家,更是有责任把这一现象背后的真正原因搞清楚,因为只有弄清问题背后的真正原因,才能从根本上避免同样的现象再度发生。对于三年困难时期,至少存在三种不同的解释。①

第一种解释认为是因为自然灾害。这种解释在理论上不排除其可能性,但在现实中不容易发生,因为全国同时发生天灾,而且一连持续三年,可能性实在太小。实际上,农业上的天灾对整个国家来说不一定会造成减产。就水灾而言,受到水灾冲击的地方当年会减产,灾区周边的省份因为水多了就有可能增产;受灾地区在受灾当年会减产,第二年很可能就会因为地下水位提高而增产。因为缺水一直是中

---

① 对这三种解释的论述可参见我发表在《政治经济学杂志》上的论文(Lin,1990),与这三种解释相关的参考文献在此不再列出,有兴趣者可参考该篇论文所列的相关文献。

国长期以来非常重要的一个问题,发生水灾必然会把地下水补充充足,可供灌溉的水就增加了。因此总的来说,水灾对全国的产量影响应该不大,旱灾同理,所以,因自然灾害造成15%的减产并连续在全国各地同时发生是不太可能的。

第二种解释认为是人祸。所谓"三分天灾,七分人祸","人祸"主要指不当的管理。不当的管理有几个方面:在1958年年底推行公社化的时候,实行所谓的公共食堂,很多人吃饭不用钱,于是就把粮食给吃光了;1959年公社化以后,公社社长、书记等很多领导都不是农民,而是政府直接派下去的干部,没有农村工作经验,也没有农民的耕作知识,当时很多干部就提出了所谓"深耕密植",误以为耕得越深越好、植得越密越好,不当的耕种方式造成了减产。

国外一位研究中国经济非常有名的经济学家提出了第三种解释,认为是人民公社规模太大导致激励下降。当时实行人民公社,是平均一万个劳动力种六万亩地,这个规模太大了。当时中国的劳动力数量非常多,如果实行的是按需分配,就会造成这样一种局面:如果一万个劳动力中有一个劳动力干活比较积极,产量增加,这个劳动力分到的是全部产量增加的万分之一;如果他消极怠工,产量会有所减少,但个人只减少了整个公社减产的万分之一。这样的激励机制造成大家都不好好干,因为增加的一个单位投入的成本是自己的,但是收益都被别人分了,结果造成普遍的积极性低下,产量也必然会减少很多。

这三种解释从逻辑上来讲都有可能。虽然我个人认为中国这样的一个大国在全国范围内同时发生天灾的可能性极低,但也不能完全排除。不当的管理会造成减产,这也是不容置疑的事实。如果是实行按需分配,尤其是吃公共食堂,那么劳动力积极性可能会下降,减产也是有可能的。所以,以上三种解释在逻辑上都讲得通,但是否能正确地对现实做出有效解释,还有赖于经验的检验。

一个简单的检验方式是,看以上三种因素消除之后,生产率是否恢复到之前的水平。这三种因素在1962年以后基本都被消除了。如果1959—1961年的产量大滑坡是由天灾所造成的,那么1962年以后就应该很快恢复到1958年以前的水平。至于管理不当,首先,公共食堂其实到1959年以后就不再实行,更不用说到1962年以后了。干部的指挥方面,"深耕密植"的种植方式在推行不久就被放弃了,尤其1962年以后恢复到以生产队为单位,就生产队的规模而言,农村干部在初级社、高级社的时候就已经证明是有管理能力的,一个生产队只有20—30家农户,因此很难再说是管理不当。关于激励机制的问题,在高级社的时候,一个社的规模大概为150—200户,当时推行的就是按劳分配,并没有出现生产率的滑坡。总体上来讲,由于人们普遍接受的这三种解释所造成的影响应该在1962年以后就很快消失了,即使土地的情况和劳动力的健康状况还要一两年的时间才能恢复,到1962—1963年(至多到1964年),生产率也应该恢复到1958—1959年的水平。这是一个常规的推断。

生产率水平的衡量依靠的是全要素生产率[①],如果1959—1961年的产量大滑坡是由上述三个因素造成的,在1962年后的几年时间里全要素生产率就应该很快恢复到原来的水平。然而,虽然我国在1962年以后引进了很多现代科技的成果,比如开始使用化肥、拖拉机,推广现代的良种(中国是最早推广矮秆水稻、小麦的国家,而且推广的面积是最大的),但是农业的全要素生产率水平却一直没有恢复,直到1984年全面推行了以家庭为生产单位的家庭联产承包责任制,开展个体经营,全要素生产率才恢复到1952年的水平(见图4.1)。因此,上述三种解释提出的影响因素即使确实存在,也不会是主要的影响因素。

若要避免类似情况的再度发生,就必须找到最主要的原因。我在芝加哥大学做博士论文时,研究的就是家庭联产承包责任制。从1978年家庭联产承包责任制推行开始,我国的农业产出增加了很多,生产率也提高得相当迅速。1953年开始推行集体生产时,农业生产率也提高得非常快。这就出现了一个有趣的现象:从1953年到1958年,是从个体生产转变为集体生产,农业生产率得到提高;从1978年到1984年,是从集体生产又恢复到个体生产,农业生产率依然提高了。下面我将通过分析这一现象和三年经济困难之间的联系,提出一种新的解释。

[①] 全要素生产率是指产出的增长率和投入要素的增长率加权平均之间的差。如果各种投入要素的增长率为10%,总产出的增长率为12%、10%和8%,则全要素生产率分别为2%、0和-2%。

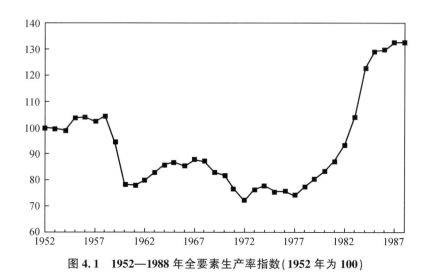

图 4.1　1952—1988 年全要素生产率指数（1952 年为 100）

退出权假说①

在解释这一假说之前，我首先介绍一点博弈论的知识。举一个例子，芝加哥是美国黑帮活动非常猖獗的地方，黑帮如果要抢银行也存在着规模经济。一个人去抢显然不容易，如果两个人分工配合，一个进去抢，一个在外放风、开车就容易得多。假如有这样两个专门抢银行的人，由于他们手段高明，经常抢银行却从来没有被抓到过。警方虽然已经认定这两个人为嫌疑人，但因拿不出确凿的证据，无法将他们逮捕并且在法庭上判刑。这两个人喜欢开快车，经常因为超速驾驶被警方拘捕，警方非常希望能想出办法让他们招供。因为在美国是这样的，如果一个犯罪嫌疑人愿意成为污点证人指出其同伙所犯的罪行，并以此与司法机关交换条件，就有可能得到豁免。于是警方设计出了一种激励机制，促使犯罪嫌疑人自己招供。如果两人同时供认抢银行罪，那么各判 6 个月；如果同时不认罪，那就只能以超速驾驶各判 2 个月。如果一个人认罪并指证另外一人，那么认罪的人即判无罪，不认罪的人就要加倍判刑（12 个月）。这就是所谓的"**囚徒困境**"（如图

---

①　关于这个假说可参见我发表在《政治经济学杂志》上的论文（Lin，1990）。

4.2所示)。从每个人的角度来讲,认罪都是理性的,因为不管另外一人作何选择,选择认罪都能获得较轻的判刑;但是从集体来讲,两人都不认罪才会使共同的刑期最少,是最为理性的选择。但是,两个人在选择的过程中还必须考虑到这样一个因素。假如两人以后仍会继续合伙,就还会有被一起抓到的可能,这样两个人之间就会形成一种新的约束。他们可以相互威胁,如果某次两人同时被抓,一个人认罪而另一个人被判重刑,那么被判刑的人就会在以后每次被抓时都选择认罪来让对方的罪责相应变重。这样的威胁是可信的,所以两人的最后选择很有可能就是都不认罪,从而获得集体的理性。

		囚徒 Y	
		不认罪	认罪
囚徒 X	不认罪	(2,2)	(12,0)
	认罪	(0,12)	(6,6)

图 4.2 囚徒困境

也就是说,如果"囚徒困境"的游戏只玩一次,个人理性与集体理性之间就会存有矛盾,矛盾无法化解是因为这两人都没有办法对对方施加可信的威胁。如果这是一次性的合作,以后就洗手不干,无论哪个人都会选择个人理性,即认罪,因为这是一次性的交易,另一个人没有办法再对其施加威胁。这种情形在日常生活中很常见,一般来说,路边小贩的东西最好不要买,因为那是一次性的交易;但如果是有固定场所的商店,一般就不必太担心,因为它还要长期经营下去,就要保证信誉。这种道理在日常生活中多有印证,1959—1961年的产量大滑坡就引发于这样的逻辑关系。

我们知道,在农业生产中也存在着规模经济,表现在各个方面。第一,在抢收抢种的时候,时间非常宝贵,而多人合作往往比一个人单干效率更高,另外,耕牛是比较昂贵的劳动工具,如果可以几户合起来共用一头,就能节约很大一部分投入,这是生产上的规模经济。第二,在安全方面,每个人都可能会生病,如果在别人生病的时候多努力一点,帮生病的人渡过难关,一旦自己生病,就会得到别人的帮忙。所以总的来说,农业生产存在着规模经济。

但是,在农业生产过程中,劳动投入比较难以监督,因为农业生产不像在工厂中生产,所有人都是在同一个屋檐下劳动,每个人的分工和总的工序控制都比较严格。在农业生产中,工序并没有一个严格的标准。比如,锄草时稻子与草看起来差不多,需要很仔细地判断。再如,雨前施肥与雨后施肥的效果完全不同,要等雨下完了再施肥。因此,按劳分配,就必须按照劳动的质量来分配,但这一点在现实中根本无法操作,例如无法判断一个人在锄草时有没有把稻子一起锄掉。虽然理想状态下应该做到按劳分配,但是实际上很难真正把抽象的劳动效果严格地转化为数字上的工分。在这种状况之下,只能按照每个人工作了几天来粗略计算,最终的结果基本就相当于平均分配。正如前面讲到过的,即使是规模相对较小的生产队,如果一队有20户、约50个人,个人增加的劳动投入等到平均分配下来,所得到的也不过是增加收益的1/50,积极性也不会很高。

农业合作社不论在风险的承担上,还是在生产的组织上,都具有规模经济。但这种规模经济实现的一个难题就是农业生产的监督困难,因此要让一个农业合作社能够维持下去,就需要每个人进行自我监督。然而总是有一些人,对休闲的偏好比别人高一点,努力也就比别人少一点,这时如果没有办法对这些人进行惩罚,就会有更多的人选择不努力干活。这时,差别就出现了。在农业合作社中,自愿的原则是非常关键的。1956年第一届全国人民代表大会通过的《高级农业生产合作社示范章程》(以下简称《示范章程》)规定,农民所提供的土地、农具全部归公,但是农民"入社自愿,退社自由"。在这种政策的前提下,当合作社里有越来越多的人不努力干活时,生产率就会下降,平均收益水平就会低于单干时的水平,这时那些愿意努力干活的人发现留在合作社里越来越不划算,就会想要退出合作社。这种退社自由一方面对努力干活的人来说是一种自我保护的权利,另一方面对偷懒的人来讲也是一种实质的威胁。因为如果越来越多的人不努力干活而造成人员不断退社,最终导致合作社的解散,不好好干活的人也必须回去单干,这样就永远得不到规模经济的好处,一时的偷懒导致规模经济的永远损失实在是得不偿失,如果能让不努力干活的人预见到这一点,就能有效地防止这些人偷懒。

但是,政府看到合作社非常成功,生产率在不断提高,就规定农民不许退社,强制他们留在公社里而不准单干。1956年《示范章程》中规定的"入社自愿,退社自由"到了1958年的人民公社组织章程里就不见了,至少在中国的农业文件中,直到1978年十一届三中全会以前,都不准包产到户,即不准单干。所以,从1958年人民公社化以后,博弈的过程就发生了根本性的变化。所有人退出公社的自由都被剥夺了以后,合作社的解散或能干的人退出就已经不再是一种威胁,那么不愿意努力的人就会继续偷懒,而且对努力干活的人来说因为退社已经不成其选择,所以也就会不再努力干活。这是因为在这场没有人退出的一次性博弈当中,对每个人来说不努力干活才是理性的选择。因此当越来越多的人都不努力干活时,生产力水平就会变得很低。

大部分国家的合作化运动,都是由政府鼓励,社员可以选择参加或不参加,中南美洲和非洲的国家通常就是如此。但是,合作社发展到最后,退出的自由通常都被剥夺了。苏联也是一样,以前是农民单干,1929年开始土地变成集体的、国有的,农民突然间被剥夺了自由选择权。农民领固定的工资,但工资与他的劳动情况不挂钩,没有人监督,所以就没有人愿意努力干活。合作化运动的普遍规律就是,在开始的一段时间,生产力都会得到提高,但提高都是发生在退社自由的时候。当存在退社自由的时候,集体的生产至少与单干时一样,产量只会增加,不会减少。但有些国家,比如1958年的中国和1929年的苏联,农民的退社自由被剥夺,农业产量突然间就会减少。苏联与中国的情形非常相似,农业生产出现大的滑坡,饥荒的程度也与中国差不多。退社自由被剥夺造成普遍的劳动力投入下降,当下降的水平多到可以抵消掉规模经济所带来的好处的时候,生产力自然就会下降,这个过程的形成是极为迅速的。

只要农民参加合作社的退出权被剥夺,相应的激励机制就会降低,在这种强制性的农业合作社里,集体的生产力水平就会低于个体单干的水平之和。从经验实证的角度来讲,要证明这一假说其实是相当困难的。因为1962年以后我国农业大量引进新的科技(包括种子、化肥、农业机械),现代科技所带来的生产力水平提高可能会弥补以上激励因素所造成的产量减少,我们也就无法从现实中检验退出权假说提出的退社自由被剥夺对连年减产所造成的影响。但实际情况是,即使在 1962 年大量引进现代科技以后,农业生产力水平还是比 1952 年的水平低 20% 左右。也就是说,在这一不利的事实面前,假说还是照样成立的。其他假说虽然也具有一定的说服力,却都无法解释为什么 1958 年开始生产力水平下降,直到 1984 年才恢复到 1952 年的水平。

另有一个竞争性假说认为,统购统销造成了地区性的粮食自给自足,使各地的生产偏离了其比较优势,生产力水平因此下降。直到 1978 年的改革开放恢复了地方性市场以后,各个地方重新按照比较优势组织生产,生产力水平才得以提高。但是,如果说从 1953 年推行统购统销政策开始,各个地方都必须达到粮食自给自足,生产力水平因此降低,那就很难解释 1953—1958 年的生产力水平提高,统购统销与地区性的粮食自给自足并不是到了 1958—1959 年才发生的,突然间的生产力水平下滑无法用这个假说进行解释。此外,地区性的比较优势不一样,在粮食自给自足的前提下,省长抓"米袋子",提高了自己省份对粮食生产的科技投入和基础设施等,地区性的比较优势的差异就会减小。各省在实行粮食自给自足时,缺粮省对粮食科技的投入会比较大,生产力水平的提高就会比余粮省更明显,从而使地区性的比较优势弱化。最后从统计数据上,如果不按照比较优势生产,确实会导致产量的损失和生产力的损失,但损失的幅度应小于 3%,而实际上的损失是在 20% 左右。也就是说,违背比较优势只能解释产量损失和生产力损失的 15%,另外的 85% 还是不能解释。另一个要注意的因素就是人的积极性,在一个经济体系里,生产的快速变化一般都与人的积极性有关。

1978 年前经济发展的绩效与影响

我国实行计划经济的整个过程从 1953 年推行第一个五年计划开始。对于 1953 年以后经济体制的评价,需要从以下几个角度来考虑:

第一,对剩余的动员,是否达到了最大限度。从这个角度来看,计划经济体制还是相当有效率的,"一五"(1953—1957)期间的资本积累率达到24.2%,"二五"(1958—1962)期间的资本积累率达到30.8%,具体如表4.1所示。

表4.1 1952—1978年各时期的资本积累率　　　单位:%

时期	资本积累率
"一五"(1953—1957)	24.2
"二五"(1958—1962)	30.8
1963—1965	22.7
"三五"(1966—1970)	26.3
"四五"(1971—1975)	33.3

资料来源:国家统计局国民经济平衡统计司编,《国民收入统计资料汇编(1949—1985)》,中国统计出版社,1987年。

根据高水平均衡陷阱假说,一个国家经济起飞的必要条件是投资超过国内生产总值的11%,而我国在1978年以前的资本积累率远高于11%,可见这一时期在剩余动员上是非常有效的。

第二,资金是否按照政府的意愿投资于重工业,是否提高了工业部门在国民收入中的比重。表4.2和表4.3分别给出了1952—1978

表4.2 1952—1978年间基本建设投资结构变化　　　单位:%

	农业	轻工业	重工业	其他
"一五"(1953—1957)	7.1	6.4	36.2	50.3
"二五"(1958—1962)	11.3	6.4	54.0	28.3
1963—1965	17.6	3.9	45.9	32.6
"三五"(1966—1970)	10.7	4.4	51.1	33.8
"四五"(1971—1975)	9.8	5.8	49.6	34.8

资料来源:国家统计局固定资产投资统计司编,《中国固定资产投资统计资料(1950—1978)》,北京:中国统计出版社,1987年。

表4.3 1952—1978年间各部门产值占国民收入份额的变化　单位:%

年份	1952	1957	1965	1970	1975	1978
农业	57.7	46.8	46.2	40.4	37.8	32.8
工业	19.5	28.3	36.4	41.0	46.0	49.4
其他产业	22.8	24.5	17.4	18.6	16.2	17.8

资料来源:国家统计局,《中国统计年鉴(1992)》,北京:中国统计出版社,1992年。

年间各时期基本建设投资结构的变化和各部门产值占国民收入份额的变化。

从以上两表中可以看出，1952—1978年重工业投资的比例始终很高，约有一半的基础投资被用于重工业。相应地，工业产值提高得非常快，到1978年已经接近50%。工业产值又主要集中在重工业，表现为工业之中重工业太重，轻工业太轻。

从产业结构上看，1965年以后我国的产业结构非常像发达国家中的高度发达国家。平均来看，尤其从工业角度来看，改革之前增长率并不慢，达到6%。因此，中国在20世纪60年代成功试爆了原子弹，在70年代成功发射了人造卫星。效率总是和目标相关的，如果把目标定义为重工业优先、军事工业与航天工业优先，那么整个经济就是很有效率的，一个农业社会在20年之内就做到了发达国家可以做的事情。

三年困难时期，酒泉卫星发射中心的科技人员和部队官兵展开生产自救运动

但是，这样做的代价也是相当大的。首先是结构的不平衡。从产业结构来看，中国非常接近于发达国家。但是从就业来看，中国完全是一个落后的农业经济，超过70%的劳动力还在农业部门，这代表资源没有得到很好的配置。表4.4描述了1952—1978年间劳动力就业结构的变化。

表4.4　1952—1978年间劳动力就业结构的变化　　　　单位:%

年份	农业	工业	其他
1952	83.5	6.0	10.5
1965	81.6	6.4	12.0
1978	73.3	12.5	14.2

资料来源:国家统计局,《中国统计年鉴(1992)》。

城市里重工业优先发展,但没有创造多少就业机会,所以不让农民进城,而且还把很多城市里的知青下放到农村去,这与一般的工业化进程不同,当然城市化水平低。不仅存在结构上的失衡,而且劳动者的积极性也低。

因为工业部门的流动资金通常是用来购买投入品和用于库存的,所以越是有效率的国家的企业,这种流动资金就应该越少。从世界银行的研究基本上可以看出,中、印、苏的流动资金占总资产的份额都约为30%(见表4.5),而这三个国家都是推行重工业优先发展战略的。按理说,投入多少都是由国家计划的,但由于国家在计划时,原材料不能按时到位,所以企业都希望留有一定的库存,以利于自己完成指标。另外,有时产品也不能很快地卖出去。比如我1980年在无锡看到一家专门制作机床的工厂,通常机床上都会标出它是在哪一年生产的,可以看到1978年做的机床到1980年还没卖出去,由于机床非常大,就占用了很多的流动资金。这也是我国流动资金占总资产的份额很高的一个原因。

表4.5　流动资金占总资产份额的国际比较　　　　单位:%

国家	年份	流动资金所占份额
中国	1981	32.7
印度	1979	27.9
韩国	1963	7.0
日本	1953	19.9
英国	1970	16.6
苏联	1972	29.6

资料来源:世界银行1984年经济考察团,《中国:长期发展的问题和方案》,北京:中国财政经济出版社,1987年。

资金利用率不高,工业生产效率也比较低下。比较生产1美元的产出所用的煤/钢以及运输距离,中国是3.1吨·公里/美元,印度是1.67吨·公里/美元,而美国是1.8吨·公里/美元,中国创造同样产值的煤/钢以及运输距离要比印度和美国长出很多。我在北大读研究生期间有一次出外考察听到了下面这样一个故事:当时宝钢还未起建,鞍钢和武钢是两个重要的钢铁生产中心,生产的钢铁都交给计划部门,再由计划部门统一调配。东北附近的装备工业所需要的钢铁应该由鞍钢来调运,而湖北则应该由武钢来调运。但实际中经常会出现东北需要的钢材要从武汉调过去、湖北需要的钢材要从鞍山运过来的情况。国家计委中真正负责钢铁调配的只有一两个人,而企业又多,需求也是各种各样,所以经常就会"乱点鸳鸯谱",出现这种无效的调拨。

在1952—1981年将近30年的时间里,对全要素生产率增长的最高估计是每年0.5%,有的研究甚至认为这段时间的全要素生产率的增长为负数。根据世界银行的研究,发展中国家的全要素增长率一般是2%,中国的效率与其他发展中国家的平均水平相比要低很多。中国虽然成功发射了人造卫星,但是人民的生活水平并没有提高多少。表4.6展示的是1952—1978年间城乡居民生活水平的变化情况。

表4.6 1952—1978年间城乡居民生活水平的变化

年份	国民收入指数	消费水平指数		
		全国居民	城市居民	农村居民
1952	100	100.0	100.0	100.0
1957	153	122.9	126.3	117.0
1978	453	177.0	212.0	157.6

注:国民收入指数和消费水平指数均按可比价格计算。
资料来源:国家统计局,《中国统计年鉴(1993)》,北京:中国统计出版社,1993年。

从国际的角度来看,国民经济平均每年增长6%并不低,但是从消费的水平来看,生产上翻了两番还多,而消费才提高了77%,说明计划经济下的重工业赶超虽然让我国在一穷二白的基础上迅速建立了完整的工业体系,在20世纪60年代能够成功试爆原子弹,70年代成功发射人造卫星,使得我国有了强大的国防,不再受外国列强的欺凌,保证了国家的独立自主,但是,社会主义建设的目标是"国强民富","民富"这个目标仍未能实现。

城市和农村之间的差别也很大,城市的消费翻了一番,农村只提高了57.6%。城市消费提高是因为就业增加。20世纪50年代"男主外、女主内",到了六七十年代,男女"各顶半边天",原因是工作岗位增加了。因此生活水平的提高并不是因为工资水平的提高,而是由于劳动人数的增加。农村的劳动人口虽然也在增加,但是大量剩余劳动力无法从农村转移到城市,所以农村的生活水平提高得很慢。由此可以得出一个结论,如果把目标定位为发展重工业,那么传统体制就是非常成功的;但是如果把目标定位为提高人民的生活水平,那么传统体制的表现就很难让人满意,尤其是在与周边经济体比较时。最开始,中国内地的人均收入水平与周边经济体,包括韩国、新加坡、中国的台湾地区和香港地区等,都是差不多的。但是到了70年代末,当亚洲"四小龙"迅速腾飞并跻身发达经济体行列的时候,中国内地与发达经济体的差距却越拉越大。

希望赶上和超过发达经济体,这是所有发展中经济体的共同愿望,也是一个合理的愿望,但是实践的效果却并不好。在第二次世界大战之后,真正缩小与发达经济体差距的只有东亚的几个经济体,这些经济体在20世纪50年代时与中国内地处于同一水平,但是到了80年代它们都变成新兴工业化经济体。1995年新加坡的人均收入已经超过了英国,接近美国的水平;中国香港地区和美国还有一点差距,但也超过了英国;日本从购买力来看稍微低于美国,但是在绝对数量上超过美国很多。它们实现了发展中经济体"超英赶美"的愿望,创造了东亚经济发展的奇迹。

参 考 文 献

〔匈〕科尔内,《短缺经济学》,北京:经济科学出版社,1986年。

林毅夫、蔡昉、李周,《中国的奇迹:发展战略与经济改革》,上海:上海三联书店和上海人民出版社,1994年。

林毅夫、蔡昉、李周,《中国的奇迹:发展战略与经济改革(增订版)》,上海:上海三联书店和上海人民出版社,1999年。

国家统计局,《中国统计年鉴》历年,北京:中国统计出版社。

国家统计局固定资产投资统计司编,《中国固定资产投资统计资料(1950—

1978)》,北京:中国统计出版社,1987年。

国家统计局国民经济平衡统计司编,《国民收入统计资料汇编(1949—1985)》,北京:中国统计出版社,1987年。

世界银行1984年经济考察团,《中国:长期发展的问题和方案》,北京:中国财政经济出版社,1987年。

Lin, J. Y. , "Collectivization and China's Agricultural Crisis in 1959-1961", *Journal of Political Economy*, 1990, 98 (6), 1228-1252.

第五讲

"东亚奇迹"与可供替代的发展战略

中华人民共和国成立以后，中国政府推行重工业优先发展的赶超战略，目的是在最短的时间内建立起可以和发达国家竞争的资本密集、技术密集的先进产业，从而使中国迅速成为强大的国家。中国在20世纪60年代成功试爆原子弹，70年代成功发射人造卫星，就重工业优先发展战略而言，应该说已经在很大程度上实现了最初的目标。但是，中国为此也付出了不少代价，最大的代价就是人民的生活水平长期得不到提高。到了70年代末期，即中华人民共和国成立30年以后，还有约三分之一的人口生活在温饱线的边缘。

第二次世界大战以后，不仅中国和其他社会主义国家推行这样的赶超战略，而且一些战后独立的非社会主义国家，比如印度、埃及、印度尼西亚以及一些拉丁美洲国家，也在20世纪40年代到60年代推行了与中国非常接近的资本密集型产业优先发展的赶超战略。这些国家的经济发展也同当时的中国一样，并不成功：在最初推行这种战略之后，会有一段时间由投资拉动导致的经济快速增长，但是过了一段时间以后，经济增长速度就会逐渐放慢，同时各种危机并发。

发展中经济体期望赶上发达国家是一种自然的、正当的想法，但几乎所有采取赶超战略的发展中经济体最终都没有实现这一目标。真正在第二次世界大战以后赶上发达国家的只有日本和亚洲"四小龙"这几个东亚经济体，被称为"东亚奇迹"。日本在1987年人均收入赶上美国;亚洲"四小龙"中的新加坡在1996年人均收入赶上美国,中国香港地区的人均收入在20世纪90年代初大约达到美国的80%—90%,90年代中期中国台湾地区的人均收入达到美国的将近50%,韩国达到美国的将近40%。这些东亚经济体的成功经验是否给发展中经济体提供了一个可行的替代路径？要回答这个问题,就必须了解这些东亚经济体成功背后的原因是什么。

这一讲我们将首先分析东亚经济体的成功经验,提出要素禀赋结构与自生能力的理论框架,然后在此基础上探讨比较优势战略与经济发展之间的关系。

"东亚奇迹"的现有解释

文化决定论

有关"东亚奇迹"最早的一种解释是着眼于日本历史文化的特殊性。欧洲在资本主义和工业革命出现之前处于封建社会,封建社会里有很多大大小小的城邦,城邦经济是很小的自然经济,后来因为从中国传入了火药,这些城邦的界限就被打破了,形成了一些统一的民族国家。亚当·斯密在《国富论》里提出的第一个经济发展规律就是,经济发展在相当大的程度上取决于分工,分工越细,生产力发展的水平就越高;但是分工的程度取决于市场规模,市场规模越大,分工的程度才会越细。欧洲从封建社会的自然经济转变为统一的民族国家以后,市场规模开始扩大,分工程度提高,生产力水平相应提高,用于投资的剩余也就出现了。有些学者以此来解释为什么资本主义和工业革命出现于欧洲。

有些学者认为日本虽位于遥远的东方,但与欧洲有一点非常相似。在明治维新之前,日本虽然有天皇,但实际上全国是由幕府大将军和分散的两百多个大小贵族(即"大名")统治的。这些贵族采用世袭制,拥有自己的城堡,在城堡范围内与欧洲封建社会一样也是一种自然经济,全国统一的市场当时并没有形成。明治维新以后,日本学习西方建立了君主立宪制,各地贵族的实权被取消,从而形成了统一的国内市场。这种结果就相当于欧洲封建社会崩溃之后的市场规模扩大。

如果上述解释是正确的,那么东亚的其他经济体就不会有现代化的希望。比如说,中国在西周时期还是典型的封建制(即分封制),周天子以下分封了几百个诸侯,但是到秦始皇统一全国以后,中国就变成了一个大一统的国家,以郡县制代替了贵族分封制度,并一直延续到近代。所以,中国一直是一个统一的经济体,与欧洲、日本的情况完全不同。因此,如果以这种历史的相似性来解释日本的成功,那么要复制这种成功,其他发展中经济体要实现现代化就必须先形成一个封建社会,同时拥有分散落后的自然经济,然后再去建立一个统一的全国市场,但是这个过程是基本不可逆的。

所幸到了20世纪60年代至70年代,紧跟着日本的发展脚步,在东亚又出现了四个新兴的经济体,即被称为亚洲"四小龙"的韩国、新加坡,以及中国的台湾和香港地区。这些经济体的历史情况与日本不同而与中国内地相似,一直都是统一的经济。但是到了70年代,它们已经成为举世瞩目的现代工业化经济,并自六七十年代以来维持了二十多年的快速增长,大大缩小了与发达国家的收入水平差距。亚洲"四小龙"的成功经验使得用来解释日本成功的历史说不攻自破。

然而直到80年代初,全世界真正缩小与发达国家差距的发展中国家和地区,就只有东亚的日本和亚洲"四小龙"这五个经济体,于是又出现了在文化角度上对"东亚奇迹"的解释:因为日本和亚洲"四小龙"都在受儒家文化影响的区域范围之内,有些学者因而认为儒家文化是日本和亚洲"四小龙"成为现代工业化经济的主要原因。这些解释受马克斯·韦伯的学说影响,韦伯在解释西方资本主义形成的时候,曾经提出强调勤劳、节俭、积累、投资的新教伦理是欧洲资本主义发展的原因。[1] 儒家文化也有相似的特性,也强调勤劳、节俭、教育、投资,同时还强调社会秩序与尊重权威。尊重权威有利于社会秩序的稳定,而勤劳、节俭的观念有利于积累和投资,这为工业化提供了社会和

---

[1] 韦伯的主要观点体现在其《新教伦理与资本主义精神》一书中。

经济基础。

如果儒家文化是日本和亚洲"四小龙"成为现代工业化经济的主要原因,那么中国内地的经济发展就应该更成功,因为中国内地是儒家文化的发源地和大本营。并且,在五四时期,儒家文化曾一度被认为是中国不能实现现代化的主要原因,是"吃人的礼教",需要打倒。不仅在五四时期存在这种观点,而且直到中国台湾地区和韩国成为现代工业化经济体之前,东亚地区的很多社会精英也同样认为儒家文化是社会落后的根源所在。儒家文化从近代到现代并没有发生多大变化,这种既把失败的原因归咎于儒家传统又把成功的原因归功于这个传统的解释方法显然是行不通的,不能用同样的一个事物来解释相反的两个现象。因此,虽然从表面上来看儒家文化的影响确实是日本和亚洲"四小龙"在文化背景上的相似之处,却并不能作为它们成功实现现代化的主要原因。

冷战的影响

有一些研究国际政治的学者提出日本和亚洲"四小龙"的成功是因为受惠于冷战。他们认为冷战为这些经济体提供了非常多的有利条件。在第二次世界大战以后,整个世界被分成了两个阵营,一个是资本主义阵营,一个是社会主义阵营。日本和亚洲"四小龙"是处于社会主义阵营前沿阵地的资本主义经济体,在所谓"铁幕"的边缘,是"遏制社会主义和共产主义扩张"的第一线,因此美国对这些前沿阵地的经济体提供了很多有利的条件。首先,提供军事和经济援助。比如,在20世纪五六十年代韩国和中国台湾地区接受了美国的援助,为和平、稳定赢得了必要资本,为经济起飞奠定了一定的基础。其次,贫穷最容易导致社会主义革命,所以美国也希望这些经济体能够富裕起来,而要使得这些经济体从根本上富裕起来,除了提供直接的经济援助,还必须提供技术上的支持,所以大量的技术就从美国传入这些东亚经济体。例如,中国台湾地区一个发展最为成功的企业——王永庆的台塑集团就是在50年代通过从美国引进技术起家的,技术对经济发展的重要性自不待言。最后,美国还向这些经济体开放国内市场,以使它们能够向美国大量地出口。

这个理论能够解释日本和亚洲"四小龙"的经济发展为什么成功,却无法解释同在东亚地区的菲律宾为什么发展失败。如果美国在冷战时期的扶植是这些经济体迅速崛起的主要因素,那么菲律宾理应发展得更好。因为当时美国在东亚最大的海军和空军基地就设在菲律宾,而且菲律宾曾经是美国的殖民地,虽然于20世纪50年代取得了独立,但美国向其提供的经济援助最多,技术转移和市场开放也没有限制。但是,我们看到的却是菲律宾在60年代发展得还不错,曾被认为是亚洲地区除日本外的"明日之星",但是到了70年代,菲律宾就降格为亚洲最落后、经济发展绩效最差的国家之一。直到现在,菲律宾依然属于东亚地区的落后国家。

通过菲律宾这样一个明显的反例就能够看出,即使美苏冷战对东亚经济的发展曾经有所助益,也一定不会是决定性的因素。同样的道理,如果冷战是东亚经济发展成功的决定因素,那么拉丁美洲国家的经济应该比东亚经济发展得更好。因为拉丁美洲虽然并未处在遏制社会主义国家扩张的最前沿阵地,但在拉丁美洲有古巴这个社会主义国家,卡斯特罗在整个拉丁美洲具有巨大的号召力。美国为抵制古巴的影响,对其他拉美经济体给予了资本、技术和市场方面的众多开放与援助,提供的各方面条件实际上比对东亚经济体还要优厚,但是拉美国家在第二次世界大战以后,尤其是在七八十年代,经济却不断地陷入危机。

另外还有一些经济学家对东亚经济奇迹提出了三种解释,这三种解释分别从一个侧面说明了问题。

市场经济说

市场经济说的解释是由世界银行和国际货币基金组织的学者提出的。这些学者认为,东亚经济的成功应该归功于东亚经济都奉行市场经济体制。[①]的确,与社会主义国家相比,东亚经济没有采取计划经

---

① 这种观点主要体现在世界银行的《东亚奇迹》一书中,中译本由中国财政经济出版社1995年出版,英文版可参见本讲的参考文献。

济体制,而是采取了以私有产权为基础的市场经济体制。市场经济能够使资源得到最有效的配置,通过市场竞争,可以提高生产的积极性和效率,管理和技术不断改善,所以经济发展能够取得成功。用这些经济学家的话来说,东亚经济的成功可以简单地归纳为"使各种价格正确"(get price right)。要使价格正确,就只能依靠市场的竞争。世界银行和国际货币基金组织的不少经济学家都用这种理论来解释东亚经济发展的成功。

虽然东亚经济采取的都是以私有产权为基础的市场经济体制,但是了解东亚经济的人会认为这种理论的解释并不充分,因为在东亚经济中,政府的作用远远不只是发挥市场作用那么简单。例如,日本的通产省就一直在积极地制定产业政策,并且利用产业政策去主动扶持一些产业的发展。通产省扶持某些产业的做法与计划经济的运作方式非常接近,例如压低利率,使用比较低廉的资金去支持个别产业的发展;通产省还对国内产业有所保护,比如对进口设置障碍,对国内市场形成保护。亚洲"四小龙"除中国香港外,其他经济体的政府或当局对市场的干预程度都相当深,而且中国香港也并不是完全的市场经济,因为当时的港英政府对很多产业(比如房地产业、金融业等)都有很多干预。在这种状况下,认为自由市场是东亚经济发展成功的解释对了解东亚经济实际状况的学者来说也是欠缺说服力的。

政府干预说

另有一些学者的观点与自由市场经济的解释恰好相反,他们认为东亚经济的成功是源于政府"有意扭曲价格信号"(get price wrong),然后积极挑选一些有竞争力的产业进行扶持。提出这种理论的代表人物是麻省理工学院的爱丽丝·安士敦(Alice Amsden,主要研究韩国、日本和中国台湾地区的经济),以及研究中国台湾地区经济的英国学者罗伯特·韦德(Robert Wade)。[①] 在他们的研究中有非常详细的分析,说明韩国、日本等经济体的政府如何扭曲价格,以及如何支持一

---

① 关于这两位学者的观点可参见本讲的参考文献。

些产业的发展,并认为这就是东亚经济发展成功最主要的原因。这项研究的结论也有一定的缺陷,因为社会主义国家和一些非社会主义国家也是通过扭曲各种价格信号动员资源,支持一些重要的战略性产业的发展,但是它们却没有取得经济发展的成功,可见也不能简单地用政府干预来进行解释。

外向型经济说

第三种解释是由一些研究国际贸易的学者提出的。他们认为东亚经济的成功应该归因于这些经济体都推行外向型的以出口为导向的政策。① 主张这种看法的学者认为出口导向对一些经济体的经济发展至关重要,因为以出口为导向,产品就需要在国际市场上参与竞争,而要想在国际竞争中站稳脚跟,企业就必须不断地改进技术和管理。另外,如果要推行出口导向的政策,就必须频繁地与国际接触,这样有利于吸收先进的技术和管理经验。而且,推行出口导向政策可以获得大量的外汇,利用这些外汇就可以进口技术和设备,对经济的发展大有裨益。从表面上看,东亚经济体与其他经济体比较起来,经济外向性程度确实相对较高,但是在研究经济现象的时候,我们需要弄清楚因果关系,需要确定经济外向性程度高是经济发展成功的原因还是结果。如果经济外向性程度高是经济发展成功的原因,那么就可以做出这样的推论:经济外向性程度越高越好,出口越多越好。那么,如果一个经济体愿意进行出口补贴,它就可以大量出口,但是这样的出口却不一定有利于经济的发展。由此可见,外向型经济更可能是经济发展的结果而不是原因。

市场经济说、政府干预说和外向型经济说是经济学界提出的三种不同理论。这三种理论确实捕捉到了日本和亚洲"四小龙"经济发展成功的一个侧面,但是经过仔细了解就会发现,这三种理论都只看到了表面现象,而没有发现真正的原因。这就好比"盲人摸象",在发现一种现象的本质之前,只能通过所掌握现象的一个侧面来做出判断,

---

① 其中比较有代表性的是 Kruger(1992)。

既不能说这种判断全错也不能说它全对。但是一个理论要说明问题的实质(找到经济发展成功背后的真正原因),就需要把各种解释都包含在内,做到对问题的任何一个侧面都具有解释力。

理论的提出:自生能力与比较优势

概念与模型

自生能力的定义

在解释这个新的理论之前,首先需要定义一个重要的概念——自生能力(viability)。自生能力是指在一个自由、开放、竞争的市场中,一个正常经营管理的企业,在不需要外力扶持保护的情况下,即可预期获得可以接受的正常利润的能力。"自由"是指可以自由进出市场,"开放"是指国内与国外市场相联系,"竞争"是指没有垄断,"正常经营管理"是指经营管理没有问题,"正常利润"是指市场可以接受的平均利润。

定义自生能力的目的在于给出一个标准状况,以便更好地理解没有自生能力的企业。所谓"没有自生能力",就是指在一个自由、开放、竞争的市场中,即使企业有正常的管理,也无法获得可以接受的正常利润。一个没有自生能力的企业,它的存在一定要有外在力量的保护和扶持,否则不会有人去投资,即使有人因一时判断错误投资后也无法长期经营下去。外力的保护和扶持,当然主要是政府的保护和扶持。在本讲中我要强调的是,一个正常经营管理的企业,之所以没有自生能力,是因为政府对这个企业的技术、产品和产业的选择进行了干预,由于是政府干预造成企业没有自生能力,所以政府才需要对其提供相应的保护和扶持。

单产品经济中的技术选择

假定一个最简单的经济模型,在这个经济中只有两种生产要素——资本和劳动,使用这两种要素可以生产出一种产品。现在我们根据这两种要素的总量画出一条等产量曲线 I(见图 5.1)来表示这一产品,这条等产量曲线的含义是曲线上的每个点都代表相同的产量和不同的技术。A 点是资本密集型的技术,B 点是劳动密集型的技术,两种技术所生产的产量相等。在一个开放竞争的市场中,企业到底应该选择哪一点的技术来生产这个产品,要根据等成本线的情况而定。等成本线所表示的是资本和劳动的相对价格。如果等成本线是 C,那么 B 点的技术就比较好,因为 B 点的成本最低,任何离开 B 点的技术,比如 A 点,按照同样的斜率等成本线 C 就会向外平移到 C_1,从而高于 B 点的成本。在同一产量下,最好的技术应该是生产成本最低的技术。同样,如果等成本线是 D,那么 A 点的技术就比较好。所以,最好的技术实际上取决于等成本线的斜率,而等成本线的斜率又取决于一个经济的资本和劳动的相对丰富程度,即它的要素禀赋结构。如果要素禀赋结构中的劳动力较多、资本较少,那么等成本线的形状就应该和 C 差不多;相反,如果资本较多、劳动力较少,那么等成本线就应该和 D 差不多。资本较多、劳动力较少的经济是比较发达的经济,劳动力较多、资本较少的经济是发展中的经济。

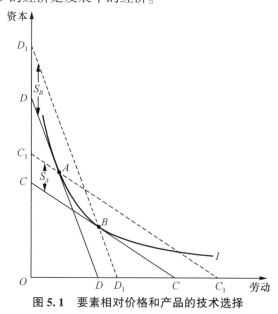

图 5.1 要素相对价格和产品的技术选择

但是,一般人的观念会认为发达国家所采用的技术是比较好的技术,例如一个美国农民生产的粮食可能是一个中国农民生产粮食的几十倍。但是一个美国农民之所以能够生产那么多的粮食,是因为相对于美国的农民数量,美国的资本是比较丰富的,所以劳动力价格相对昂贵,而资本相对便宜。针对美国的这种资本较多、劳动力较少的要素禀赋结构,就要尽量使用资本来替代劳动,采用资本密集型的技术就是最为经济的选择,而不是说这种选择就一定最好。但是多数人只看到发达国家的技术可以带来高的劳均产量,一个农民能养活许多人,于是就认为发达国家的技术选择才是最好的选择。既然发达国家采用资本密集型的技术,那么资本密集型的技术就是最好的技术。所以,在20世纪70年代中国提出了"农业的根本出路在于机械化"的口号,就是因为看到发达国家都实行了机械化。但是在一个完全自由竞争的市场,像中国这样的发展中国家一般是劳动力多,资本相对短缺,等成本线应该比较接近于 C,这时选择 B 点的技术的企业才是有自生能力的,因为只有 B 点的技术成本才最低,企业才能创造出可以接受的利润。如果政府不进行干预,企业在竞争的市场中,为了生存和营利,应该会选择与其要素禀赋情况相适应的技术。但是由于社会上绝大多数人总是认为发达国家选择的技术比较好,因此就希望本国的农民也跟美国的农民一样去选择 A 点的技术。在一个开放竞争的市场中,选择 A 点的技术就意味着企业无法获利,因为这一选择违背了要素禀赋决定的比较优势,所以企业是没有自生能力的,这是政府干预的结果。在这种情况下企业要想获利,就必须依靠政府的保护和扶持。

单产业经济中的产品、技术选择

现在可以把这个经济再稍微复杂化一点,从一种产品拓展到一个产业。国际贸易里基本是把产品当作产业,但在现实生活中,一个产业里总是有多种产品。例如信息产业可以分成很多产品,有各种不同的生产区段,有的生产区段像 IBM、Intel 等提供的是新产品、新技术,有的生产区段是在 IBM、Intel 等发明了新产品、新技术以后,再根据其设计帮它们代工生产核心芯片,这类生产需要非常昂贵的生产线,比如20世纪90年代一条8英寸集成电路生产线大约需要13亿美元,相当于100亿元人民币,资本非常密集。但相对地,IBM提供新技术的资本投入还要更大。当时IBM一年要投入的研发费用是60多亿美元,Intel一年投入的研发费用是40多亿美元。中国的信息产业主要从事零部件生产、组装等劳动力密集的工作。

现在就来讨论一个产业的情形。一个产业里有很多不同的产品,可以把这些产品划分成不同区段,有资本非常密集的区段(如新产品、新技术的研发),也有劳动力非常密集的区段(如零部件的生产和产品的组装)。假定一个产业(比如信息产业)有 I_1、I_2、I_3 几种产品。I_1 就像IBM、Intel这样的企业提供的新产品和新技术,资本投入非常大;I_2 就像台湾集成电路这样的企业生产的芯片,资本投入也相当大;I_3 是组装,资本投入不大,但劳动力需求非常大。根据代表各类产品的每个 I_x 都可以画出一条等产量线(见图5.2),因为产品不同,所以必须使用价格对其进行变换,I 就是包络了各条等产量线的等价值线,线上的每一点代表不同技术所生产的价值相等的不同产品。一个经济体应该生产哪种产品,在哪个区段进行生产,仍然取决于这个经济体的等成本线。如果等成本线是 C_3,那么就应该生产 I_3;如果等成本线是

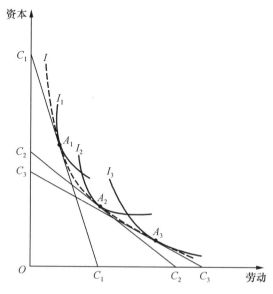

图5.2　要素相对价格和某一给定产业中不同的产品选择

C_2,那么就应该生产 I_2;如果等成本线是 C_1,那么就应该生产 I_1。在一个开放竞争的市场中,一个企业如果要有自生能力,那么它选择的产品以及生产这个产品的技术就应该取决于这个经济体的要素禀赋结构的特性。

但是,每当我们翻开报纸,总会看到这样一些论点,认为中国的信息产业其实不值一提。虽然中国的信息产业现在是全世界第三大,仅次于美国和日本,但并没有多少自主知识产权。自主知识产权来自研发,研发的结果是新技术和新产品(也就是 I_1),只有像 IBM、Intel、苹果这些做了很多研发的企业才有自主知识产权。但是我们必须看到,这些企业所面对的等成本线在哪里,中国的企业所面对的等成本线又在哪里。如果要中国的企业去做这些有自主知识产权的产品,在一个开放竞争的市场中,即使它们的经营管理都很好,也不会有自生能力,只能依靠国家的保护和补贴才能生存。

多产业经济中的技术、产品和产业选择

同样的道理可以继续扩展到整个经济。一个经济中有很多产业,我们假定有三个产业 I、J、K,以三条等产量线表示在图 5.3 中,每个产业中又有很多种产品,每种产品也有很多种技术可以生产。

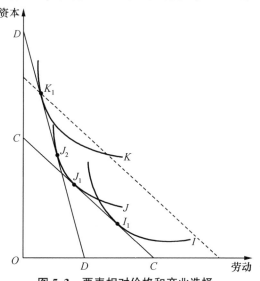

图 5.3　要素相对价格和产业选择

由图 5.3 可知,生产 K_1 产品和 J_2 产品应该是发达国家的选择,因为 K 产业比较贴近资本轴,属于资本密集型的产业,同时等成本线 D 代表资本价格较低而劳动力价格较高的要素禀赋结构,所以对于资本相对丰富的发达国家来说,根据要素禀赋结构而生产的 K_1 产品和 J_2 产品是符合比较优势的。但是,根据等成本线 C 所代表的要素禀赋情况,发展中国家具有比较优势的显然是劳动密集型的 I 产业和 J 产业中的 J_1 产品。如果企业转去生产 K_1 产品,在一个开放竞争的市场中,这样的企业就是没有自生能力的,即使它的经营管理再好也不能获得可以接受的预期利润。既然无法获得可以接受的预期利润,在正常状况就不会有人愿意去投资这样的产业。即便有人在一开始因为信息错误而去投资,几年下来一直赚取不到正常的利润,再做下去企业也会倒闭。根据赶超战略的思想,如果硬要企业去选择不符合要素禀赋结构特性的产业部门,采用不符合要素禀赋结构特性的技术,生产不符合要素禀赋结构特性的产品,那么企业就没有自生能力,这时如果不想企业倒闭,就必须由政府给予相应的保护和补贴。

自生能力与比较优势

自生能力和比较优势这两个概念其实高度相关,但是各有侧重。第一,自生能力从一个企业的预期获利能力来看,比较优势从一个产品或产业在一个开放竞争市场中的竞争力来看。一个着眼于企业的角度,一个着眼于产业的角度。两者都共同取决于一个国家的要素禀赋结构。第二,按照严格的定义,比较优势只适用于开放的经济,而自生能力的概念不管是在开放的经济还是在封闭的经济中都适用。假定全世界只有两个国家——美国和中国,这两个国家不进行贸易。美国相对中国而言,人口少、资本多;中国则正好相反,人口多、资本少。两国人都要靠粮食才能生存,但美国和中国生产粮食的技术不会是一样的。在美国,资本相对便宜,劳动力比较昂贵,一个在竞争市场中的企业要节省成本,就必须使用廉价的资本去替代昂贵的劳动力,所以会选择资本比较密集的技术。同理,中国则会采用劳动力比较密集的技术。所以,在一个封闭的经济中,自生能力的概念仍然是有效的。

最优产业结构与政策性负担

有了自生能力的概念作为基础,就能够比较容易地理解"最优产业结构"的概念:符合要素禀赋结构特性的产业结构,就是最优的产业结构;如果违背了要素禀赋结构的特性,就背离了最优产业结构。背离最优产业结构要付出代价,即效率一定会降低。

最优产业结构的概念看似无关紧要,但它在经济学中其实有非常多可以延伸的地方。第一个可以延伸的领域是产业组织学。现在的产业组织理论中还没有所谓最优产业结构的概念,因为没有自生能力的概念,就不会衍生出最优产业结构的概念。第二个可以延伸的领域是发展经济学。到现在为止,大部分研究发展经济学的学者还是把发展的目标定义为产业结构和技术结构的提升,因而忽视了发展中国家的要素禀赋结构对产业结构的决定性作用。

根据自生能力的概念,产业结构、技术结构和产品结构的最优水平实际上内生于一个国家的要素禀赋结构。在这里我们需要强调的一个基本原则就是,要想改变一个内生现象,必须从改变造成这个内生现象的外生原因入手。既然一个国家的产业结构、技术结构和产品结构内生决定于一个国家的要素禀赋结构,那么要想真正提高这个国家的产业结构和技术结构,就必须从改变这个国家的要素禀赋结构入手,也就是改变资本与劳动力的相对丰裕程度,提高每个劳动者平均占有的资本。如果从这个角度入手,那么资本就会变得越来越便宜,而劳动力就会变得越来越贵。企业面对竞争的市场,想要提高竞争力,就必须主动地改变要素的投入结构,使用更多的资本去替代劳动,资本的密集度就会上升,技术的密集度也会随之上升,劳动力的边际生产力逐渐提高,工资水平和收入水平也就会相应提升。这个过程是企业根据正常的市场价格信号自发进行的,不需要政府过多干预。反之,如果不去改变一个国家的要素禀赋结构,而是实行赶超战略,通过政府干预直接去提升产业结构和技术结构,那就必然背离它的最优结构水平,从而使企业变得缺乏自生能力,经济发展效率低下,付出高昂的代价。传统观点一直认为发达国家和发展中国家最大的差距在于产业结构和技术结构的不同,却没有看到产业结构和技术结构的不同实际上是由要素禀赋结构的不同所引起的,一个国家发展的目标应该从怎样提升它的产业结构、产品结构和技术结构落实到怎样提升其要素禀赋结构上去。

然而到目前为止,尽管哈佛大学、麻省理工学院等世界一流大学有一批经济学家都在研究发展经济学,而且已经研究了几十年,但大部分研究还集中在讨论怎样提高一个国家的产业结构和技术结构的问题上。在传统的发展战略中,一个国家经过一段时间的赶超从表面上看来技术确实会有所进步,生产的产品也变得更加资本密集,但结果却使得这个国家优先发展产业中的企业在一个开放竞争的市场中没有自生能力,如果不靠国家的保护和扶持就无法生存。如果国家要这些企业存在,企业就得承担所谓的"政策性负担",也就是国家发展政策给企业带来的负担。例如,发展中国家的企业应该集中在 I 产业或 J 产业(见图5.3),但是国家却强制性地要求它们去 K 产业进行生产。只要是在一个开放竞争的市场中,企业就必然会亏损。因为这种亏损是由国家造成的,所以国家就要对企业负责,给予企业政策性支持。

政策性支持有几种不同的方式。首先,国家可以给企业直接的财政补贴,也可以实行税收优惠政策。只要国家支持优先发展的产业数量非常少,一定的财政补贴或税收优惠都是可行的。但如果发展中国家所要优先发展的产业数量特别多,比如在计划经济时代有第一机械工业部、第二机械工业部……直到第八机械工业部,每个机械工业部下面又都管理着很多的重工业部门,那么依靠国家的财政补贴就很难办到。直接的财政补贴在一些发达国家可能会有很好的效果,比如日本生产大米实际上是不符合比较优势的,但是要保证粮食安全,政府就要对其进行大量的直接补贴,美国、欧洲的情况也大致如此。但问题是,在发达国家,农业占整个国民经济的比重不到5%,也就是说它们补贴得起。而发展中国家要发展重工业,部门太大,直接补贴需要政府向其他部门征收大量的税,因此难以实现。

发展中国家补贴没有自生能力的企业的一个替代方式是筑起高高的贸易壁垒,禁止发达国家的同类产品进入,或是征收高额关税,使要扶持的企业在国内产品市场上拥有垄断地位,或减少竞争,从而将产品卖出高价。

国家还可以扭曲各种投入要素的价格,包括降低银行利率、高估汇率,甚至压低原材料价格、工资和生活必需品价格。国家一方面提高产品的价格,另一方面降低投入要素的成本,这样就可以使企业克服因没有自生能力而无法获得足够利润的问题,而且还有可能创造出很高的利润。例如在1978年以前,辽宁省的经济规模在全国排名第四,仅次于三大直辖市,就是因为作为其支柱的工业产品都具有垄断价格,而投入要素价格又比较低,所以财政税收等方面都可以排在全国前列。然而随着中国加入世界贸易组织,除了利率还能维持在较低水平,各种要素价格都已经放开,在这种状况之下,东北的重工业就无法生存,所以才有2003年东北地区等老工业基地振兴战略的提出。

扭曲的价格环境能够克服企业自生能力的缺失,这实际上也是一种政策性补贴的方式。如果是在社会主义国家,需要政策性补贴的企业通常由国家所有。但如果是在非社会主义发展中国家,还可能会出现比实行计划经济更糟的情形。尽管在开放竞争的市场中,一些企业没有自生能力,但在扭曲的政策环境下,这些企业靠政策性补贴可能拥有很高的利润。而一般能够投资于这些资本密集型产业里的只有两种人,一种是非常有钱的人,一种是有权跟银行借款进行投资的人,这样就会形成所谓的"裙带资本主义",意思是掌握这些产业的都是有钱有势、与政府关系密切的人。这些人投资于政府优先发展的产业之后,他们帮国家承担了政策性负担,替国家执行了发展战略,并在政府的保护和补贴之下获得一定利润。但是作为资本家,当然又希望利润越多越好。这时有两种方式可以提高企业的利润水平,一种方式是提高管理水平,改善经营效率;另一种方式就是向国家要求更多的保护补贴。改善管理与向国家要钱相比,后者更为容易,由此就产生了"寻租"行为,腐败也就接踵而至。另外,只要这些企业在竞争的市场中出现了亏损,就会向国家说是因为保护补贴的程度不够,由于信息不对称,国家对这一说法无从核实,因此就出现了经济学里所说的"预算软约束"。在没有硬的预算约束的情况下,一系列不正规的行为就得以乘虚而入,结果是即使把这样一些产业建立起来,并能在一开始动员大量的资源来维持一段时间投资拉动的经济快速增长,到最后也一定会因为效率低下而造成很多经济、社会和政治上的问题,这正是我们在拉美、南亚、非洲等很多实行赶超战略的地区所看到的情形。

要素禀赋结构的提升与比较优势发展战略

事实证明,现代发展经济学中以提升产业结构和技术结构为直接目标的发展思路不但没有实现发展的目标,反而导致了各种各样的问题,原因就在于硬行提升的产业结构违背了当时的要素禀赋结构,属于拔苗助长,造成了各种扭曲和效率下降。因此,要想在转变产业结构的同时保证效率的最大化,就要从改变外生的要素禀赋结构入手。

要素禀赋结构一般指资本、劳动力、土地和各种自然资源的相对拥有量。一般来说,土地和各种自然资源是给定的,因为在现代社会任何国家都不能再像18、19世纪那样去国外扩张殖民地。同时,各国的劳动力增长速度也并不快,因为劳动力的增长主要取决于这个国家的人口增长,即使发展中国家人口增长得快一点,增长率也不过是2%—3%,发达国家人口增长得慢一点,增长率一般也不低于0,所以差距不大,真正大的差距来自资本的积累。有的国家每年的资本积累可以高达GDP的30%—40%,有的国家则不到GDP的10%。因此,我们要以资本与劳动力拥有量的比值来定义要素禀赋结构。当我们讲到要提升一个国家的要素禀赋结构时,主要想表达的含义就是提高这个国家每个劳动力可以支配的资本量。要素禀赋在每一期的生产中是外生给定的,在任何一个固定时点上,要素禀赋结构决定了这个经济可以使用的资源、资本和劳动力的总和,也就是这个经济体的总预算,同时也决定了资本和劳动力的相对价格;从长期来看,要素禀赋结构可以随着人口的增长和资本的积累而变化,要素禀赋结构的升级主要取决于资本积累的速度。

资本积累的决定因素主要有两个。首先是每一期生产中经济剩余的多少。每一期生产中的剩余如果没有消费掉,而是作为下一期生产的投入,就会转变为资本的积累。提高一个国家的要素禀赋结构,最重要的是提高这个国家每一期生产的剩余和剩余作为积累的比例。剩余越多、积累的倾向越高,人均资本的拥有量就会增加得越快,要素禀赋结构的提升也就越迅速。需要注意的是,如果每个人在每个时点的私人生产活动增加了自己的收入,也给社会增加了产品或服务,那么这个人的私人生产活动与社会性生产活动就是统一的,这样的生产活动能创造较多的剩余。但有的时候一个人的私人生产活动增加了自己的收入,却并未给社会增加产品或服务,比如"寻租"行为就是这样的例子。"寻租"通常是靠政府给予更多的保护和补贴,而政府的保护和补贴是从其他人的收入转移而来的,整个社会的产出并没有增加。相对于一个私人生产活动和社会性生产活动统一的经济体来说,这种存在私人生产活动和社会性生产活动冲突的经济体每一期所创造的剩余就较少。另外,在一个开放竞争的市场中,经济剩余的多少还与从事社会性生产活动的企业的竞争力有关,企业的竞争力越强,其占领的市场份额就越多,所生产出来的产品和服务都能卖出去实现其价值,这样创造的剩余也就会越多。因此,经济剩余的规模主要取决于每个人的私人生产活动是否同时是社会性生产活动,以及这些社会性生产活动在一个开放竞争的市场中是否有竞争力。其次,在给定了剩余的情况下,资本积累的速度还取决于人们是否有积累的意愿。如果人们的积累意愿普遍都很高,剩余不是拿去消费而是作为储蓄,那么可供投资的剩余就会相对较多,资本积累和要素禀赋结构提升的速度也会加快。

在了解了以上决定因素之后,提升要素禀赋结构的目标就具体到了如何增加经济中的剩余和资本积累的问题上,相对于通过政府干预来转变产业结构的传统经济战略,比较优势发展战略可以从转变要素禀赋结构的角度来真正实现这一过程。

首先,如果一个经济在发展的每一个阶段都按照它的要素禀赋结构的特性进行发展,那么企业就是有自生能力的,不需要政府的保护补贴,也就不会有"寻租"的行为,这样每个人的私人生产活动都会与社会生产活动相统一。其次,如果按照比较优势发展,企业在一个开放竞争的市场中就会变得更有竞争力。最后,由于发展中国家的资本相对短缺,所以如果按照比较优势发展,资本的回报率就一定最高,再加上不断从发达国家引进新的技术,技术变迁的速度就会一直加快,资本积累再多也不会造成边际报酬递减。资本回报率越高,储蓄和投资的积极性也就越高,反过来会促进资本积累加快,要素禀赋结构也就随之得到提升。

要素禀赋结构的提升意味着资本相对于劳动力的丰裕程度增加,因此相对价格发生变化,在图 5.3 中就表现为等成本线由 C 变为 D。在一个开放竞争的市场中,企业面对新的等成本线,那么到下一期生产时,现在的产业、产品和技术选择就不再是最优的了,因为对应的生产成本会变得相对较高。有头脑的企业家出于节约成本的需要,就会更多地以资本代替劳动,改用资本比较密集的技术去开发新的产品并向新的产业靠拢。这是成本结构变化对产业结构、技术结构升级的拉动作用。同时,及时进行调整的企业在下一期期末会看到成本降低、利润提高,这对该企业来说是一种激励,对其他企业来说则是一种挑战,这种竞争的压力以及技术变迁速度的加快又成为整个经济产业升级的推动力量。这种产业升级是企业在开放竞争的市场上自发进行的,在整个过程中产业结构与技术结构都始终与要素禀赋结构和比较优势相符合,符合比较优势的企业是有自生能力的,不用承担政策性负担,没有寻租的借口,政府也不需要给予企业补贴,私人生产活动和社会性生产活动是统一的,经济发展保持着高效率,剩余和资本积累也能以最快的速度增加,于是新的要素禀赋结构又带来新一轮的产业升级和技术进步,以上就是比较优势战略的基本思路。

在了解了比较优势战略的基本概念和思路以后,对比之前提到的市场经济说、政府干预说和外向型经济说三种理论,就会发现这三种理论提出的解释"东亚奇迹"的因素实际上是按比较优势发展的内生必要条件或结果。下面我们就来细述三种因素在比较优势战略中的作用。

比较优势战略与市场机制

我们知道,在一个开放竞争的市场中,企业家会根据价格信号不断自发地调整生产结构以适应要素禀赋结构的变化,从而带来整个经济中要素禀赋结构和产业结构、技术结构的提升。但是,在这个自发的过程中,企业家可能根本不了解比较优势原理,也不会去关心整个国家要素禀赋结构的提升。企业家始终了解的是如何降低成本、提高收益,始终关心的是市场上的价格信号。在这种情况下,想让企业能够根据要素禀赋结构做出正确的决策,就需要要素的相对价格能够充分地反映要素的相对丰裕程度,要素相对丰裕程度的变动能够充分并且灵活地反映于要素相对价格的变动,那么企业家在竞争的市场中,为了自己的生存和发展,就会自发地按照比较优势来选择产品、技术以及产业。而产品和要素市场的充分竞争是使价格信号充分反映要素禀赋结构中各要素相对丰裕程度的唯一途径。因此,充分竞争的市场机制是按比较优势战略发展经济的基础性制度安排。

政府在比较优势战略中的作用

在经济发展过程中,同样是以市场为制度基础的国家,发展中国家政府的角色和发达国家政府的角色可能会有很大不同。对于发达国家来说,如果市场机制能够正常地发挥作用,那么政府除了维持社会治安、提供公共产品、克服外部性等"最小的政府"(minimum government)所应该有的职能,对经济的干预越少越好;但对于发展中国家来说,"最小的政府"并不是最优的选择。原因在于发达国家已处于全世界技术边界的前沿,产品和产业结构也都是最高级的。在这种情况下,不管是国家还是企业,对于产业升级的下一个目标是什么、下一个技术创新会在哪个领域出现、下一种广开销路的产品将是什么等问题都很难预见到,只能让企业"八仙过海,各显神通",靠自己的判断去摸索,其中绝大多数企业会失败,只有极少数企业能成功。经济发展就靠这极少数成功的企业带动,政府既不拥有信息优势,发挥作用的余地也很小。例如在20世纪90年代末,美国的"铱星计划"曾在全世界引起很大关注,1998年还被中国科学院评为年度世界十大科技成就之一。当时美国的摩托罗拉公司在全世界发射了四十几颗人造卫星,研制出一种可以在全球任何地方使用的手机,这在通信技术上是一个很大的飞跃,但由于这种手机造价太高,每个用户需要支付5万美元,所以市场太小,结果只能以失败而告终。这个例子说明越是前沿的技术研发就有越大的技术和市场的不确定性,面临的风险也就越大,对于如何规避这种风险是没有现成经验可供借鉴的。

但是对于发展中国家来说,当前要发展的产业和技术大多是发达国家已有的,开发的产品也几乎都是发达国家已经生产过或仍在继续生产的。因此发展中国家就可以借鉴发达国家的发展经验并引进其技术,这就是发展中国家得以赶上发达国家的所谓"后发优势"。但是,究竟以什么样的速度、以哪种产业的先后顺序去追赶发达国家,却有多种路径可以选择。我们知道,过去那种求快的以重工业为优先的发展路径是赶超战略的选择,是一种效率低下的选择,所以现在我们要按照比较优势去发展。由于发展中国家的这种发展路径已经带有了很大的可预见性,政府就有能力也有必要在某些方面发挥适当作用。

政府在比较优势战略中的第一个作用是对信息的收集和传播。发达国家在要素禀赋结构升级之后,下一个产业、产品和技术就变成不可知的,只能通过企业不断地尝试错误去找到正确的选择。而发展中国家如果按照比较优势发展,需要升级的产业、产品和技术有很多都已经是现成的。产业、技术升级存在路径依赖,现有的产业是否易于升级到这些新的产业、产品、技术?新的产品市场有多大?有多少处于同等发展阶段的国家也在往这个方向升级?要发挥后发优势,需要掌握上述相关的信息。信息的收集和处理成本相当高昂,而处理好之后的信息传递起来成本则几乎为零,因此信息具有公共产品的特性。如果每个企业都独立收集信息,又不能分享信息,就会出现重复收集的弊端,造成不必要的浪费。信息具有公共产品的特性,意味着一个发展中国家的政府可以根据该国要素禀赋结构和比较优势的变化去收集产业、产品、技术的相关信息,在有很多产品都符合比较优势的情况下,还要了解这些产品的市场规模以及供给情况,以免造成过度投资和利润下降。政府收集的这些信息可以以产业政策的形式提供给企业作为参考。

政府的第二个作用是协调,具体表现在三个方面:第一,产业升级、技术创新都需要新的投资,这不仅涉及生产本身的投资,还包括很多配套的互补性投资,如原材料、零部件等,如果这些投资不能到位就会对产业升级造成影响,这时就需要政府进行相关企业间的协调。第二,发展中国家的产业、产品和技术结构升级必然会伴随着很多企业没有办法内部化的外部性问题,如金融结构、劳动力教育水平、交通基础设施的建设等。这些外部性问题是任何单一企业都难以内部化的,只能靠政府发挥作用来解决。第三,具有比较优势的产业必然会有利润,尤其在利润较高时,企业很可能会一哄而上,21世纪初互联网产业的泡沫很大程度上就是这种一哄而上的潮涌行为造成的投资过剩。政府如果事先掌握了产业的相关信息,就可以通过制定适当的产业政策来避免这种现象的发生。

政府协调作用的必要性可以用下面的例子加以说明。在欧洲第一个使用印刷术的是德国的古登堡,是在15世纪。古登堡原本在一家书店工作。在印刷术发明之前,书籍生产依靠手抄,效率低下且成本高昂。当时,一般书店没有存货,只是与一批抄书的人保持固定的关系。通常有钱的贵族先到书店订一本书,把内容、规格、质量、纸张等标准讲清楚,付给书店一部分订金,然后书店再找人来完成这本书。因此,当时的书店就不需要资本来维持存货。古登堡改用铅造字模的活版印刷以后,一方面书店要投入大量的资本购买昂贵的铅造字模和其他印刷设备、印刷材料,另一方面因为印完的书籍不能马上卖掉还需要一部分资金来维持这些存货。而且,当时的印刷技术也很难达到手抄书的质量水平,很多人难以接受,于是就产生了比较多的存货。在这种状况下,应该有资本市场对这类拥有先进技术的书店进行融资,但在当时并没有这样的金融制度安排。古登堡的做法是说服了一个贵族对他进行投资,但因为书店长期不能盈利,该贵族便对书店撤资,最终导致了古登堡的破产。

约翰内斯·古登堡(1400?—1468),在西方被认为是活字印刷术的发明者

金融制度的变迁应该伴随着经济的发展和技术的进步。发达国家的产业结构和金融制度都已处于世界最前沿,金融制度的升级难以预先设计,只能随着产业结构的升级自发地以尝试错误的方式缓慢进行。但是发展中国家利用后发优势会有很快的产业升级和技术创新速度,金融制度需要与产业技术同步配套升级。金融需要有一定的监管,才能避免道德风险,这种快速的金融制度变迁需要政府的积极参与才能避免可能的道德风险和系统性危机。

政府的最后一个作用是对企业进行外部性补偿,这种补偿一定是有前提的。政府根据收集到的信息可以制定出一些产业政策,但并不能保证这些产业政策一定是正确的。如果政府的产业政策失败,那么率先响应政府政策的企业就会亏损甚至破产。这种破产对市场上的其他企业来说实际上提供了一个有用的信息,可以使其避免同样的投资活动。如果产业政策正确,率先按产业政策投资的企业获得了成功,这种成功会吸引更多的企业来投资,市场竞争会增加,率先投资的企业的利润会被摊薄。因此,不管企业成功还是失败,都为整个社会提供了有益的信息。但是这也造成了失败的成本和成功的收益之间的不对称性:失败的成本是由一个企业承担,成功的好处却由全社会共享,所以没有哪个企业会愿意去做第一个尝试者。由于有这种信息外部性的存在,政府应该通过提供一定的补贴来鼓励一些企业去做"第一个吃螃蟹的"企业,从而给整个社会带来好处。补贴的方式可以是给予按产业政策投资的企业一定的税收优惠,也可以是以较低的利率贷款。

政府在比较优势战略下制定出的产业政策与赶超战略下的重工业优先发展政策有很大的不同。最主要的不同就在于前者保证了企业有自生能力,而后者做不到。在赶超战略下,企业没有自生能力,所以需要政府给予很多的保护和补贴。而在比较优势战略下,对于有自生能力的企业,政府只需要提供很少的保护和补贴,帮助企业克服一些外部性问题。我们可以用两个例子来说明这种区别。

为何重工业优先发展战略在德国取得成功而在中国、印度失败

第一个例子是比较德国、中国、印度的重工业优先发展战略。

第二次世界大战后,很多发展中国家都采取了赶超战略,19世纪末德国的发展经验就经常被用作支持赶超战略的例证。1870年,普鲁士的"铁血"宰相俾斯麦提出"铁血"政策,支持重工业、军事工业发展,使德国在很短的时间内从一个农业经济转变为一个现代工业经济,从一个相对落后的国家变成欧洲的强国。俾斯麦提出的"铁血"政策与第二次世界大战后很多发展中国家提出的赶超战略从产业政策的角度来看非常相似,都是重工业优先发展,但是同样的政策处在不同的要素禀赋条件之下,所起到的效果会截然不同。根据麦迪森在《世界经济千年史》一书中的资料,按购买力平价计算,德国在1820年的人均收入相当于英国同年人均收入的62%。在俾斯麦提出"铁血"政策时,德国的人均收入是英国人均收入的57%。人均收入水平是反映要素禀赋结构情况的一个很好的指标,人均收入水平高,人均资本拥有量必然多。"铁血"政策发展的是钢铁等重工业,虽然资本密集,需要的资本投入量大,但是,这些产业在工业革命时就已经有所发展,到19世纪末已经发展了一百多年,不算是最先进的产业,而德国的人均收入已经是最发达的英国的60%,也不是资本非常短缺的国家。但是由于和农业相适应的金融较为分散,资金动员能力较低,因此"铁血"政策用国家的力量来扶持这些重工业,实际上等于用国家的

俾斯麦的"铁血"政策的出发点是以武力统一德国,因此在统一后继续强调军工业的发展

力量来克服重工业投资在金融安排方面的困难。因此,这一发展战略实际上是按照比较优势进行产业升级、运用产业政策提供协调的一个范例。相对而言,其他国家如中国和印度,在20世纪50年代提出重工业优先发展战略时,以1990年国际元衡量,人均收入只有500到600国际元,仅为美国的5%,也只有德国在1870年时人均收入(1 821国际元)的三分之一左右。由此可以看出德国与中印两国在推行重工业优先发展战略时要素禀赋条件的差距,德国实际上是按照比较优势来发展的,政府发挥的只是协调作用,而当时的中国和印度则完全是违背比较优势的赶超。

人均收入与汽车产业政策的成功或失败

第二个例子是比较日本、韩国、中国、印度等国家第二次世界大战以后的汽车产业政策。

日本在20世纪50年代发展起钢铁产业和造船业,到了60年代随着资本和技术的积累,已有了产业结构升级的要求,日本通产省在60年代提出汽车产业优先发展。按1990年国际元为单位计算的购买力平价,1965年,美国的人均收入是13 419国际元,日本的人均收入是5 934国际元,已经达到美国的40%以上,这意味着当时的日本已不再是贫穷落后的发展中国家。到20世纪60年代,航天产业、计算机产业都已经出现,汽车产业也不是当时最先进的产业。日本通产省在提出汽车产业政策时,原本只想保护丰田和日产两家汽车企业,但是当时有十几家重工业企业(包括生产摩托车的本田,生产钢铁的三菱、铃木、马自达、日野等)都想进入汽车企业。最开始通产省给这些企业施加压力不让其进入,自然也就没有任何政府支持或补贴,但是这些企业在违背日本政府意愿的情况下,依然在后来的国内国际市场竞争中取得了成功。按照自生能力的定义,在开放竞争的市场中,如果没有政府的扶持,一个企业能够依靠正常的经营管理获利并生存下来,那么这个企业就是有自生能力的,所在的产业必然是符合比较优势的。所以日本在60年代的汽车产业政策是符合比较优势的产业政策。

中国和印度在50年代也提出过汽车产业政策,但在人均收入方面,1955年美国的人均收入是10 897国际元,中国的人均收入是575

国际元,印度的人均收入是676国际元,也就是说,中国和印度的人均收入只有美国的5%—6%,与日本发展汽车产业时的条件相距甚远。50年代,中国的钢铁产业尚未发展起来,其他的相关部件制造业更可想而知。当时的长春一汽雇用了50多万人,一个厂相当于一个城市的规模,就是因为所有部件都要靠自己生产,产业基础完全没有建立起来。印度的情况也与中国相似。所以日本的汽车产业因符合比较优势而取得了成功,中国和印度发展汽车产业违背了当时的比较优势,因而只有长期靠政府的保护补贴才能生存。

韩国在70年代开始推行汽车产业政策时,人均收入为日本的30%、美国的20%。其发展汽车产业的基础与日本有一定差距,但又比中国和印度好一些,相应地,政府的保护补贴就比中国和印度少一点。韩国70年代的汽车产业政策只取得了部分成功,建立的三家汽车厂倒闭了两家,只有现代汽车这一家生存了下来,到现在发展得还不错。1991年我到美国参加一个国际会议,旁边坐着现代汽车公司美国分公司的总裁。我对他说,韩国作为一个发展中国家,能把汽车卖到美国,令其他发展中国家都非常羡慕。但他却告诉我,现代汽车在美国已经连续亏损多年。企业在国外市场上亏损却没有关闭,就意味着在国内市场有国家给予的各种保护补贴,包括通过贸易壁垒的方式,也就是说,通过对国内市场提高价格,用国内消费者的钱去补贴在国外没有自生能力的部门。因此韩国汽车产业的部分成功也是有代价的。

同样的产业政策在不同国家会带来完全不同的结果,这些结果就是由作为政策制定背景的要素禀赋结构或者比较优势所决定的。符合比较优势的产业政策就能够成功,比如德国在19世纪70年代发展钢铁等重工业的产业政策和日本在20世纪60年代的汽车产业政策;相反,不符合比较优势的赶超战略就只有失败。一个产业政策是否符合比较优势可以通过政府对该产业的补贴情况看出,如果该产业在建立起来之后还需要政府的保护补贴,那么它就是不符合比较优势的,因为需要补贴就说明企业没有自生能力。相反,如果只需要政府在建立之初给予一定的扶持以扫清信息、协调、外部性等障碍,之后就能在市场竞争中靠改善经营管理等获取正常利润,那就说明企业是有自生能力的,政府的扶持政策也起到了积极的作用。

总而言之,发展中国家与发达国家之间存在着明显的技术差距,只要充分利用好这个差距来降低技术创新的成本,加速技术创新的步伐,发展中国家就能够发挥后发优势。发展中国家的政府可以通过信息收集、协调性的产业政策以及对企业的外部性补偿等方式发挥适当的作用,从而更好地利用后发优势提高本国企业的竞争力,加速资本积累和产业、技术结构升级。同时,政府发挥任何作用都要以遵循本国的要素禀赋结构与比较优势为前提,既不能一味追求速度也不能完全照搬外国经验,还要维持一个竞争的市场以保证价格的灵敏性。

比较优势战略与出口导向

从现实中可以看到发展成功的国家出口的比重一般都比较大,发展失败的国家出口的比重一般都比较小。例如,中国在 1978 年时贸易依存度只有 9.5%,2003 年贸易依存度达到 70%,经济的外向性程度大幅提高。但需要注意的是,一个国家的经济外向性程度实际上是内生于这个国家的发展战略的。如果实行赶超战略,一方面,没有比较优势的产品现在要自己生产,所以进口会减少;另一方面,具有比较优势的产业因为资源被转移去优先发展没有比较优势的产业,所以也很难发展起来并出口产品到国外。例如,中国的劳动密集型产业一直具有比较优势,但是在 1978 年以前主要出口的产品却是农产品和农产品加工品,劳动密集型的轻工业产品因为得不到资本而发展缓慢。所以说,实行赶超战略,进口和出口都会减少,经济就表现为内向型。一个国家如果按照比较优势发展,那么不具有比较优势的产业就不发展而采用进口,具有比较优势的产业就多发展,其产品必然大量出口。当然,出口也不是越多越好,而是由这个国家的比较优势内生决定的。如果有最优的产业结构,也就会有最优的出口程度和进口程度。

对现实的反思

按照比较优势发展,产业会有竞争力,企业靠自己改善经营管理就可以获得正常利润,政府可以减少补贴,社会可以积累更多的财富;而按照赶超战略发展,经济就会变得没有效率,还会引发各种社会问题。既然比较优势战略有这样大的优越性,那为什么第二次世界大战后,有那么多发展中国家的领导人和社会精英都选择了赶超战略呢?

我们在分析问题时,需要看到短期和长期的差别。假如现在有两个发展中国家,初始的经济规模一样大,一个国家实行违背比较优势的赶超战略,另一个国家实行遵循比较优势的发展战略。在短期之内,实行赶超战略的国家的重工业确实会迅速建立起来,满足了当时很多刚刚独立或解放的发展中国家快速实现"富国强兵"的愿望,但是从长期、动态的角度看,这个国家所创造的剩余却很少,因为它所扶持的产业即使有剩余也是从其他产业部门里转移过来的,而真正能够创造剩余的产业却因为得不到资本而难以发展。在这种情况下,由于资本得不到积累,经济规模也就扩张得非常缓慢,甚至出现停滞和危机,因此以赶超战略支持的经济发展是不可持续的。而像上面讲到的,按照比较优势发展的国家因为创造了很多剩余,经济规模也扩张得非常迅速。因此,两个国家从长期比较来看,当然是实行比较优势发展战略的国家发展得较好,实行赶超战略的国家则"欲速则不达",这是短期的赶超和长期的发展之间的矛盾造成的。但是很多国家的领导人和社会精英都看不到这个矛盾,只看到本国与发达国家在技术与产业结构等方面的巨大差距,并急切地想要弥补这一差距,却不知道产业、技术结构都是内生变量,不能靠直接干预去改变。

与此相对的另一个问题是,同样是抱着赶超愿望的发展中国家和地区,为什么东亚经济改变了传统的发展战略,按照比较优势发展并经过三四十年的积累最终赶上甚至超过了很多发达国家?

其实,东亚经济发展战略的转变并不是因为它们的领导人或社会精英懂得主动出击,而恰恰是一种不得已而为之的选择。东亚经济体在20世纪50年代时也和其他发展中经济体一样想采取赶超战略。例如中国在开始推行重工业优先发展的"一五"计划时,日本的通产省曾有一份报告评价说,如果日本不能像中国那样赶快推行重工业优先发展,那么二三十年后,中国将成为一个发达的工业强国,而日本会远远落后于中国。当时中国台湾地区也非常希望建立起强大的军队,而这些都需要重工业的支持。但是,它们最终都没有成功推行重工业优先发展的赶超战略。原因就在于赶超战略是一种效率非常低下的发展战略,需要有很多可以动员的资源来支持才能得以维持下去,而资源动员能力取决于两个因素:一是人均自然资源的丰富程度,二是人口规模的大小。例如,同样是计划经济,苏联一直到20世纪60年代经济增长速度还非常快,主要原因就是苏联是全世界人均自然资源最丰富的国家,人口也有两亿多,所以增长可以维持四五十年。在五六十年代很多拉美国家也有这种增长,一些非洲国家和南亚国家也是如此。再如,中国内地有广大的农村和巨大的农业人口,只要利用价格剪刀差就可以将农村的剩余转向城市以发展工业。相比之下,其他东亚经济体基本都是人口不太多、中等规模,而人均自然资源极度缺乏。在这种情况下投资重工业,就只能通过财政赤字来筹资,财政赤字依靠印制钞票来弥补,不到一两年就会引发高通货膨胀。高通货膨胀最容易失掉民心,为了维持政治和社会稳定,这些东亚经济体只能先后放弃重工业的优先发展。

日本和亚洲"四小龙"按照比较优势发展属于不得已而为之,但发展的结果毕竟是成功的。作为学者最重要的就是追根溯源,实现恩格斯所讲的"从必然王国向自由王国的飞跃"。我们研究"东亚奇迹"不仅仅是为了研究这一现象,而是要了解这一现象背后的推动因素是什么,从而将这些因素借鉴到其他发展中经济体去,推动更多经济体的进步。

针对一些问题的回答

推行比较优势是否会永远落后?

一个容易被提出来的问题就是,如果一个发展中国家推行比较优势战略,以引进技术为主,发展劳动密集型产业或资本密集型产业的劳动密集型区段,是否就会丧失掉自主创新能力,永远落后于发达国家?其实道理非常简单,能否赶上发达国家不在于现有的经济水平,而在于发展中的相对增长率如何。如果发展中国家和发达国家都以比较优势作为其产业和技术选择的指导原则,那么发展中国家的技术变迁速度一定高于发达国家,因为发展中国家的技术创新主要依靠引进,与发达国家相比研发成本低了很多。技术创新速度快,资本回报率高,资本积累的意愿就强,发展好的发展中国家的储蓄率普遍高于发达国家正说明了这一点。随着资本的不断积累,要素禀赋结构得到提升,产业结构也会相应赶上。也就是说,按照比较优势战略发展,发展中国家最后就可以赶上发达国家。同时,随着要素禀赋结构接近于发达国家,需要自主创新的产业、技术也会相应增加。发展中国家虽然以引进技术为主,但是自主创新的领域依然随处可见。在现实中不难看到,自改革开放以来,中国的自主创新能力一直都在提高,而没有因为技术引进增多就逐渐丧失掉。

首先是中国具有比较优势的产业领域,并且没有比中国更发达的国家同在这一领域生产。发展中国家的产业结构普遍比发达国家落后,某些产品在发达国家已经被淘汰或因不符合比较优势而不再生产。这时在同一产业内已经没有更发达的国家进行生产和技术的创新,如果中国仍不放弃这个产品,并想继续保持领先地位,就必须自己去开发和研究新技术、新产品。例如在20世纪80年代以前,全世界摩托车产业最发达的国家是日本和德国。所以中国在改革开放以后,生产摩托车的技术主要是从这两个国家引进的,中国的第一家摩托车生产企业嘉陵就是与日本本田合资的。但是,随着日本和德国的摩托车生产厂家相继退出摩托车生产领域,中国很快就变为世界上最大的摩托车生产国。中国2023年两轮摩托车的产量接近2000万辆,其中500多万辆都是由重庆生产的。2006年我去重庆访问时,听一位官员讲到重庆每年的摩托车专利申请就有1800多项,平均每天5项,这种频繁的自主创新正是由行业龙头的地位和面临的压力所决定的。

其次,在一些高端行业如计算机等,技术引进的空间相对较大,但引进中依然可以根据本地的实际情况做出一些创新,以避免原样照搬所造成的"淮南为橘,淮北为枳"的现象。这种技术的本地化创新工作主要体现在生产流程方面。发达国家劳动力较为昂贵,因此自动化程度普遍较高,以机器设备替代手工。相反,发展中国家的比较优势在

力帆摩托车驰骋在非洲的绿茵场上

于劳动密集型生产,劳动力价格较低,在不影响质量的情况下,用劳动力替代设备是比较有竞争力的。举一个同样来自中国的例子:扬州的邗江区杭集镇早在清朝道光年间就开始生产牙刷,最早的工艺可以追溯到以猪骨为柄、猪鬃为毛的时代。20世纪80年代改革开放后,在政府的号召下该镇很多人开始重拾牙刷这一传统行业,有五位韩姓兄弟也加入了这一行列。到了80年代末90年代初,五兄弟渐渐发现他们的牙刷利润不高,市场份额也极难扩张,其原因就在于生产的人太多,产品同质化现象非常严重,于是开始寻找新的发展思路。终于在1993年,五兄弟当中的韩国平在北京农展馆举办的一个外国机械展上,对一套德国产的牙刷生产设备产生了兴趣。当时杭集镇手工生产的牙刷主要有两大缺点:一是掉毛,二是毛的切面太过粗糙。这套德国设备正好克服了这两大缺点,只是每套设备要价300万元,这在当时对一家民营企业来说无疑是天文数字。但是韩国平仔细研究后发现,克服两大问题的工序主要是最后的装毛和打磨两道,之前的工序完全可以用人工替代。而单独引进最后两道工序只需要80万元,比引进全套设备节省220万元,按十年的折旧期计算,平均每年可节省22万元,考虑到贷款利息,节省得还要更多。90年代初扬州农村地区的人均月收入仅为300元,即使按500元计算,人工替代部分需要四个人完成,那么年均劳动力成本也不过才2.4万元,只占了设备成本的一个零头不到。韩国平正是凭借这一改进的引进工序迅速扩大了生产,以价廉物美的产品为基础,打造出享誉全国的"三笑"品牌,并一举拿下了国内70%的市场份额。

最后,在某些领域,中国与发达国家之间虽然仍存在着差距但差距已变得较小。可能除了一两项核心技术,其余所有技术都已经被中国掌握,而发达国家有时不愿意将这一两项核心技术出口给中国。在这种情况下,对这部分技术进行集中攻关就变得非常有利可图。河北省廊坊市有一家出售天然气的公司叫新奥集团,它们的天然气输出主要有管道和瓶装两种方式。其中瓶装天然气需要特殊的钢管以保证安全,以前钢管全部从国外进口,后来国内虽然也开始生产,但是在对安全因素至关重要的封口技术上始终没有取得突破。新奥集团当时的想法是邀请拥有这项技术的美国某厂商以技术入股的方式引进这项技术,却遭到对方以这样会"自己现在有饭吃、儿子将来没饭吃"为由拒绝,于是自己组织研究小组进行攻关,不到一年的时间就取得了成功,让美国厂商大叹"自己也没饭吃了",追悔莫及。

以上这些自主创新的领域都是发展中国家具有比较优势的。除了这些领域的技术,还有一些技术,例如在国内存在巨大需求而在国外因需求不足不能引起足够重视和力量投入的技术,以及关乎国防安全需要的技术,也都得靠发展中国家自己去研究。

事实上,自主创新与技术引进并无孰优孰劣之分,比较优势战略的目标是追求高效率,追求资本积累和经济增长。如果引进技术比自主创新成本低、利润高,那么选择引进技术就比较好;如果已经没有现成的技术可供引进或是引进的成本太高,那么自主创新就比较好。发达国家之所以在高端技术领域投入大量资金进行自主研发,并不是因为自主研发的技术更为优越,而是因为世界上已没有比它们更发达的国家在同样的领域进行研发以供它们采用和借鉴。如果它们不进行研发,那么技术就没办法进步,经济发展到一定程度就势必会遇到瓶颈,从而增长出现停滞,也正因为如此,发达国家无论从技术变迁速度还是从经济增长速度来看都要慢于发展中国家。在赶超发达国家方面之前已有日本和亚洲"四小龙"的成功典范,因此我们更有理由相信,发展中经济体通过推行比较优势战略,加速发展并最终赶上发达国家是完全有可能的。

国际资本流动是否会从根本上改变发展中国家的比较优势？

比较优势的理论起点是通过资本积累提升要素禀赋结构，最终使发展中国家的人均资本量提升到发达国家的水平。那么，有没有可能依靠外资的大量流入来实现这一目标呢？答案是外资流入的确会增加发展中国家的资本存量，但是外资的流入量不会大到使一个发展中国家的人均资本量等于发达国家的人均资本量的程度。

外国资本进入发展中国家不是为了缩小全球人均收入差距，而是有其明确的利润目的。外资进入发展中国家的第一个目的是利用发展中国家劳动力价格较低的比较优势，发展相应产业以作为出口基地。因此，外资投入的产业必然是劳动力比较密集的产业。第二个目的是利用外资企业自身的比较优势，使产品能顺利打开发展中国家的市场。因此，外资所选择的产业一般会比当地的产业资本密集度高。但同时企业也会出于降低成本的需要，更多地利用在当地具有比较优势的资源，即劳动力。因此，企业用于生产的资本密集度仍然要低于在本国生产同类产品时的资本密集度。例如，武汉神龙汽车有限公司从法国雪铁龙引进生产线生产富康轿车，广汽本田汽车有限公司从日本本田引进生产线生产雅阁轿车，这两种轿车相比，雅阁要比富康高档一些。但因为富康的生产线按中方要求是从法国原装进口的，生产设备与生产流程与法国完全相同，因此造价高达 100 亿元，而雅阁的生产线在引进时根据中国的实际情况作了适当改进，大量以人力代替设备，因此引进成本只有 20 多亿元。悬殊的成本极大地影响到了价格，结果可想而知，雅阁的利润要远远高于富康。外商考虑到盈利需要，就不会在发展中国家采用和在发达国家同样资本密集的技术，也就没有想象的那种高额的资本投入。

此外，由于发展中国家的法律、信用、市场条件等均不如发达国家完善，外国资本在发展中国家投资的风险也会高于在本国或其他发达国家，这些也成为外资大量进入发展中国家的制约因素。

这些因素决定了即使有外资流入，也不会从根本上改变发展中国家的资本状况，依靠国际资本流动改变发展中国家比较优势是不可行的。

富康轿车采用全自动生产线

如何看待保罗·克鲁格曼对东亚经济增长的批评?

在东亚金融危机发生之前,世界著名经济学家保罗·克鲁格曼(Paul Krugman)1994年写过一篇名为《亚洲奇迹的神话》①的文章,在这篇文章中,针对当时各界对东亚奇迹的追捧②,他指出"东亚奇迹"并非奇迹。原因是东亚经济的增长主要来自要素的投入,从回归上看,没有实现全要素生产率的增长,也就没有索洛剩余式的技术进步,所以东亚经济的增长不可持续。

克鲁格曼的这一想法所依据的原理如下:产出增长来自三个方面,资本投入增加、劳动投入增加和技术进步。简单地说,如果资本增加10,劳动力增加10,产出增加12,那么剩余就是2,这个剩余就是全要素增长率,也就是很多经济学家所说的技术进步;如果资本和劳动都增加10,产出也增加10,那么全要素增长率就为0,东亚经济的增长在统计数据上来看就是这样的。像美国、西欧或日本这样的发达国家和地区,资本积累并不是很多,人口与劳动力增长更是缓慢,所以它们的经济增长中三分之二以上都来自全要素生产率的增长。有人认为,如果一个国家的经济增长主要依靠技术进步,那么这种增长就是可持续的;相反,如果一个国家只靠资本积累实现经济增长,随着资本的边

---

① 这篇文章发表在《外交事务》第73卷第6期,可参见本讲的参考文献。
② 包括世界银行出版的《东亚奇迹》,可参见本讲的参考文献。

际回报率不断下降,最终增长就是不可持续的。基于这样的逻辑,克鲁格曼在1994年的《亚洲经济的神话》一文中论述,因为东亚奇迹全部是由资本积累和劳动力增加所引起的,没有全要素增长率,没有技术进步,所以东亚经济的增长是不可持续的。1997年东亚金融危机爆发,很多人认为这正好验证了这位伟大的经济学家在几年前的预测。然而,新加坡前总理李光耀在与克鲁格曼的对话中对他的这一说法进行了反驳。新加坡每年的资本积累率达到40%,但是资本回报率却一直都没有下降,这在没有技术进步的情形下是不可能实现的。李光耀虽然不是经济学家,却有非常好的经济学直觉,也比很多经济学家更了解经济现象。其实,很多经济学家都有过于迷信全要素生产率的倾向。全要素生产率是一种剩余,剩余不是天上掉下来的馅饼,而是要付出一定的成本才可以得到。发达国家的技术进步要靠自主研发实现,而研发成本没有被计算在标准的生产函数中的投入要素之内,因此就表现为剩余。反过来看,发展中国家的经济增长中之所以看不到剩余,是因为发展中国家以引进技术为主,引进技术主要表现为资本品进口,也就是说技术进步的成本已经包含在资本投入中,因此在统计数据中显示不出来。但是没有剩余并不代表没有技术进步,因为新增资本就意味着生产率的提高。

事实上,发达国家也不是一直都有全要素生产率的增长。例如,美国在19世纪80年代到20世纪初并没有多少全要素生产率的增长,因为当时美国的经济水平和欧洲还存在一定差距,大部分新技术都要从欧洲国家引进,在投资中就已经支付了技术变迁的成本。因此,虽然美国当时经济增长很快,却仍然没有全要素生产率的增长。如今美国已经是全世界最发达的国家,各项技术都走在世界前沿,这些技术为美国带来了强大的生产力,但是巨额的研发成本却不会被计入生产要素中去,因此就表现出了大量的剩余。同样的道理,东亚经济虽然在短时期内实现了快速的增长,但是总的经济水平和最发达国家还有一定差距,而且如前面讲到的,很多成功的东亚经济体自主创新的表现并不十分突出,因此用以衡量的全要素生产率也就不会太高,但这并不能否定这些东亚经济体技术不断创新的事实以及所取得的成就。

比较优势理论和竞争优势理论

比较优势理论最早的提出是从李嘉图的技术比较优势理论开始的,距今已将近两百年。一般认为,理论都是越新越好,当一个新的理论被提出时,就会有过时的理论被淘汰。哈佛大学管理学学者迈克尔·波特在20世纪90年代提出了"竞争优势理论"[①],这一理论引起了学界的极大重视,影响也颇为广泛。波特认为,一个国家的产业是否具有竞争优势,取决于四个因素:一是生产要素的价格;二是国内市场的规模;三是产业集群与专业分工;四是市场竞争程度。这一理论最大的吸引力就在于全面,似乎把一个产业发展的各种条件都列遍了,只要按章照做就可以期待光明的前景。但是需要注意的是,经济学是一门解释性的学科,我们在做研究时,最重要的就是根据纷繁复杂的现象理出一个因果关系,这样才会对现实具有解释意义并能指导行动。正因为如此,凡是遇到"十全大补"式的全面理论时,我们就要格外注意,因为这样的理论往往有因果不分的缺点,很容易将行动引入歧途。

现在重新来看迈克尔·波特的竞争理论,就会发现这四个因素中其实只有两个因素是独立的,另外两个只能算作由两个独立因素导致的结果。第一个独立的因素就是比较优势,要素价格反映的是要素的丰裕程度,也就是比较优势。第二个独立的因素是国内市场规模,这也是外生给定的。只要稍作分析就会发现,第三个因素(产业集群与专业分工)是不能独立存在的。例如,一个纺织业集群就不可能在美国形成,因为纺织业要求的劳动力太过密集;同样,在一个发展中国家,也没有办法在一个资本密集型的产业上形成集群。一个产业及其横向、纵向的相关产业能否在某个地区达到一定生产规模并形成产业集群,是由这个产业是否符合当地的比较优势所决定的。如果不顾比较优势,一味追求产业的规模和集群作用,那么即使产业集聚起来了也是没有竞争力的,更不能作为产业竞争优势的决定因素。相反,符

---

① 波特出版了一系列关于国家竞争优势的著作,其中比较经典的是《国家竞争优势》,这本书的中译本可参考华夏出版社2002年版,英文版可参见本讲的参考文献。

合比较优势的产业中的企业在追求效率的过程中就会自发地聚集起来。第四个因素(市场竞争程度)前面已经讲过,符合比较优势的企业有自生能力,不需要政府的保护补贴,市场必然是充满竞争的;如果违背了比较优势,企业就没有自生能力,必须依靠政府的保护补贴才能生存下去,市场也就不会有竞争。因此,波特的理论其实可以归纳为两点:一是遵循比较优势发展,二是国内市场规模。这两点中遵循比较优势更为重要,因为在一个开放的市场中,按照比较优势发展就可以把全世界作为市场。

比较优势战略与发展经济学的重要问题

使用比较优势理论,我们就可以从要素禀赋结构、比较优势和自生能力的视角,对发展经济学中很多长期关注的问题进行清晰的解读。

- **资本积累与经济增长速度** 索洛的新古典经济学理论认为,资本积累速度决定了经济增长的速度。现在我们知道,按照比较优势发展可以加快资本积累的速度,要素禀赋结构提升,经济增长也会加快。如果采用赶超战略,虽然在短期内资本可能快速积累,但是积累的资本都被投入没有比较优势的产业,经济整体效率低下,因此在长期中经济增长可能出现停滞。

- **技术创新与经济增长速度** 如果按照赶超战略发展,集中生产最先进的资本密集型产品,一方面购买技术非常昂贵,并且很多核心技术也很难买到,依靠自己研发成本只会更高,技术进步就会非常缓慢。尤其对于发展中国家来说,因为技术基础薄弱,很多低端的技术都没有积累,直接研发高端技术会增加很多尝试错误的成本,造成很大浪费。如果按照比较优势发展,技术转移的成本相对低了很多,技术进步就会更有效地促进经济增长。

- **开放程度** 比较优势的定义本身就给定了开放经济的条件,相对于按照赶超战略发展,按照比较优势发展也会提高开放程度。

- **金融深化程度** 斯坦福大学金融学学者麦金农在20世纪70

年代提出金融抑制理论,认为很多发展中国家经济绩效差是因为实行了金融抑制,所以主张实行金融自由化,但结果是实行金融自由化的国家很多都以发生金融危机收场。问题就在于研究金融的人往往只看到金融,因此就把金融安排这一内生的变量当作外生的条件进行干预。事实是,实行赶超战略就必然要对金融实行抑制,通过压低资金的价格建立起一系列没有自生能力的资本密集型企业。如果没有解决企业的自生能力问题就实行金融自由化,势必会造成企业破产、社会动荡,引发各种危机。

- **宏观稳定** 实证经验发现,宏观稳定的国家经济发展较好,实际上一个经济如果按照比较优势来发展,发展的都是有竞争力的产业,资本积累快,经济发展就好。如果违反比较优势,采取赶超战略,国家通过各种途径动员资金投向没有竞争能力的产业,经济发展效率低下,最终就会走向停滞。这时之前集中的资金可能转变为债务以及财政赤字,因为没有创造出足够的剩余进行弥补,最后就会引发金融危机,造成宏观环境的不稳定。因此,宏观稳定和经济发展的好坏都是国家发展战略选择的结果而非原因。

- **就业结构与城市化** 中国推行重工业优先发展的赶超战略的一个结果就是工业化水平较高,但城市化水平严重滞后。这在表面上看起来似乎是矛盾的,但道理其实很简单。赶超战略直接带来了工业化程度的提高,但由于重工业能够吸纳的城市就业很少,所以城市化水平很低。很多发展中国家的城市里出现了大量的贫民区,就是因为赶超战略使得就业机会减少,失业情况更加严重。如果按照比较优势发展劳动密集型产业,自然就会创造出大量的就业机会,也能吸纳更多的农村人口进入城市,提高城市化的水平。

- **收入分配** 东亚经济发展被认为是"奇迹",除了指快速的经济增长,还包括大幅改善的收入分配状况。按照比较优势发展可以提升要素禀赋结构,改变资本与劳动的相对价格。资本是由富人所有,劳动力是由相对不富裕的劳动者所有,随着资本价格下降,劳动价格上升,富人的资产就会相对贬值,穷人的资产相对增值,因此收入分配状况趋于改善。如果推行赶超战略,政府动员资金去扶持资本密集的产业,在市场经济国家这些产业当然是由富人所有,而政府补贴的钱却是从穷人那里征收来的,所以,在市场经济国家实行赶超战略势必会造成收入的两极分化,实行比较优势战略则有利于收入分配状况的改善。

结语

对于发展中国家而言,赶上发达国家是发展的目标。思路决定出路,为了比较好地推进这一过程,发展中国家必须改变传统的发展方式,从决定内生现象的外生原因着手,将以缩小与发达国家的产业/技术差距为直接目标转变为以缩小与发达国家的要素禀赋结构的差距为主要目标,在市场经济的基础上按照比较优势发展,同时政府发挥比发达国家政府更大的"因势利导"作用,在信息、协调和克服外部性等方面为企业做好服务,创造好外部环境,促进经济高质量发展。这样的话,发展中国家就可以利用在要素禀赋结构和技术产业水平上与发达国家的差距,发挥后来者优势,加速经济发展,在一两代人的时间内赶上发达国家的收入水平。

参 考 文 献

〔美〕克鲁格曼,《萧条经济学的回归》,北京:中国人民大学出版社,1999年。

〔美〕麦金农,《经济市场化的次序——向市场经济过渡时期的金融控制》,北京:中国金融出版社,1993年。

林毅夫,《经济发展与转型:思潮、战略与自生能力》,北京:北京大学出版社,2008年。

林毅夫,《新结构经济学:反思经济发展与政策的理论框架》,北京:北京大学出版社,2012年。

林毅夫、蔡昉、李周,《中国的奇迹:发展战略与经济改革(增订版)》,上海:上海三联书店和上海人民出版社,1999年。

林毅夫、蔡昉、李周,"发展战略与比较优势原则——对'东亚奇迹'的再解释",《中国社会科学》,2000年4月。

林毅夫、刘培林,"自生能力和国企改革",《经济研究》,2001年第9期。

Krugman, P., "The Myth of Asia's Miracle", *Foreign Affairs*, 1994, 73(6), 62-78.

Amsden, A. H., *Asia's Next Giant：South Korea and Late Industrialization*, New York：Oxford University Press, 1989.

Kruger, A. O., *Economic Policy Reform in Developing Countries*, Oxford：Basil Blackwell, 1992.

Lewis, A., *Theory of Economic Growth*, London：Allen and Unwin, 1955.(中译本)刘易斯,《经济增长理论》,上海：上海三联书店和上海人民出版社,1994年。

Maddison, A., *Monitoring the World Economy, 1820—1992*, Paris：OECD, 1995.

Maddison, A., *The World Economy：A Millennial Perspective*, Paris：OECD, 2001.

Porter, M. E., *The Competitive Advantage of Nations*, New York：Free Press, 1990.(中译本)波特,《国家竞争优势》,北京：华夏出版社,2002年。

Wade, R., *Governing the Market*. Princeton：Princeton University Press, 1990.

Weber, M., *The Protestant Ethic and the Spirit of Capitalism*, London：Allen and Unwin, 1930.

World Bank, *The East Asian Miracle：Economic Growth and Public Policy*, New York：Oxford University Press, 1993.

第六讲

农村改革及相关问题

在传统的计划经济体制下,中国的经济发展走了一段很长的弯路。从全世界的角度来看,不仅中国的情况如此,很多发展中国家也面临着同样的困难。于是到了 20 世纪 70 年代末中国开始进行改革开放时,其他社会主义国家和很多发展中国家也都先后开始对其经济体制进行改革。然而按照不同的改革思路与改革方式,各国取得的改革成果也大不相同。我们所看到的是,凡是以现有的经济学理论为指导进行改革的国家都未能取得预期的效果,而中国自己摸索出以双轨、渐进的方式进行的改革,虽曾被认为是最糟的改革模式,却取得了前所未有的成功。

从这一讲开始,我将分别从不同的领域介绍中国改革的进程以及遗留问题,并根据上一讲提出的理论框架对这些问题提出相应的解决方案。

改革的进程

改革的必要性

中国在 1978 年年底开始的改革开放是社会主义国家和其他发展中国家当中为时最早,也是成效最佳的改革。现在回过头来看,中国率先推行改革在当时是有其偶然性的。中华人民共和国成立之初的1950年,中国大陆与日本、韩国以及中国台湾地区的人均收入水平差距不大,但到了1978年,日本经济已基本赶上美国,韩国以及中国台湾等经济体也都显著缩小了与发达经济体之间的收入差距,而中国大陆在当时虽然已经有了一个完整的工业体系,原子弹试爆成功,人造卫星也发射成功,但是,老百姓的生活水平和发达经济体的差距却更大了(见表6.1)。1976年粉碎了"四人帮"之后,以邓小平为核心的党的第二代中央领导集体改变了"四人帮"所代表的"两个凡是"的极左路线,带领全党全国各族人民开创了改革开放的伟大事业,使国家富起来,人民生活得到极大改善,也获得了全国人民的极大拥护和支持。

表6.1 中国大陆与其他新兴工业经济体的增长绩效对比

年份	1950	1978
美国	9 573	18 168
日本	1 873	12 186
韩国	876	4 124
中国台湾	922	5 044
中国大陆	614	1 352

资料来源:Angus Maddison, *Monitoring the World Economy, 1820—1992*.

在以邓小平为核心的第二代中央领导集体的领导下,中国从1978年年底开始的改革采取了双轨渐进的方式进行,实践的结果比苏联以及东欧国家按现有经济学理论的主张进行"休克疗法"要行之有效得多。但在当时,不少海外学者的观点是市场经济体制较优,计划经济体制较差,市场与计划双轨并行的制度则最差,社会主义国家从计划经济体制向市场经济体制的过渡必须"一次跳过一条鸿沟"。既然如此,为什么中国的领导人还是选择了双轨渐进的改革路径呢?我想这与以邓小平为代表的中国领导人始终坚持"解放思想、实事求是、与时俱进"的工作作风,从不教条化地按照一个既定模式来推进改革,以及以邓小平为代表的第二代中央领导集体本身也是第一代革命家有关。这些过去的革命家和当时的领导人都参加并领导过中国的社会主义革命和中华人民共和国成立后计划经济体制的建立,因此,不能全盘否定社会主义计划经济体制,而是只能在肯定传统体制合理性的前提下,进行局部的改进。

学习历史的目的是从"偶然的现象"中了解其"必然的原因",应用在此就是增加对社会经济现象本质的认识,以完成"从必然王国向自由王国的飞跃"。本讲将回顾和讨论中国农村改革的历程及其成效。

改革前的农业制度、政策和绩效

改革前的农业制度安排在第四讲做过详细介绍,在这里简单总结一下。

在农业耕作制度方面,中国1949—1952年实行土地改革,1953年开始推行农业合作化运动,在经历了三年经济困难以后,从1962年开始采取新的以生产队为经营单位的合作制度并一直持续到1978年。

在技术政策方面,1962年以前,政府的想法是采取一种"又要马儿跑,又要马儿不吃草"的制度安排,因此只能以规模经济提高产量,不断扩大农业合作的规模。1962年后,政府不再迷信规模经济,开始重视开发和利用良种、化肥等现代化农业技术,并在20世纪70年代喊出了"农业的根本出路在于机械化"的口号。

在农业绩效方面,1952—1978年,农作物产量的平均增长率是2.5%,谷物(即粮食)产量的平均增长率是2.4%,而同期中国人口的平均增长率大约是2%,也就是说粮食增长只比人口增长快0.4%(见表6.2)。按人均粮食占有量计算,1978年与1952年相比只增长了10%。这一增长概念形象一点来讲,也就是当时我们上大学的男生每人一顿饭多吃了几口,可以说生活水平的改善极为有限。

表6.2 改革前后的农业产量增长 单位:%

年份	1952—1978	1978—1984	1984—1987
农业	2.9	7.7	4.1
农作物	2.5	5.9	1.4
谷物	2.4	4.8	-0.2
人口	2.0	1.3	1.5

资料来源:国家统计局,《中国统计年鉴(1992)》。

改革的措施与结果①

当时政府在对改革前的农业发展问题做出诊断和总结时,得出了这样几个结论:第一,生产队规模太大导致激励低下;第二,统购价格过低影响了农民生产的积极性;第三,取消了农贸市场之后,农村恢复到自然经济状态,因为缺乏专业分工所以效率低下。针对以上症结,在1978年年底的十一届三中全会的决议中,政府采取了以下改进措施:

(1) 针对统购价格过低的问题进行了价格改革,收购价提高了17.1%,超额收购加价从30%提高到50%,平均价格提高了22.1%。

(2) 进行市场改革,恢复了农村集贸市场和长途贩运。

(3) 缩小生产队规模,允许包产到组或包干到组,但仍坚决维持集体生产制度,禁止包产到户或包干到户。然而,一件意想不到的事情发生了,那就是家庭联产承包责任制的出现与全面成功。

在本书的附录一我们将了解到家庭联产承包责任制的出现经过,这一制度安排不是任何政府领导人设计出来的,而是安徽凤阳小岗村的村民自发进行的制度变革。家庭联产承包责任制在小岗村取得了成功之后,1979年年底的中央农村工作会议通过了允许当时农村最贫困的"三靠队"从1980年开始首先实行"大包干"的决议。结果在1980年年底进行清算时,发现全国有14%的生产队采用了"大包干"的形式,超过了当时估计的全国10%的"三靠队"数量。但是这些生产队不管原来的生产情况如何,在采取了包干到户的这一年内都取得了显著的成效。因此,从1981年开始,政府将家庭联产承包责任制推广到全国,在当年年底实行这一制度的生产队比例就达到45%,第二年提高到80%,到1984年,全国99%的生产队都实行了家庭联产承包责任制。

家庭联产承包责任制的推广取得了意想不到的效果。如表6.2所示,1978—1984年家庭联产承包责任制由出现到全面推广的几年

---

① 本节的讨论可参考林毅夫,"中国农业改革和农业增长",载《制度、技术与中国农业发展》,上海:上海人民出版社和上海三联书店,1994年。

间,农业增长速度由 1952—1978 年的 2.9%提高到 7.7%,快了两倍多,粮食产量的增长速度也比以前快了一倍。同时,因为从 20 世纪 70 年代开始推行计划生育政策,人口增长由原来的 2%下降到 1.3%,这就意味着人均粮食产量的增长速度还要更快,为后来中国粮食生产"丰年有余,基本自足"打下了基础。总之,在推行了家庭联产承包责任制之后,农业的发展绩效确实大大提高了,但家庭联产承包责任制对农业增长的贡献问题却在 80 年代引发了很大的争论。

关于家庭联产承包责任制的争论

关于家庭联产承包责任制的争论无非有两种观点:一种观点认为家庭联产承包责任制搞对了,因为无论从单个农村还是从全面推广的情况来看都成效显著。另一种观点正好相反,认为以家庭为单位进行独门独户的生产不符合社会主义的特性,而且"农业的根本出路在于机械化",机械化需要有规模经济才能得以推广,家庭生产不具有规模经济,是改革的倒退。这种观点的主张者认为 1978—1984 年的农业快速增长是由于其他改革措施(如化肥、科研、机械化使用的增加,以及提价和恢复市场的改革)的效果将家庭联产承包责任制的弊端掩盖了。尤其在 1984 年后,生产出现滑坡(见表 6.2),说明被掩盖的问题最终暴露了出来。

有趣的是,类似的争论不仅在国内进行得如火如荼,在国外的经济学界也存在。国外的正统理论根据对理论模型的分析得出的结论是,集体生产要比个体生产激励更高,集体生产的资源配置与个体生产同样有效率,也就是与国内不支持家庭联产承包责任制的一方持同样的观点,认为集体生产比个体生产更有制度优越性。虽然这些理论有严格的数学模型支持,却很难解释为什么小岗村的农民要冒着巨大风险搞包干到户,1980 年很多不是"三靠队"的生产队也要违反国家政策搞包干到户。经济学研究的前提是假设人都是理性的,这些理性的农民没有理由冒着风险去采取一个不好的制度。如此一来,理论分析就与现实出现了矛盾,当理论与现实出现不一致时,只能是理论不完善。

传统经济理论以两种理论模型来证明集体生产的优越性。第一种理论模型以劳动力、土地和资本等要素构建生产函数,并假设每个劳动者不管在何种生产制度下都提供一个单位的劳动投入。农业生产毫无疑问是具有一定的规模经济特征的,集体生产比个体生产更具规模经济,因此集体生产也就比个体生产效率更高。这一理论本身是没有任何问题的,但在套用到具体的农业生产上时却往往不能适用。因为它把每一个劳动者作为一个单位的劳动投入,这就等于把劳动者与拖拉机之类的机器设备同样对待,但问题是劳动者除了具有生产要素的特性,还具有主观能动性。现实中不能保证两个劳动者相加就拥有两个单位的劳动力投入,还要看个体在生产中分别付出了多少努力。

有关激励机制,传统经济模型也给出了看似合理的解释,认为中国的农业生产合作社采取平时的按需分配与期终"工分制"的按劳分配相结合,是非常好的分配制度。因为完全的按劳分配会造成激励过高,农民的生产积极性太强会导致福利下降,而结合按需分配可以适当减少农民的生产努力,使福利水平达到刚好。

第二种理论模型则根据中国在农业生产合作社中实行的按劳分配制度来构建,一个劳动力增加劳动投入,能增加工分以及在最终分配时的份额,从而证明在生产队制度下,农民的生产积极性会高于在家庭生产中的生产积极性。这一理论模型的问题在于生产努力与工分进行挂钩的前提是要有完全的监督,而农业生产的监督实际上是非常弱的。监督一般可以分为过程监督与结果监督两种。对农业生产实行过程监督存在以下困难:首先是场地条件不允许,农地范围太大,不像工业生产是在一个有限的空间里进行的;其次是缺乏统一的标准,农业种植、收获的流程通常无明确要求,大部分生产行为都是由个人习惯与经验决定的。对农业生产进行结果监督同样难以奏效:首先,农业生产是一个生物过程,从投入到收获往往需要几个月甚至一年的时间,间隔太久难以达到监督效果;其次,农业生产受很多外在因素(如气候等)的影响,一旦发生自然灾害,即使农民投入再多努力也难以获得好的收成,而当风调雨顺时,只要付出一般的努力,收成就会很好。总之,受以上各种因素影响,对整个农业生产的监督都是非常困难的,中国当然也不能例外,结果就造成了工分制虽名为按劳分配,但在实际操作中就等于是按时计算,例如出一天工就有8个小时的工分,和出工以后付出多大努力无关,所以在农业生产队中的工作激励很低。

农田和工厂车间有着完全不同的工作环境与工作流程

因此,要想获得集体生产的规模经济效应,就要为此付出一定的监督成本,但是农业生产的监督成本过高,而且基本上是不可能实现的。一个有力的证明就是当年凤阳县派出17个干部到小岗村监督18户村民,这些干部吃住在农民家中,给农户造成很大负担,结果当年的生产反而更差了,而实行包产到户可以完全节省掉监督成本,因此,单家单户的生产虽然牺牲掉了规模经济,但还是要比监督不完善的集体生产有效。

从实证分析的角度,通过对数据进行回归分析也可以看出家庭联产承包责任制对农业增长的作用。从1978年到1984年,以总增长为基数100进行计算,各种投入要素(如土地、化肥、机械化、劳动人口等)的增加对产出增长的贡献是46,家庭联产承包责任制(即制度变迁)对产出增长的贡献是47,无法解释的剩余为7。7年内农业增长了42%,所以家庭联产承包责任制的贡献大约为20%。但是,与技术变迁对经济增长的持续推动作用不同,制度变迁带来的产出增长是一次性的。通过实行包产到户可以一次性地提高农民生产的积极性,例如从每天有效劳动4小时提高到12小时,但却不能继续提高到16小时,因为,劳动力总要吃饭、睡觉。这就能够解释为什么到了1984年农业增长速度会下降,因为截止到1984年,家庭联产承包责任制在全国的推广已经结束,制度变迁所贡献的那47个增长已经不再发挥作用,因此产量增长会有明显的下滑。此外,谷物产量增长为负的现象,非但不能解释为家庭联产承包责任制的弊端,反而应归结为它的好处。1978年,政府为提高农民收入对粮棉收购价格进行了改革,并承诺全收,但由于粮食的连年增产,政府的粮食储备越来越多,有的地方甚至要借用小学教室来存放粮食,造成了很大的负担和浪费。因此从1985年开始,政府将统购改为定购,政府与单家单户的农民签订定购合同,价格按照"倒三七"的比例,即30%按照原来的统购价、70%按照原来的超购价计算,这样新的定购价就低于原来的超购价,而且超过定购数量的部分还要"随行就市"以市场价格出售。这一政策的转变对于政府来说是甩掉了一个财政补贴的包袱,但对于粮农来说因为粮食边际价格下降,生产粮食的积极性也就随之下降。相应地,蔬菜、水果、畜产品等其他农产品的市场则放开,价格相对上升。在这种比价变化下,一些农民将粮食生产转向其他农产品生产,因此才会造成1984—1987年的粮食产量下降。

总的来说,家庭联产承包责任制不但搞对了,而且是中国农村改革最大的成就,但是改革后的农村依然存在一些问题,主要表现在粮食安全和"三农"问题两大方面。

改革后的相关问题

粮食安全问题与政策选择

由于粮食问题攸关国计民生,因此常常被上升到政治高度,可以说没有哪个国家愿意将自己的饭碗端在别人手里,所以大多数国家采取粮食生产自给自足的政策。中国自古以来就是一个人口大国,为了保证能够养活十几亿的人口,粮食问题在中国就显得尤为重要,然而随着改革开放之后经济的快速增长,粮食安全面临着几项挑战。

第一,随着工业化、城市化进程的逐步推进,新建工厂、道路、住房等都要在农村占用大量土地,造成农业用地数量下降。

第二,中国的人口基数非常大,虽然近年来人口增长率已经有所下降,并于2022年首次出现负增长,但在2020年以前每年净增加人口数量依然相当庞大,对粮食的需求量自然也在增加。

第三,随着人们生活水平的提高,对粮食的直接消费会有所下降,但对肉蛋奶等副食品的需求反而会增加,肉蛋奶等均由粮食转化而来,因此总的粮食消耗量还是在增加。

一方面,土地减少会影响到粮食供给,另一方面,粮食需求还在不断增加,结合起来看粮食问题就显得比较严峻。中国的粮食问题不仅引起了国内的足够重视,在国外也很早就受到了关注。世界观察研究所所长莱斯特·布朗在1994年曾发表文章,预测中国到2020年进口粮食将达到2亿到3亿吨,这已经超过了全世界粮食贸易总量。也就是说,按照他当时的预测,到2020年,将全世界出口的粮食都投向中国还不能满足中国的粮食需求,而世界其他国家还有很多饥饿人口得不到粮食。因此在20世纪90年代的时候,中国的粮食问题曾一度被用作支持当时国际上流行的"中国威胁论"的一个重要论点。

粮食问题的解决还要从问题的起因着手。粮食需求的增加一定要满足,而针对耕地不断减少的现状,就要想办法提高单位面积的产出。产出增加的方式有两种:一是增加要素投入,二是改进技术,这两种措施都需要政府的相关政策提供一定的支持。

市场自由化和价格机制

农民是农业生产的主体,无论是购买更多的化肥、工具还是付出更多的劳动,增加要素投入的生产决策都必须由农民做出。前面讲到农民都是理性的人,投入更多必然期待更多的回报,这就需要保证增加的产出所转化的收益必须有一部分能够回到农民手中,否则,农民生产出可供全家消费的粮食就已经足够,不会有积极性去生产更多。但如果随着粮食需求的增加,粮食价格能够不断上涨,农民就会有积极性去增加各种投入、采用新的技术,以生产更多的粮食来增加收入。

农业研发

在土地面积有限的情况下,要增加粮食单产,最重要的是依靠科学技术的进步。因为化肥等其他要素投入增加到一定程度,就会使边际产出递减,对耕地的过度开发还会导致环境问题。但与工业技术创新有所不同的是,即使在市场经济国家,农业科研的资金也主要来自政府,这与农业科研的特性有关。

第一,农业科研一般周期较长。例如,杂交水稻的研究周期相对较短,但是袁隆平培育出一个新的杂交水稻组合一般也要四五年的时间,培育一个新的常规稻品种可能要七八年甚至十年的时间。如果要培育一个新的动物品种,比如瘦肉型的猪,可能要花 20 年甚至 30 年以上的时间。因此农业科研成本巨大且收效缓慢。第二,农业科研成果很难进行市场化。例如农产品的品种改良,改良后的品种,除了一些杂交水稻、杂交玉米必须每年购买种子,大多数品种只要买一次,农民接下来就可以留种自种。① 更重要的是,农业科研最终的受益者不是农民而是消费者。因为随着农业技术的改进和推广,农产品价格就会下降,农民并没有从中得到好处,受益的只有消费者。经济学的一个基本原则就是"谁受益,谁付费"。但是一般消费者不会主动支持农业科研,这就需要政府发挥作用,可以以税收的方式从一般家庭收取费用,然后通过财政转移支付来支持农业科研。只有依靠政府支持才能克服农业科研周期长、风险大,即使研究成功也不易市场化的缺陷。

粮食适度进口

农产品可以分为土地密集型与劳动密集型,粮食属于土地密集型的农产品。例如,中国在 20 世纪八九十年代种一亩小麦大概要用七八个工(即一个劳动力一天的工作量);种一亩玉米也要七八个工;种一亩水稻要十五六个工;种一亩蔬菜大概需要两百个工。很明显,蔬菜就属于劳动密集型的农产品。中国的人均耕地面积较少,因此总的来说,在土地密集型的农产品上不具有比较优势。美国虽然劳动力昂贵,但因为土地资源非常丰富,所以粮食生产占有优势,粮食价格也相对较低。中国与日本、韩国在 2000 年后的几年内的贸易摩擦都源于这两个国家想对中国的蘑菇、竹笋以及大蒜等农产品征收保护性关税,这些都是劳动密集型的蔬菜类农产品,说明中国在这类农产品上具有很大的比较优势。如果能适度地进口我国不具有比较优势的粮

---

① 外国的种子公司通过引进一种叫作"终结者"(terminator)的基因,使生产出来的粮食不能留下作为种子播种,这一做法引起了很大的争议。

食类农产品,把部分耕地解放出来生产我国具有比较优势的劳动密集型农产品,就可以扩大出口,增加农民收入。这是对资源配置的改善。同时,只要粮食进口逐渐增加,让国际上的余粮国能够有时间增加产量,并且将进口比重控制在一定范围内,就不会影响到我国的粮食安全。

"三农"问题及解决办法

农村、农民与农业问题

由于农村改革的成功,中国政府从1985年开始把以市场为导向的改革推向城市,带来了整个国民经济的持续快速增长,但是到了20世纪90年代末,"三农"问题成为国内外理论界和政策界高度重视的问题。对"三农"问题的一般说法是"农村真穷,农民真苦,农业真危险",然而仔细分析起来,这三个问题其实可以归纳为一个,就是农民收入增长相对缓慢的问题。

如果仔细研究中国的农业,就会发现农业生产不是主要问题。在1978—2020年的42年间,农业平均每年的增长速度达到5.4%。这个速度无论横向还是纵向比较来看都是相当高的。从理论上看有一个简单的规律可以参考:如果一个国家的农业能够长期维持3%的增长,就是很可喜的成绩。这个数字计算的根据是,一般国家的人口增长速度不超过2%,因为农产品的需求收入弹性相当小,有的接近于0,所以农业增长率只要比人口增长率高出1个百分点,基本上就能够满足国内需求。而从中国的情况来看,即使是在1998—2003年这段被认为是"三农"问题最严重的时期,农业增长速度也达到了4.3%,而同期人口增长只有1%,远远超过农业增长率比人口增长率高1个百分点的标准。因此可以说"三农"问题中"农业真危险"的说法至少对到目前为止的农业生产情况来说并不准确。

"农村真穷"和"农民真苦"指的其实都是农民收入增长缓慢的问题。我们要看到,"穷"是一个相对的概念,如果与改革开放前相比,从1978年到1984年,中国农村的年人均收入增长速度达到了13.9%,是城市人均收入增长速度的两倍,这是非常高的。1984年以后,农村的收入虽然还在增长,但与城市收入比较起来就会显得较慢。从1985年开始,改革的重点由农村转移到城市,城市收入增长速度反过来超过了农村,因此就导致城乡收入差距仍然较大(见表6.3)。中国有一句古话叫"不患寡而患不均",如果有一部分人收入增长非常快,即使另一部分人的收入仍在增长,但相比之下仍会显得比较贫困。因此农村的"穷"是与城市相比的结果而不是与农村过去相比的结果。

表6.3　1978—2020年中国城乡收入增长情况比较

(a) 城乡收入增长率　　　　　　　　　　　　　　单位:%

年份	1978—1984	1984—1988	1988—1995	1995—2004	2004—2014	2014—2022
农村	13.9	2.1	3.8	4.9	9.1	6.4
城市	7.1	5.2	6.3	7.4	9.2	4.9

(b) 城乡收入比值

年份	1978	1985	1993	2000	2007	2013	2022
城乡比值	2.4:1	1.7:1	2.5:1	2.8:1	3.3:1	2.8:1	2.4:1

资料来源:国家统计局。

此外,农民的"苦"并不体现在体力劳动上,目前我国的农业机械化程度有了很大的提高,化肥取代了农家肥,劳动投入不管从数量还是强度上都比以前少了(或小了)许多。但是,农村的卫生、教育以及社会保障体系依然非常落后。例如在改革前大学生上学可以免学费,又如农村会有"赤脚医生"一类的公费医疗安排,虽然条件十分落后,但在一定程度上解决了农民的一部分需求。然而在改革后,教育和社会保障实行市场化,随着各种价格的放开,不少农民家庭出现"看病难、看病贵,上学难、上学贵"的情形。所以,归根结底,农民的"苦"还是收入有限造成的。

传统做法与局限性

第二次世界大战以后,很多发展中国家都走上了独立发展的道路,在解决农村问题、提高农民收入上的思路有过几次变化。第一次变化是在20世纪五六十年代,当时农村发展最强调的是改变基础设施、提供灌溉。因为农业生产第一需要地、第二需要水。农业生产有了灌溉设施以后,抗旱、抗涝的能力就会增强,产量也能够增加。但是,从实际的情况来看,农村的基础设施建设虽然对增产、稳产起到了很大作用,但是对农民增收的作用并不显著,农民基本上还是非常穷。进入20世纪七八十年代以后,国内外对增加农民收入的思路有了新的转变,开始强调科技与教育,以提高农民的人力资本为主。但是十多年的时间过去了,结果发现,就新技术而言,率先采用新技术的农民可以增产增收,但是一旦这项新技术大面积推广以后,农民就会出现增产不增收的情形。到了八九十年代,各国又开始强调所谓的产业结构调整,推广一些附加值较高的农产品品种。然而与技术推广的情形相同,通常是那些率先生产高附加值农产品的农民可以增收,但在很多农户都进行这种产业结构调整以后,增产不增收的情形又会出现。

农业增产不增收的主要原因在于农产品有两个基本特性:一是收入弹性小,二是价格弹性小。也就是说,当收入增加时,对农产品的需求增加不多;但当供给增加时,农产品的价格就会下降很多。上面提到的不管是基础设施建设、技术进步,还是产业结构调整,也许都能有效地增加整个社会的农业产量,但是总产量增加越多,价格下降也就越快,两相抵消,农民整体的收入还是没有得到改善,所谓"谷贱伤农"指的就是这种情况。

农村劳动力转移

如果造成农民增产不增收的原因是农产品价格弹性小和收入弹性小,那么在农产品这两个特性的约束条件之下,要想增加农民收入,唯一长期有效的办法就是减少农民数量,让农业人口向城市转移。这是简单的逻辑推导结果,下面我们就通过具体分析来证明这个结论。

第一,农民数量减少的直接结果就是转移掉的农民会立即从农产品的供给者变为需求者,农产品供给减少,但是市场需求增加,价格就会跟着上涨,留守农业的农民就能从价格上涨中获得收入增加的好处。

第二,农民转移到城市以后,土地还留在农村,所以没有转移的农民就可以在农村扩大生产规模,提高单个农场的产量和市场供应量,从而进一步增加收入。

第三,在人口总量和收入水平增加的情况下,对农产品的需求会继续增加。农村劳动力外流和耕地面积不断减少以后,为了增加总产量以满足需求,农民对采用新技术的积极性就会提高,由此所带来的增产可以避免在农村劳动力不减少的情况下出现增产不增收的困境。因此新技术的使用既可使土地增产也可使农民增收。

第四,农民工在城市里开阔了视野,接触到新的知识与技术,就有可能把一些有用的信息与外部资源带回农村,促进家乡的农业发展。甘肃定西原来是一个很穷的农村,只是气候非常适宜种植马铃薯。有在外面做包工工程的定西农民看到城市里的人非常喜欢吃马铃薯,就回到家乡搞起了马铃薯销售,渐渐将定西发展成为一个重要的马铃薯生产基地。后来有兰州大学生物系的学生到定西农业局工作,使用生物技术培育出含有不同蛋白质和糖分比例的优质马铃薯,因此很多对马铃薯营养成分有特定要求的食品企业(如麦当劳、肯德基等)都大量从定西订购马铃薯,使定西最终发展成为著名的"马铃薯之乡"。定西的成功发展经验正是得益于那些走出去的农民得到的企业家才能。

定西目前是全国马铃薯主产区之一

从国际经验来看,我们知道美国的农民收入与城市人口收入差距不大,一个很主要的原因就是美国农民数量的减少。1870年美国的劳动力中有51%是农民,现在只剩下2%。绝大多数农民都转移到非农产业中去,余下的农民才有办法增产又增收。同样,日本1870年时有70%的劳动力都是农民,到1950年时这个比重为48%,到1980年时为10.5%,到了2000年就只剩下3.9%。正是由于大量农村剩余劳动力转移到非农产业中,日本才有办法保证农村的人均收入与城市的大致相当。在我国,改革开放以来也有相似的经验。1978—1984年农业出现所谓的"超常规增长",主要是由于家庭联产承包责任制使农民的生产积极性得到提高。但是到了1985年及以后,"超常规增长"的动力已经不再起作用,1985年及以后农民收入的增长主要依靠的就是"离土不离乡"的乡镇企业发展。所谓"离土不离乡"就是指农民虽然还留在农村,但是主要的生产活动已经转移到非农产业中去,因此从事农业生产的劳动力投入依然会减少。

到了20世纪80年代末90年代初,农民收入增长又转为依靠"离土又离乡"的农民工,农民工对农民收入增加的影响则更为显著。这些转移到城市里的农民工与在乡镇企业工作的农民工不同,他们基本上已经完全脱离了农业生产,转向城市里的工业和服务业。这一转变不但加速了农产品供给和需求机制的转变,还为农村经济增长带来了新的活力。

向城市转移农村劳动力是解决农村问题、提高农民收入的必要措施,但是大规模的农村劳动力转移还要有一个前提,就是转移出来的农村劳动力必须能在城市里找到就业机会。在第四讲(赶超战略和传统经济体制)中我们讲到,城市是否能创造足够的就业机会,关键取决于政府选择什么样的发展道路。中国的城市化水平远远低于同等收入国家的城市化水平,一个很重要的原因是中国在改革之前追求的是赶超战略。赶超战略意味着建立不符合比较优势的资本密集型产业,重工业优先发展战略存在的根本问题就在于不符合中国一直以来劳动力资源丰富的比较优势,资本密集型的重工业产业所能创造的就业机会极为有限,连城市新增劳动力的就业需求都难以满足。在赶超战略下,为了避免城市里出现大量无业人群,不仅需要严格限制农村人口转移到城市来,甚至还要把城市里的新生劳动力转移到农村去,知识青年"上山下乡"的原因之一就是城市里没有就业机会。因此,如果要想顺利实现农村劳动力向城市的转移,不让转移出来的农村劳动力变成城市里的负担和问题,就必须调整国家的发展战略,按照比较优势来发展能够创造更多就业机会的劳动力比较密集的产业。这一点将在接下来的第七讲和第八讲中作详细分析。

统一市场和地区差距问题的解决

针对农产品的特性,唯一能够长期保证农民收入得到改善的途径就是减少农民数量。就中国现有情况来看,解决城乡收入差距和地区差距问题还有一个有效的方法就是建立全国统一的大市场。中国土地面积辽阔,各地比较优势均不相同。东部沿海地区的比较优势是交通比较便利,临近国内外市场,在历史上发展水平一直较高,物资和人力资本积累较为雄厚,所以东部总体上比较适合发展制造业;中部地区与西部地区相比自然条件要好一些,雨水和土地较多,所以中部地区适合农业生产;西部地区则有丰富的自然资源。在这种情况下,如果建立起一个全国统一的大市场,东部地区多发展制造业,中部地区多发展农业,西部地区多开发与自然资源相关的产业,然后,各地的产品在全国统一的市场上进行交换,将有利于各个地区比较优势的发挥。目前,东部地区相当多的农产品还是由当地生产的,随着制造业的发展,农业生产已经不再具有比较优势,还会占用应该用来发展制造业的各种资源。如果有全国统一的农产品市场,那么东部就可以逐渐减少农业生产,改从中部购买粮食,这样一方面东部可以集中力量发展制造业,另一方面对于中部的农产品生产来说,由于需求增加,价格就会上涨,东部制造业的发展就变成了拉动中部农业发展与农民收入增长的驱动力。同样的道理,东部发展得越快,从西部购买的资源也就越多,资源价格越高,西部居民的收入就会越高。近年来内蒙古的发展情况较好,就是因为矿产资源价格提高,内蒙古矿产资源比较丰富,由此带动了国民收入的快速增长。

东部发展对中西部的带动作用在改革之前的计划经济体制下是无法形成的。因为当时虽然可以通过计划对各地资源进行调配,但政府为了扶持重工业的发展,对主要农产品和矿产品的价格进行了控制,所以东部越是发展,从中西部拿到的农产品和矿产品就越多,但因为这些农产品和矿产品都是低价供应的,这就意味着中西部在补贴东部的发展。历史上东部一直比中西部发达,收入水平也比中西部高,在这种情况下中西部对东部的补贴只能造成东部和中西部的差距越拉越大。改革开放以后,大部分产品的价格是放开的,但政府对主要农产品和矿产品的价格还有所控制,这就导致中西部与其将原料产品卖到东部还不如在本地加工,因此各地就形成了"大而全、小而全"的格局。在扭曲的价格之下,中西部在要素禀赋上的优势无法转变成经济上的优势,而在完全市场条件下就不会出现这种情况。比如,澳大利亚直到现在还是主要出口铁矿石而不是钢铁,主要出口羊毛而不是羊毛衫,因为它是自然资源极其丰富的国家,如果把铁矿石和羊毛都加工以后再出口,所增加的收益要远远小于所付出的成本。

国际贸易中有一个非常著名的理论叫作要素价格均等理论:如果两个不同的地区进行自由贸易,在没有交易成本、交通运输成本和耗损成本的理想状况下,依靠产品贸易可以使各种要素的价格趋向均衡。根据这一理论,如果各种产品可以在国内市场上进行自由贸易,那么地区间的要素价格会逐渐趋同,收入水平的差距也会逐渐缩小。

因此,为了缩小城乡和地区差距,必须建立起全国统一的市场,消除对各种要素价格的扭曲,让各地的比较优势得以发挥,同时,也需要加强交通运输和通信等基础设施建设,以降低交易成本,提高交易效率,使要素价格能够逐渐趋向均衡。

参 考 文 献

林毅夫,"中国农业改革和农业增长",载《制度、技术与中国农业发展》,上海:上海人民出版社和上海三联书店,1994年。

林毅夫,《发展战略与经济发展》,北京:北京大学出版社,2004年。

林毅夫,《发展战略与经济改革》,北京:北京大学出版社,2004年。

Maddison, A., *Monitoring the World Economy, 1820—1992*, Paris: OECD, 1995.

第七讲

城市改革及遗留问题

在第四讲中我们了解到,中国为了推行重工业优先发展战略而形成了"三位一体"的制度安排。市场化改革主要是针对这种制度安排的改革,包括企业的微观激励机制改革、资源配置方式的改革和宏观经济政策的调整。这些制度改革主要围绕着城市工业而展开,改革的难点也突出表现在城市改革上。这一讲我们要着重分析城市改革问题,了解1978年前后城市改革的不同方式及其影响,进而分析城市改革的难点和出路。

城市工业部门改革

城市工业部门中存在的主要问题

在改革过程中,我国城市工业部门中存在的问题基本上可以归纳为以下三个方面:

- **结构不平衡** 工业部门呈现出结构性的不平衡,主要表现在经济中存在着很多短缺。一方面是本来就短缺的东西更容易短缺,另一方面是在某些物资短缺的状况下还有很多产品存在着过剩。用过去常用的说法就是:长线的东西永远是长线,短线的东西永远是短线。

以产品来说,"长线"就是指产品过剩,而且是一直处于过剩的状态;"短线"则是指产品短缺,而且永远处于短缺状态。对于日常生活来说,长线产品有重工业部门的产品,尤其是重工业部门中的最终产品,当然重工业部门产品也有短缺的情况存在(比如能源、原材料);短线产品则主要为日用等轻工业部门的产品。在短缺与过剩并存的状况下,资源的配置便存在着结构性的不平衡,经济效率也就不高。

- **协调问题** 过去资源全部由国家通过计划部门来调配。比如说,东北有鞍钢,华中有武钢,东北地区有重工业和机械制造业(华中地区也有)。东北地区用的钢铁应由鞍钢来供应,华中地区用的钢铁应由武钢来供应。但在1978年以前,武钢的钢铁被调配到东北地区、鞍钢的钢铁被调配到华中地区的情况时有发生。这不仅增加了交通运输的费用,而且也导致了低效率。

- **低激励** 原来的国有企业中,"大锅饭、铁饭碗,干好干坏一个样",激励机制非常不明显,工人工作的积极性普遍很低,由此导致企业的效率也非常低下。

改革前的解决方式

上述问题在计划体制形成时便存在,1978年以前,国家针对上述问题采取了相应的一些解决方式。

第一,结构问题一般依靠中央调整。这种由中央调整农、轻、重工业比例的方式,效率通常不高,只有当某个部门的产品(比如农产品)出现极度短缺,以至于造成社会发展不可持续的时候,中央才会调拨更多的资金到该部门。然而,只要该部门的生产发展稍微好转,原来体制作用的惯性就会出现,投资就会继续被转移到重工业部门。

第二,改变条块管理,通过权力下放缓解协调问题。按条管理的含义是指对各种不同产品的生产,从上至下,从国务院的相应部门到最终的工厂,包含中间的所有环节,都是由国家部门来管,形成一个条状的管理体系。按条管理容易出现不好协调的问题,比如,钢铁的调配应考虑到地域的问题,但当时的冶金工业部却往往只管钢铁的生产,钢铁的使用则由原国家计委的一个处统一来管,这样就很难实现低运输费用的调配安排。为了解决这个问题,国家就将按条管理的方式改为按块管理的方式,把权力从中央下放到省这一级,由各个省来管理自己的生产与调配。比如,辽宁的鞍钢和钢铁企业都由辽宁的地方部门来管,鞍钢的钢铁就会被调配到辽宁的企业,这样就可以解决协调问题。但是,在旧的体制下,把按条管理转变成按块管理、把资源配置的权力由中央部委下放到地方以后,就会出现"一放就活、一活就乱、一乱就收、一收就死"的情形。这种情形产生的原因并不难理解。在原来的价格体系下,投资的成本变得非常低,如果把经济的决策权下放到省,各个省都想发展经济,都想优先发展重工业,大家都会抢着去投资,于是就会出现由投资拉动的经济快速增长。在各地的投资都被拉动以后,全国的投资总量就会增长得非常快。但是,从供给方面来看,钢铁、矿产、能源、交通运输这些投入要素在短时期内是难以增加的。因为这些产品的供给受到生产能力的限制,而生产能力的扩张是需要相当长的一段时间才能完成的,可能至少需要几年。因此,当全国各地的投资增长都非常快的时候,主要的矿产资源、原材料、交通运输等马上就会出现供不应求,于是各地就会纷纷抢占资源,造成经济秩序的混乱。在这种情况下,只能再把各省的经济决策权重新上收到中央政府的各个部门,但是权力收上去之后又会出现协调失灵以及各地发展积极性不高的问题,经济发展的速度就会放缓。

第三,通过政治动员提高激励。在"大锅饭、铁饭碗,干好干坏一个样"的状况下,工人拿的工资都一样,所以积极性不高。为了解决激励问题,政府就号召大家"学雷锋""当标兵"。每个单位评选出一些模范工人,给这些人很高的社会和政治荣誉,以此来调动大家的积极性。但是,这种政治动员的方式亦有其局限性。在一个单位里面,尽管成为标兵会获得一些荣誉和资格,可是这类荣誉和资格毕竟是有限的,不是每个人靠努力就能争取到的,同时,如果每个人都被评为标兵,当标兵也就不再有激励作用。每个人确实都有精神方面的追求,但是这种精神奖励的方式是不能普遍化的,从而在调动工人积极性的作用上也就有局限性。

改革后的解决方式

1978年的十一届三中全会拉开了改革序幕,当时中央讨论工业部门效率低的原因时,看到了结构失衡问题、协调问题和激励机制的问题,刚开始采取的解决方式跟过去相比差异非常小。

首先,在结构调整上仍然依靠中央的投资来调整农、轻、重工业的比例。1978年在农业上的投资占政府部门投资的比重是11%,十一届三中全会决议把对农业的投资比重提高到18%。这种调整方式跟过去一样,效果也就没什么不同。在实行了家庭联产承包责任制以后,农业产量增加了很多,之后几年中央在农业上的投资比重并没有提高到18%,反而下降了。

其次,在协调方面,中央下放权力给各个省,变条成块。各省分管以后,都抢着去投资,一时间经济发展快速,但紧接着就出现了物资短缺。在价格逐步放开的情况下,会导致比较高的通货膨胀。鉴于以前国民党统治时期通货膨胀的恶果,政府对通货膨胀比较敏感。通货膨胀一出现,中央就开始治理整顿,砍投资、砍项目;通货膨胀一放缓,经济增长也随之放缓。而当经济增长放缓时,为了促进经济增长,权力又会被下放以调动积极性。于是,从1978年到1996年,出现了三轮的"放权—通货膨胀—整顿混乱—经济发展缓慢—放权"这样的周期循环,和1978年以前的状况基本一样。

最后,在激励机制改革当中承认物质利益的作用。激励机制的改革是与过去改革的最大差异所在。国家承认物质利益的重要性,强调干得好的企业应该跟干得差的企业不一样,干得好的工人的物质利益、生活水平、工资水平也要跟干得差的工人不一样。改革重视物质利益是由于在激励低下的状况下工人工作没有积极性。以前的工资标准取决于学历、工龄、性别、工种以及不同城市的物价水平,与工人的实际劳动努力程度不挂钩,不管工人努力工作还是散漫偷懒,工资都一样,这种情况下工人当然没有工作的积极性。要想让经济快速发展,就要承认物质利益对调动积极性的重要性。虽然改革后与改革前相比,差异主要在这一点,但是就像庖丁解牛,虽然是很小的一刀,却砍中了要害。

改革的进程

在改革的过程中,为了提高工人的积极性而承认了物质利益,使干得好的工人与干得差的工人的工资有差异,但是只有厂长、经理才有这方面的信息,中央并没有能力来了解每个企业里工人的工作情况。以前的厂长、经理在"人财物,产供销"方面完全没有自主权,也就不可能根据每个工人实际的努力程度来决定工资。因此,要承认物质利益,前提就是必须让厂长、经理拥有一部分的自主权,把企业所创造的利润(或所减少的亏损)的一部分拿出来让厂长、经理根据实际情况进行支配。这也就是微观层面放权的道理。在传统的计划经济体制下,由于政府要支持重工业的优先发展,因而必须扭曲价格,取消市场竞争,以行政方式配给资源。这种情况下不能给厂长、经理任何自主权,否则就会被他们用来侵占通过价格体系从农村和其他部门转移到这个企业的利润。承认物质利益意味着在传统"三位一体"的计划体制中打开了一个突破口。

在微观自主权打开了一个缺口以后,改革必然会推向资源配置与价格形成机制。当企业分享了利润的一部分以后,必须能用得出去才具有实际的意义,而原来的计划里并没有满足这部分需求的供给,所以,就必须要有计划外的供给,于是市场资源配置的方式应运而生,由计划单轨演变成计划和市场双轨并存的价格和资源配置机制,一轨由国家计划掌握,另一轨由市场供需决定。市场这一轨所占的比重起初微乎其微,但是发展势头迅猛。随着改革的逐渐推进,市场轨的比重越变越大,由计划轨造成的弊端和问题使得国家逐步放弃了计划轨,双轨就并到了市场轨上。

总的来说,改革就是从企业微观治理开始,然后推向资源配置和价格形成机制,从计划单轨转变成双轨并存,最终趋向市场单轨的进程。

微观经营机制改革

如上所述,1978年年末以后的改革是从微观经营机制入手的,试图通过建立劳动激励机制,激发劳动者生产经营的积极性,达到提高生产率的目的。改革经历了从放权让利到明晰产权的过程。

利润留成制度

所谓利润留成制度,就是把一部分权力和一部分利润下放给国有企业。这一制度于1978年开始在四川的4 000个企业中试行。具体方法是,对于盈利企业,把增加的利润中的12%留给企业。留给企业的这一部分利润有三种用途:(1) 奖励基金,用于给工作积极的工人多发奖励;(2) 福利基金,用于盖宿舍、医院、幼儿园以增加福利;(3) 发展基金,用于投资,扩大再生产。同样,对于原来亏损的企业,就把减亏的部分留12%给企业。这项改革在试点的时候效果非常好,效益越好的企业利润增加越多,留下的就越多。这样效益好的企业与效益差的企业之间就有了差异。同时,在这种激励下,国家拿到的是大头,是增利或减亏的88%。

但是当这种制度从1979年开始推广到全国以后,情况却不尽如人意。从微观来看,企业的积极性确实提高了,投入产出的效率也提高了,但普遍存在的一个问题是企业交给国家的利税减少了。国家应该得到效益提高的88%,但实际上国家却并没有拿到那么多,有时反而比原来更少。其中一个原因就是企业监督的问题,过去国家不给厂长、经理自主权就是因为很难监督他们。一方面,企业可以谎报经营情况,比如说一个企业的效益提高了100%,正常情况下企业自己可以留下其中的12%,但是如果它谎称效益只提高了50%,那它就可以留下应得的6%和瞒报的50%,比原来多出很多。另一方面,企业可以在账目上作假,比如企业可以把钱用来做其他事情(如修宿舍),但是却把这部分支出计入生产成本,而账目是很难去查证的。虽然当时的国家计委会派督导去监督企业,但是由于督导也可能被贿赂,这样做其实并没有多大效果。因此,实行利润留成制度后,在国家和企业的博弈中,国家的收益没得到这项改革所应有的"企业拿小头、国家拿大头"的保障。

承包制

鉴于利润留成制度所出现的问题和农村推行家庭联产承包责任制所取得的成果,国家从1985年开始在国企推行承包制。每个企业由厂长、经理来负责承包,同时规定:第一,企业每年应向国家上交固定的承包费;第二,如果企业收益高于承包费,高出部分由国家按照各个企业的不同情况依照一定的比例进行分配,有的是大部分都交给国家,有的则是更多地留给企业。在承包制下,国家的利益似乎能得到保障,因为国家可以每年收取固定的承包费,多出部分的一部分再由企业和国家分成。实际的情形和利润留成制度一样,在试点的时候效果非常好,但在全国推广以后,国家的利益同样得不到保障。原因主要有以下两个方面:第一,没有考虑通货膨胀因素。在承包制下,企业每年都要上交固定的承包费,如果出现了通货膨胀,这笔承包费的实际购买力就会降低。1986年以前,中国没有出现过高的通货膨胀,但在1988年和1989年商品零售价格指数突然增加到18.5%和17.8%,国家拿到的承包费名义上没变,但实际购买力却下降了。第二,承包合同具有不对称性。如果企业经营得好,就按照承包合同上缴利润;如果企业经营亏损,国家对厂长、经理难以有什么惩罚。这种"包盈不包亏"的做法诱使有些厂长、经理通过各种看似合法的手段来牟取私利。举一个例子来说明,假如一个厂长、经理私底下或让他的亲友成立一个企业,然后故意高价从该企业购买原材料或低价把产品卖给该企业,这样就会把企业创造的利润部分甚至全部转移到该企业从而据为己有,国家却很难查处。

明晰产权

在20世纪80年代末的讨论中,针对上述利润留成制度和承包制推广以后国家的利益每每受损的问题,大家普遍认为是所有者缺位,产权界定不清,没有人关心国有资产保值增值的结果。国家把属于全国人民的企业交给厂长、经理来经营,国家代表全国人民作为所有者,厂长、经理是代理人,但作为所有者的国家在企业里并没有其利益的代表者。当时理论界提出的解决问题的基本思路是明晰产权,使所有者归位,根据企业的规模有两种解决方式:对于中小型的国有企业实行民营化、私有化;对于大型企业,则引进现代企业制度,在企业里成立董事会代表所有者,成立监事会来监督董事会的决策和厂长、经理的运营。其中,有一些企业实行股份制,将一部分股票上市,并规定股票购买者必须是自然人。当时的观点认为,自然人既然拿自己的钱来买股票,必然会关心股票的保值、增值,就会监督厂长、经理的行为,他们的监督会改善企业的治理。如果这些散户的股票能够增值,国家作为大股东的股票也会跟着增值,所以国家可以搭散户的便车。

推行现代企业制度的结果同样是企业的生产率提高了,但是,国家作为所有者的利益在分配上并未得到应有的保障。而且,在明晰产权的过程中还出现了国有资产大量流失的现象。到目前为止,对大型国有企业进行了多轮改革,虽然员工的积极性与过去相比确实提高

中国第一家股份制企业"轮船招商局"(1872)实行的"官督商办"也是一种产权不明晰的制度安排

了,但是,除了垄断性行业的国有企业,竞争性行业的国有企业普遍还难以盈利。关于如何才能从根本上解决国有企业的问题,我们将在下一讲进行详细的讨论。

总体评估

通过以上的讨论可以看到,对于微观经营机制的改革总的来说在试点的时候有效但推广后就无效了,虽然改革使激励提高了,效率提高了,但利润却在下降,国家作为所有者的利益得不到保障。

在过去国有企业的经营机制中,"人财物,产供销"的权力不敢下放给企业就是因为国家不直接参与经营,所有者和经营者之间存在信息不对称,国家作为所有者很难监督企业的行为。试点的时候改革之所以有效,是因为那时有国家各有关部门以及新闻界、舆论界等各方关注,在"聚光灯"的照射下,企业很难做出侵犯国家利益的行为。但推广到全国以后,由于全国有几十万家国有企业,有关部门和媒体的注意力就被分散了。在缺乏有效监督的情况下,作为代理人的经营者多拿、多吃、多占国家利益的风险就大大上升了,国家利益得不到保障的问题也就难以避免。

资源配置机制和价格体系改革

市场轨的出现与双轨并存

在原来"三位一体"的体制下企业的自主权放开以后,必然会对资源配置和价格形成机制的改革提出新的要求。

从需求角度来看,改革前,各种物资根据计划分配,在分权让利的改革后,企业留下新增利润的12%,为了让留下的利润能够变成真正的收益,就必须允许企业和工人在计划外能够买到自己想要的物品。同样,从供给角度来看,企业的生产效率提高以后,如果生产出来的产品多于国家计划的数量,也必须让企业能在计划外出售以实现其价值,这样企业才会有动力去生产更多的产品。

这样,不管是从需求的角度还是从供给的角度来讲,都出现了计划外由市场决定的配置和价格,因此便形成了计划配置和市场配置以及计划价格和市场价格并存的双轨制。

从计划向市场并轨

计划外的价格一般高于计划内价格,所以,企业会有积极性去生产、投资那些由市场配置的产品,结果导致由市场配置的那一部分产品的产量增长特别快,由国家控制的计划部分的产量则逐渐减少,从而二者的比例变化非常迅速。

当一种商品有计划价和市场价两种价格,市场价高于计划价时(两者之间的差价在经济学中叫做"租"),就会出现很多"寻租"行为,导致贪污腐败现象滋生,引发社会不满情绪。为了消除这些不满情绪,最好的办法就是放弃资源的计划配置,由市场根据供给和需求来决定价格和配置资源。

改革的进程

物资方面

如上所述,改革进程反映在物资方面就是从计划单轨到计划和市场双轨并存,最后完成从双轨到市场单轨的转化。比如说,从1979年到1984年,不管是钢筋水泥还是其他物资,基本上都是允许计划外生产和销售的;到了1984年以后,国家制订的指令性计划逐渐减少,物资的生产和销售越来越倾向于市场,到最后计划就完全消失了。

在双轨并存的20世纪80年代,由于市场价与计划价之间的差异,兴起了一个新的行业——"倒爷",引起贪污腐败之风盛行。他们通过各种关系拿到官方配置的物资后,再转手倒卖掉,通过赚取差价发家致富。

解决寻租问题的最好方式就是把计划价格变成市场价格,把双轨并成单轨。90年代初市场放开以后,价格全部由市场来决定,价差带来的租金不见了,"倒爷"也就消失了。

外汇管理方面

改革之前,我国只有八大外贸公司,它们都对各自管理的商品的进出口具有垄断地位。当时所有出口都必须经过这八大外贸公司,由它们从地方、从各企业收购,资金由国家财政拨款,出口所得的外汇也百分之百交给国家。

1979年以后,改革措施首先是扩大地方的外贸自主权,允许各个省、自治区、直辖市成立自己的外贸公司。其次,以综合性的外贸公司替代了单一产品的外贸公司,减少了指令性计划,而代之以指导性计划,并实行外汇留成,综合性的外贸公司增加的外汇收入中的12%留给外贸公司自己使用。

开始时,外贸公司留下的外汇如果不用完,外汇指标就会过期作废。由于有些公司外汇指标有余,有些公司外汇指标不足,因此,从1983年开始成立了一个外汇调剂市场,允许外贸公司把自己富余的外汇指标卖给需要外汇指标的外贸公司或其他企业。

外汇的调剂价基本就是市场价,当然调剂价会高于国家规定的外汇价,通常要高出30%到60%。同时,国家也根据调剂价即市场价的变化来调整官方的汇率。这一外贸和外汇管理体制改革极大地促进了外贸出口的增长;1978年我国的进出口总额是206亿美元,出口大约是100亿美元,这100亿美元外汇百分之百地掌握在国家手中。1993年我国的出口额增加到1 000亿美元,国家掌握的外汇只有20%。从相对量上来讲,国家掌握的外汇比例从100%下降到20%,但从绝对量上来看却翻了一番。

在改革刚开始的时候,官方汇率是1.5元人民币兑1美元。1983年开始进行外汇调剂,调剂价是3元人民币兑1美元。国家逐渐根据市场上的调剂价来调整官方汇率。1993年,市场上的调剂价差不多是8.7元人民币兑1美元,当时的官方汇率大概是5.7元人民币兑1美元,其中就有3元人民币的差异,即每1美元中就有3元人民币的"租金"。当时由国家直接配置的外汇是200亿美元,因此就有600亿元人民币的租金存在。为了消除寻租行为,1994年国家实行了汇率并轨。

金融方面

在金融方面,改革之前我国是以财政代替金融,即通过统收统支,把国民经济中的所有剩余集中到国家财政,然后由财政部门直接来配置这些资金,财政预算跟企业预算当时是合在一起的。改革前全国只有一家银行,即中国人民银行。中国人民银行实际上是财政部下属的一个局,从中央一直到各个省市县都有其分行。人民银行起的并不是一般银行的作用,而是当时的国家计委批给企业的项目由国家财政来拨款,这些资金不会马上用完,需要有一个存放的地方,当时人民银行起的就是会计、出纳的作用。

由于改革前资金使用效率低下,国家希望银行能够发挥国外金融机构审查项目、监督资金使用的功能,因此,从1979年开始,首先是恢复了四大国有银行(包括工商银行、建设银行、农业银行和中国银行),同时,建立了各种非银行金融机构(包括保险公司、信托投资公司、租赁公司)。其次,为了提高银行的积极性,开始实行存贷挂钩,允许国有银行多存多贷,逐渐放松各种管制。最后,建立资本市场,从1990年开始在上海和深圳设立证券交易所。

随着我国经济的快速发展,金融改革逐步深化:除了四大国有银行,重建了交通银行和邮政储蓄银行;成立了招商银行、浦发银行、中信银行等12家全国性股份制银行;允许外国银行在中国设立分行;成立了地区性城市银行;将农村信用社改制为农村商业银行。全国现有3 000多家银行机构。除了上海和深圳的主板市场,也允许境内企业到香港、纽约等境外市场上市。此外,2012年设立了新三板市场,为中小企业提供股份转让服务;2021年设立了北京证券交易所,为证券交易提供场所和服务。

到目前为止,我国的金融体系从双轨向市场轨的并轨尚未完成,原先银行的存贷款利率由中国人民银行规定，2013年开始全面放开金融机构的贷款利率，但存款利率仍受管制，只允许在基准利率之上进行一定区间的上浮。企业的上市原来为审批制，2023年开始实行注册制改革。相对于商品和其他要素价格和市场的交易，政府对资金的价格和配置的放开极为谨慎，至今仍存有不少管控。

乡镇企业等非国有企业的兴起

就改善资源配置、发挥市场功能、促进国民经济增长而言，改革确实起到了很大作用。其中一个重要的新生力量就是乡镇企业、私营企业和三资企业的兴起和进入。以乡镇企业为例，乡镇企业在1978年改革之前就存在，其来源是20世纪70年代初"农业的根本出路在于机械化"的口号促进了农业机械的推广使用，农机要保养维修，因此各个公社都有农机的维修厂，那就是最早的乡镇企业。随后，它们的生产、服务范围逐渐扩展到可以制造一些小的零部件和日常生活品。但在1978年以前这些企业无法从国家物资部门获得设备、原材料，生产出来的产品也难以进入国家的商业体系，只能在当地自产自销。

从1978年年底开始在农村推行家庭联产承包责任制以后，农民的积极性提高了，产量大大增加，农民在"交够国家的，留足集体的"之后，"剩下全是自己的"，所以，他们有了投资的资金。实行双轨制以后，农民可以从市场上购得设备、原材料进行投资生产，而且生产出来的产品也可以卖到外省市的市场上去，而不是只限于在当地销售。

乡镇企业投资的目标是获得利润，因此它们不会投资于没有比较优势的产业。不仅乡镇企业如此，非国有企业（包括民营企业和三资企业）同样如此。其结果是这些非国有企业的发展迅猛。1978年乡镇企业的产出只占工业部门产出的9.3%，1994年则超过了42%。在出口方面，1978年出口产品由乡镇企业生产的占11%，1994年该比例已经达到35%。乡镇企业在出口方面的比重能提升得这么快，与它们充分利用了我国的比较优势有很大关系。

市场轨的出现出人意料地带来了乡镇企业等非国有企业的发展，这对资源配置的改善起到了很大的推进作用。

改革的成就和问题

回顾这段改革的进程可以发现，中国的改革是渐进式的，用邓小平同志的话来讲就是"摸着石头过河"。中国在改革开始时并没有什么蓝图，也没有明确是往市场经济的方向前进，最初，只说是"以计划经济为主，市场调节为辅"。但就是这种在一开始时目标并不十分明确的渐进式改革，却让中国的经济体制越来越接近市场化，甚至在有些方面超过了一些市场经济国家。

为什么"摸着石头过河"的渐进式改革最后导致中国的经济体制如此接近市场经济？原因就在于经济问题背后肯定有它的经济逻辑。改革中只要是解放思想、实事求是地针对问题加以解决，并随着改革进程的变化，与时俱进地根据新的问题提出新的解决方案，渐进式的改革就必然会按照一定的逻辑方向来前进。传统的计划经济体制的形成是内生于在一个资金极度短缺的国家建立一个资本密集的重工业体系的矛盾，要解决这个矛盾，就一步一步形成了我们所看到的"价格扭曲、行政配置和微观经营没有自主权"的三位一体的计划经济体制。同样的道理，改革是从承认物质利益出发的，为了体现出企业和个人的物质利益差异，就需要把权力下放到作为微观主体的企业中去；之后，为了使企业和个人得到的物质利益能最终实现，就必然要改革价格体系和资源配置机制；企业和个人掌握了一定的资源后，在双轨制下，新的投资一定是投向利润高的地方，也就是符合比较优势却又受到政府抑制的部门，从而使资源配置得到改善；同时，为了消除寻租等腐败现象，双轨制就逐渐并到了市场轨，因此，不管最初的设想如何，改革的结果就是一步一步地朝着市场经济的方向迈进。

这种渐进式的改革在此后四十多年的时间里带来了巨大的成就。首先是国有企业的效益提高了很多。国有部门在1978年以前生产效率非常低下,改革之后,国有部门的全要素生产率虽然在横向上与非国有部门相比依然较低(国有部门是 2.4%,非国有部门是 5.6%),但在纵向上与改革前的 0.5%(甚至是-1.0%)相比还是提高了很多。其次是国有企业在工业中的份额下降非常快。1978 年国有企业产值占工业产值的份额超过四分之三,但是到 2000 年只剩下了约四分之一,大部分产品都是非国有企业在生产。最后,经济的外向程度也在不断提高。1978 年出口额仅占国内生产总值的 4.2%,进出口总额仅占国内生产总值的 9.9%。2000 年进出口总额占国内生产总值的比重超过 40%,2006 年进出口总额更是占到国内生产总值的将近 70%。在所有人口超过 1 亿的大国中,从贸易依存度(即进出口总额占国内生产总值的比重)来讲,中国经济的外向程度是最高的。从经济增长率来看,在 1978—2022 年的 44 年中,中国年均增长率达到 9.0%,是全世界经济增长最快的国家。

在肯定成绩的同时,还要看到城市经济中存在的问题,这些问题曾表现在很多方面。首先是金融部门十分脆弱。一方面,银行的呆坏账比例一度非常高,有些学者估计在 20 世纪 90 年代末高达 40%。另一方面,股票市场出现了泡沫和投机现象。1991 年中国设立了股票市场,开始只有散户,当时的观点是散户拿自己的钱来买股票就会关心股票的保值增值,但结果却是这些散户基本上不关心企业经营的好坏,而只关心股票价格的涨跌,专门进行投机,从而股票的换手率非常高。从 1998 年开始我国学习外国的经验,引进了基金,但结果却是许多基金不仅投机,而且还"坐庄"来操纵股票价格。

其次是腐败问题。早在 20 世纪 80 年代就有很多腐败的现象,当时是因为计划价格与市场价格的差异而导致的寻租行为,后来虽然计划价格取消,但是,政府对市场的干预和价格的扭曲并未完全消除,腐败现象依然存在。例如,按照 20 世纪 90 年代的情况,一家企业要包装上市,平均需要花费 2 000 万元人民币才能完成上市前的准备;由于银行贷款利率比市场利率低,利率差异的存在又引发了寻租行为。另外,土地的价格也由政府控制并人为压低;矿产资源的价格虽然已经放开,但是矿产资源开采的税费很低,房地产和采矿成为暴利行业,因此企业只要获得了土地开发和采矿的执照,就可以得到很高的收益。总之,只要存在政府对市场准入的干预和价格扭曲,腐败现象就很难避免。

最后就是国有企业改革还没有完全成功。国有企业改革是自1978年年底以来每年的改革重点。1995年9月党的十四届五中全会通过了《中共中央关于制定国民经济和社会发展"九五"计划和2010年远景目标的建议》,决定对国有企业实行"抓大放小"的改革。现在中小型国有企业基本上都私有化了,大型国有企业除了垄断性行业,其他竞争性行业中的国有企业的绩效到21世纪初仍有不少尚未提高,仍然需要政府的保护补贴才能生存。

上述问题的根源之一就是存在制度的不配套。中国的改革采取的不是"休克疗法",一次性地把所有的扭曲都消除,而是渐进式的,为了调动工人、农民的积极性先实行放权让利,允许计划和市场双轨并存,然后慢慢由双轨过渡到市场轨。当然也不是所有领域都实行市场经济体制,例如金融部门、自然资源和土地依然存在国家的直接干预和配置。市场经济体制和计划经济体制的并存自然会导致两种经济体制之间的摩擦,这种摩擦的表现就是在被控制的稀缺资源上两种经济体制的定价会产生差异,也就是会有"租金"的存在。因此有营利动机的企业,尤其是民营企业和三资企业,甚至包括一部分国有企业,就会去寻租,从而产生贪污腐败现象。要解决这个问题,最好的方式是全部并到一个经济体制中去,要么都并到计划经济体制中,要么都并到市场经济体制中。显然,要回到过去的计划经济体制不可行,只能继续往前向市场经济体制的方向推进。

但是为什么不把对资金价格、自然资源和土地价格的控制以及对某些行业市场准入的控制一次性放开？由此便引出了问题的第二个根源,即扶持国有企业的需要。在国有企业改革还没有取得成功的情况下,如果没有政府的保护和补贴,一些国有企业的生存就会出现危机。金融部门把资金借给国有企业,如果国有企业经营不好而还不起,这些资金就会变成银行的呆坏账来源;国有企业在上市后经营不好,无法分红,股票投资者就只能靠投机获利,致使整个金融部门都异常脆弱。同样,压低利率、土地和自然资源价格等也都是为了补贴效率低的国有企业。

之所以要对国有企业进行扶持,除了因为它本身的能力不够,还因为国有企业在社会中占有重要地位。从政治和社会的角度来看,国有企业的产品一般都属于重要的关系国计民生和国防安全的领域,另外,大型国有企业一般工人很多,如果破产,就会导致大量的工人失业,从而引发一些社会问题。所有这些都是不允许国有企业破产的原因。

从以上两种根源出发,对于那些违反比较优势、没有自生能力又不能破产的国有企业,就必须给予它们某种形式的保护,直至随着经济的发展、资本的积累,比较优势发生变化,原来违反比较优势的产业变得符合比较优势,企业由没有自生能力变得有自生能力。在此之前,这些和市场经济体制不配套的行政干预扭曲就仍然消除不了。

参 考 文 献

林毅夫,《发展战略与经济改革》,北京:北京大学出版社,2004年。

林毅夫,《发展战略与经济发展》,北京:北京大学出版社,2004年。

林毅夫、蔡昉、李周,《中国的奇迹:发展战略与经济改革(增订版)》,上海:上海三联书店和上海人民出版社,1999年。

第八讲

国有企业改革

　　中国在改革开放后的四十多年的时间里取得了举世瞩目的成就,但是也出现了一些问题,这些问题的出现大部分与渐进式的改革方式有关。在改革的过程中,旧经济体制的很多残余还存在,市场经济体制的很多制度安排已经开始出现,两种经济体制之间的矛盾和冲突是很多问题的根源。事实上,市场经济体制和计划经济体制都各有一套环环相扣的逻辑,各种制度安排之间相互联系、相互作用因而形成了整个经济制度体系。但是,在渐进式的改革过程中,旧的制度安排一部分被放弃,但也有一部分被保留;新的制度安排已经出现了一大部分,但还有一部分因为旧的制度安排的存在而无法出现。这种状况下,必然会出现两种体制之间的摩擦和冲突。在理论层次上,解决这一冲突的根本办法就是从一种体制完全过渡到另一种体制,或完全恢复到原来的体制。但在实际操作中,这两种办法都不太容易实现。首先,即使能够恢复到原有的计划经济体制,并且这样做也确实可以消除金融体系问题、贪污腐败问题和国有企业亏损问题,但在人们普遍尝到了改革的甜头以后,再回到原来的体制中,生产积极性只会更低。所以,中国的经济改革没有回头路,只能向完全的市场经济体制前进。

　　从1978年年底的改革开始到现在,中国仍在加快完善社会主义市场经济体制。党的二十大提出,"坚持社会主义市场经济改革",

"构建高水平社会主义市场经济体制"。国有企业改革与其他领域的改革息息相关,只有解决了国有企业在竞争的市场上缺乏自生能力的问题,构建高水平社会主义市场经济体制的目标才能最终实现。

这一讲我们首先了解改革过程中存在的问题及其原因,在此基础上分析国有企业改革的思路,最后我们对苏东的"休克疗法"与中国的渐进式改革进行比较,分析不同改革方式的利弊。

国有企业所引发的一些问题

国有企业与银行系统问题

我国的国民经济运行中有所谓"一放就活、一活就乱、一乱就收、一收就死"的"活—乱"循环,这一循环的过程与国家对银行的利率调整有关。当银行利率被人为压低时,就会导致从银行贷款进行投资的意愿非常高,资金供给远远低于资金需求,要保证银行贷款的供需平衡,就必须对贷款和投资进行严格的控制,严格控制势必会导致效率低下。当放松对银行放款的控制时,因为资金价格低,企业贷款与投资就会增多,于是会出现一段时期投资拉动的经济快速增长。在利率不变的情况下,储蓄没有增加,但贷款却增加了很多,贷款和储蓄之间就会出现缺口,需要依靠增发货币来加以弥补,通货膨胀也就随之产生。另外,当投资增加得很快的时候,对建材、钢铁的需求也会快速增加,但是钢铁厂的建设周期相当长,短期之内产品的供给弹性非常小,当需求突然增加很多时,产品价格就会快速上涨。同样的道理,当投资活动和生产活动增加时,对交通运输的需求就会迅速上升,在短期之内交通运输的供给弹性也非常小,因此交通运输上就会出现瓶颈。以上我们所看到的通货膨胀现象、短缺等瓶颈现象的出现,都可以称之为"乱"。对"乱"的解决方法有以下两种:一是放开利率,但国家一般不会这样做,因为低利率政策是维持国有企业生存的一个必要条件。二是减少投资项目,人为地压低投资和贷款增长率。投资下降,经济增长就会放慢,就业压力随之上升。为了能增加就业,就需要增加投资,减少调控,所以就形成了所谓的"活—乱"循环。

从理论上讲,对于这种"活—乱"循环有一个非常简单的解决思路,即1994年提出的"银行商业化,利率市场化",让银行来选择投资项目。如果投资需求增加,就依靠利率来平衡资金的供给和需求。利率上升,投资需求下降,储蓄需求上升,投资和消费都下降,经济就不会出现过热。但在当时的情况下,这种办法在现实中无法得到推行。从1983年对国有企业的财政拨款改为贷款之后,国有企业一直依靠着低息贷款生存,银行贷款中有70%以上都是贷给了国有企业,因为没有这些贷款国有企业就无法生存,所以这实际上是政策性的贷款。国有企业在拿到贷款以后,可能会因经营效益不好而还不了账,于是这种欠账就变成了呆账、坏账,银行的呆坏账比率因而持续高居不下。如果按照上述思路给银行决定权,让银行根据企业的经营状况好坏来决定是否发放贷款,那样就可以有效地抑制呆坏账的增加,但同时也会导致众多国有企业的倒闭。因此,银行要实行放开利率的改革就只有在国有企业变得有自生能力、效率提高、可以支付市场利率以后才有可能,2000年以后中国的银行改革的实际进程印证了上述看法。

国有企业与股票市场问题

股票市场在成立之初的定位也是考虑要为国有企业改革服务。当时大家普遍认为股票市场是解决公司治理和产权结构问题的一种有效手段。但是,当时上市的国有企业大多是在竞争的市场中没办法赚钱的企业,上市是以比较低的价格拿到资金的一种手段,所以,很多国有企业把上市融资当成了赚钱的机会。上市的国有企业不能实现盈利,股票没法分红,不分红的股票只能起到交易的作用。所以,投资者持有股票却没有分红,必然只能靠股票市场的投机来获利,造成股市换手率高和股价大涨大跌的现象。所以,股票市场上的那些现象和问题和国有企业的问题其实是分不开的。如果上市公司不能盈利,不能给股票投资者合理的分红,那么单纯想解决股票市场问题的任何方法都难以奏效。

20世纪90年代的证券交易大厅

国有企业与腐败现象

贪污腐败问题与国有企业也有很大关系。贪污腐败是指政府官员收受贿赂,只要政府的权力过大,就会产生各种贪污腐败的情形。在社会主义经济转型的过程中,我们所看到的贪污腐败现象远远多于其他任何时候,原因就在于政府的权力过大。首先,政府管制着市场准入,使市场不是完全的自由竞争,而是存在垄断利润,垄断利润的存在必然会导致寻租和贪污腐败的出现。其次,如果把政府管制的物品价格人为地压到市场价格以下,那么就会出现市场价格与政府管制价格之间的差价,从而产生寻租的机会。这是当时贪污腐败问题的最主要根源。以金融市场为例,1993年全部银行贷款为26 460亿元,当时官方利率为11%,市场利率为25%左右,至少相差10%,四大国有银行的行长、各个地方分行与支行的行长,甚至连管理员、贷款协管员等都对这些资金具有一定的支配权。这样的寻租空间必然会导致腐败。

总而言之,在改革过程当中产生的很多问题实际上都源自国有企业自身的问题,银行体系的扭曲和市场准入的管制都内生于国有企业没有自生能力。要想消除这些扭曲,就必须先解决国有企业的问题,不然就会有大量的国有企业破产,造成极大的社会秩序紊乱,最终还得继续以或明或暗的方式对国有企业进行保护,使得所有这些问题得不到根本性的解决。

国有企业的问题和出路

国有企业的问题

国有企业按照规模可以分为大型国有企业和中小型国有企业。对于符合比较优势的中小型国有企业，可以直接将所有者和经营者合二为一，通过对企业进行私有化改革来解决存在的问题。即使中小型国有企业原来还有一些历史遗留问题存在，只要善于利用这些企业的资产，不让资产流失，就足以应付这些历史遗留问题。比如说，中小型国有企业一般位于市中心等商业比较繁华的地带，在经济增长的过程中，土地的供给弹性非常小，所以土地价格会上升得非常快。1978—2022年的四十多年间，我国的经济年均增速达到9.0%，规模增长了四十多倍，地方地价的上涨还要超过这个倍数。也就是说，只要善于利用土地资产，不让它流失，中小型国有企业存在的相关历史遗留问题就可以得到较好的解决。

难点在于大型国有企业的改革。目前全国拥有4 000多家中央和地方的大型国有企业，这些大型国有企业所面临的问题和一般的大企业有一些共性，即所谓的委托—代理问题。小企业的所有者和经营者可以是一个人，但是大企业的所有者和经营者势必要分离。这种所有者和经营者的分离会产生两个问题：第一，所有者的激励和经营者的激励不一样，前者追求的是投资回报率，后者追求的是工资和福利。第二，所有者和经营者之间存在信息不对称。所有者不直接参与经营，所以所有者没有办法知道经营的收益和成本，也难以了解哪些花费是必要的，这样就给经营者利用手中的经营权和信息上的优势侵犯所有者的利益提供了可能，从而引发道德风险问题。对于任何一个大型企业来说，只有经营得当，才能保护投资者的利益，从而吸引更多人去投资。因此，大型国有企业的改革思路，必须由解决所有权和经营权分离所带来的信息不对称、激励不相容问题入手。

解决信息不对称问题的机制

一些理论认为,只有私有化才是解决大型国有企业问题的唯一出路,这一理论假定的前提是作为所有者的老板和作为经营者的管理人员是合在一起的。这在中小型企业是可行的,但对于大型国有企业,无论是董事长还是总经理,都不是企业的所有者;尽管股东有资金注入,但不会有任何一个股东愿意独自来管理这个企业,因为管理的效率提高后他只能获得利润增加的一小部分而已。

一家大型企业的股东可能会有很多,但管理层的人数却是有限的。如果让大股东去管理企业,则可能出现大股东侵犯小股东权益的情况。一个大股东的股份通常只是一家大企业全部股权的一小部分,如果参加经营的大股东把企业的盈利转移走,转移到一家完全由他个人拥有的企业,那么他就可以从中获得企业绝大多数的利润。例如,通过低价卖出和高价买进,利润就可以全部留在大股东控制的公司,而那些不直接参与经营的小股东的权益就会被损害。

还有一种方法是请内部审计人员或外部审计公司对企业的情况进行监督,但这也不能从根本上解决问题。道理很简单,因为无论是外部的审计公司还是内部的审计人员都是由经理雇用的,如果审计公司制造的是虚假信息,小股民就难以了解公司实际的经营状况,"安然事件"就是审计公司造假的一个最好例证。即使审计公司没有造假,对于企业每笔开支的必要性一般人也是很难进行判断的。比如经理可以进行在职消费和分配,审计公司可能根本就查不出来,即使事后查出来,经理可能也已经离开了这家公司。这种情况在亚当·斯密的《国富论》中就有相关论述。当时国际贸易非常频繁,风险很大,贸易公司为分散风险,就找来许多投资人,可能会准备几条船,船长全部是被雇用的。由于信息的不对称,被雇用的船长的行为很难受到老板的监督,这就是现代公司制度早期的雏形。在20世纪30年代的时候,两位美国律师研究美国的上市公司,发现这些公司全由职业经理人管理,他们认为,由于存在信息不对称,两权分离的公司的经营效率一定不如那些两权合一的公司的经营效率高。

荷兰东印度公司在17、18世纪通过大批商船来拓展海上贸易

然而,从20世纪30年代到现在,越来越多的上市公司却不断出现,说明了现代公司制度的合理性。从理论上讲,要解决激励不相容的问题,首先要解决信息不对称的问题,而解决信息不对称问题最重要的方式就是依靠市场的充分竞争。在充分竞争的市场中,每个行业每年都会有一个平均利润率,如果企业的实际利润率等于行业的平均利润率,那么就可以判定经理人的表现一般;如果企业的实际利润率低于行业的平均利润率,那么经理人的能力或操守就可能有问题;如果企业的实际利润率高于行业的平均利润率,那么经理人的能力和操守就应该得到肯定。根据企业的实际利润率和行业平均利润率的差额,可以评价经理人的行为和能力,就能够解决信息不对称问题进而解决激励不相容问题。这种方法的解决思路可以概括为:首先,依靠经理人员的市场竞争。好的经理人员,即能给所有者带来高投资回报的经理人员,可以获得工资福利上升的奖励;相反,使所有者利益受损的经理人员会受到工资福利下降的惩罚,甚至遭到淘汰。这样,经理人员的激励和所有者的激励就变得相容了。其次,可以进一步通过设计各种激励工资的方式,把经理人的收入和利润挂钩。总的来说,一个充分竞争的产品市场是前提,否则就无法解决信息不对称的问题,例如,无论是在资本主义国家还是在社会主义国家,垄断的企业经营效益一般都不好。现有的文献对于解决信息不对称问题已经达成了共识:充分竞争的市场是必要条件,但不是充分条件,在充分竞争的市场中,不管何种公司治理的安排都各有利弊,没有一个"放诸四海而皆

准"的公司治理方式。

在传统的计划经济体制下,经理人员的自主权被全部剥夺,那是因为在计划经济体制下整个市场不存在竞争,因此也就没有办法解决信息不对称问题。在这种状况下,要防止经理人员利用手中的权力来侵蚀国家利益,最好的方法就是剥夺经理人员所有的权力。这可以解释在改革之初,不管是放权让利的改革还是所谓"找回所有者"的产权改革为什么在试点的时候都非常有效,但等到推广以后从整个社会的角度来看却是无效的。试点的时候有效是因为作为试点企业时,全国上下的眼光都盯着这个企业,新闻界、政府各部门也都非常关心试点效果,这时企业利用经营自主权来侵犯国家财产权益的可能性就非常小,所以企业的效率和国家的收入都会提高。但是,在全国推广以后,舆论的注意力被分散,由于存在着信息不对称,经营者就有可能利用手中的经营自主权来侵犯政府作为所有者的权益,所以国家在收益分配中的利益就会得不到保障。

政策性负担与消除方法

改革开放之前,国内市场没有充分的竞争,政府对进出口贸易也有严格的限制。改革开放之后,非国有企业和外资企业不断在市场当中涌现,除少数垄断行业如电信业、石油业等,其他的行业都已经放开,市场竞争的程度越来越高。但是,竞争性市场的出现并没有带来充分信息,国有企业也没有根据充分信息设计出解决激励不相容的方法。其中最主要的原因是,在改革的过程中并没有把国有企业缺乏效率的根本原因弄清楚。国有企业存在的一个根本性问题是没有自生能力。过去,国有企业因为国家战略需要而建立起来,资本过度密集,处于不符合比较优势的行业,这一类问题可以统称为"战略性负担"问题,因为这是由国家发展战略所带来的企业负担。还有一类企业负担也与国家的发展战略有关。在改革之前,生产和投资都集中在资本密集的行业,创造的就业机会非常少,但是政府对城市人口的就业负有责任,因此就让国有企业吸纳大量工人,形成冗员。在改革之前,冗员对于国有企业来说不是负担,因为企业的所有投资项目和开支都由财政拨款。在改革之后，冗员的负担逐步转移到企业身上，造成了一种"社会性负担"。同时，老工人的退休金负担也转移到企业当中，从而造成越老的企业负担越重的局面。

无论是战略性负担还是社会性负担，都是政府加在国有企业身上的政策性负担，造成企业在竞争市场中的政策性亏损。政府需要对国有企业的政策性亏损负责，所以就会给企业以政策性补贴（比如市场准入、税收、银行资金等方面的优惠）。由于国家与企业之间存在信息不对称，国家并不完全清楚政策性负担所带来的政策性亏损的具体数额，因此企业就有借口把各种经营性亏损也说成是政策性亏损。国家在信息不对称的状况下无法对政策性亏损和经营性亏损进行辨别，因此就只能承担起企业所有的亏损，从而出现"预算软约束"。对企业而言，提高经理人员的收入和企业的福利有两种办法：一种是兢兢业业地提高生产效率，另一种是向国家索要保护补贴。显然，向国家索要保护补贴是更加方便而且成本较低的办法，所以才会出现对国有企业的保护补贴不断增加的情形。解决这个问题的前提是把政策性负担消除掉，否则任何针对公司治理的改革都无效。如果不消除政策性负担，私有化改革的结果对政府而言是更糟糕而不是更好。因为在国有企业进行私有化以后，企业的所有者再以政策性负担为借口向国家索要的保护补贴就可以完全收入自己的口袋，而且还是在不会触犯法律的情况下。企业有更大的动机去索要保护补贴，而发放保护补贴的决定权就在于政府官员，前面我们讲到过，这种权力的膨胀是引发贪污腐败的根源，因此在政策性负担没有消除的情况下，对国有企业实行私有化只会助长贪污腐败之风，不会对改革的进程起到实质性的推动作用。由此可以看出，国有企业改革的最终落脚点摆在了消除国有企业政策性负担的方法上。

政策性负担包括社会性负担和战略性负担两种。

首先，在消除国有企业的社会性负担方面，冗员和养老金这两项负担都必须由国家负责。政府可以通过员工下岗制度和建立社会保障体系的方式，把企业的社会负担剥离出来。虽然安排下岗员工和建立社会保障体系都需要由政府出钱，但是如果不进行改革，弥补国有企业亏损所用的钱还是得由政府来出。如果由企业自己来处理这些社会性负担,企业就会有把经营性亏损也归咎于政策性亏损的借口,以向国家要求更多的保护补贴。因此,如果把社会性负担从企业中剥离出来,那么政府的开支至少不会增加,可能还会减少,国有企业的效率也会大大提高。

其次,需要剥离企业的战略性负担。根据国有企业产品的特性,可以把国有企业分成四类:(1)生产的产品关系到国防安全,必须自行生产,只能由财政拨款给予补贴,并由国家直接监管。这类企业的数量很少。(2)产品生产的资本非常密集,并且拥有庞大的民用市场,在开放竞争的市场中缺少资本。对于这种企业,可以通过以市场换资金的方式,到海外上市融资,或是与外国公司进行合资,从而直接利用外国的资金和技术,克服资本短缺的劣势。例如中国的电信产业、石油产业和汽车产业都采用了这样的方法。(3)产品没有广大的国内民用市场,但企业有丰富的人力资本。这些国有企业可以利用在人力资本上的优势实行转产,生产符合比较优势的产品。例如四川长虹和重庆嘉陵的改革模式即是如此。企业转产的前提是在工程设计和管理方面具有优势。(4)对于在产品、人员、市场方面都没有任何优势的企业,就只能实行破产。第一类与第四类国有企业的数量不多,大多数国有企业集中在第二类和第三类。

通过以上方法,将企业的社会性负担和战略性负担完全剥离之后,企业就没有了任何政策性负担,如果企业在竞争的市场上依然难以生存,责任就在于企业的管理人员。这时候就有办法设计出一套激励机制来解决激励不相容的问题。

国有企业改革与私有化

在剥离了国有企业的政策性负担以后,改革的关键就转移到了微观层面的公司治理上来。有的学者认为,国有企业经营不善完全是缺乏职业经理人的问题。这个看法不一定正确,因为如果企业有政策性负担,职业经理人也无能为力。在政策性负担没有消除的情况下,国有企业的私有化过程会造成国有资产的大量流失,因为私有化的执行者是现有的管理人员。当进行管理层收购时,企业的管理人员会把国有资产的价格人为压低,从而出现大量国有资产流失的现象。

要解决国有资产流失的问题,首先必须把国有企业的政策性负担剥离,企业的利润流应该在没有政策性负担的状况下进行计算。数据统计发现,世界上绝大多数国有企业的利润率都低于私营企业,这并不能说明国有企业一定比私营企业差,因为世界上绝大多数国有企业都背负有政策性负担。例如在发达国家,对于一些公共产业没有私营企业愿意投资,就只能由国有企业进行投资,这些国有企业经营状况不好当然不能算作其自身的问题。因此,这种数据统计结果并不能说明其背后的因果关系。

大型企业必然会有所有权和经营权两权分离的问题,当两权分离之后,由于政策性负担的原因,势必会造成无法克服的信息不对称问题。两权分离的大型国有企业不一定在私有化以后就能做好,因为即使是没有政策性负担的私营企业也不一定就能经营好,但只有在剥离了国有企业的政策性负担以后,企业的效率才会有所提高。例如,20世纪80年代新西兰对国有企业的责任进行重新界定,原来国有企业的任务是给边远的农村地区提供公共服务,但是造成了国有企业的亏损。经过重新界定后,国有企业的责任被确定为以营利为目标,但是必须维持市场的竞争,不能出现垄断。在这种思想的指导下,政府放开价格管制,导入市场机制,然后在国有企业成立董事会和监事会。经过一系列的改革,新西兰的国有企业迅速由亏损转为盈利。瑞典的情况与新西兰几乎完全相同,有一点不同的是,瑞典原来是以盈利的项目补贴同一企业内部的亏损项目,在把需要补贴的经营项目剥离以后,剩下的向市场开放,从而解决了信息不对称的问题。十几年前瑞典国有企业的产出占国内生产总值的25%左右,与当前中国的比例差不多。

国有企业问题是所有改革问题的核心,如果国有企业的问题能够得到解决,那么其他方面的问题就会迎刃而解。但是,对大型国有企业进行产权改革对于解决问题意义不大,因为大型企业不可能由一个所有者完全拥有,所以企业的所有者和经营者一定会分离,从而就一定会出现信息不对称的问题。解决国有企业问题的关键是剥离企业的政策性负担,在剥离了政策性负担以后,靠市场竞争来解决信息不对称问题。如果剥离了政策性负担的国有企业仍然经营不好,就可以对管理人员进行必要的惩罚。如果还是经营不好,这样的企业就有可能被其他国有企业或私营企业收购,甚至破产。反之,如果经营改善,企业还有可能收购其他国有企业或私营企业,从而扩大自己的规模。

经过20世纪90年代的"抓大放小"改革,以及四十多年国民经济的快速发展和资本积累,我国现有的大型国有企业可以分成三种类型:具有比较优势的竞争性行业中的国有企业,如一些装备制造业;关系国计民生的自然垄断行业(如电力、电信、铁路行业)中的国有企业;关系国防和经济安全的一些资本极端密集、仍然违反我国比较优势的产业中的国有企业。第一类国有企业已经不存在政策性负担,企业有自生能力,在市场中的盈利状况可以反映经理层的能力和行为,改革的重点是给予经理人员合适的激励机制,近年提出的引进表现良好的民营大型企业作为战略投资者,或许有利于制定合适的激励机制,提高企业在市场中的竞争力和盈利能力,使得国企改革走出70年代末以来的"试点有效,推广无效"的怪圈。对于第二类国有企业(自然垄断行业中的国有企业),改革的重点是要防止其依靠垄断收取过高价格,增加消费者的负担,并加强管理,提高效率。第三类国有企业(违反比较优势的国有企业)仍然需要补贴才能生存,这类企业的数量很少,应该由中央以财政拨款或购买服务的方式直接给予补贴,同时加强管理。

国际比较:苏东的"休克疗法"与中国的渐进式改革

苏联和东欧的改革与中国的改革所要解决的问题是一样的,但是改革的方式却大不相同。苏联和东欧的改革采取的是相对激进的"休克疗法",而中国走的是渐进式改革的道路。在经济改革之前,苏联和东欧有着与中国相似的发展战略,并且同样面临着由相似的发展战略所内生出来的经济制度和经济问题。

"休克疗法"的暗含假设是企业拥有自生能力,它的核心思想是在短时期内建立起完善的市场经济体制所需要的一揽子制度安排。"休克疗法"的政策建议主要有三点：一是价格自由化，二是企业私有化，三是实现财政的平衡和经济的宏观稳定。但是，"休克疗法"的最终结果并不是原来设想的 J 形复兴路径，而是 L 形的长期萧条路径，主要原因是：第一，固定资产在不同产业的转换使用存在困难，在转换期间会导致 GDP 的下降。比如，用重工业的机器设备转产来生产轻工业产品时会存在困难，极端的例子就是生产核武器的设备难以转产来生产电冰箱。第二，价格自由化未必会导致市场竞争。大型产业的一次性投资非常庞大，即使开放市场，过高的进入门槛也会阻止市场的充分竞争，从而会形成垄断。企业会利用垄断地位来提高价格，从而提高关联企业的成本，造成上下游企业之间经济联系的中断和生产萎缩。第三，政策性负担和预算软约束会导致宏观经济不稳定，在没有解决企业缺乏自生能力问题的情况下，"休克疗法"的三项政策建议的内在逻辑不自洽。苏东经济改革政策的暗含假设是在开放竞争的市场中，企业具有自生能力，但是实际上苏东和中国的国有企业都有政策性负担，并不具有自生能力。在企业私有化以后，私营老板不仅不会帮助国家承担政策性负担，而且还会向国家索要更多的保护补贴。国家出于社会稳定的考虑和国防安全以及现代化需要，不允许资本密集的先进企业大规模破产，所以必须继续给这些已经私有化的企业以保护补贴，保护补贴的数额很可能比原来还要多。而在大规模私有化以后，国家的税收能力下降，在这种情况下，政府难以实现财政预算的平衡，只能通过印制钞票来弥补财政赤字，从而造成恶性通货膨胀。所以，"休克疗法"的三个政策措施是无法同时落实的。尤其是许多自然垄断行业中的企业变成寡头，掌握着国家的经济命脉，甚至干预政治，从事权钱交易，造成腐败丛生，收入分配状况和社会风气恶化。

　　苏东的改革思想是存量改革，也就是着眼于更有效地配置现有的资源存量，而中国的改革是渐进式的增量改革。"休克疗法"的根据是一个比喻，即"不能分两次跳过一个鸿沟"，但是如果"鸿沟"太深，两端的距离过大，跳下去等于是"自杀"，苏东的改革就是这样的情形。中国通过渐进式改革，创造出经济的增量，让"鸿沟"逐渐填平，缺口越变越小。在双轨制下，市场价格比计划价格高，政府根据市场价格不断调整计划价格,两种价格的差距就会越来越小,而且,由市场配置的比例越来越高,所以,在"沟底"越来越浅、缺口不断缩小的情况下,到最后一步就可以跨过这个"鸿沟"。随着渐进式改革带来的稳定和快速增长,资本迅速积累,如前所述,绝大多数原来不符合比较优势的国有企业变得符合比较优势,从没有自生能力变得有自生能力,不再需要政府给予保护补贴,极少数仍然违反比较优势、没有自生能力的国有企业可以由财政直接给予补贴,从而为党的二十届三中全会提出的"聚焦构建高水平社会主义市场经济体制,充分发挥市场在资源配置中的决定性作用,更好发挥政府作用"的进一步全面深化改革提供了条件。从改革的效果来看,渐进式的增量改革方式更为有效。

参 考 文 献

林毅夫,《发展战略与经济发展》,北京:北京大学出版社,2004年。

林毅夫,《发展战略与经济改革》,北京:北京大学出版社,2004年。

林毅夫,"新结构经济学视角下的国有企业改革",《社会科学战线》,2019年第1卷,第41-48+2页。

林毅夫、蔡昉、李周,《充分信息与国有企业改革》,上海:上海三联书店和上海人民出版社,1997年。

林毅夫、蔡昉、李周,《中国的奇迹:发展战略与经济改革(增订版)》,上海:上海三联书店和上海人民出版社,1999年。

Lin, J. Y., "State-owned enterprise reform in China: The new structural economics perspective", *Structural Change and Economic Dynamics*, 2021, 58, 106-111.

第九讲

金融改革

金融部门的现状

金融在现代经济增长中的重要性

金融是现代经济发展过程中的一个重要环节和部门。特别是从长期的角度来看,一个国家经济发展的可持续性有赖于技术创新源源不断地发生。但是,技术创新不是天上掉下来的馅饼,而是需要有一定的资本投入。对于发展中国家来讲,技术创新又有两种方式:一种方式是自主研发,一般来说自主研发的投入成本很大,而且成功的概率非常小,因此风险也很大。另一种方式是技术引进,但是新的技术通常内化在新的机器设备当中,所以要引进新的技术,就需要引进相应的机器设备,同样需要投入新的资本。总之,无论采用自主研发还是技术引进,都要有大量的资本投入。在现代经济条件下,金融部门是企业融资和风险分担的重要手段,因此在一个经济中,如果金融部门没有效率,那么技术创新就无法顺利进行,经济在发展的过程中就势必会遭遇瓶颈。这就是为什么说没有一个现代化的金融部门,就没有一个现代化的国民经济。

金融部门存在的主要问题

在第七讲中我们了解到,改革开放以后金融部门仍存在不少问题,主要表现在银行的呆坏账和股票市场的泡沫与投机等一系列问题上。这些问题的存在源于以廉价资金补贴国有企业的需要,等国有企业改革成功以后才可以得到根本解决。在我个人看来,金融部门的改革,除了资金的价格问题,从经济发展的角度来说,一个非常重要的问题就是金融结构不尽合理。

金融结构是指在一个经济体系中直接融资和间接融资的比例。间接融资主要是指通过银行等金融中介机构进行融资,直接融资主要是指企业通过股票市场等手段直接获取资金。在间接融资中,大银行和中小银行所占的比例同样是金融结构的问题。对于大家普遍关心的银行呆坏账和股票市场的问题,在上一讲中我们讲到,只要消除国有企业的政策性负担,政府就不需要再让国有银行对这些企业进行补贴;如果在股票市场上市的公司都没有政策性负担,拥有了自生能力,通过改善管理就可以获得正常利润并对股东分红,那么投资者就可以长期持有股票,股票市场上的投机等一系列问题就能够得到有效解决。因此,在国有企业改革的问题得以解决后,才能谈论我国的金融改革问题。而从经济长期发展的角度来看,金融部门的问题更重要的是金融结构问题。

金融结构的现状

银行间接融资是中国金融体系的核心。1978年改革开始以后,国家为了调动各方面发展经济的积极性,对经济的控制逐渐放松,即遵循所谓的"放权让利式"改革。随着资源配置的计划控制减弱,乡镇企业等非国有企业发展起来,由非政府部门掌握的剩余也多了起来,加上国有企业改革也在一步步走向深入,自主权扩大,因此在客观上产生了对金融服务的需要。国家为了配套国有企业改革,将国有企业的财政拨款改为银行贷款,先后重建了中农工建交和邮储银行六家大型国有银行,后来为了适应经济发展的需要,又设立了12家全国性股份制银行和3 000多家地方性中小银行;20世纪90年代初又恢复了证券市场,外汇管理也逐渐放宽,人民币大幅贬值。但是,在国有企业完全市场化之前,金融市场化会导致国有企业的资本成本大幅上升。然而国有企业因为背负着政策性负担,没有自生能力,所以无法负担高昂的资金价格,因此国家并没有选择让金融体系完全市场化,而是让金融机构以较低的资金价格将金融资源配置给国有企业。改革开放以后,非国有经济发展得很快,成为中国经济快速增长的重要支撑力量。目前民营经济贡献了50%以上的税收、60%以上的国内生产总值、70%以上的技术创新成果、80%以上的城镇劳动就业、90%以上的企业数量,但是,以2018年的统计数据为例,在银行业贷款余额中,民营企业贷款的占比仅为25%左右。

中国工商银行的营业点在城市社区里随处可见与其最初的专业分工有关

除了银行,国家陆续恢复或新建了保险、信托、证券等金融机构,这些非银行金融机构发展得很快,对国民经济的发展起到了一定的促进作用。但是,这些金融机构和六大国有银行相比,在资金总量上要少很多,而且也存在一系列像股票市场和信托投资公司一样的问题。由于改革之初,国有企业承担着政策性负担,国家就得继续对国有企业的经营负一定责任。国有企业和非国有企业不能在产品市场上开展公平的竞争。在1983年"拨款改为贷款"的财政体制改革以后,金融市场成为补贴国有企业的主渠道,因此,改革初期金融市场上表现出的银行呆坏账和股市的投机与泡沫问题,与金融市场本身承担着补贴国有企业的政策性负担、缺乏公平竞争的市场环境和健全的法制等因素有直接和间接的关系。等第八讲中讨论的国有企业的有关改革到位,企业有了自生能力,政府就不用再给予其补贴,资金的价格才能由资金的供给和需求来决定,政府的价格干预和股市准入的政策改革就能逐步推进。但是,金融要服务实体经济,还要考虑金融结构是否与实体经济的结构相适应的问题。

直接和间接融资的特征

了解金融结构的情况主要是为了探讨对于中国目前的发展阶段来讲,最优的金融结构应该是什么样的?目前这种以六大国有银行为主的金融结构对于中国长期的经济发展来讲是否合适?对于以上这些问题,应该选取一个什么样的研究方法?

如果从直接融资(股票市场)和间接融资(银行)本身的特性来讲,很难讲哪一种安排比较好。譬如说资金拥有者手里握有一定资本,他有两种投资方式:投资股票市场和存入银行。在做出投资决策之前,他需要考虑到各个方面的情况。在直接融资(股票市场)中,由于资金需求者和资金供给者之间往往存在严重的信息不对称和监督问题,相对来说,资金供给者,特别是小额资金供给者,很难控制资金需求者的资金运用,面对的投资风险很大。间接融资(银行)的情况则恰恰相反:资金供给者只需要将钱存入银行即可,由于商业银行受到中央银行的监管,有存款的再保险机制,投资风险完全由银行承担,因此资金供给者面临的风险微不足道;而从银行获得贷款的企业或其他资金需求者却必须面对银行的严格监督,从贷款申请到使用、还款,都受到专业水准很高的银行监督,这在相当大的程度上保证了贷放资金的安全。在间接融资中,投资者的资金回报比较稳定,银行承担了投资风险,并负责资金经营,所以要分享一部分投资收益,因此资金所有者得到的回报一般较直接投资少。根据国外对投资回报的研究,从长期来讲,股票市场的投资回报要比银行存款的回报平均高出7%。但是直接投资者面临很大的投资风险,一旦投资失败,连本带利一概亏蚀。总而言之,对于资金供给者来说,股票市场收益高但风险大,银行风险小但收益低。因此,作为投资者很难决定哪种投资比较好,这取决于投资者对风险的态度和投资的目的。

对于资金需求者来说,由于信息不对称,为了说服资金供给者购买本公司的股票或债券,需要做许多工作,包括请投资银行作上市前的准备和上市后请有公信力的会计师事务所定期审计其业务报告等。而且因为公司要付给投资者的报酬也比较高,所以直接融资成本高昂。相反,如果企业选择间接融资,因为资金的直接供给者只是一家或数家银行,交易成本比较低,其融资成本就会大大下降。从风险的角度讲,由于不受或很少受到资金供给者的监督,直接融资的资金需求者可以较为自由地使用筹集到的资金,赚钱就给投资者分红,不赚钱就不分红。一旦经营失败,也不必承担偿还责任,因此风险较小。相反,如果企业从银行贷款,到期不能还本付息,银行就可以强迫企业破产清算,所以风险较大。总的来说,对资金需求者来说,直接融资(通过股票市场)风险小但成本高,而间接融资(通过银行)成本低但风险大。因此对于企业来说,也很难说哪种方式更好。

综上,分别从资金拥有者和资金使用者的角度来考虑,直接融资和间接融资都各有利弊(见表9.1)。因此,从直接融资和间接融资本身的特性来讲,很难说明什么样的金融结构最好。

表 9.1　直接融资和间接融资的风险和成本、收益对比

	直接融资(股票市场)		间接融资(银行)	
投资者	收益	风险	收益	风险
	高	大	低	小
企业	成本	风险	成本	风险
	高	小	低	大

发展阶段与最优金融结构

金融体系的基本功能

要研究在各个发展阶段,什么样的金融结构是最适合的,换一个角度来说,就是首先要弄清金融体系的基本功能是什么。

金融体系有三个基本功能:首先是动员资金。经济中的剩余资源都分散在社会个体手中,一个好的金融体系需要能够把这些资源很好地集中起来。其次是配置资金,即把这些集中起来的资金有效地配置到经济的各个部门中去,实现生产效率的最大化。最后是分散风险。在整个经济和金融体系中,无论是资金供给者还是资金需求者都面临着各种风险,一个好的金融体系应该能够很好地降低个体所面临的风险,而且做到避免金融危机的发生。

以上是金融体系的三种基本功能。其中最重要的功能就是资金配置的功能。能否有效地配置资金是判断一个金融体系有没有效率的最重要的标准。原因有以下几点:首先,从任何一个时点出发,给定一定数量的资金,如果金融体系的配置效率高,那么利用这些资金生产的效率就高,产生的剩余就会比较多,金融体系在下一期可以动员的资金数量也会同时增加。而且,如果金融体系配置效率较高,那么资金的回报率就会比较高,储蓄的意愿也会有所提高。好的资金配置能够带来更多的剩余和更高的储蓄意愿,因此,一个金融体系资金动员能力的高低取决于其资金配置效率的高低。其次,如果金融部门能够将动员起来的资金配置到经济中回报率最高的产业部门,并且配置到这些产业中最有能力的企业家手中,在有效避免他们道德风险的情况下,金融体系所面临的风险就会大大降低,整个经济中的系统风险也会降低。因此,要看一个金融体系和金融结构是否有效,关键是看它的资金配置效率如何。金融体系的资金配置效率取决于它把金融资源配置到经济中最有活力的部门中表现最好的企业的能力。在不同发展阶段,最有竞争力的产业部门和企业的资金需求规模和风险特性各不相同。

此外,一个金融体系中会存在各种不同的金融安排,如股市、大银行、小银行等。这些金融安排在配置资金时,一般来讲都要克服资金使用者可能存在的几个方面的风险:第一,克服企业家风险,即保证使用这些资金的企业家具备一定的企业家才能,并且要克服企业家的道德风险,即某个企业可能本身经营不错,但企业家也许会窃取企业盈余从而增大资金供给者面临的风险。一个好的金融安排应该最大限度地限制这种情况的发生。第二,克服技术风险,即新技术能否研发成功的风险。当资金投入后,新技术不一定能够成功地研发出来。第三,克服市场风险。即使研发成功或是引进了新的技术,这种新的技术也不一定具有市场价值。这些都是金融体系必须克服的风险问题,不同的金融安排在克服上述三种风险的能力上各不相同。而且,不同的金融安排对不同规模资金的动员和配置的成本也不一样。一个发展阶段的最优金融结构取决于金融体系中各种合适的金融安排和该阶段最优产业部门中的企业资金需求规模特性和风险特性相匹配的情况。

资源禀赋结构、最优产业结构和最优金融结构

一个有效的金融体系必须把有限的金融资源配置到经济中回报率最高的产业和相应产业中最有企业家才能又无道德风险的企业家手中。那么,哪些产业是一个经济中最有活力的产业?如何发现这些产业中最有能力的企业家?这些产业和企业家的特性是什么?对于这些问题就需要首先做出回答。需要注意的一点是,在经济发展的不同阶段,最有活力的产业部门和这些产业部门中表现最好的企业的特性都是在变化的。金融安排必须与这些产业部门和企业的特征相配套,才能实现最有效的资金配置。

在改革开放初期,中国要素禀赋结构的特征依然是劳动力相对丰富,而资本相对稀缺和昂贵,即使经过了四十多年的快速发展,现在我国的资本拥有量比改革开放初期增加了许多,但是和发达国家比,我国仍然是资本相对少、劳动力相对多。这样的要素禀赋结构就决定了,除了一些在第四次工业革命中以人力资本投入为主、研发周期短、资本投入相对少的新经济部门,我国经济中具备比较优势的产业部门是劳动力相对密集的产业,或者是资金密集型产业中劳动力相对密集的区段。和发达国家的相应产业部门相比,中国的劳动密集型产业中企业所用的技术相对成熟,所生产的产品也相对成熟。而在资本密集的产业部门中,由于发达国家的产业和技术已经处于世界前沿,企业所作的技术升级和技术创新都必须要靠自主研发,研发活动具有相当大的技术风险。而且即使技术研发成功,企业所生产的产品也不一定

能被市场接受。因此对于发展中国家来讲,其具有比较优势的产业部门中的企业通过从发达国家引进技术可以很好地避免上述技术创新的风险以及产品创新的市场风险,因为企业引进的技术必然是已经研发成功的技术,同时生产的产品也是已经被市场接受的产品。此外,劳动密集型部门中,由于资本投入较少,所以企业的资金需求规模相对较小,同时,大部分企业都是中小型企业,所用的技术和所生产产品的市场风险也相对较小。因此,相对于发达国家处于产业、技术前沿的企业来讲,发展中国家劳动相对密集产业部门中的企业所面临的主要风险为企业家风险,包括企业家的经营能力和企业家道德风险。因此,在当前发展阶段,中国金融体系要想提高效率,就要能够将动员起来的资金有效地配置到具有比较优势的劳动密集型产业中资金需求规模相对小的中小企业中,并支持有才能和没有道德风险的企业家的发展。但在改革初期以大银行和股市为主的金融体系难以做到这一点,即便后来发展了二板市场、风险资本、公司债等金融安排,也难以解决绝大多数传统产业里中小企业融资困难的问题。

(1) 中小企业很难到股票市场去上市。按照20世纪90年代的情况,如果一个企业要上市,大约平均要花2 000万元人民币才能完成上市前的准备,包括会计审计、审批申请、价格评估、获取上市资格以及请投资银行代理发行等。这对资金需求规模相对较小的中小企业来说一次性的成本太高,根本无法承担。而且,企业上市以后还必须定期请有声誉的会计师事务所审计以对外公布其财务报表,这种审计费用很高,也不是资金需求规模相对较小的企业所能承担的。

(2) 中小企业也很难在大银行获得贷款。大银行天生喜欢为大企业服务,因为无论银行贷款的数额大小,一笔交易的信息成本和其他成本都相差无几。大企业资金需求量大,银行发放一笔大额贷款所需花费的平均成本就比小额贷款低了许多。劳动密集型的中小企业需要的资金不多,而且分散在各地,大银行等大的金融机构获取其经营和信用状况信息的成本就会很高。此外,大企业固定资产比较多,贷款一般可以有固定资产做抵押,而中小企业一般缺少可抵押的资产。因此,大银行如果把钱借给中小企业,一方面成本比较高,另一方面信息不对称,而且如果缺乏抵押资产,风险也会比较高,因此大银行一般不愿意给中小企业贷款。我国政府曾多次要求六大国有银行给中小企业贷款,甚至要求六大国有银行成立专门的中小企业贷款部,但是六大国有银行借给中小企业的钱还是很少,原因就在于此。

(3) 二板市场也不能满足劳动密集型的中小企业的资金需求。因为中小企业难以从股市和大银行融资的问题长期存在,所以有人建议利用发展二板市场来解决中小企业融资困难的问题。但是,企业要到二板市场融资,同样要付出高额的上市成本,而且,二板市场的风险比主板市场高,所以资金成本要高于普通股票市场的成本。二板市场适合于发达国家处于产业技术前沿的企业的融资需求,虽然这类企业在技术和产品创新上具有很大的风险,成功的可能性很低,但是,这些企业的技术有全世界范围内的专利,如果其产品被市场接受,就可以拥有全世界的市场,所以,一旦成功会有几十倍甚至上百倍的回报。固然中国在大数据、人工智能、互联网等新经济领域有许多成功的企业,这些企业适合通过风险资本和二板市场来满足资金的需求,但是,即使到现在85%的制造业仍然属于传统产业,其中,中小企业所用的技术和生产的产品都是相对成熟的,并且以引进为主,如果一家企业成功,其他企业也可以引进,所以会有很激烈的市场竞争,成功的企业不可能得到高额的垄断利润,传统服务业中的中小企业以及中小农户也是如此,因此,试图以这种资金成本特别高的融资方式来满足绝大多数中小企业的融资需求是不现实的。① 同样的情形,风险资本适合未到二板市场上市的高风险企业的融资需求,公司债则适合成熟的大企业的融资需求,两者同样不适合为技术和产品成熟的中小企业融资。

随着互联网的发展、网上交易的大量增加,出现了互联网金融,这可以部分地解决在网上从事业务的小微企业的融资需求,不过一般来讲,最适合给中小企业融资的是地区性的中小银行。首先,中小银行因为资金规模小,无力经营大的项目,只好以中小企业为主要服务对

---

① 当然,我国也会有一些需要到二板市场融资的高科技企业,但这种企业的数量是相当少的,只有相当少的企业参加就无法形成一个完整的市场。其实即使是在发达国家,成功的二板市场也只有美国的纳斯达克。二板市场在日本和欧洲都没有得到良好的发展,最重要的原因还是这些国家的相关企业数量不够多。中国少数具有自主产品和技术创新的企业,可以选择到美国的纳斯达克上市,像新浪、百度等国内高科技企业都在美国的纳斯达克上市并取得了相当大的成功。

象。其次,地区性中小银行与中小企业相同,分散在各地,对当地中小企业的资信和经营状况比较了解,信息费用不高,能够更好地监督中小企业的信息和企业家状况,因此,地区性中小银行也愿意为当地的中小企业服务。大银行当然也有可能在一个地区有自己的分支机构,但是一方面,它的审批程序仍然烦琐,许多贷款决定需要得到上一级银行的批准,而当地中小企业的信息难以准确上报;另一方面,地区分支机构经理通常由大银行总部指派。如果这个经理比较有能力,他也许能够去了解这个地区中小企业的经营状况和行情。但是如果这个经理在这个地区表现良好,往往又会被调回总行或是派到其他更大的分行去,这样之前获得的信息又会被带走。而且关于中小企业的很多信息都属于个人软信息,也很难直接传递给继任者。如果这个经理能力较差或者不愿意花精力收集信息,那就根本无法获得该地区中小企业的信息。因此,中小银行在克服中小企业的企业家风险时,通常比大银行更有优势。

当然,中国现在还是有很多大的项目需要大银行来融资,也有一些企业有足够的规模可以到股票市场上市,同时在第四次工业革命中也有一些科技型的新创企业可以在二板市场上融资,因此大银行、股票市场和二板市场都有各自的生存空间,也应该成为现阶段金融结构的一部分。但从比例上来看,在整个经济中占最大比例的还是规模比较有限的中小企业。因此,中小企业仍然是中国当前的金融结构中不可或缺并处于短板的一环。

政府针对中小银行的政策

中国在改革之前是以财政代替金融,改革开始之后,政府逐渐恢复了金融系统在资金配置方面的功能,在20世纪80年代和90年代发展了以大银行和股票市场为核心的金融体系。这一方面是出于支持大型国有企业的现实需要,另一方面是受到"发达国家的制度比较先进"的传统思维的影响,国内舆论界和决策界看到当时发达国家的金融结构主要是大银行和证券市场,就认为在金融结构上也应向国外学习,发展大银行和证券市场。殊不知,发达国家之所以主要以大银行和股票市场为主,是因为发达国家的要素禀赋结构决定了其具有比较优势的是处于世界前沿的资本密集型的产业和技术,企业投资、经营所需要的资本投入大,产业、技术升级时的风险也大,当然,如果产业技术升级成功,其技术有专利保护,产品有全世界的市场,所以成功的回报也相当大。

改革开放后,各地劳动密集型的中小企业发展非常迅速,这些企业对中小银行的资金需求非常大,因此,基于经济发展的需要,各地政府都有动力支持中小金融机构和地区性中小银行,包括信用社、农村合作基金的存在和发展。自改革开放以来,政府对中小金融机构的态度具有一定的周期性,有些时候紧一点,有些时候松一点。当政策较松的时候,在当地政府的支持下,地区性的中小金融机构便如雨后春笋般出现。例如在1992年邓小平南方谈话之后,到1993年,城市出现了5 000多家城市信用社,农村也出现了各种合作基金。农民把钱放在基金里面,基金就像银行一样把钱贷给中小企业。

但是,金融业是一个非常特殊的行业,政府必须进行相当完善的监管,才能避免各种不良贷款和道德风险等诸多问题的危害。金融企业也会出现激励不相容和信息不对称的问题,而且还会有责任不对等的问题,这是因为金融交易的双方给的是现金,拿回的是一纸未来还本付息或是分红的承诺。比如说,一个资金拥有者把钱放在银行里,银行负责管理这笔钱。但是,银行家追求的是如何通过这笔钱获取最高的资金回报,甚至存在通过各种各样的手段侵蚀银行资金甚至卷款私逃的道德风险。这就产生了资金拥有者和资金经营者之间激励不相容的问题。另外,资金提供者把钱放进银行,之后就无法知道银行将如何经营和管理这些钱,这又带来了信息不对称的问题。购买企业股票同样存在类似的激励不相容和信息不对称的问题。投资股票具有很大的风险,这种风险很大程度上就来自信息不对称和责任不对等:投资者买了股票,难以监督企业的经营管理,经理人员可能营私舞弊。而且,企业赚钱的时候会给股东分红,不赚钱时不分红,在企业破产进行清理的时候,债权优先受偿,股东往往会分文无收。由于以上问题的存在,如果没有政府的良好监管,金融体系就会出现通常所说的各种弊病,包括金融诈骗等。在改革过程中政府控制较松的时候,各个地方自发出现了大量的中小金融机构,各种弊端也随之显露,比如不良债务比例过高等。例如,1993年全国出现5 000多家城市信用社的时候,它们的不良债务比例超过50%,比任何大银行都高出许多。政府看到了这些弊端,就有理由对这些中小金融机构进行严厉整顿,很快就把5 000多家城市信用社关并到只剩下100多家。农村合作基金也大量出现呆账、坏账和金融诈骗问题,政府就把所有农村合作基金都禁止了。

2012年3月,随着全国最后一家城市信用社宁波象山县绿叶城市信用社改制为城市商业银行,城市信用社正式退出了历史舞台

推动中小银行发展的基本原则

20世纪80年代开始重建金融体系以后,我国金融体系的短板一直是地区性的中小银行。在发展金融机构时,不管机构大小,由于激励不相容、信息不对称和责任不对等三个内在属性,都需要政府对其进行非常有效的监管才能克服各种金融弊端。这种监管不仅在发展中国家非常重要,在美国等发达国家也同样重要。事实上,美国对金融机构的监管是最严格的。中国要补中小银行的短板,一方面政府必须允许设立中小银行,另一方面必须建立一个监管中小金融机构的合理的法规体系,这样才会有利于中小银行和中小金融机构的健康发展。经过多年的讨论和探索,在2007年的第三次全国金融工作会议上,中国政府终于把发展能够给农户和中小企业提供融资服务的地区性中小金融机构提上议程。政府除了批准设立新的城市商业银行和农村商业银行,还将全国2 000多个县的农村信用社改为村镇银行。

现在我国共有3000多家地区性中小银行。然而,美国的发展阶段比我国高,企业的数量比我国少,企业的资金规模则普遍比我国的企业大,当前还有6000多家地区性中小银行。和美国相比,对于解决我国中小企业的融资需求来说,我国当前地区性中小银行的数量还是偏少。

关于未来促进中小银行的发展,有几个基本的原则需要把握。

第一个原则是发展中小银行的定位是"补课"。很多国家在经济发展早期,企业的规模通常都较小,相应的资金需求规模也不会很大。现在的发达国家在发展早期金融结构也是以地区性的中小银行为主,后来随着经济的发展,企业规模扩大,资金需求增加,而且随着技术的不断进步,需要进行自主研发的项目越来越多,单个研发项目需要的资金规模也越来越大,风险也越来越大,于是才逐渐发展起能够受理大额贷款的大银行和能够分散风险的股票市场。因此,发达国家的金融结构也是随着经济的发展经历了一个逐渐演变的过程,从最初的以中小金融机构为核心,到后来大银行和股票市场的作用越来越大。可以看出,这种金融结构的变化是经济发展的结果而不是原因,各种金融机构是为了适应企业规模和资金需求的扩大而相应演进的。但是对于中国来说,1979年之前是以财政替代金融,国内没有正规的金融机构;1983年推行"拨改贷"以后,恢复的金融机构也主要是为大中型国有企业提供廉价资金,因而发展起配套的大银行和证券市场,中小企业所需要的中小金融机构则受到限制。适合给经济中符合我国比较优势的劳动密集型中小企业融资的是地区性的中小银行。在这种情况下,发展地区性的中小银行实际上就是在"补课",即原本应该在改革之初开始发展的,但是由于政府的干预没有发展起来,所以,现在要把落后的这一课补回来,积极发展适合目前企业和资金需求特点的地区性中小金融机构,从而促进经济更快地发展。

第二个原则是,虽然地区性的中小银行非常重要,但是它们同样存在着激励不相容、信息不对称和责任不对等的问题。这些问题的存在在发展中小银行的过程中可能会导致一些新的问题。一是有些银行可能利用信息不对称,在成立之初就以圈钱为目的,迅速吸收大量储蓄之后就卷款逃走。这属于极端恶劣的行为,是比较罕见的,但不能排除其存在的可能性。还有一些银行的设立不是为所有企业服务,而是只为个别企业服务,这就是金融业里常说的关联贷款问题。一个企业拥有一家银行,利用银行吸收的储蓄支持自己企业的发展。这样银行的风险就非常大,不能起到银行应有的风险分散和风险规避的作用。这种行为虽然不是那么恶性的,但实际上也属于以圈钱为目的。二是所谓的赌徒心理。这与圈钱不同,圈钱只是把设立银行作为聚敛财富的一种手段,并不把银行的经营情况放在首位。然而有的时候,银行家设立一个银行的最初目的可能确实是好好经营以赚取正当利润,但却缺少必要的银行家才能。作为一个银行家,一方面需要从储蓄者手中筹集到资金,另一方面还要把这些资金配置到最有效率的部门和企业,实现这一过程需要一定的银行家才能,而这种能力不是每个设立银行的人都有。所以即使是出于好的目的,最终银行也不一定能取得好的经营效果。在银行界有一个流行的规则就是"赚了是利息,亏了是本钱",银行在亏了几笔钱以后很可能会出现资不抵债的情形。按理说,如果出现了资不抵债,银行就应该破产,进行资产清算,并把剩下的钱还给储蓄者。但是在信息不对称的情况下,银行为了避免破产,会以更高的利率继续吸引存款来满足提款的需要。此时由于资金成本提高,银行为了获利,就只能把资金贷到回报率较高、风险较大的项目中去。这种贷出去的款很可能又收不回来,结果窟窿越来越大,迫于压力,银行只好再以更高的利率吸引存款以避免破产,再把筹集的钱贷向风险更大、回报率更高的项目中去。如此形成一个恶性循环,资金所面临的风险也会逐渐增大,这就是银行经营者赌徒心理所带来的恶性后果。而上述消息一旦泄露,就可能出现挤兑,甚至诱发金融危机。因此,虽然发展中小银行很重要,但是在发展过程中必须避免圈钱问题和赌徒心理这两个严重问题。反映到政策制定上,就要求制定者必须充分考虑到中小银行信息不对称、激励不相容和责任不对等的特性,尽可能地避免由此产生的各类问题。

具体来说,在发展中小银行的政策设计上,有以下几个考虑的重点:

首先,给予银行一定的垄断利润。不管是发达国家还是发展中国家,银行都不会是一个允许自由进入的行业,政府总要对银行的设立采取一定的限制。只要存在进入限制,已有的银行就会拥有一定的垄断利润。为了不损失掉这块垄断利润,银行家在经营上就会比较谨慎。因此适度的垄断利润是让银行自律的一种制度安排。

其次,给银行设立较高的进入门槛,例如对设立者有一定的自有资金要求。如果自有资金要求比较高,银行贷出去的钱中有一部分是银行家自己的,银行家就会对自己的信用和经营更加谨慎。换句话说,较高的进入门槛起的是一种"人质"的作用,这能够在一定程度上避免赌徒心理和责任不对等问题。

再次,防止拔苗助长。发展中小银行固然非常重要,目前这类机构也确实欠缺,但也不能拔苗助长。前面我们讲到过,要得到资金所有者的信赖,说服他们把钱存入银行,再把吸收到的钱贷给最有活力的企业,这些都对银行家的才能有很高的要求。不能一时良莠不分,为了追求数量而遍地兴建中小银行,还要保证良好的准入和行业人员的素质要求。

最后,必须对银行进行严格的监管,例如存贷比例要符合国家法规标准,资产负债率要达到一定的要求等。只有对银行贷款进行严格监管,才能有效地避免赌徒心理和圈钱问题。

2023年中央金融工作会议提出"要完善机构定位,支持国有大型金融机构做优做强,当好服务实体经济的主力军和维护金融稳定的压舱石,严格中小金融机构准入标准和监管要求,立足当地开展特色化经营,强化政策性金融机构职能定位,发挥保险业的经济减震器和社会稳定器功能"。

本节讨论的推动中小银行发展时所要掌握的原则可作为"严格中小金融机构准入标准和监管要求"的参考。此外,近年来金融管理部门持续推进中小银行改革化险,"一省一策"加快农村信用社改革,以上原则也可以作为稳步推动村镇银行改革重组和风险化解的参考。

参 考 文 献

林毅夫,"关于设立中小银行的几点意见",北京大学中国经济研究中心政策研究简报,2002年第48期(总第335期)。

林毅夫,"关于中国股市的四个问题",《金融信息参考》,2001年第4期。

林毅夫,"我国金融体制改革的方向是什么?",北京大学中国经济研究中心政策研究简报,1999年第20期(总第100期)。

林毅夫、孙希芳、姜烨,"经济发展中的最优金融结构理论初探",《经济研究》,2009年第8期。

林毅夫、徐佳君、张一林、杨子荣,"新结构金融学的学科内涵与分析框架",《经济学》(季刊),2023年第23卷第5期。

第十讲

中国的增长是否真实与社会主义新农村建设及乡村振兴

中国的增长是否真实?

问题的提出

通货紧缩是物价水平不断下降的一种经济现象。如图10.1所示,中国从1998年开始到2002年经历了一段时期的通货紧缩。按照国外的经验,通货紧缩一般都伴随着经济的零增长或负增长,但是如图10.2所示,中国在通货紧缩时期的经济增长速度也达到年均7.8%,仍然是全世界最高的。另外从能源的角度来看,产出不会凭空增加,随着经济的快速增长,能源的使用也应该增加,因为工业生产、货物运输等很多方面都需要能源的支撑,而如图10.3所示,中国的情形却是从1997年开始连续三年能源消耗都在下降。在其他很多国家,只根据能源消耗情况就可以对经济增长状况做出判断,就是因为从国外经济增长的经验来看这两个变量是必然相关的。因此在2000年前后,国外有一些学者开始怀疑中国官方公布的经济增长速度是虚假的。① 按照他们的研究,中国能够有 2%—3% 的经济增长速度就非常了不起了,绝对不可能有官方公布的那么高。

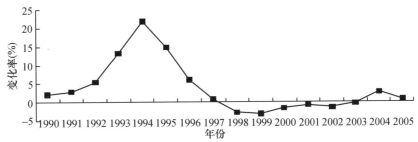

图 10.1　1990—2005 年零售价格指数变化情况

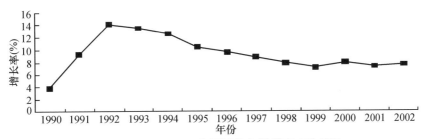

图 10.2　1990—2002 年国民收入增长率变化情况

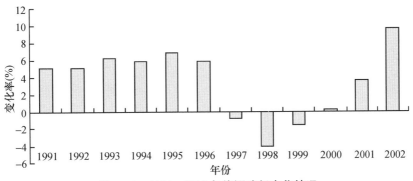

图 10.3　1991—2002 年能源消耗变化情况

那么究竟中国官方公布的数字是真实的,还是国外学者的研究是正确的? 要对这一问题做出判断,就必须先弄清楚通货紧缩的形成机

---

① 在这些学者中比较有代表性的是托马斯·G.罗斯基(Thomas G. Rawski),他从能源的角度写了一篇论文,怀疑中国经济增长的真实性。这篇论文可参见本讲的参考文献。另外,《经济学》(季刊)2002 年第 2 卷第 1 期曾经以"中国国内生产总值统计问题专辑"的形式刊发了五篇论文(其中包括罗斯基的一篇论文),有兴趣者可以参阅,本讲的参考文献部分不再列出。

制,是否像国外学者所讲的那样,出现通货紧缩就必然伴随经济的停滞。

通货紧缩的形成与作用机制

通货紧缩是供给全面大于需求导致物价不断下降的一个现象。从这一定义出发,通货紧缩的可能原因无外乎两个:一是需求突然下降,二是供给突然增加。

以国外的经验,通货紧缩一般的原因都是需求突然下降,这主要与经济泡沫有关。发达市场经济国家的居民很少将钱放在银行,一般都是买股票或是投资房地产。当股票或房地产市场泡沫很严重的时候,普通人以名义货币衡量都会觉得自己很有钱。这种心态导致了财富效应,使人们的消费需求大幅增加。在大多数经济中,国内生产主要是满足国内需求。例如美国2013—2023年的出口占国民经济的比重约为10%—13.5%,也就是说,有近九成的生产都是在满足国内需求。当需求突然上升时,投资也会随之上升,生产能力迅速扩大。等到泡沫破灭,很多人的财富一下子就缩水了,反向的财富效应会导致消费需求大幅下滑,原本为了满足上涨的消费需求而扩大的生产能力变得过剩,投资随之减少。消费与投资的共同减少会导致需求不足,物价普遍下降,国民经济疲软,因此会出现经济的零增长或是负增长。

反观中国的情况,自开始发生通货紧缩的1998年以后,既没有房地产市场的泡沫破灭,也没有股票市场的泡沫破灭。在这样的情况下出现通货紧缩,原因只能是供给的突然增加。改革开放以后中国的投资增长一直比较快,尤其在1991年到1995年之间,固定资产投资的年均增长率从此前五年的年均16.5%一下子提高到了36.9%(见表10.1)。这种持续的投资过热造成国民经济的生产能力全面扩张,远远超过了消费的增长。因此中国在20世纪90年代中期走出短缺经济的同时,即刻又陷入了生产能力普遍过剩和通货紧缩的困境。

表 10.1　固定资产投资年均增长率　　　　　　　单位：%

年份	增长率
1981—1985	19.5
1986—1990	16.5
1991—1995	36.9

现在已经可以确定,中国的通货紧缩与国外的通货紧缩虽然表现为同样的物价水平不断下降的现象,但背后的形成机制却完全不同,因此发生作用的机制也不一样。想要了解中国经济为何能在通货紧缩的情况下保持持续的高速增长,还要从中国的实际情况出发来进行分析。

中国的通货紧缩与高速增长

1998 年发生通货紧缩之前连续五年的投资增长实际上是从 1992 年年初邓小平的"南方谈话"开始的。小平同志在"南方谈话"中提出"发展才是硬道理",发展就必须由投资来进行推动。此后五年来,不仅国内企业受到"南方谈话"精神的感召快速地增加投资,而且外国企业也加大了对中国的投资力度。1992 年以前,外资在我国固定生产投资中的比重没有超过 5%,但在 1992 年以后这个数字上升到 12%,最高时达到过 20%。几年下来,整个国民经济发生了很大的结构变化,中国从所谓的短缺经济变成了过剩经济。由于中国的通货紧缩是过剩经济所带来的供给增加造成的,不存在财富效应,消费方面不会受到影响,因此消费增长的速度基本和过去相同,大约为 7%。在投资方面,虽然私人投资因为生产过剩而有所下降,但因为中国仍处于工业化的早期,技术和产业升级空间很大,同时政府采取了扩张性的财政政策,加强了公共基础设施建设,因此在这一时期投资仍然保持了每年 10% 左右的增长速度。以这样的消费与投资的年均增长速度,经济增长保持在 7%—8% 是完全正常的,中国经济增长的真实性应该得到肯定。

关于自 1997 年开始连续三年的能源消费量下降,同样不能以国外的经验来解释。在 20 世纪 90 年代初以前,中国一直处于短缺经济的状态,需求远远大于供给,因此当时的乡镇企业即使在技术水平低下、能源消耗量大、产品质量差的情况下,仍然得到了很大的发展。1998年之后中国出现了明显的生产能力过剩,供给超过需求。在激烈的市场竞争下,质量差的商品首先退出市场,紧接着技术水平低、能源消耗高的企业也随之退出,这一过程直接导致了1998—1999年乡镇企业的大量破产和大量的农村负债。取代这些破产企业的是产品质量高、技术水平高、能源消耗低的新型企业。因此在经济快速增长的情况下,能源总的消耗量依然会接连下降,其实是生产方式改进带来的有利影响。随着产出的继续增长,能源消耗量必然也要增加,所以从2000年开始,能源消耗量又逐渐恢复到了正常的增长速度。

通货紧缩的后果

尽管中国的通货紧缩没有伴随经济的低增长,但仍然产生了许多不良的后果。如前所述,中国的通货紧缩来自连续的快速投资造成的生产能力过剩。生产能力过剩就意味着物价普遍下跌,企业作为供给者盈利下降、亏损增加,同时工厂里出现大量的产品积压,因此开工率严重下降,所需劳动力数量也会减少,这就直接引发了就业问题。此外,如果企业普遍亏损,那么银行的不良贷款数量也会增加。

一般来说,政府可以使用两个手段来解决通货紧缩问题:一个是货币政策,一个是财政政策。所谓的货币政策就是靠政府增加或者减少货币供给来影响市场的利率。在出现通货紧缩的时候,政府可以增加货币供给,使得利率下降。这样一方面会刺激投资,因为利率是投资的成本;另一方面会减少储蓄,因为未来消费的价格上升了。在正常状况下降低利率的确会起到刺激需求的作用,但在通货紧缩时期,这样的货币政策往往很难奏效。首先,即使利率降为零,只要借钱要还,当社会已经全面出现生产能力过剩时,投资的意愿也很难得到提升。其次,如果储蓄的利率降低,正常情况下的确会增加当前消费,但现在由于企业的开工状况不好,工人的收入得不到保证,即使消费意愿可能会有所提高,消费能力也会因收入水平的制约而大大下降。在这种情况下,降低利率既不能刺激投资也不能提高消费,所以货币政策基本上是无效的。

相对于货币政策,财政政策的作用要更直接一些,因为货币政策是通过利率影响投资行为和消费行为,而财政政策或是通过扩张性财政政策由政府直接进行投资和建设,或是通过转移支付增加老百姓的收入来鼓励消费。例如,为了应对从1991年开始出现的通货紧缩,日本政府给65岁以上的老人和小学生发放一种特殊的货币代券"日本振兴券",以此来刺激消费。但是这种做法也会带来一些问题,因为如果依靠政府的财政赤字来刺激需求,那么国债的积累就会非常快。例如,日本在1991年出现通货紧缩之前,政府积累下来的财政赤字占国内生产总值的60%,这在发达的经济合作与发展组织(OECD)国家算是一个很低的比例,所以当时日本的财政状况是非常健康的。但在推行扩张性财政政策之后十年,日本积累的财政赤字达到了国内生产总值的140%,在所有的OECD国家中是最高的。所以靠政府财政赤字来刺激消费,虽然有效但不能持久。

总之,货币政策与财政政策这两种手段基本上都没有太大的效果,这也就是为什么经济学家在处理通货膨胀问题时,相对而言"招数"非常多,但在处理通货紧缩问题时,基本束手无策。例如美国在1929年出现了经济大萧条,经济大萧条本身也是通货紧缩。当时纽约股票市场泡沫破灭,突然间财富都蒸发掉了,每个人都变得很穷,结果就是消费减少,导致生产能力过剩,随后物价不断下降,投资不断减少,然后消费信心继续下降,从而形成了一个恶性循环。在此期间美国虽然推行了"罗斯福新政",通过扩张性财政政策兴建了一些基础设施,但是后来的研究普遍认为,"罗斯福新政"对美国经济走出通货紧缩的帮助其实微乎其微,真正帮助美国在1941年走出通货紧缩的是其参加第二次世界大战,战时的财政赤字几乎可以无限大。

举世闻名的美国田纳西水利工程就是在"罗斯福新政"时期兴建的

生产能力过剩与解决方案

在各种政策普遍失效的情况下,大多数国家在面对通货紧缩时,只能依靠时间让一部分企业破产而退出生产,减少产能,同时人口增加,将过剩的生产能力慢慢消化掉。

其实通过研究生产能力过剩的概念可以看出,生产能力过剩在本质上是一种存量的概念,比如现在有100台机器,因为市场已经供大于求,所以只用50台来生产就已经足够,那么另外闲置的50台就变成了"存量生产能力"。解决生产能力过剩问题最好的办法就是找到与存量生产能力相等的"存量需求",这种需求既有可能来自投资也有可能来自消费。"存量需求"指的是有需求愿望并且有支付能力的需求,这个概念在市场经济国家是不会有的,因为只要有需求愿望和支付能力,在一般的市场经济国家,这样的需求基本上就能得到满足。但中国是一个转型国家,有很多需求愿望和支付能力可能会因为体制性、政策性或结构性等一系列原因而实现不了,这些存量需求至少表现在四个方面(其中消费和投资方面的原因各占一半)。如果能够把体制性或政策性的障碍消除,已经积压了很长一段时间的存量需求就会像水库里的水一样,一旦闸门打开,就会迅速地被释放出来,把存量生产能力消化掉。

第一个存量需求是外国企业的投资需求。四十多年的持续快速增长以及中国巨大的国内市场,对外资企业具有非常大的吸引力,但是中国政府在改革开放初期对外资的进入有很多限制。例如中国在加入WTO以前吸引外资主要以出口为导向,中国作为一个加工生产基地,把生产出来的商品卖到国外去,不允许外国商品进入国内市场。因此,这些外商虽然有支付能力,也有到中国来投资的愿望,但由于政策的限制,很多投资的愿望都无法实现。中国在加入WTO以后,取消了各种政策限制,给予外国企业以国民待遇,同意生产的产品在中国市场上销售,同时也鼓励其将产品销售到国外市场去,因此外资迅速增加,使中国成为全世界最大的外国直接投资吸引国。这就是一个被释放的存量需求。

第二个存量需求是私人企业的投资需求。民营经济是在改革开放以后才出现的,经过80年代和90年代的快速增长,有不少民营企业已经积累了相当大的实力,但是按照原来的计划经济思想,国民经济中有很多领域只允许国有企业来经营,民营企业是不能进入的。在中国加入WTO以后,不仅给外国企业国民待遇,而且也给国内的民营企业以国民待遇,让这一部分的存量需求也能得以实现。

第三个存量需求是城市里的消费需求。自改革开放以来,城市家庭的消费需求和消费能力一直在不断提高。20世纪80年代初,城市家庭必备的"三大件"是手表、缝纫机和自行车,消费水平在100元左右。当时要购买这"三大件",除了需要攒钱还需要用到各种工业券(我国在计划经济时代发行的一类用于购买工业品的票证)。到80年代末"三大件"就变成了电冰箱、洗衣机和电视机,消费水平在5 000元左右。为了备齐这5 000元的消费品,一般家庭的做法是先存钱,然后购买。到90年代初"三大件"又变成了空调、音响和手机,消费水平达到1万元左右,一般家庭的做法仍然是先存钱后购买。但是到了90年代末,所谓的"大件"变成了汽车和房子,在当时汽车大概要25万元(约3万美元),在一线城市房子要50万元(约6万美元)。当时,对于3万美元和6万美元这样的消费品,即使在美国这样的高收入国家,一般人通常也要以按揭和抵押贷款的方式来购买,因为如果先存后买,很多人在存足了钱以后都已经老得不能再消费了。这种消费贷款一般以个人未来的收入流作为决策的依据。比如,我现在有一份工作,只要我预期未来的工资收入流可以分期付清本利,我就会向银行借钱,以按揭和抵押贷款的方式买房、买车。在改革开放以来的四十几年里,城市中已经出现了大批的白领阶层,以他们的收入流来看,完全有能力通过抵押贷款的方式进行汽车与商品房的消费。然而在过去,银行贷款主要用于企业特别是国有企业的投资,城市里的这些白领阶层由于政策性的原因,没有办法通过贷款来实现消费。解决这个问题的方法就是银行开办消费贷款业务。

第四个也是最重要的存量需求就目前来说应该是农村里的消费需求。上面所讲的三个存量需求基本在2002年随着中国加入WTO以及消费贷款的放开已基本得到满足。但以农村的情况看,2002年我国的农业人口比重仍高达57%,但是农村的消费水平与城市比较起来还有相当大的差距。以家电产品为例,如表10.2所示,2002年城市每百户居民拥有120台彩色电视机,而农村只有60台,相当于城市的50%;城市每百户居民拥有81.9台电冰箱,农村只有14.8台,相当于城市的约18%;城市每百户居民拥有92.9台洗衣机,农村只有31.8台,相当于城市的约34%。从表中也可以看出,城市家庭对家电产品的需求很早就已基本达到饱和,而家电产品在农村还有很大的市场空间。

表10.2 中国城市与农村家庭每百户居民家电产品拥有量比较

	1998年城市家庭	1998年农村家庭	1991年城市家庭	1998年广东农村家庭
彩电(台)	105.4	32.6	68.4	55.4
电冰箱(台)	76.1	9.3	48.7	11.0
洗衣机(台)	90.6	22.8	80.6	20.3
人均收入(元)	5 425	2 162	2 025	3 527

一些观点认为农村消费水平低主要是由农民收入水平低所导致的。1998年城市的人均收入是5 425元,农村是2 162元,只有城市的40%左右。收入水平虽然对农村的消费水平有所影响,却并不是农村消费水平低的最主要原因。如表10.2所示,1998年农村的人均收入是2 162元,比1991年的城市人均收入(2 025元)略高一点,基本持

平。与此同时,与1991年相比,1998年的家电产品价格明显更低。例如,1991年一台25寸的彩色遥控电视机差不多要5 000元,1998年差不多只要1 500元,是原来价格的不到三分之一。按理说,在收入水平相同、价格明显下降的情况下,农村对家电的需求应该更大。然而,1998年农村的消费水平实际上远远低于1991年城市的消费水平。由此可以判断,收入水平不是消费的唯一限制性因素,一定还有其他的限制性条件在制约着农民的消费状况。此外,如表10.2所示,1998年广东农村的人均收入比1991年城市的人均收入高50%左右,但对家电产品的需求仍明显低于1991年城市的需求,这进一步证明了收入水平不是最主要的因素。

例如,要看电视节目就必须能接收到电视信号,但是在20世纪八九十年代很多农村地区是收不到电视信号的。要想接收电视信号就必须安装一个卫星电视接收器,但是一个卫星电视接收器可能就要4 000—5 000元,前面讲到一台25寸的彩色电视机才1 200元,结果农民买得起电视机却买不起卫星电视接收器。当时在农村地区有一个笑话,说农村的电视机都是"雪花牌"的,就是指买了电视机却因为信号不好而影响观看。此外,在20世纪八九十年代的中国农村还有不少地区没有通电,有的地区虽然有电却电压不稳,影响了家用电器的使用。而且农村还经常缺电,尤其是在晚上看电视的时候用电量稍高就会引起断电。因此在这种既没电又没信号的状况下,农民当然不愿意买电视看。洗衣机也有类似的情况,要用洗衣机除了要有电还必须有自来水,但是当时的农村家庭普遍没有自来水。再比如电冰箱,其特点是耗电量大,一年的电费就要几百元钱,当时农民一年的收入只有2 000多元钱,这就出现了所谓的"买得起马,买不起鞍"的情形。所有这些都是限制农村消费现代化生活用品的重要因素。要想改变这一状况,提高农村的消费水平,就必须加强农村的基础设施建设,改善配套服务设施。因此,我从1999年开始提出了改善农村基础设施的"新农村运动"。2005年,国家以政策形式提出了建设社会主义新农村的任务,涵盖了更多对未来农村建设的规划与指导内容。

社会主义新农村建设与乡村振兴

社会主义新农村建设的提出

社会主义新农村建设作为国家政策的正式提出是在 2005 年 10 月,十六届五中全会通过了《中共中央关于制定国民经济和社会发展第十一个五年规划的建议》,提出建设社会主义新农村,其内容是"生产发展,生活宽裕,乡风文明,村容整洁,管理民主"的 20 字目标,作为其后五年指导新农村建设的一个纲要。2005 年年底,中央农村工作会议发布了 2006 年一号文件《关于推进社会主义新农村建设的若干意见》,建设社会主义新农村被作为"十一五"规划中最重要的任务。在 2006 年 3 月的两会上,《中华人民共和国国民经济和社会发展第十一个五年规划纲要》(以下简称《"十一五"规划纲要》)和《政府工作报告》再次确定了新农村建设是"十一五"期间的重点内容。社会主义新农村建设在 2005 年的提出和被列为工作重点对于城市生产存量过剩与农村"三农"问题的解决具有重要意义。

通货紧缩与"三农"问题

在第六讲"农村改革及相关问题"中我们讲到,要长期、可持续地增加农民收入,最主要的办法是通过转移农村劳动力来克服农产品收入弹性小、价格弹性小的特性对农民增产增收的限制。然而在 20 世纪 90 年代末,经济中出现了通货紧缩,通货紧缩的主要影响集中在制造业,所以城市里新的投资机会变少,农村的劳动力转移不出去,因而大量滞留在农村。另外,由于城市里企业开工不足,引发就业困难,在这种情况下,原本已经转移到城市里的农村劳动力也就首当其冲。同时,在通货紧缩前的那一轮非常快速的投资中,出现了很多技术较高、产品质量较好的民营企业和三资企业,在激烈的市场竞争压力下,吸收了大量农村非农业劳动力的乡镇企业也面临着大面积的破产。从图 10.4 和图 10.5 中可以看出,20 世纪 90 年代末第一产业(农业)的就业人数与农民收入增长基本上呈相反的趋势。在农村劳动力得不到转移的情况下,农民收入自然增长缓慢,原先转移出去的劳动力回流,又给农民收入增长平添了新的压力,因此就造成了 20 世纪 90 年代末"三农"问题的加重。

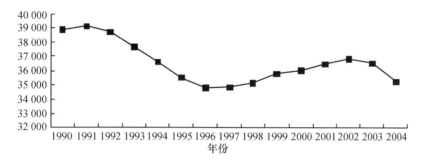

图 10.4　第一产业就业人数

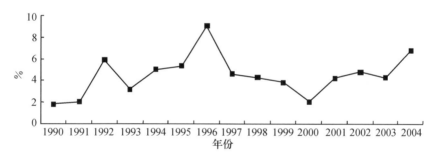

图 10.5　农村居民家庭人均收入年均增长率

从 2003 年开始,虽然从物价的总体水平来看,中国已经走出了通货紧缩,但这主要是由新一轮的投资过热所带动的能源、建材价格上涨造成的。从这段时间的商品零售价格指数和居民消费价格指数就可以看出,其他价格还处于普遍下跌的趋势(见图 10.6 和图 10.7)。并且 2003—2005 年的投资过热已经导致了建材等产能过剩问题日趋突出,只要投资过热得到控制,相关产品价格就会下跌,同时库存上升,通货紧缩的压力很可能将再度凸显。要想真正走出通货紧缩的阴影,并避免"三农"问题进一步严重,就只有启动存量需求来消化过剩的产能。目前我国最大的存量需求是在农村,因此现阶段改善农村公共基础设施建设既是改善农村生活生产环境、缩小城乡差距的必要措施,也是刺激农村需求增长、消除产能过剩和农村劳动力流动障碍、增加农民收入的重要措施,可谓意义重大。

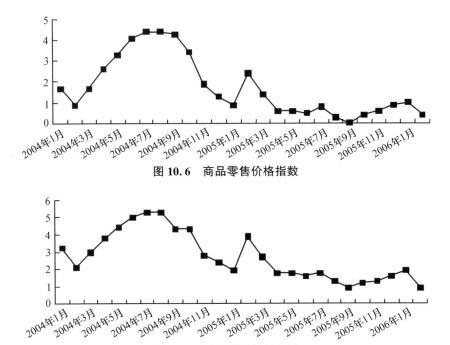

图 10.6　商品零售价格指数

图 10.7　居民消费价格指数

社会主义新农村建设与启动存量需求

我曾经做过一项研究,根据 1999 年的数据推算,如果电价下降 0.1 元,对彩色电视机的需求刺激作用相当于收入增加 370 元,对冰箱的需求刺激作用相当于收入增加 607 元,对洗衣机的需求刺激作用相当于收入增加 909 元,可见这些作用都是非常明显的。既然如此,要想有效开发农村里这一块相当大的消费存量,就非常需要在农村地区推行一场以改善与生活相关的基础设施为主的运动。在 1999 年我提出"新农村运动"以后,《湖南日报》的一位记者被派去农村"蹲点",在这期间他按照这套理念作了一个试验,结果发现效果非常显著。在他刚去的时候,村子里没有电视,他就自己筹了一部分钱,也让农民出了一部分钱,架设了一个卫星地面接收器。接收器的价格是 5 000 元,加上电缆全部花费需要将近 1 万元,农户自己肯定买不起,但是一个接收器可以供 200 户人家使用,这样平均下来每户只需出 50 元。从这以后,村子里迅速从没有电视变成了每家每户都买了电视。

农村收入水平比城市低是事实,但是经常会出现"比富"的现象。例如,改革开放至今,很多农村地区的住房都在不断翻新重建。改革刚开始时,农户住的都是茅草房;村里有一户建起了砖房,其他很多农户就会跟着建砖房;有一户盖起了二层的小楼房,其他很多农户也会把砖房拆掉,开始盖二层的小楼房;收入高一些的农户看到全村都盖起了二层的楼房,显不出自己更富,就把二层的楼房拆掉,再盖三层的楼房;于是,村子里只要有能力的农户又开始赶着盖三层的楼房。这样建了拆、拆了建,实在造成了不少资金的浪费。

因此,在把各种与生活有关的基础设施改善了以后,农村的消费潜力就可以被挖掘出来,城市里的过剩生产能力得到消化,企业也就走出了困境,于是农村劳动力外出打工的通道再一次变得畅通,农民的收入提高有了保证。同时,刺激农民的消费需求还只是投资农村基础设施建设的间接作用,因为这种投资本身就是直接的投资需求。在农村进行基础设施建设所用的原材料都是当地的原材料,可以为目前处境艰难的乡镇企业带来新的增长,而且基础设施建设所雇用的劳动力也都是当地的劳动力,因此也给农民直接创造了就业和收入的来源,使农村的发展进入一个良性循环。

新农村建设及乡村振兴可以汲取城市建设的经验,争取后来居上

社会主义新农村建设的具体问题

社会主义新农村建设的完成时间

建设社会主义新农村是中国现代化进程的一个必要组成部分,随着发展步伐的向前迈进,又会对下一阶段的发展提出新的要求,可以说是一个水涨船高的目标,是一个长期的历史任务。《"十一五"规划纲要》中提出建设社会主义新农村的目标是"生产发展,生活宽裕,乡风文明,村容整洁,管理民主",从这20字方针中也能够看出,新农村建设的长期目标可谓永无止境。

然而,如果以我在1999年提出的农村公共基础设施建设为着力点,则这一目标已基本实现。原因是党的十六大提出全面建设小康社会,党的十八大进一步提出全面建成小康社会,如果农村的发展始终落后于城市,农民的生活水平始终低于城市居民的生活水平,就很难说是实现了全面建设小康社会。目前中国相当大一部分人口还停留在农村,因此没有农村的现代化就没有全国的现代化,没有农村的小康社会也就没有全面的小康社会。此外,社会主义新农村建设也是构建和谐社会的必要内容。2020年中国宣布实现全面建成小康社会的目标,社会主义新农村建设的目标也基本实现。2020年中国的城乡收入比大约是2.6∶1,比2007年的3.3∶1已经下降了不少,但城乡收入差距还相当大。因此,继续推动社会主义新农村建设,不仅是民心所向,也是形势所需。

社会主义新农村的建设地点

基础设施建设具有明显的规模经济特征。城市人口比较集中,建设大规模的基础设施相对来说成本较低;而农村人口比较分散,基础设施建设相对就会比较昂贵。因此,有人提出在城乡边缘建立新镇把农民集中起来,这样就可以节省很多基础设施建设的成本。但是我们必须要记住,农村公共基础设施始终是为农民而建,因此必须考虑到农民的便利。农业生产的特性决定了农民总是居住在农场或附近,因为农民进行农业生产经常需要起早贪黑,如果住的地方与工作的地方距离较远,会给农民带来很多不必要的辛苦。因此,除了城市近郊不再务农的第二、三产业开发地,以及不宜有人迹活动、在功能定位上属于禁止开发的地区,社会主义新农村建设应以在现有的自然村为宜。而且中国的农村已经经历过一系列集体化生产的运动,农村居民的住宅已经较为集中,在一些边远地区,可能因为山水阻隔,在当时没办法把农民集中起来,现在也依然应该保持原貌。

另一个需要注意的地方是,基础设施是公共品,农民的住宅是私有品,如果把农民集中起来居住就意味着要把农民原有的房子拆掉,这就是对农民私有品的侵占,是绝对不应该被允许的。尤其在地价不断上涨的情况下,可能会出现以新农村建设的名义占用土地的情况,除非是在城市近郊已经被划入城市、农民已经转变为市民的地方,这种做法必须杜绝。

社会主义新农村建设的资金来源

基础设施属于公共品,因此应该以政府财政投入为主。而在资金投入存在缺口的情况下,则需要动员社会各方面的力量。

首先,政府财政还有潜力可挖。因为政府以前的投资重点始终在城市,随着城市建设逐渐成形,投资重点就可以转移到农村。从2006年的《政府工作报告》中可以看出:"建设社会主义新农村,必须加强农村基础设施建设。要下决心调整投资方向,把国家对基础设施建设投入的重点转向农村。"

其次,可以借助社会力量,政府从中发挥组织作用。因为各地对基础设施的需求都不相同,如果全部由政府出资,就会导致争要补贴的现象发生,加重财政负担。经济学中一个不变的定律就是"谁受益,谁付费",因此某些投资巨大的基础设施在建成之后可以向受益者收费,其中最典型的例子就是高速公路大多会设有收费站。农村的基础设施建设也可以像城市这样,将一些有回报的项目向社会动员资金,或是利用银行贷款等来进行投入。另外,也可以鼓励一些在外发家致富的农民回馈家乡作贡献,例如为家乡建学校、修路等。

再次,对于具有私有品性质的投资项目,可以实行以农民投资、投劳为主,政府只给予适当的补贴。如沼气池等,既可以由政府投资建一个大的供全村人使用,也可以在各家各户建小的由各户自己使用,但不管哪一种方式,受益的都是每一个村民,所以沼气池具有私有品的性质。但有一个问题是,如果农民没有燃料就会上山砍树作为替代,所以沼气池还不能算作完全的私有品。这样,政府就可以少出资一点,以补贴公共品的那部分性质,大部分还是由农民进行出资。上文讲到的卫星电视接收器以及厕所等都具有类似性质,也可以用类似的方法来处理。

另外,由社会私人力量出资还有一个好处,那就是农村公共基础设施项目小而分散,难以集中监管,鼓励农民投资、投劳有利于项目的监督、施工和质量的保证以及"民主管理"目标的实现。

总的来讲,在农村地区的公共基础设施建设,有了政府财政的投入为基础,就能像2022年《关于扩大当前农业农村基础设施建设投资的工作方案》中提出的,"推行政府投资与金融信贷投贷联动","对市场主体实施的重大工程项目,鼓励地方采取多种符合规定要求的方式,集中支持建设一批现代化农业农村基础设施"。

社会主义新农村建设和乡村振兴的注意事项

社会主义新农村建设与城市化

农村劳动力向城市第二、三产业转移的城市化进程是解决农村问题、提高农民收入的最主要途径。既然接下来农村人口会不断地往城市里转移,那么在这一时期将力量放在农村建设上似乎与城市化的努力有所矛盾,其实不然。城市化是一个相当长的过程,根据第七次全国人口普查的数据,中国农村人口的比重为36%,大约有5亿人。到2050年中国的人均收入可以达到中上等水平,但农业人口比重至少还有15%。到那时农村的基础设施建设已经得到了极大的改善,城乡收入差距也大大缩小,住在城市和住在农村在生活水平上不会有太大差别,这样有人就很可能倾向于住在农村。并且到时很多大城市的居住环境应该已基本达到饱和,因此实际居住在农村的人口可能要在25%以上,也就是大约有3.5亿人。所以说,推动城市化进程与农村建设可以同时进行,两条路并行不悖。

农村问题的解决和非农产业发展

农村劳动力向非农产业的转移有赖于在这些产业中就业机会的增加,否则农村劳动力的转移只会把农村问题转变为更大的城市失业问题。农民在农村可以靠山吃山,靠海吃海,依靠自然资源就可以养活自己,但在城市里如果找不到合适的就业机会,就没办法生存。非农产业就业机会的增加需要第二、三产业的发展,按照中国的比较优势,尤其需要劳动密集的中小制造业和服务业企业的发展。从现在的情况来看,这部分中小企业已经发展得相当不错,但一个很大的瓶颈就是以大银行为主的金融结构不能为中小企业提供必要的金融服务,这在很大程度上抑制了中小企业的发展。根据上一讲的内容我们知道,改善金融结构、发展地区性中小银行,是促进中小企业发展、创造更多就业机会的一个有效途径,从而有利于解决三农问题。

发展现代农业是新农村建设的物质基础

随着经济发展和城市化进程加深,农村劳动力将逐渐减少,要想增加农业生产以满足国内的农产品需求,并且提高农民的收入以实现"生活宽裕"的目标,其物质基础就在于农业生产力水平的不断提高。政府应当增加对农业基础设施和现代农业科技的投入,加强农业科技推广,也要支持龙头企业、合作经济和各种现代化的生产流通组织形式的发展以克服小农市场和大市场的矛盾,利用互联网把分散的农村和城市的市场直接联系起来,同时还要发展小额信贷、农村银行、农业保险等适合农业生产特性的金融组织,以支持现代农业的发展。

新农民是新农村建设成功的最关键因素

前面我们讲到的改善农村基础设施建设指的都是硬件建设,而随着社会主义新农村建设的一步步推进和硬件设施的不断完善,以农村医疗、卫生、教育为主要内容的软环境建设必然会成为建设的新重点和关系到最终建设成败的最关键因素。首先,从农村转移出来的劳动力必须能够适应城市里新的工作和生活环境,而这些通常需要一定的知识和技能。城市里就业机会的增加是保证农村劳动力转移的一个方面,是否有能力胜任各种工作岗位还需要农民自身素质的提高。其次,留在农村的劳动力现在要以更少的人数养活更多的人,这也需要对新技术、新流通方式的掌握和应用。而且随着城乡居民收入的普遍增加,对农产品的质量和品种必然会提出更高的要求,从事农业生产的农民也必须及时了解到这些信息并通过新的技术来满足各种新的需要。只有加强农村的基础设施建设和职业教育才能提高农村劳动力的各项技能,为最终提高农民收入提供智力保证。

乡村振兴

经过多年的努力,社会主义新农村建设的目标基本完成。党的十九大进一步提出了乡村振兴战略,党的二十大则对全面推进乡村振兴战略做出了新部署。乡村振兴战略的基本内涵包括"产业兴旺、生态宜居、乡风文明、治理有效、生活富裕"。乡村振兴要建立在产业兴旺的基础上,因为产业兴旺了以后,收入水平才能提高,生活才可能富裕。而收入水平提高以后,人们对美好生活的期望也会不断增长,包括良好的生态、良好的环境,需求的多样性增加。收入水平提高以后,才有能力采用绿色、环保的技术实现生态宜居。"仓廪实而知礼节,衣食足而知荣辱",实现乡风文明必须有物质基础,只有在收入水平提高的基础上我们才能实现乡风文明。收入水平高了,村民之间的矛盾就少了,同时乡村提供垃圾处理、"五保"等公共服务的能力就提高了。那么如何实现产业兴旺?从新结构经济学的角度来看,主要有以下几个方面:

第一,要发挥各地的比较优势。只有符合比较优势,产品才有可能以更低的成本在市场中提高竞争力,不需要靠政府的保护补贴,这样才有可能把产业发展好。有山有水、风景秀丽或是有历史文化禀赋的地区,可以靠发展旅游业来增加农民收入。但与城市相比,大多数农村地区的禀赋优势是土地、劳动力相对多,资本相对少,从而具有比较优势的产业应该是在土地、劳动力比较密集的农林牧渔领域。

第二,各地的产品要实现比较优势,有赖于有效市场和有为政府这两个制度安排。有效市场的重要性在于,只有通过有效市场提供竞争激励,企业家才能发现哪些产品是当地的优势产品;同时,也需要企业家去发现产品的市场,并采用合适的技术和销售渠道来实现当地产品的价值。由市场竞争所提供的企业家包括两个方面:一方面是"本地和尚",农民工进入城市以后,看到城市里有些市场所需求的产品是当地具有比较优势的产品。比如非常有名的定西马铃薯,最初就是由一些返乡的农民工组织运销的,后来定西就逐渐变成了全国著名的马铃薯生产基地。另一方面是"外来和尚",大学生村官到了农村以后,他们了解当地的禀赋,也了解技术、了解市场,通过招商引资把当地符合比较优势的农产品生产出来,为当地带来资金、带来技术、带来市场。

除了有效市场,也需要有为政府。由于符合比较优势,当地产品和服务的生产成本可以很低,但是要让产品进入市场,则需要发挥政府的作用。有经济学家曾经提出市场失灵,比如农林渔业生产需要灌溉,而农民自己无法解决灌溉问题,必须依靠政府。产品进入市场所需要的基础设施比如道路、网络、通信也必须依靠政府。要让当地产品既高质又高产,需要有新的技术,而新技术需要基础科研和产品开发。企业可能对产品开发有积极性,但基础科研就需要由政府来支持。同时,产品要在市场上获得认知必须有品牌建设,而品牌是一个公共产品,需要大量的媒体宣传,这些企业家自己不太愿意做,所以需要有地方政府来支持。我们现在国内比较有名的农产品比如说像洛川苹果、和田大枣、定西马铃薯,实际上都是政府搭建平台形成地区性的品牌认知。所以,乡村振兴需要有效市场,也需要有为政府。

从经济学角度看,市场有效以政府有为为前提,在存在上述市场失灵的情况下,如果政府不发挥作用,市场是不会有效的。当然,政府"有为"的目的必须是让市场有效,政府既不能缺位也不能越位。一是政府要想清楚当地的比较优势是什么;二是政府和企业要了解市场需求是多少;三是要"一张蓝图绘到底",农村形成具有比较优势的产品需要周期,而这个周期常常受到政府短期行为的影响,因此,要避免因政府官员的更换而改变政策方向,要让政府持续发挥作用。

第三,要保障粮食安全。农村所承担的一个非常大的责任就是保障粮食安全。但粮食是土地密集型的农产品,它所需要的劳动力是相对较少的,但所需要的土地非常密集。而我国的土地相对较少,因此粮食生产不是我们的比较优势。要保障粮食安全,一是需要政府发挥重要作用,二是靠科技投入提高单产,三是对种粮农民给予支持鼓励(因为只靠科技投入还不够,还必须让农民有积极性采用新技术)。

在中华民族伟大复兴的新征程中,要实现民族复兴、共同富裕,关键在农村,必须针对农村特性来实现产业兴旺的目标。总的来看,应该在有效市场、有为政府的共同作用之下来兴旺产业。有了产业兴旺做基础,乡村宜居、生活富裕的目标也就更能够实现。

参 考 文 献

胡雅淇、林毅夫,"共同富裕目标下的乡村振兴与金融支持:一个新结构经济学视角的解读",《农村金融研究》,2023年第1期。

林毅夫,《发展战略与经济发展》,北京:北京大学出版社,2004年。

林毅夫,《发展战略与经济改革》,北京:北京大学出版社,2004年。

Rawski, T. G., "What's Happening to China's GDP Statistics?" *China Economic Review*, 2001, 12(1), 298-302.

第十一讲

完善市场体系,促进公平与效率统一,实现共同富裕

改革的成就与现存的问题

收入分配是中国当前最受关注的社会经济问题之一。改革开放以来,中国保持了四十多年的持续中高速增长,1978—2022年,国内生产总值年均增长率达到9.0%,对外贸易总额按美元计算年均增长13.9%。尤其是国际金融经济危机之前的2003—2007年,中国的增长可以说是史无前例:国内生产总值连续5年增长速度超过10%,对外贸易总额年均增长率高达28.5%。但是,中国作为一个转型中国家,随着改革的深化,各种社会经济问题也会不断发生变化,新的矛盾不断出现。

在20世纪80年代末90年代初,大家谈得比较多的是国有企业的改革,说国有企业是"三分之一明亏,三分之一暗亏,三分之一盈利"。现在国有企业的盈利问题已不再是主要矛盾,很多规模较小的国有企业已经民营化,剩下的大型国有企业有不少盈利很高。目前国有企业进一步改革的重点是如何提高竞争力。又如过去金融体系脆弱,尤其是五大国有银行(中、农、工、建、交)的呆坏账比例非常高。经过近几年的努力,这几家国有银行的呆坏账比例都有明显下降,均已

成功上市。股票市场也实现了全流通。

老的问题解决了,新的问题又出现了。过去的主要矛盾逐渐缓解之后,次要矛盾变成了主要矛盾。自2003年到2008年国际金融危机以前,宏观经济的主要问题是所谓的"三过":(1)投资增长过快,消费相对不足;(2)货币信贷投放过多;(3)外贸顺差过大。这些问题的根源在于投资增长过快,过快的投资增长形成了过剩的生产能力,国内市场消化不了,就要出口到国外去,于是导致外贸顺差过大。长期的外贸顺差赚取了大量的外汇,为了收购这些外汇,国家必然就要增发货币,于是导致了货币增发过快、银行贷款过多等一系列的问题。

针对上述情况,中国政府每年都在进行宏观调控,希望把投资的增长速度压下来,但始终未奏效,原因就在于未能采取"釜底抽薪"的办法。投资增长过快实际上是由近年来收入分配不均现象加重所造成的。个人的收入不是用来消费就是用来投资,低收入人群的消费倾向较高,但是缺乏可消费的资金;高收入人群的消费倾向较低,消费不了的那部分收入就只能用来投资。改革前的中国是一个收入水平较为平均的社会。随着改革开放的进程不断推进,一部分地区和个人先富了起来,结果城乡收入差距扩大,城市内部也出现了一些待业、失业以及退休的低收入群体。2022年,中国的基尼系数已超过0.47,比国际公认的警戒线还高出0.07。此外,还出现了一系列如"看病难、看病贵","上学难、上学贵"等关系到民生的大问题。虽然随着经济的高速增长,现在的生活条件与过去相比应该是改善了,即使在贫困地区基本的温饱问题也得到了解决,但由于出现了这些社会问题,社会上存在一些不满情绪,甚至是怀旧思古的情绪,认为过去虽然穷,但穷得平均,现在虽然比过去富裕了,但与那些先富、快富起来的人相比,很多人反而显得更穷了。

总的来说,收入分配不均问题的解决直接关系到中国宏观经济的治理,也关系到和谐社会的建立。社会上对于改善收入分配问题有很多呼声,希望通过二次分配来解决这个问题。比如在2005年和2006年讨论个人所得税问题的时候,有人提出要提高对富人的征税,将这部分税收以转移支付的方式补贴给低收入群体。但是,中国的个人所得税税率最高已达到45%,从世界范围来看中国也已经属于税率最高的国家之一。因而我认为中国的个人所得税主要是执行的问题而非税率的问题。结果这一观点在网上引起很多人的不满,认为我是在替富人说话,当然这也反映了一种情绪,就是认为现在富人太富了。其实中国的富人和外国比起来还差得远,仍要调动他们的积极性,让他们创造更多的财富。但是在经济发展过程中,确实应该让穷人的收入增长得比富人快一点,这是当务之急,但不应该把侧重点放在"劫富济贫"的二次分配上。

基于经济社会发展阶段的特点,中国共产党制定了与时俱进的重要方针。党的十六大以后,党中央提出了科学发展观,其内容一是仍要坚持以经济建设为中心,坚持发展才是硬道理;二是在全面发展过程中要做到"五个统筹",即统筹城乡发展、统筹区域发展、统筹经济社会发展、统筹人与自然和谐发展、统筹国内发展和对外开放。党的十七大提出构建和谐社会,解决民生问题。党的十九大则提出:"我国经济已由高速增长阶段转向高质量发展阶段,正处在转变发展方式、优化经济结构、转换增长动力的攻关期,建设现代化经济体系是跨越关口的迫切要求和我国发展的战略目标。"党的二十大进一步提出"以中国式现代化全面推进中华民族伟大复兴"是全党从现在开始的中心任务,同时提出"高质量发展是全面建设社会主义现代化国家的首要任务"。中国式现代化具有包括"全体人民共同富裕"在内的五个特征,高质量发展则需要完整、准确、全面贯彻"创新、协调、绿色、开放、共享"的新发展理念。使经济发展的成果让全体人民共享、缩小收入差距、实现共同富裕成为党的中心任务之一。

比较优势:在初次分配中实现效率和公平的统一

中国如何才能富裕起来,并且实现共享,实现党的二十大提出的共同富裕的目标?过去学术界的普遍看法是初次分配注重效率,二次分配注重公平。现在既然要强调共同富裕,那么中国就要更加注重二次分配的公平问题,政府就要在这方面发挥更大的作用。通过二次分配来解决初次分配没有解决的问题,这是必要的。但是,如果不能在初次分配中达到公平与效率的统一,而寄希望于二次分配,我个人认为,这很可能会妨碍效率。因此,我的主要观点是,在初次分配中达到公平和效率的统一,而把二次分配作为补充手段,解决初次分配可能会遗留的一点问题。需要强调的是,这不是反对二次分配。当前的分配制度是初次分配注重效率,也就是说初次分配可以不照顾公平,然后由二次分配再来解决公平的问题,这样做的结果往往是既不能实现效率,也无法达到公平。但是如果要在初次分配中就达到公平和效率的统一,会不会又像我们所讲的"又要马儿跑,又要马儿不吃草",成为无法实现的空想呢?

"初次分配达到公平与效率的统一"至少应该有两层含义。第一层含义是经济增长要快,整体收入水平要不断提高,这一点非常重要。经过四十多年的持续快速增长,中国在 2022 年的人均 GDP 已达到 12 720 美元左右,但仍只有美国的 16%,因此要继续注重效率,加快经济增长。第二层含义是指在经济的快速增长过程中,穷人的收入增长速度要高于富人,这样才有望达到公平。而要实现公平与效率的统一,在保证经济快速发展的同时,使得收入分配状况不断改善,关键就在于我一再强调的按照比较优势来发展经济,在经济发展的每个阶段都按照比较优势来选择产业、产品和技术。

和发达国家比,中国目前的比较优势,总的来讲还是劳动力比较多,劳动力价格相对便宜。按照这个比较优势来发展,首先,就会形成很多劳动使用比较多的产业,包括劳动密集型的制造业、服务业,以及资本密集型产业中劳动相对密集的区段,从而可以创造很多就业机会。众所周知,穷人和富人之间最大的差别就是,穷人除了劳动力没有多少可以获得收入的资产,而富人的收入增加主要靠资本,用资本雇用别人去赚钱。如果中国按照比较优势来发展,创造出很多的就业机会,就可以让那些依靠自己的劳动力来获得收入的穷人得以充分就业,从而分享经济发展的成果。其次,如果按照比较优势来发展,中国就能提高竞争力,提高在国际市场上的份额,从而获得最大的利润和剩余,资本就会快速积累,而劳动力的增加(由于受人口增长的限制)是有限的,尤其是我国已经进入老龄化阶段,人口基本已经不增长。在这种情况下,中国的要素禀赋结构就会不断改变,从劳动力较多、资本较少,逐渐变为资本较多、劳动力较少,这个转变过程也体现在发达国家的发展进程中。如果出现资本较多、劳动力较少的局面,要素的稀缺程度反映在价格上,就是工资不断上升,资本回报率不断下降,也就意味着依靠劳动收入的人拥有的资产不断升值,而富人拥有的资产不断贬值,在此过程中收入分配状况不断得到改善。第二次世界大战之后的日本、韩国、新加坡和中国台湾地区之所以被称为"东亚奇迹",就是因为它们一方面保持了经济的长期快速增长,另一方面在经济增长的过程中还不断改善收入分配状况,这是有实证经验支持的。我在2007年马歇尔讲座上发表的演讲"发展与转型:思潮、战略和自生能力"中也对上述假说做了检验,不管是跨国或是我国跨省的数据都支持以下结论:越按照比较优势发展的国家和省份,收入越平均。

在20世纪90年代,我提出过一个"小步快跑"的概念,就是指产业升级、技术升级的每一步都非常小,但是非常快,那么在少则二三十年,多则一两代人的时间内,中国就能够赶上发达国家。然而,多数人只看到发达国家产业技术水平高,发展中国家产业技术水平低,产业技术水平又确实会影响到一个国家的国力和收入水平,于是就有人希望一步登天,尽快发展与发达国家相同的产业和技术行业,从而迅速赶超发达国家,这实际上是一种违反比较优势的"赶超战略"。发达国家和发展中国家有不同的比较优势,符合发达国家的比较优势并不符合发展中国家的要素禀赋结构所决定的国情,如果落后国家采用赶超战略,大规模建立资本密集型产业,这些产业就没有竞争力,整个国家的资源配置效率低下,经济发展效率也会非常低下,而且还会导致一系列问题。这些问题包括资本过度密集,就业机会减少,大量只拥有劳动力的低收入者不能正式进入就业市场,无法分享经济发展的果实,失业和隐性失业迅速增加,并且,由于就业岗位竞争激烈,已就业的人的工资也会受到抑制。更为严重的是,这个问题还会不断恶化,因为不按照比较优势发展的产业在开放竞争的市场中没有竞争力,要想生存只能靠国家的保护和补贴。对资本密集型行业进行投资,在计划经济体制下依靠政府,但是在市场经济国家,就只有靠富人去投资,那么补贴的钱从哪来?只能是直接或间接地(通过政府税收和补贴政策等)来自那些没有对这个产业进行投资的穷人。只拥有劳动力的穷人不仅工资受到抑制,而且有限的工资还要用来补贴富人,收入差距就会加大,财富分配不公现象凸显。在没有实行户籍管理制度的国家,农村的失业人口大量涌入城市,但是无法进入正式的就业市场,就逐渐在城市里形成了贫民窟。当然,落后国家也可以像发达国家那样,建立几个高端产业、大集团、大品牌,但是这些产业的利润也基本上要靠保护和补贴来维持,这是一种财富转移,并不是企业真正创造的剩余。绝大多数有就业能力的人本来可以去发展那些具有比较优势的劳动密集型产业,但是由于缺乏资金,他们无法形成生产能力,也无法多创造剩余。因此整个社会的剩余数量都非常少,资本积累和要素禀赋结构的提升速度也非常缓慢。

实行赶超战略的发展中国家都具有这样的特性:开始的时候,在政府的保护和补贴下,依靠投资在一定时期内拉动经济快速增长;随着剩余的减少、投资的乏力,经济增长减速,就开始寻找国外资金,再维持一段时间的高速增长;最后,等到外债到期需要偿还的时候才发现建立的产业没有竞争力,无法创造利润来还债,于是就演变成了金融危机和社会危机。还可能出现我们经常批判的所谓"坏的市场经济",意指在赶超战略下发展的产业需要政府的保护和补贴,而在市场经济体系下对于那些能够投资于这类产业的人来说,相对于提高经营效率,他们寻求更多政府补贴的积极性会更高,这样就会产生很多的寻租行为。

第二次世界大战以后,拉丁美洲实行的是"进口替代"战略,发展一些资本密集型产业,其实质就是一种赶超战略。结果导致创造就业不足,财富分配不公,城市里出现大量贫民窟。在大量失业存在和社会矛盾激化的情况下,他们普遍走向了所谓的"民主政治",政府为了收买选票,提出了非常诱人的社会福利政策主张,结果形成政府的巨额财政赤字,财政危机和金融危机交替出现。这就是拉丁美洲现在所处的困境。

过去在强调初次分配注重效率时,一般是以产业和技术的高端化来定义效率,而不是在没有政府保护和补贴的条件下以市场竞争能力来定义效率。在政府保护和补贴条件下建立起来的企业可以有相当高的利润,但利润实际上是由保护和补贴形成的,是一种财富转移,这

"拉美陷阱"是以错误的发展战略一味追求产业高端化所带来的苦果（图为位于巴西里约热内卢的贫民窟）

必然造成大量的社会问题。在大量社会问题已经存在的情况下，如果通过二次分配来解决公平的问题，一不小心就会陷入像拉丁美洲国家那样的困境。因此，我不太赞成"初次分配注重效率，二次分配注重公平"的提法，我认为应该在初次分配上同时解决公平和效率的问题，二次分配作为补充。

按照比较优势来发展经济，可以实现公平与效率的统一。比较优势是经济学家的语言，就中国目前的实际情况来说，发展哪些产业符合中国的比较优势呢？要素禀赋结构在不断升级和变化，劳动密集和资本密集都是相对的概念，而且各个地区的情况也存在很大差异，例如在北京、沿海的上海、广州、深圳，内陆的安徽、江西、湖南、湖北，以及西部的新疆、宁夏、甘肃，情况都不一样。如何按照比较优势发展呢？从企业家的角度来看，他们并不关心比较优势，而是关心利润，利润取决于产品的价格和要素的价格。按照比较优势来发展，并非指定了哪个产业符合比较优势，哪个产业不符合比较优势，而是要有一个非常完善的价格体系。这个价格体系能够充分、灵活地反映要素禀赋结构中各种要素的相对稀缺程度。如果某种要素相对丰富，它的价格就会相对较低；如果某种要素相对稀缺，它的价格就会相对较高。如果某种要素的积累速度快于其他要素，从相对稀缺转为相对丰富，那么它的价格就会从相对较高变成相对较低。如果有这样一个价格体系在发挥作用，企业家在市场竞争中为了追求利润而降低成本，就会选择用相对便宜的生产要素来替代相对昂贵的要素的技术，进入能够多用相对便宜的要素、少用相对昂贵的要素的产业,这样所用的技术、所进入的产业就都会是符合比较优势的。因此,建立一个充分竞争的市场体系是非常重要的。按照比较优势来发展,资本会快速积累,逐渐从相对稀缺变成相对丰富,然后进行产品和技术的升级,从劳动密集型的生产方式升级到资本密集型、技术密集型的生产方式。在这个过程中,收入分配也会逐渐向劳动力倾斜。

中国的改革就是要建立一个完善的社会主义市场经济体系,正是因为按照比较优势来发展经济,中国才能在改革开放后维持长达四十几年的快速增长。在计划经济时代,政府在发展经济的过程中完全违反了比较优势,建立了一些资本、技术密集型的产业,人为地压低各种要素的价格,然后通过行政手段把短缺的资本配置到优先发展的产业。1978年以后,中国实施了渐进式的改革,对于没有比较优势的产业给予一定的保护和补贴,放开了过去那些被限制的符合比较优势的产业,从而不但维持了稳定,还取得了经济的快速增长。中国目前是世界第一大货物贸易国,出口的产品主要是劳动密集型产品,但是随着经济的快速增长、资本的快速积累,出口产品的资本含量和技术含量也在不断提升,这是按照比较优势发展的必然结果。

然而需要注意的是,渐进式改革也遗留了一些问题。迄今为止中国还没有建立起一个充分竞争的市场体系,政府对资源配置还有一些干预,这是过去为了保护和补贴不具有比较优势的产业而遗留下来的问题。造成这些问题的原因主要是以下几个"扭曲":

第一,金融结构的扭曲。在改革开放之前,中国以财政代替金融,没有商业银行、股票市场。改革开放以后,国家开始发展和健全金融体系,但当时金融的主要目的是为大企业服务,尤其是1983年拨款改贷款以后,企业不能从国家财政直接拿到拨款,而改由银行通过低价资金进行补贴。为了满足大企业的需要,政府继续压低利率,同时建立大型国有银行来补贴这些大型国有企业。中国当前的金融体系基本上是从过去延续下来的,以中、农、工、建、交、邮六大国有银行为主,六大国有银行拥有的人民币资金约占整个金融体系资金总量的50%,其服务对象主要是大企业。另外,股票市场也开始发展,当然,能进入股票市场的也是大企业。符合比较优势的劳动密集型产业中的企业绝大多数是中小企业,这些中小企业在高度集中的金融体系之下,得不到足够的金融服务,发展受到限制,减少了就业机会,使得工资增长存在困难。金融结构的扭曲具体带来了以下四个方面的问题:

(1)中小企业和农户得不到足够的资金支持。在劳动力相对密集的制造业、服务业,大量中小企业得不到足够的资金支持。虽然近年来政府一再强调要多发展第三产业,第三产业占整个GDP的比重也有所提高(2023年为54.6%),但仍显著低于发达国家70%的水平。(2)绝大多数农户得不到金融支持。农村也存在这样的问题,要发展现代农业就要有资金支持,例如建一个塑料大棚要一两万元,盖一个现代化的鸡圈也要十几万元,农民自己没有这么多钱,也很难从银行借到钱。因此,符合比较优势的产业得不到资金的支持,同时资金还存在着大量过剩,资金配置效率十分低下。(3)非农产业就业机会相对不足,成为城市里收入差距扩大、城乡收入差距扩大的主要原因。(4)能够借到钱的主要是大企业,不管是过去的大型国有企业,还是改革开放之后涌现出的一大批大型民营企业,这些企业借到的资金价格要远远低于目前的发展阶段所应有的水平,自然会采用资本相对密集的技术或把资金投到资本密集型行业中去,这也是造成某些产业资金过度密集的主要原因。一方面不能实现充分就业,另一方面有能力借钱的人还能得到实际的利息补贴,收入分配不均的现象就更严重了。

第二,资源价格继续扭曲。在计划经济时代,资金、资源的价格被人为压低,改革开放以后,政府不断地对这种价格扭曲进行调整,但是有些调整完成了,有些调整还有待进行。20世纪90年代初,为了保护和补贴国有矿产企业,资源税和资源补偿费加在一起只占资源价格的1.8%,而且还是从量计征,这样就产生了两方面的问题:第一,90年代资源价格开始放开,目前煤炭、石油、铜矿、铁矿的价格都已和国际接轨,要比90年代的价格高出很多,由于资源价格大幅上涨,目前资源税和资源补偿费占资源价格的比例偏低,直到2016年全面推进资源税费改革才得到改善。① 第二,原来的矿产企业都是国有企业,从80年代中期开始,民营企业和外资企业被允许进入这一行业,在较低的资源税费和较高的市场价格之间存在较大的利润空间,也就是说,谁能进入这些自然资源行业,取得开矿权,谁就能获取暴利。2006年我曾经做过实地考察,一个价值几十亿、上百亿元的矿,取得开采权的价格只有几千万元,之后的收费连价格的1%都不到,所以每年收入近亿元是很正常的。这样的暴利不但加剧了收入分配不均的状况,也败坏了社会风气。因为开采权的归属由地方政府决定,在利益的驱动下,很多人就会有寻租的动机。尤其是如果一些不具备资格的人靠寻租取得了开矿权,还会大大增加矿难事故发生的概率。这种情形直到2017年中央下决心整顿才得以改变。②

第三,行政性垄断。拥有行政性垄断权力的企业大部分都是国有企业,如电力、通信、金融企业等,垄断收益并没有全部进入国库,有相当部分是在企业内部分配。这也是造成收入分配不均的又一个原因。

由于上述扭曲的存在,在向市场经济转型的过程中,初次分配就很难解决公平的问题,又缺乏足够的能力和动力通过二次分配来进一步解决,这是改革不完善造成的,是因为过去赶超战略遗留下来的制度扭曲尚未被消除。如果中国能够深化改革,消除这些扭曲,使市场充分发挥作用,国民经济按照比较优势来发展,有劳动能力的人可以充分就业,分享经济发展的成果,就有望实现初次分配达到公平与效率的统一。到那时,国家的任务就只是通过二次分配来解决丧失就业能力的人群和鳏寡孤独等的救助问题,这样的问题比较单纯,也比较容易解决。

出路:深化改革,完善市场体系

那么如何进行改革,才能实现初次分配达到公平与效率的统一,

---

① 参见《关于全面推进资源税改革的通知》(财税〔2016〕53号)。
② 参见《国务院关于印发〈矿产资源权益金制度改革方案〉的通知》(国发〔2017〕29号)。

进而实现共同富裕呢？我认为出路有这样两个方面：

第一，深化市场经济体制改革：建立有效市场，让市场对资源配置起决定性作用。

（1）推进利率市场化改革和改善金融结构。一方面，放开贷款利率，实行储蓄利率市场化，让储蓄者得到应有的回报；另一方面，改善金融结构。在市场经济条件下，资金与劳动力结合才能形成生产力，中国目前绝大多数产业还是劳动密集型产业，包括制造业、服务业。但是，这些以中小企业为主的劳动密集型产业因为缺乏金融机构的资金支持而很难发展起来。

其他国家的银行体系都是由小而大发展起来的，在经济发展初期，劳动密集型产业居主导地位，金融体系中的中小银行为当地的中小企业提供服务；随着经济的发展，资本不断深化，企业规模不断扩大，大银行和股票市场应运而生。但是中国的改革开放是自上而下进行的，一开始就建立起很多大型国有企业，同时建立了为大企业服务的大型国有银行和股票市场，但缺乏满足中小企业和农户资金需求的中小金融机构。因此，我们首先要"补课"，支持中小金融机构的发展。在2007年第三次全国金融工作会议以后，政府开始允许设立地区性的、满足农村农户金融需要的小型村镇银行和满足城市中小企业需要的城市银行，这是很大的进步。

但是，当时的政策设计上我认为还存在一些问题。首先，小型村镇银行的门槛很低，资本金达到50万元就可以开办；其次，小型村镇银行"必须与一家现有商业银行合资"，而且"商业银行要占20%的股权"，成为其战略投资者，这个要求很难达到。银行业是一个很特殊的行业，经营有风险，做出这样的规定可以让战略投资者来加强新成立银行的经营人员的培训，提高经营管理的质量，若经营失败，战略投资者为了其名誉会有积极性对银行进行解救。从减轻监管者的责任而言，这个规定是很高明的。但是，农户和中小微企业之所以借不到钱，正是因为现有的商业银行不愿到农村和中心城市以外的地区去。现在让这些商业银行出资20%，它们就要对新成立的村镇银行将来的成败负很大的责任，因此也很难会有积极性。对于银行业这一特殊行业而言，也应如第九讲"金融改革"中所建议的那样做到两点：一是高门槛。门槛可以定得高一点,资本金至少要达到1 000万元,甚至5 000万元,并且开办银行的人必须自己拿出相当规模的资产作为抵押,且应该比大银行有更高的准备金,借出去的钱中有更大的比例是银行家自己的钱。二是严监管,防止系统性风险。自1997年开始,我国每隔5年召开一次全国金融工作会议,本着渐进改革的精神,加快农村金融发展、提高农村金融服务水平、改进中小企业金融服务、加强监管等都是主要的议题。

(2)提高资源税费。改革开放后我国的资源税费很低,税费大约只占资源价格的1.8%,其后虽然有所调整,但仍然偏低,以2020年实施的《中华人民共和国资源税法》为例,原油税率为6%。在美国,地面石油税费(royalty)占其价格的12%,海上石油税费占其价格的16%。另外,从量计征要改成从价计征,当价格上涨到一定程度以后要征收暴利税,使收益变得更为合理。但是,改革初期的政策设计需要考虑到原来的国有矿产企业有很大的社会负担,政府通过压低资源税费对这些企业进行补偿,然而,后来出现的很多非国有矿产企业都没有这种社会负担。现有的国有矿产企业的社会负担,已经通过社会保障体系来解决,按照市场经济的原则来征收资源税的时机已经成熟,为十八届三中全会提出的"全面深化改革""使市场在资源配置中起决定性作用"提供了条件。

(3)取消行政性垄断,可以引入竞争的领域要引入竞争,对不能引入竞争的垄断行业要加强监管。垄断性行业引入竞争之后,价格下降,利润也随之下降。在不宜引入竞争的行业,比如电力行业,政府要加强对其价格、成本和收益分配的监管。

第二,更好发挥有为政府的作用,解决市场外部性的问题。(1)根据经济发展的需要,设计教育体系。(2)完善法律,对垄断行业加强监管。(3)克服产业转型升级中的市场失灵。(4)加强对环境的规制。(5)通过二次分配加强对弱势群体的救助。(6)以税收、社会嘉奖等方式鼓励富人捐赠进行三次分配。

总之,要改善收入分配,就必须按照我国的比较优势来发展,这一方面需要有效市场,另一方面也需要有为政府的作用。

如果这几个方面都能够做好,就能有一个较为完善的市场经济体系，市场中的各个产业按照比较优势来发展，符合比较优势的产业可以生产并出口，不符合比较优势的产业就用进口来补偿，国内、国际市场实现较好的均衡。在这种情况下，企业竞争能力增强，政府不再需要过多的保护和补贴，寻租行为减少，社会风气得到改善，最终使得在初次分配的过程中实现公平与效率的统一，城乡、地区的收入差距逐步缩小，收入分配状况得以改善。

党的二十届三中全会提出"聚焦构建高水平社会主义市场经济体制，充分发挥市场在资源配置中的决定性作用，更好发挥政府作用"。要实现这个目标，需要消除前面讨论的渐进双轨改革遗留下来的各种价格扭曲。这些改革推行到位将有利于收入分配状况的改善，有助于实现党的二十大提出的"实现全体人民共同富裕"这一中国式现代化的本质要求。

结语

总的来说，我认为在第十个五年规划之前提出的"初次分配注重效率，二次分配注重公平"的思路是有问题的，而且在讲初次分配注重效率的时候，对效率的定义经常是以能够发展发达国家的那些产业、形成发达国家那样的企业形态为标准，这不符合中国的比较优势，必然会导致各种扭曲以及就业不足、收入差距加大等问题。此外，如果通过二次分配来解决公平的问题，还很有可能陷入所谓的"拉美陷阱"。因此，为了正本清源，还是应该在市场经济中按照比较优势发展经济，在初次分配中就实现公平与效率的统一，使经济能够又好又快地发展，在就业不断增加的过程中逐步缩小城乡和地区的收入差距。与此同时，外部性的问题交由政府来解决，这样就能避免资源过度密集和破坏自然环境的发展方式，从而实现和谐社会和共同富裕。

参 考 文 献

林毅夫，"潮涌现象与发展中国家宏观经济理论的重新构建"，《经济研究》，

2007 年 1 月。

林毅夫,"发展战略与比较优势原则:对东亚奇迹的再解释",《中国社会科学》,2000 年 4 月。

林毅夫,"中国的渐进式改革能否取得成功?",《当代经济政策》,第 13 卷,1995 年 1 月。

林毅夫、陈斌开,"重工业优先发展战略、城市化和城乡工资差距",《南开经济研究》,2010 年第 1 期。

林毅夫、刘明兴,"中国经济增长的收敛与收入分配",《世界经济》,2003 年第 8 期。

林毅夫、刘培林,"发展战略,公平与效率",《经济学》(季刊),2003 年第 2 卷第 2 期。

林毅夫、孙希芳、姜烨,"经济发展中的最优金融结构理论初探",《经济研究》,2009 年第 8 期。

林毅夫,《发展战略与经济发展》,北京:北京大学出版社,2004 年。

林毅夫,《发展战略与经济改革》,北京:北京大学出版社,2004 年。

林毅夫,《自生能力、经济发展与转型:理论与实证》,北京:北京大学出版社,2004 年。

林毅夫、蔡昉、李周,《中国的奇迹:发展战略与经济改革(增订版)》,上海:上海三联书店和上海人民出版社,1999 年。

Lin, J. Y., *Development and Transition: Idea, Strategy, and Viability*, Cambridge: Cambridge University Press, 2009.

Lin, J. Y., "Development Strategies and Regional Income Disparities in China", CCER Working Paper, 2005.

Lin, J. Y., B. Chen, "Development Strategy, Financial Repression and Inequality", Working Paper, 2007.

Lin, J. Y., B. Chen, "Development Strategy, Technology Choice and Inequality", Working Paper, 2008.

Porter, M. E., *The Competitive Advantage of Nations*, New York: Free Press, 1990.

第十二讲

新常态下如何推进供给侧结构性改革与经济转型升级*

  2015年11月,习近平总书记在中央财经领导小组①第十一次会议上首次提出"着力加强供给侧结构性改革",12月中央经济工作会议将"去产能、去库存、去杠杆、降成本、补短板"作为2016年推进供给侧结构性改革的五大任务。总结为一句话,就是"在适度扩大总需求的同时,着力加强供给侧结构性改革"。党的二十届三中全会提出"以新发展理念引领改革,立足新发展阶段,深化供给侧结构性改革,完善推动高质量发展激励约束机制,塑造发展新动能新优势",以及"健全因地制宜发展新质生产力体制机制"。

  要理解这样一个总的政策方向,我们首先必须了解新常态下经济面临的最大挑战是什么。当前我国经济面临的最大挑战是2010年以后的经济增长速度一直在下降:从2010年10.6%的两位数增长速度,下降到2016年的6.7%,2017年虽略上升至6.8%,但2018年和2019年继续下降到6.6%和6.1%,即使2023年新冠疫情过后增长仍然乏力。

---

 * 本讲主要依据作者2015年12月24日在"朗润·格政"论坛上的发言,原文以"供给侧改革不应照搬西方"为标题发表于观察者网。
 ① 2018年3月根据《深化党和国家机构改革方案》改为中央财经委员会。——编者注

经济增速下降的原因

中国人讲,只有对症下药才能药到病除,所以对于2010年以来经济增速下降的原因,我们必须判断清楚。国内普遍的看法(国际上也有很多人持有这种看法)是,中国持续这么长时间的经济增速下降,是由中国自身经济体制机制、增长方式上的问题,以及2008年国际金融经济危机以后政府采取的"四万亿计划"等反周期措施所造成的。

我国作为一个发展中国家、转型中国家,肯定有很多体制机制、发展模式的问题需要解决,这一点我们必须承认。2008年的"四万亿计划",由于是在面临突发危机的情况下推出的,在政策推行的时候肯定有不少疏忽和可以改进的地方,但是,我个人认为,2010年以来的经济增速下降更多的是外部性、周期性的原因造成的。

我们可以比较同一时期与我国发展程度相当的国家的总体经济表现。我国2010年的增长速度是10.6%,2019年是6.1%。与我国发展程度相当的巴西,2010年的增长速度是7.5%,2019年只有1.2%,下降幅度更大。而同样是金砖国家之一的人口大国印度,2010年的增长速度是10.3%,2019年是4.7%,增速下降的幅度也比我国的要大。从横向比较可以看出,造成我国经济增速下降的并不是体制机制和增长方式,因为与我国发展程度相当的国家的经济增速也在下降,并且下降的幅度比我国的更大。

我们再来看同一时期的一些经济表现一向较好、出口比重较大的高收入经济体。韩国2010年的增长速度是6.5%,2019年是2.0%;中国台湾地区2010年的增长速度是10.8%,2019年是2.7%;新加坡2010年的增长速度是15.2%,2019年只有0.7%。照理说,这些所谓表现良好的经济体的体制机制、增长模式应该没有什么问题,但是同一时期这些经济体的经济增速也都一样在下降,而且下降幅度非常大。

印度著名经济学家阿马蒂亚·森在其著作《不确定的荣耀》中指出了印度经济高增长背后的很多问题和隐患

如何推进供给侧结构性改革

通过以上国际比较不难看出,2010年以后的经济增速减慢主要是外部性、周期性的因素造成的。最主要的原因是占世界GDP一半的美、欧、日发达国家尚未从2008年的国际金融经济危机中复苏,减少了进口,抑制了世界贸易,也抑制了中国和其他国家的增长。2008年危机前,世界贸易的增长速度是世界经济增长速度的两倍以上,现在世界经济增长放缓,贸易增长的速度则低于经济增长的速度。作为一个发展中国家、转型中国家,中国当然不能回避体制机制问题,在经济工作当中,确实要坚定信心,推动改革。但是,在外部性、周期性因素是增长速度下滑的主要原因的情况下,中国要推动一些必要的体制机制改革或结构性改革,也必须有一定的稳增长、反周期措施,否则经济增速下滑过快,可能会造成就业问题,影响社会稳定,还有可能会造成银行呆坏账急剧增加,从而产生系统性金融风险,影响到整个金融体系的安全。

这些问题的发生其实是不利于中国推进应有的体制机制改革或结构性改革的,因为当危机发生的时候,政府采取的很多应急措施可能会跟我们所需要的改革发生冲突,在这种状况之下,2015年12月中央经济工作会议总的定调是,"在适度扩大总需求的同时,着力加强供给侧结构性改革"。因此,扩大总需求的稳增长、反周期的措施仍是必要的,并且在推动结构性改革的时候,也要梳理好结构性改革的各种措施。

2008年国际金融经济危机以来,发达国家的经济增长率一直未恢复到危机前平均每年3%的水平。依靠美元作为国际主要储备货币、可以无限制使用量化宽松政策来缓解国内经济困难而经济表现相对最好的美国,其每年的经济增长率也仅为2.5%左右,欧元区则在2%左右。OECD国家在1960—2008年的年均经济增长率是3.4%,2008—2022年的年均经济增长率仅为1.5%。受此影响,世界经济的增长率从1960—2008年的年均3.7%降为2008—2022年的年均2.6%。世界贸易也因此一直未能恢复,贸易增长率从危机前的高于世界增长率降到现在的低于世界增长率。我国作为世界最大贸易国和出口国,外需不足成为我国经济增长下行的主要原因之一。因此,2023年12月中央经济工作会议指出"必须坚持深化供给侧结构性改革和着力扩大有效需求协同发力",强调要"统筹扩大内需和深化供给侧结构性改革"。

审时度势,突出重点,有效投资是关键

供给侧结构性改革从长期来看一定是有利于经济发展的,需要考虑的是其在短期推行时有可能会抑制消费需求,也可能会抑制投资需求,因此在推行时要有轻重缓急,要审时度势。对那些短期内能增加消费需求或投资需求的改革措施,应该优先推行;对那些短期内可能会抑制消费需求或投资需求的改革措施,则需要审时度势,掌握好推行的时间点。

当外需不足时,在稳增长、适度扩大总需求的措施当中,到底是应该以消费为主还是侧重在投资方面,一直有很多的争论。有一种看法把我国过去的增长方式称为投资拉动的经济增长,并认为这种增长方式是不可持续的;也有不少学者把我们当前的经济困难归结为2008年"四万亿计划"的后遗症,认为以投资作为反周期措施是不可行的。这两种观点归结起来,就是说我国应该从以投资拉动经济增长的方式转变为以消费拉动的经济增长方式。

消费当然很重要,是我们经济发展的目标,但是消费要能持续拉动经济增长,收入也要不断提高。收入怎样才能不断提高呢?通过收入分配或者减税只能一次性地提高收入,不能持续地促进收入增长。要持续提高收入,必须提高劳动生产率水平,或者降低交易费用。劳动生产率提高以后,生产的东西多了,附加价值也就提高了。但是在经济活动中,这些价值能够实现多少还取决于交易费用。打个比方,冰块是生产出来的产品,但它最后能实现多少价值,取决于消费者在买到它的时候还剩下多少,而融化掉的那一部分就是交易费用。提高劳动生产率水平的前提是技术创新、产业升级,降低交易费用则需要基础设施的完善,这些都需要投资才能实现。政府拉动需求的措施中,还是应以投资为主,而且必须是能够提高劳动生产率水平或者降低交易费用的有效投资。

国内学界和舆论界在相当长的时间里一提到投资就将其等同于过剩产能。不是说投资不会造成过剩产能,如果是在已经出现产能过剩的部门增加投资,那当然会加重产能过剩,但是如果投资于短缺部门,用于补我们的短板,就不会有这样的问题。具体来讲,仅制造业方面,2017年我国就进口了2.16万亿美元的工业制品,主要是国内不能生产,且附加价值和技术含量都比较高的产品。如果在这些领域进行技术创新、产业升级方面的投资,不但不会造成产能过剩,而且会在国内形成有效的生产能力,减少进口,增加出口。再比如,据联合国世界旅游组织统计,2015年中国内地游客的境外消费已经超过2 000亿美元,那些也是我们不能生产,或者生产质量较差的产品。如果我们生

目前依然高度依赖进口的芯片是中国制造业发展要补的一块重要短板

产质量提高的话,也会增加供给,而不会造成产能过剩。

基础设施也一样,比如北京和许多城市的地下管网还处于短缺状态。我国还在城镇化过程当中,2020年我国常住人口的城镇化率为63.9%,而发达国家普遍在80%以上。城镇化其实也是我们的一个短板,如果在城镇化领域进行投资,集中人口,提高规模经济,也可以提高效率。这方面的投资也不会加重产能过剩。

那么过剩产能主要存在于哪些部门呢?大部分是在建筑行业,比如水泥、平板玻璃、电解铝等。这部分产能过剩的原因很清楚,1978—2011年我国平均每年的GDP增长率是9.9%,此后一路下降,2016年降到7%以下,必然会有30%和建筑行业相关的产能剩余出来。但是这部分过剩产能有多少,又取决于我们下一步的投资。投资多,过剩的产能就会少,而如果投资少,过剩产能就多。这是必然的。

所以只要投资是用来补短板,提高劳动生产率,满足国内需求,或者是降低交易费用,补足基础设施瓶颈,那就不仅不会造成产能过剩,而且还可以减少现有的过剩产能。

投资不会挤占消费

反对以投资来拉动经济增长的观点当中,有一种说法是,投资会挤占消费。这种观点没有从动态的角度看问题。它提出的背景是,2003年国际经济出现不均衡,尤其是2008年国际金融经济危机后,中国政府推行了"四万亿"的刺激政策,投资增长迅猛。于是很多人就说我国投资太多、出口太多,造成国际经济不均衡以及国内产能过剩,并称这样的体系无法维持下去,中国为了国内和国际经济的稳定,必须放弃高投资、高储蓄,改成以消费来拉动经济增长。

但是,实际情况是怎样的呢?从图12.1来看,2001—2009年我国的投资增长率(指固定资产投资增长率)每年维持在较高的水平,消费增长率同样维持在较高的水平;2010年以后投资增长率一路下滑,消费增长率不仅没有提高,反而同样一路下滑。

为什么投资增长和消费增长之间的关系是这样的呢?前文我们讲到,如果投资是用于提高劳动生产率或者降低交易费用的,就能消

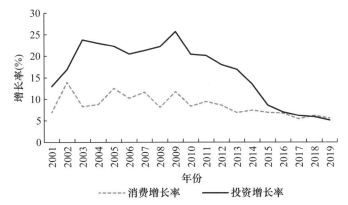

图 12.1　2001—2019 年我国投资增长率和消费增长率

资料来源:国家统计局,《中国统计摘要 2023》,北京:中国统计出版社,第 61 页,第 81 页。

除过剩产能,拉动经济增长。这样的有效投资不仅不会挤占消费,而且可以提高消费水平。因为劳动生产率的提高可以增加就业,提高家庭收入水平,从而也就拉动了消费。反过来,如果有效投资下降,创造的就业变少,人们对未来的就业和收入预期降低,在这种情况下消费增长就会变慢。一般老百姓关心的不是消费占 GDP 的比重,而恰恰是消费的增长。因此,不能简单地说投资会挤占消费,而必须动态地看投资增长对现在和未来的就业以及收入增长的影响。

政府的基础设施投资不会挤占私人投资

我们所说的"扩大投资"有两个方面,一是基础设施方面的投资,二是产业方面的投资。产业方面的投资应该以企业为主,基础设施方面的投资则应该以政府为主。但是也有很多人反对政府支持的基础设施投资,主要基于两个观点:一是政府的基础设施投资会挤占私人投资,二是政府投资基础设施的回报率低。这些观点是否正确?

第一个观点,政府对基础设施的投资挤占了私人投资。这个观点忽视了政府推出积极财政政策的背景。以 2008 年政府的四万亿投资为例,这一政策的出台是因为民间投资意愿低,政府为了适度扩大需求才去进行基础设施投资,还是因为政府扩大了基础设施投资,造成在 2008 年和 2009 年年初私人不去投资？答案很清楚,是因为私人投资意愿非常低。当时国际经济一蹶不振,外贸出口减少一半,产能过剩非常严重,人们对未来没有信心。过剩产能不仅出现在出口加工部门,也出现在一些装备制造部门。在那种情况下,政府为了稳增长才去进行基础设施投资。

第二个观点,基础设施投资的回报率低。以这个观点反对基础设施建设的学者做了很详细的经验分析,证明在 2008 年国际金融经济危机之后政府确实进行了很多基础设施投资,而且投资回报率低。但是,是不是这样我们就不需要政府进行基础设施投资了呢？

首先,为什么基础设施投资的回报率比较低？因为基础设施投资是长期的,回报期可能有四五十年,而在私人投资的产业部门,一般不超过十年投资就全部折旧了,折旧期短的投资的回报率当然要高,只有这样才能产生足够的收入来补偿投资。基础设施投资的折旧期和回报期这么长,如果回报率和产业部门一样的话,回报就太高了。所以,如果产业投资的回报率在 10% 以上,那么基础设施投资的回报率大概只有 3%—5%。因为周期性不同,所以要求的回报率也不同。

其次,基础设施投资有许多外部性,比如说修建交通设施,最大的受益者是企业和民众,但是基础设施投资很难对外部性收益直接收费。对于这种长期回报率低,而且有很多外部性的投资,民间是没有积极性的,除非给予其垄断地位,让他们将外部性收益内部化,收取垄断价格。这对投资者来讲是有利的,但对整个经济的发展却是不利的。实际上,20 世纪 80 年代,包括世界银行在内的很多国际机构都曾倡导将基础设施投资作为一项经济活动由私人来投资。后来发现,私人愿意投资的基础设施只有一种——移动通信,一是因为通信行业具有自然垄断性质,二是因为容易收费。除此之外,私人投资基础设施的意愿非常低。2014 年起中国政府发布文件鼓励以政府和社会资本合作(PPP)模式投资基础设施,但最终落地的项目很少。如果要由民间投资基础设施建设,结果可能就跟其他发展中国家一样,面临种种瓶颈。在这种情况下,基础设施建设,尤其是消除增长瓶颈的基础设施建设,必然要由政府来投资。那么,什么时候投资最好？

2008年国际金融经济危机爆发之后,我从2009年就开始倡导,如果基础设施建设的责任要由政府来承担,那么最佳投资时机是在经济下行的时候。一方面,这时进行基础设施投资可以创造需求、稳定增长、增加就业;另一方面,在经济下行的时候投资成本也是最低的,因为这时各种原材料的价格和工人工资都相对较低。反过来讲,如果在经济快速发展的时候进行基础设施投资,不但可能造成经济过热,而且各种原材料和人工成本也较高,导致基础设施建设成本高昂。在经济下行的时候,只要项目选择好,短期内可以创造需求,长期中可以提高增长率、增加政府税收,可谓"一石双鸟"。这个观点自我于2009年年初提出以来,在国际上已经逐渐成为主流。2014年10月国际货币基金组织在《世界经济展望》(*World Economic Outlook*)中提出的政策建议就是经济下行时期是进行基础设施投资的好时机。另外,世界银行在2024年1月出版的《全球经济展望》(*Global Economic Prospects*)中的"投资加速的魔力"一章则对一个国家的投资加速进行了广泛分析。所谓投资加速,是指投资增长显著并持续快速的时期。研究显示,在投资加速期间,一个国家通常会出现重大的经济收益,包括更高的产出增长和生产率的提高。这些投资加速大多数是在一国实施旨在增强宏观经济稳定性的改革或结构性改革的重大政策变化之后发生的。该章的洞见强调了投资在促进经济增长方面可以发挥的强大作用,特别是在新兴市场和发展中经济体。上述发现是对国内广泛流行的"投资拉动的增长不可持续,必须改为由消费来拉动经济增长"观点的一个有力驳斥。

被誉为"沙漠之钻"的美国胡佛大坝就建造于20世纪30年代的大萧条时期

供给侧结构性改革与理论创新

国内学界和舆论界通常是用国外的理论来看待我国的政策。例如,过去很多人认为中国的政策是需求侧的政策,是凯恩斯主义的政策,现在中央提出要在适度扩大总需求的同时,着力加强供给侧结构性改革,于是学界和舆论界马上转向,说我们要抛弃凯恩斯主义,拥抱供给学派的政策。我认为这两种看法都不正确。

凯恩斯主义的政策措施是"挖个洞、补个洞"或发放失业救济,在短期内可以增加需求,但在长期中不提高劳动生产率,而供给学派的政策措施主要是通过降低税收来提高投资,增加供给的积极性。供给学派的政策是20世纪80年代时任美国总统里根推行的一种政策主张。当时是新自由主义最盛行的时候,里根被认为是推动新自由主义的主要政府领导人。当时美国的供给学派是完全反对产业政策的,他们认为不应该针对某个产业去制定政策,应该用普遍降税的方式来提高投资的积极性。

但是,我国推行积极财政政策就是凯恩斯主义吗?实际上,我国过去,甚至是在2008年以后推出的"四万亿"的刺激政策,所投资的基本上都是改善交通基础设施、消除增长瓶颈的领域,在短期内提高了需求,长期中降低了交易费用,提高了经济的竞争力。这一点发达国家就做不到。因为发达国家的基础设施普遍已经比较完善,在这样的情况下,政府再投资基础设施就只能是"挖个洞、补个洞"式的,基础设施看起来会新一些,但是难以提高生产率。而我国的基础设施建设是建新的设施,是可以消除增长瓶颈、提高生产率水平的。这不是传统的凯恩斯主义,而是超越凯恩斯主义,把需求和供给的增加结合起来的措施。

之所以要加强供给侧结构性改革,确实是因为我们还有很多短板,有很多税收过高的地方需要减税,也有一些过剩产能应该退出,但是我国与发达国家不同的是,发达国家推行供给学派的政策时是反对产业政策的,我国推行的是"宏观政策要稳,产业政策要准",还是要有产业政策来补产业的短板。因此,我国过去的政策不是凯恩斯主义的政策,现在的政策也不是供给学派的政策。我们应该有自己的理论创新,结合我国的实际状况,仔细分析我国当前经济的实际问题和机会,从而确定政策该如何推行。

任何一个国家都会遭遇到周期的冲击,在受到冲击时应该有反周期的措施。发达国家的反周期措施很难与促进增长的措施结合在一起,而发展中国家是可以做到这一点的。当面对外部冲击或者经济周期性下滑时,我们可以通过基础设施投资去消除增长瓶颈,这既是需求侧的管理,同时也是供给侧的补短板措施。此外,在产业政策方面,发达国家要想推行产业政策也比我们困难。因为发达国家的产业和技术已经处于世界最前沿,想要进步就必须发明新的技术、创造新的产业。而发展中国家有很多产业是发展短板,有相当大的进步空间,政府通过因势利导可以促进这些短板产业的发展。在这一方面,发展中国家政府所能收集到的信息、所能利用的政策手段都要比发达国家多,所以不能因为发达国家推行供给学派的政策时不支持产业政策,我们就不去推行产业政策。

发达国家的理论是根据发达国家的发展阶段、产业特性和生产特性提出的,其宏观政策、发展政策也是如此。但是我国是发展中国家,我们不能用发达国家的理论来应对我们当前的问题或者理解我们当前的政策,否则可能会对政策造成误解并带来不必要的社会压力。

我国过去推行的积极财政政策的措施既增加了短期的需求,也增加了长期的供给,现在推行的供给侧结构性改革的许多措施旨在增加长期的供给,但也需要短期的投资才能实现。所以,无论是过去还是现在,我国的宏观经济政策一直是将需求管理和供给管理结合在一起的,既不是发达国家的凯恩斯主义政策,也不是发达国家的供给学派政策。我国的经济学界应该有自信根据我国的实践来提出新的理论、新的思想。我很高兴地看到,在 2016 年 5 月中央召开哲学社会科学工作座谈会以后,以自主知识体系来构建具有中国特色、中国风格、中国气派的哲学社会科学体系已经成为我国经济学界的一个努力方向。

新常态下政府应该如何推动经济转型升级

2010年以来我国经济增速持续下降,是改革开放以来首次出现的现象。以往地方政府抓基础设施,抓招商引资,一抓就灵的局面已不复存在。那么,在经济新常态下,政府推动经济发展的抓手和着力点在哪里?这是一个亟待回答的重大实践问题。要回答这个问题,我们首先需要理解经济持续发展的根本机制。

现代经济发展是一个技术、产业和软硬基础设施的结构连续变化的过程,这一结构的变化使得劳动生产率不断提高,进而使一个经济体中的人均收入水平持续提高。源于对这一经济发展本质的观察,在以往研究、对第二次世界大战以后发展经济学理论进展的反思,以及对过去数十年发展中国家经济增长成败经验总结的基础上,我提出了"关于经济发展过程中结构及其变迁的一个新古典框架",即"新结构经济学",旨在将结构重新带回经济发展研究的核心。自提出以来,新结构经济学作为发展经济学的3.0版本,已经得到了国际经济学界众多学者的高度评价,以及许多发展中国家政府和知识界的重视,希望能够推动跨学科视角下现代经济学体系的创新和发展。[①] 新结构经济学认为,经济发展是一个产业、技术、基础设施、制度结构不断变迁的过程,在这个过程中,既要有"有效的市场",又要有"有为的政府"。

既要有"有效的市场",又要有"有为的政府"

在第五讲中我们介绍过,按照要素禀赋的比较优势来选择技术和产业,生产出来的产品在国内、国际市场的同类产品中,成本会最低,也会最有竞争力,从而可以创造最大的剩余和资本积累,使得比较优势从劳动或自然资源密集逐渐向资本密集提升,为现有产业、技术升

---

① 关于新结构经济学的内容可参见我的《新结构经济学:反思经济发展与政策的理论框架》一书。

级到资本更为密集、附加价值更高的新产业、新技术提供物质基础。按照比较优势发展经济的前提,则是有一个能够很好地反映各种要素相对稀缺性的价格体系。在这样的价格体系下,企业为了自己的利润和竞争力,就会按照要素禀赋决定的比较优势来选择合适的技术和产业,这种价格体系只有在充分竞争的市场中才会存在。所以,按照比较优势发展产业、选择技术的前提是有一个"有效的市场"。

党的二十届三中全会提出"充分发挥市场在资源配置中的决定性作用",目的就是建立完善的市场体系,使各种要素的价格能够反映其相对稀缺性,为我国经济更好地按照比较优势发展以形成竞争优势提供必要的制度基础。

在经济发展过程中,"有为的政府"也是不可或缺的。首先,这是因为经济发展是一个资源必须随着要素积累、比较优势变化,不断从现有技术和产业配置到新的效率更高的技术以及附加价值更高的产业的结构变迁过程。在技术创新和产业升级过程中,必须要有"第一个吃螃蟹的人",政府需要给其一定的激励,才会有人愿意去冒这个风险。发达国家的专利制度发挥的就是这种功能。发展中国家的技术创新和产业升级一般是在国际技术和产业链内部进行的,多数情况下不能被授予专利,但是,仍然需要以其他合适的替代方式去补偿"第一个吃螃蟹的人"。

其次,"第一个吃螃蟹的人"成功与否,并不完全取决于个人勇气、智慧和企业家才能。例如,要进入一个新的产业,所要求的从业人员的技能和以往的产业不尽相同,"第一个吃螃蟹"的企业家如果完全由自己培训员工,后来的企业就可以以稍高的工资挖走拥有新技能的员工,而使"第一个吃螃蟹"的企业家蒙受损失。新产业所需的资本规模和风险也通常会比原有的产业大,需要有新的能够动员更多资本、有效分散风险的金融制度安排与其匹配,这也不是"第一个吃螃蟹"的企业家自己可以解决的问题。随着技术创新、产业升级、资本密集度和规模经济的提高,市场的范围会不断扩大,交易的价值会不断提高,交通、电力、港口等硬件基础设施和法律、法规等软件制度环境也必须随之不断完善,这些显然也超出"第一个吃螃蟹"的企业家的能力之所及。随着一个国家的发展,技术和产业会越来越接近国际前沿,新的技术创新和产业升级需要与这些新技术和新产业相关的基础科学取得突破。基础科学的研发属于公共产品范畴,其发现不能申请专利,企业家不会有积极性持续地从事这方面的研究。凡此种种困难,均需要一个"有为的政府"通过协调不同的企业加以克服,或是由政府自己直接提供相应的服务。只有这样,技术创新和产业升级才能顺利进行。

在经济发展过程中,政府可以动员和配置的资源有限,不可能满足各种可能的技术创新和产业升级所需的外部性补偿,以及完善所有相应的条件。因此,和企业一样,政府也必须对可能的技术创新和产业升级的经济和社会回报做出甄别,以"伤其十指不如断其一指"的精神,通过产业政策集中有限的资源,协助企业家推动那些回报最高的技术创新和产业升级,只有这样才能促进经济最好最快地发展,避免陷入"低收入陷阱"或"中等收入陷阱"。

五种类型的产业与政府的因势利导作用

我国经济进入新常态之后,如何在"有效的市场"环境中发挥"有为的政府"的作用,推动产业从中低端向中高端,以及将来从中高端向高端升级,实现可持续的中高速增长?从新结构经济学的视角,根据现有产业和国际前沿的差距,可将我国的产业分成五种不同类型,对于不同类型的产业,政府因势利导的作用各有差异。

• **第一种是追赶型产业。** 2021年我国人均GDP为80 976元人民币(约合12 554美元),同年美国的人均GDP是70 249美元,德国51 204美元,日本39 313美元,韩国34 998美元。这种人均GDP的差距反映的是劳动生产率水平的差距,代表我国现有产业的技术和附加值水平比发达国家同类产业的水平低,处于追赶阶段。我国的汽车、高端装备业、高端材料即属于这种类型。

对于追赶型产业,我国各地政府和金融机构可以在资金融通和外汇获取上支持所在地的合适企业,像吉利汽车、三一重工那样,到海外并购同类产业中拥有先进技术的企业,作为技术创新、产业升级的来源。发达国家自2008年国际金融经济危机以来,经济增长乏力,很多拥有先进技术的企业经营不善,低价求售,出现了许多好的并购机会。在没有合适的并购机会时,各地政府也可以支持所在地的企业像华为、中兴那样,到海外设立研发中心,直接利用国外的高端人才来推动技术创新。

此外,各地政府也可以筛选我国每年从发达国家大量进口的高端制造业产品,根据其地区比较优势,创造这些产业所需的基础设施,改善营商环境,到海外招商引资,把那些高端制造业产品的生产企业吸引到国内来设厂生产。我国 2021 年的 GDP 规模约占世界的 18.5%,在新常态下,每年 6%左右的增速意味着我国每年向世界贡献将近一个百分点的增长。在世界经济每年增长 3—4 个百分点的情况下,这意味着,我国每年对世界市场容量扩张的贡献率达到 25%—30%。如果地方政府能够根据这些高端制造业的需要提供合适的基础设施、人才培训、营商和法治环境,国外许多高端生产企业会有很高的积极性到国内设厂生产,以满足我国不断扩大的需求,并以我国为基地生产并供应世界其他地方的市场。江苏省太仓市的中德企业合作园区 2012 年被工信部授予"中德中小企业合作示范区",到 2014 年年底吸引了 220 家德国企业入园,投资总额达 20 亿美元,就是一个很好的案例。在中高端产业的招商引资上我国仍处于大有作为的机遇期。

- **第二种是领先型产业**。我国作为中等偏上收入国家,有些产业,像白色家电、高铁、造船等,其产品和技术已经处于国际领先水平或接近国际最高水平。领先型产业必须自主研发新产品、新技术,才能继续保持国际领先地位。

自主研发包括两种不同性质的活动:新产品、新技术的"开发"和新产品、新技术开发所需的"基础科研的突破"。企业开发的新产品、新技术可以申请专利,这类活动理应由企业自己来进行。但是,基础科研不仅投入大、风险高,而且其产品是论文,属于社会公共知识,企业没有从事基础科研的积极性。美国等发达国家的产业绝大多数属于领先型产业,技术创新和产业升级所需的基础研究,绝大多数是由美国国家科学基金会资助的高校,或是由美国国家健康研究院等政府支持的科研机构来进行的。欧洲、日本等发达国家也以政府资金支持类似的机构来进行这方面的基础研究。我国自然也必须采取同样的方式来支持领先型产业的新产品、新技术开发所需的基础科研。

我国的中央和地方政府可以用财政拨款设立科研基金,支持所在地领先型产业的企业与科研院校协作进行基础科研,支持企业开发新产品、新技术。中央和地方政府也可以以资金支持相关行业的企业组成共用技术研发平台,攻关突破共用技术瓶颈,在此突破的基础上再各自开发新产品、新技术。在企业新技术和新产品开发取得突破后,中央和地方政府也可以通过采购,帮助企业较快地形成规模化生产,以降低单位生产成本,提高产品的国际竞争力。领先型产业需要到世界各地建立销售、加工生产、售后服务等网络,以开发市场,中央和各地政府也需要在人才培训、资金、法律、领事保护上为相关企业拓展海外业务提供必要的支持。

- **第三种是转进型产业**。这类产业有两种类型,一类是丧失比较优势的产业,另一类是在我国还有比较优势,但是产能有富余的产业。

劳动密集型的出口加工业是最典型的第一类转进型产业。这类产业最主要的成本是工资成本。目前,我国一线工人的月工资是 4 000—5 000 元人民币,大约相当于 600—700 美元。预计到 2025 年"十四五"时期结束,普通工人的月工资至少会上升到 1 000 美元。这类产业在我国失掉比较优势是不可逆转的趋势。

面对这种挑战,我国劳动密集型出口加工业中的一部分企业可以升级到品牌、研发、产品质量管理、市场渠道管理等高附加值的"微笑曲线"两端。从事生产加工的多数企业则只能像 20 世纪 60 年代以后的日本和 80 年代以后的亚洲"四小龙"的同类产业中的企业那样,利用其技术、管理、市场渠道的优势,转移到海外工资水平较低的地方去创造"第二春",把我国的 GDP 变为 GNP,否则必然会因竞争力丧失、海外订单流失而被淘汰。这些加工企业在海外的成功也将给我国相关产业中附加值较高的中间部件和机器设备的生产企业提供海外市场,成为我国产业转型升级的拉动力。

我国各种劳动密集型出口加工业,绝大多数在一些市县形成产业集群,这些产业集群所在地的地方政府可以采取以下两种因势利导的政策:一是提供设计、营销方面的人才培训以及展销平台等,鼓励一部分有能力的企业转向"微笑曲线"的两端,对于经营品牌的企业则可以对其新产品开发的费用给予和高新产业研发费用一样的税前扣除待遇;二是协助所在地加工企业"抱团出海",提供信息、海外经营人才培训、资金支持,以及与承接地政府合作设立加工出口园区等,帮助企业利用当地廉价劳动力资源优势来提高竞争力,创造企业的"第二春"。

根据这一思路,我国劳动密集型出口加工业应向何处转移?由于我国是一个拥有超过14亿人口的大国,第三次工业普查显示,整个制造业的从业人数高达1.25亿。以人口规模相对较小的越南、柬埔寨、老挝、孟加拉国而言,我国的劳动密集型加工业只要稍微往那些国家转移,马上就会带动其工资的迅速上涨。实际上,这正是近年来那些国家出现的情形。从人口和劳动力供给而言,非洲现在有十多亿人口,大量是剩余的农村年轻劳动力,和我国20世纪80年代初的状况相似。目前非洲的工资水平仅为我国的十分之一到四分之一,是承接我国劳动密集型出口加工业最合适的地方。但一个地方要成为现代制造业的出口加工基地,除了工资水平低,当地的生产企业还必须具备较为现代化的管理和技术能力,以及国际买家对当地企业的产品质量和按时交货能力的信心。非洲国家现在遇到的发展瓶颈是,基础设施薄弱,国际买家对非洲企业的管理、技术、产品质量和按时交货能力缺乏信心。如果我国中央政府和劳动密集型加工业所在的地方政府在"一带一路"和"中非命运共同体"的合作框架下,能够帮助非洲国家学习中国在招商引资方面的经验,设立工业园区,改善基础设施,提供一站式服务,以发展产业集群的方式将我国的劳动密集型加工企业吸引过去,非洲也能快速发展起来。

2011—2012年东莞的华坚鞋业在埃塞俄比亚投资设厂迅速获得成功就是一个很好的实例。华坚在国内的工资占总成本的22%,埃塞俄比亚工人的工资水平只有国内的10%,工人的生产效率是国内的70%,因此,在埃塞俄比亚设厂的工资总额实际上只占国内总成本的3%左右,比在国内设厂下降了19个百分点。华坚在埃塞俄比亚的工厂所有的原材料均来自国内,产品全部出口,物流成本占总成本的比例为8%,比在国内设厂高出6个百分点,但即使扣除这6个百分点,华坚在埃塞俄比亚的工厂与国内相比还节省了 13 个百分点的成本。埃塞俄比亚和许多非洲国家目前仍处于工业化的早期阶段,大量剩余年轻劳动力滞留在劳动生产率水平极低的农业和服务业,劳动密集加工制造业在未来十年或更长的时间里工资水平基本能够维持不变,去投资设厂的企业多了,生产规模扩大,物流成本将下降,所以,中国企业到那里投资的利润水平还会随着生产规模的扩大而上升。

华坚的埃塞俄比亚工厂所在的东方工业园已成为中国企业在非洲集聚投资的一个亮点

随着我国内地工资水平的上涨,许多 20 世纪八九十年代转移到中国内地的台资、港资、韩资劳动密集型加工出口企业已经转移出去,内资的劳动密集型加工出口企业则因为不熟悉境外投资环境、缺乏境外经营管理人才而仍滞留境内。劳动密集型出口加工产业集群所在地的政府,可以给企业提供适合其发展出口加工业的国家信息,与承接地政府做好对接,帮助他们学习我国的招商引资经验,设立工业园区,营造良好的投资和经营环境,会同行业协会因势利导,协助我国企业抱团到那里投资。我国的商务部、外交部等中央部门和进出口银行、开发银行、中非发展基金等金融机构也要在投资保护、签证便利和金融服务上给予走出去的企业必要的支持。

● **第四种是"换道超车型"产业**。这类产业是指人力资本需求高、研发周期短的新兴产业。相对于一种新药的研发周期可能历时十年以上,成本投入高达 1 亿美元,信息、通信产业的软件、手机等产品的研发周期仅为几个月或一年,属于人力资本需求高、研发周期短的"换道超车型"新兴产业。在这类产业的发展上,我国具备国内市场巨大、科技人才众多、生产加工能力完备、能把概念迅速变成产品等优势，并已经出现了华为、中兴、阿里巴巴、腾讯等成功的企业。根据"2022胡润全球独角兽榜"，创办不超过10年、估值10亿美元以上的未上市的科技初创公司，全球共有1312家，中国有312家，美国有625家。各地政府可以针对这类企业发展的需要，提供孵化基地，加强知识产权保护，鼓励风险投资，制定优惠的人才和税收政策，支持国内和国外的创新型人才创业，利用我国的优势，推动"换道超车型"产业在当地的发展。

- **第五种是战略型产业**。这类产业通常资本非常密集，研发周期长，投入巨大，我国尚不具有比较优势。但是，其发展关系到我国的国防安全，例如大飞机、航天、超级计算机产业即属于这一类。战略型产业有一个特性，它不能完全依靠市场，需要有政府的保护补贴才能发展起来。过去，政府的保护补贴主要通过对各种要素价格的扭曲和直接配置来实现。党的二十届三中全会提出"进一步全面深化改革"，"充分发挥市场在资源配置中的决定性作用"，要素价格的人为扭曲将会被消除，今后应由财政直接拨款来补贴这类企业。在欧美等发达国家，无论国防安全型战略产业是私营还是国有，也都是由政府财政直接拨款来支持的。

对战略型产业的扶持是国家行为，应该由中央而不是由地方财政来承担。但是，这类产业落户在哪个地方，会间接地促进那个地方配套产业的技术进步和产业升级，因此，各地政府可以支持、鼓励配套产业的发展，并改善基础设施、子女教育、生活环境等软硬件条件，来争取战略型产业落户当地，以实现战略型产业和当地产业转型升级的双赢。

因地制宜发展新质生产力

自2023年7月以来，习近平总书记多次强调培育和发展新质生产力。新质生产力是以创新为主导，以产业为载体，具有高科技、高效能、高质量的特征，符合新发展理念的先进生产力质态。培育和发展新质生产力，是把握新科技革命历史机遇、掌握未来发展主动权、塑造国际竞争新优势、推动经济高质量发展的关键之举。2024年7月党的二十届三中全会通过的《中共中央关于进一步全面深化改革、推进中国式现代化的决定》首次将发展新质生产力的举措写进了中央文件。各地在落实发展新质生产力的举措时不能忽视、放弃传统产业，要防止一哄而上、泡沫化。总的来讲，要根据现有的产业基础，因地制宜、发挥比较优势，宜发展新兴产业则发展新兴产业，宜改造提升传统产业则改造提升传统产业。

对于追赶型产业，各地的企业除利用后来者优势来追赶发达地区或国家的企业以及采用数智技术、绿色技术来提质增效，发展新质生产力外，有些则可以借助革命性新技术来进行换道超车，例如，在以内燃机为动力的汽车产业，我国十年前还处于追赶阶段，现在随着技术转向新能源+人工智能的无人驾驶，我国的汽车产业从追赶型产业变成了领先型产业。

对于领先型产业，各地的企业必须不断利用新技术赋能，依靠新质生产力的不断提升来保持产业的领先地位，同时也要关注技术革命，防止像日本、韩国、德国的汽车产业一样被追赶者换道超车。

对于转进型产业，有能力的企业可以进入附加值高的"微笑曲线"两端，通过经营品牌、开发新产品、掌握市场渠道，利用互联网、短视频、人工智能来构建新的业态。生产环节的企业则要考虑利用大数据、人工智能、自动化技术来降低生产成本以熨平"微笑曲线"，或转移到工资成本较低的我国中西部地区以及"一带一路"沿线国家来创造"第二春"。

对于第四次工业革命所带来的短研发周期新兴型产业，我国的发达地区拥有资本、人才、市场规模、产业配套方面的优势，可以在有效市场和有为政府的共同作用下，为企业家创造大有作为的环境来抓住新技术革命的机遇，发展新兴产业，布局未来产业。

对于战略型产业，由于这类产业关系到国家安全或经济安全，虽然尚不符合我国的比较优势，我国也必须自己发展。这类产业有些属于新兴产业，研发周期长，我国需要和发达国家竞争；有些属于未来产业，我们必须现在就布局；还有一些则属于第三次工业革命的产业，发达国家已经发展了几十年，在世界处于领先地位，我们还在追赶。这些产业需要有国家的支持才能发展起来,有些则需要运用新型举国体制来发展。拥有科研优势和相关产业基础的地方可以配合国家的政策来发展这类产业。

在经济新常态下,我国仍然处于大有作为的战略机遇期,根据各种产业的特征,发挥好"有效的市场"和"有为的政府"两只手的作用,推动产业转型升级,即使在相对不利的国际外部环境下,我国的经济也仍然能够保持中高速增长,很快跨过世界银行2022年确定的人均GDP 13 845美元的门槛,进入高收入国家行列,在实现中华民族伟大复兴中国梦的征程上立下一个重要的里程碑。

参 考 文 献

林毅夫,"新常态下中国经济的转型和升级:新结构经济学的视角",《新金融》,2015年6月。

林毅夫,《新结构经济学:反思经济发展与政策的理论框架》,北京:北京大学出版社,2012年。

林毅夫,"百年未有之大变局下的中国新发展格局与未来经济发展的展望",《北京大学学报(哲学社会科学版)》,2021年第5期。

"面对面丨更多诺贝尔奖将来自中国 林毅夫谈新质生产力如何'上新'","北京大学新结构经济学研究院"微信公众号,2024年4月2日,https://www.nse.pku.edu.cn/sylm/xwsd/535300.htm,访问日期:2024年4月30日。

Lin, J. Y., "Industrial Policies for Avoiding the Middle-income Trap: A New Structural Economics Perspective", *Journal of Chinese Economic and Business Studies*, 1997, 15(1), 5-18.

IMF, *World Economic Outlook*, Washington, DC: IMF, October 2014.

World Bank, *Global Economic Prospects*, Washington, DC: World Bank, January 2024.

第十三讲

中国式现代化与高质量发展

党的二十大提出"团结带领全国各族人民全面建成社会主义现代化强国、实现第二个百年奋斗目标,以中国式现代化全面推进中华民族伟大复兴"是全党从现在开始的中心任务,同时提出"高质量发展是全面建设社会主义现代化国家的首要任务"。这一讲将讨论:(1) 中国式现代化的内容以及如何实现;(2) 高质量发展的内容以及如何实现;(3) 中国未来的发展前景。

中国式现代化

什么是中国式现代化?

首先,它是现代化的一种。由世界经济史可知,人类曾长期处于农业经济中,生产力水平很低,人的寿命也很短,普遍处于生存线附近,世界各地的差距不大,这种状态维持了几千年。从 14 世纪和 15 世纪的地理大发现开始,西欧国家的状态开始发生变化。地理大发现带回了黄金和新的农作物品种,使得一些欧洲国家的收入水平开始增长。更重要的是,在 18 世纪中叶,英国开始出现了工业革命,科学技术日新月异,经济飞速增长。

在现代化之前,人们生活在一个被称为"马尔萨斯陷阱"的环境中,收入水平提升缓慢。经济史学家的研究表明,在 18 世纪之前,人均 GDP 的年均增长率仅为 0.05%,这意味着人均 GDP 要翻倍需要 1400 年左右。在农业经济中,如果人口增长过快,粮食供需不平衡就会引起饥荒和战乱,导致大量人口死亡,使总人口减少,随后又会出现一轮人口增长,如此循环往复。

地理大发现之后,人类的经济增长才缓慢起步。工业革命后,西欧国家人均 GDP 的年均增长率突然提高了 20 倍,从原来的 0.05% 提高到 1%。人均 GDP 翻倍所需的时间也从 1400 年左右缩短至 70 年左右。生产力提高和收入增加使得人们的生活水平不断提升,从而摆脱了马尔萨斯陷阱。随着物质生活的丰富,人们的寿命和健康水平也得到了提高。这就是所谓的现代化。

与此同时,当西欧国家进入现代化和工业化时,世界上其他国家并没有跟上,最后沦为西欧列强的殖民地或半殖民地。西欧列强利用武力在世界各地掠夺财富,而争取独立和发展是受压迫国家的权利。在第一次世界大战期间,原来的殖民地和半殖民地国家出现了民族主义的浪潮,抗争不断。到第二次世界大战后,更多国家逐渐取得政治独立,并在本国领导人的带领下追求现代化和工业化。

在过去,人们认为殖民地和受压迫的国家如果想发展起来,并与西方列强平起平坐,就必须要走西方的现代化道路。西方现代化道路有两个突出特征,一是政治上实行"共和宪政",二是经济上实行资本主义市场经济。

长期以来,这种认识影响着发展中国家对现代化的理解,但是,从世界经济格局的变化来看,八国集团以外的国家经一百年,经济总量才上升 3.4%,由于发达国家的人口增长率低于发展中国家,从人均量来说,实际上这个差距在持续扩大,西方式的现代化并没有让发展中国家赶上发达国家。

现在,我们提出的中国式现代化是现代化的一种形式,与西方现代化有共性。这一共性就是要不断提高收入水平,让物质越来越丰富,让人们的生活越来越美好。然而,中国式现代化与国际上通常认为的现代化有所不同。传统观点认为实现现代化必须采用"共和宪政",但中国式现代化是由中国共产党领导的。此外,传统观点认为实现现代化必须实行资本主义市场经济,但中国实行的是社会主义市场经济,与西方的现代化有明显差异。

此外,党的二十大报告还提到了中国式现代化的五个特征:

特征一,中国式现代化是人口规模巨大的现代化。 西方的现代化已经有五百多年的历史,即使从工业革命开始算起,也已经有两百多年。到目前为止,生活在高收入国家的人口为12亿,占世界人口的15.8%。中国拥有14亿人口,占世界人口的18%。中国2022年的人均GDP已经达到约12 720美元,距离世界银行界定的高收入国家门槛(13 845美元)仅一步之遥。如果中国实现现代化,进入高收入国家行列,全世界高收入国家的人口就会增加一倍,因此中国式现代化对世界的影响远超过其他任何一个国家的现代化。同时,由于中国人口规模巨大,各地条件不同,要同时实现现代化,困难也更多。

特征二,中国式现代化是全体人民共同富裕的现代化。 在西方式的现代化道路上,虽然物质条件不断得到丰富,但是贫富两极分化的问题也越来越严重。法国经济学家皮凯蒂在其所著的《21世纪资本论》一书中详细统计了发达国家的收入分配情况,证实了严重的两极分化趋势。因此,中国式现代化必须实现全体人民共同富裕。

特征三,中国式现代化是物质文明和精神文明相协调的现代化。 传统的西方现代化过程中,人们物质极度丰富的同时往往出现精神上的空虚,导致人的肉体和精神分离,内心矛盾不断,甚至造成社会层面上的撕裂。因此,中国式现代化要求物质文明和精神文明相互协调统一。

特征四,中国式现代化是人与自然和谐共生的现代化。 工业革命后,西方现代化一直是对自然先破坏后治理。虽然很多国家的环境治理成效尚可,但工业先行的发达国家大量排放二氧化碳所产生的温室效应,是导致全球气候变暖的原因。这一危机已经威胁到了人类的生存。相较于西方现代化,中国式现代化要实现绿色发展,走一条人类与自然和谐共生的道路,采取的是和西方不同的发展方式。

特征五,中国式现代化是走和平发展道路的现代化。 中国的发展不仅有利于中国人民,而且也有利于世界其他国家的人民。这与西方国家作为列强,依靠霸权来掠夺殖民地、完成资本积累的现代化方式完全不一样。

实现中国式现代化是我们的中心任务,这项任务需要在中国共产党的领导下,在提高物质水平的同时,满足上述五个方面的特征。

按照要素禀赋结构所决定的比较优势发展是关键

从以马克思辩证唯物主义和历史唯物主义为指导,总结中国发展的经验教训而来的新结构经济学角度来看,中国式现代化要同时满足上述五个特征,关键在于要在有效市场和有为政府的共同作用下,按照每个地区的比较优势来发展经济。

首先,中国是一个大国,虽然各个地区的条件不尽相同,但任何地方在任何情况下都存在比较优势,在有效的市场机制和有为政府的共同作用下,这些比较优势都可以转化为竞争优势,各个地区都可以获得发展。

同时,根据第十一讲中的讨论,一个经济体如果按照比较优势发展,就可以在初次分配时实现效率和公平的双重目标。因为在有效市场和有为政府的共同作用下,各地区都按照比较优势发展,经济可以快速增长,从而提高效率和竞争力。此外,按照比较优势发展还有一个好处,企业有自生能力,不需要靠政府的保护补贴生存。需要靠政府的保护补贴才能生存的企业基本上都是违反比较优势的企业。因此,如果按照比较优势发展,政府就不需要补贴企业,而能够将更多的资源用于投资教育,提高劳动者的就业能力,缩小地区和城乡差距以及照顾弱势群体等,从而通过二次分配进一步促进公平,这也是实现共同富裕的关键。所以,按照比较优势发展,不仅经济可以发展得更快,提高经济整体的富裕水平,而且,收入分配状况也能得到不断改善,最终实现共同富裕。

共同富裕不仅是物质财富的增加,更是精神文明程度的提高。"仓廪实而知礼节,衣食足而知荣辱",如果人民的收入水平提高了,他们就能够更好地知礼节、知荣辱,个人素质也会得以提升。因此,实现共同富裕不仅是物质文明的提高,更是精神文明的提升。

如果按照比较优势发展,个人和家庭的收入水平都会快速提高,每个人对美好生活的期望会越来越高。除了物质的增加,人们也会要求更好的生活环境和生态环境。政府以人民为中心,就会制定更多的环保和污染治理政策,以满足人民对环境的需求。如果按照比较优势来发展产业,企业就会有自生能力,就会有能力和积极性来落实环保法规。如果违反比较优势,企业没有自生能力,"泥菩萨过江,自身难保",就无法采用绿色技术和落实环保法规。这会导致企业只是在政府部门检查时做表面文章,检查人员离开后继续排污。我和蔡嘉瑶、夏俊杰的实证研究表明,符合比较优势的企业和行业更愿意采用绿色技术和积极落实环保法规,政府也更愿意执行环保法规。[①] 因此,要实现人与自然的和谐共生,必须按照比较优势来发展产业。

按照比较优势发展,产业和产品在国内、国际市场上都更具有竞争力,因此会充分利用国内和国际市场。反过来说,不符合比较优势的产业在国内的生产成本会过高,这时我们就要利用国际资源和市场来进口这些产品。因此,按照比较优势发展一定是以开放、贸易的方式来发展。贸易是双赢的,当中国发展好了,中国人的收入水平提高,中国的市场扩大,世界其他国家也会拥有更多的发展机遇,因为中国会进口越来越多的产品。按照购买力平价计算,中国已经是世界第一大经济体;按照市场汇率计算,中国有望在2030年左右成为世界第一大经济体。

贸易是互利双赢的,但小国得到的好处比大国更多。尽管日本是世界第三大经济体,但中国的经济规模已经是日本的三倍,因此日本在与中国的贸易中获得了更多好处。除美国外,其他国家的经济规模都远比中国小,在这种情况下,中国的发展会贡献于世界的和平和发展。

因此,为了实现中国式现代化,我们必须在中国共产党领导下的社会主义市场经济下按照比较优势来发展经济。尽管全国人口众多、地域条件各异,但每个地区都有其比较优势,可以发展起来。在发展过程中,我们可以实现全国人民共同富裕,物质文明和精神文明协同

---

① 林毅夫、蔡嘉瑶、夏俊杰,"比较优势产业政策与企业减排:基于新结构经济学视角",《改革》,2023年第5期,第1—17页。

发展,同时人类与自然和谐共生,并且通过贸易实现和平发展。

高质量发展

党的二十大提出,"高质量发展是全面建设社会主义现代化国家的首要任务"。为此,我们一方面要"完整、准确、全面贯彻新发展理念",另一方面要"加快构建以国内大循环为主体、国内国际双循环相互促进的新发展格局"。

完整、准确、全面贯彻新发展理念

怎样才能完整、准确、全面贯彻新发展理念呢?新发展理念有五个方面——创新、协调、绿色、开放、共享。只有这五个目标都得以实现,才能称之为"完整、准确、全面"。

为实现"创新、协调、绿色、开放、共享",首先是要按照比较优势进行技术创新和产业发展。20世纪80年代,为了促进汽车制造业发展,中国开始和外资企业合资,武汉二汽(后更名为东风汽车公司)和法国雪铁龙合资生产富康汽车,采用了和在法国一样的全自动化生产线,一条生产线投资200多亿元人民币,成本太高,导致亏损严重。90年代,广汽(广州汽车集团)和日本本田合资生产雅阁汽车,只投资了20多亿元人民币,合作非常赚钱。原因是雅阁汽车的生产大量用劳动力替代资本密集的全自动化设备,投资成本大大低于富康汽车全自动化生产线的投资成本。所以说,技术创新必须符合比较优势。当然,产业发展也要符合比较优势。以深圳为例,它是如何从80年代的小渔村转型升级为当前引领高科技产业的重要城市的?关键在于深圳从比较优势出发,开始时利用当时的劳动力优势先行发展劳动密集型的"三来一补"产业,按照"小步快跑"的方式,保证每一步发展的产业符合当时的比较优势、有竞争力,实现资本积累,等比较优势产生变化时,产业就可以顺利升级,真正实现"积小胜为大胜"。

利用比较优势，深圳从20世纪80年代的小渔村成功转型为引领高科技产业的重要城市

同时，因为产业及其产品有竞争力，经济发展的速度快，财政税收增加得就多，而企业又有自生能力，不需要财政补贴，政府就有更多的"精力"去解决地区差距、城乡差距等"补短板"的协调问题。

并且，按照比较优势发展，企业有自生能力，就会有能力和意愿去遵守环保法规，采用绿色技术来生产；政府也会有意愿来落实环保法规，实现绿色发展。

如前所述，如果企业按照比较优势发展，一定是充分利用国内国际两种市场、两种资源，所以必然是开放的发展。

最后，按照比较优势能够创造最多的就业机会，是有利于穷人的发展方式。遵循比较优势发展，能够最好地在初次分配的过程中实现效率与公平的统一，在二次分配的过程中让政府以最大能力解决收入不平等的问题，相当于是共享的发展。

所以，要完整、准确、全面贯彻新发展理念，创新是抓手，只有遵循比较优势的原则，协调、绿色、开放、共享才能水到渠成。

构建新发展格局

高质量发展的第二个方面是要加快构建以国内大循环为主体、国内国际双循环相互促进的新发展格局。这是习近平总书记在2020年提出来的新的论断与新的政策方针。该政策方针刚被提出时，引发了国内外的诸多讨论，讨论的核心问题之一是该政策方针是否意味着中国要从充分利用国内国际两个市场、两种资源的"外向型发展"走向"内向型发展"。

改革开放以后,尤其是加入 WTO 后,我们一直都是提倡充分利用国内国际两个市场、两种资源,因而中国的发展被称为外向型发展。当前,中国是世界第一大贸易国,是世界上 120 多个国家的第一大贸易伙伴,是另外七十几个国家的第二大贸易伙伴,即中国是全世界 90% 以上的国家的第一大或第二大贸易伙伴。贸易是互利双赢的,小国得到的好处大于大国。按照市场汇率计算,中国是世界第二大经济体,仅次于美国;作为第三大经济体的日本,其经济规模是中国的三分之一;其他国家的经济规模更是远小于中国。如果中国经济从外向型转向内向型发展,影响的就不只是中国,对其他和中国贸易关系紧密的国家的影响还会更大。

中国提出的构建新发展格局、以国内大循环为主体的政策方针,其实并没有改变中国发展的路径,"以国内大循环为主体"实际上是经济发展规律的必然表现。固然,2020 年提出"以国内大循环为主体"与新冠疫情这一短期因素有关。2020 年全球新冠疫情暴发,中国防控得当,第二季度生产生活就开始恢复正常,其他国家和地区则相继暴发疫情,生产生活受到很大抑制,经济出现萎缩,国外对中国产品的需求减少,大部分国内产品必须在国内消化,这是一方面的原因。但是新发展格局不是一个针对疫情制定的短期策略,而是中国的长期发展策略。

另外,也有中美贸易摩擦的因素。美国前总统特朗普上台以后对中国发起贸易制裁和科技制裁,中国为更好地做出应对,必须采取在国内进行生产、依靠国内循环的方式。在中美贸易摩擦的过程中,最常见的是对我国进行的高端技术"卡脖子"的问题,高科技产品的特性是研发投入特别大,技术成功以后的利润取决于市场的容量。中国有全世界最大的市场,"卡中国的脖子",实际是美国基于政治利益牺牲了自己的经济利益,"杀敌一千,自损八百",美国企业如服从美国政府的要求,会损失很大。此外,绝大多数高科技产品不只是美国独有,德国、日本、法国等其他发达国家也有。美国为维持霸权地位,愿意为政治目的牺牲经济利益,而其他国家如果遵从美国的"脱钩"政策,牺牲自身利益换来的却是为美国做"嫁衣",其他国家应该不会愿意做出这样的选择。我们看到德国、法国和欧盟领导人到中国访问,都是因为与中国的经贸合作符合它们自身发展的需要。所以在这种情况之下,为应对一小部分美国独有的高科技产品可能被断供的风险,我们必须靠国内自己来生产,但是,其他的产品只要能买还是买更划算,所以,中美贸易摩擦也不是中国提出"以国内大循环为主体"的主要原因。

新发展格局更为主要的是基于经济发展的基本规律提出的。过去中国被认为是外向型经济,从出口数据来看,中国出口占 GDP 的比重最高时(2006 年)为 35.4%,到 2019 年(也就是提出构建"新发展格局"的前一年)降为 17.4%,也就是国内生产的产品已有 82.6% 在国内循环。中国出口占 GDP 比重的下降基本上反映了经济的两个基本规律。第一个基本规律是现代制造业的规模经济很大,国内市场越大,在国内循环的比重就越高;国内市场越小,需要出口的比重就越高。例如,2019 年新加坡出口占 GDP 的比重达到 104.9%,当然一方面原因是它的出口产品中有些是靠进口零部件,但更重要的原因是新加坡是小经济体,人口规模只有 700 万,当制造业达到规模经济以后,大部分产品必须卖到国际市场去。而中国的大部分产品可以在国内消化,所以中国出口占 GDP 比重最高的时候也只有 35.4%,仅为新加坡的三分之一左右。第二个基本规律是,服务业比重越大,不可对外贸易的经济比重就越大,对外贸易的比重就越小。例如,2019 年美国出口占 GDP 的比重是 7.6%。按照购买力平价计算,美国经济规模比中国小,但按照市场汇率计算,美国经济规模比中国大。其出口比重只是中国出口比重零头的主要原因是美国 80% 的 GDP 是服务业,而服务业中很多产品是不可贸易的,所以服务业的比重越高,经济中可出口部分的比重就越小。这样也可以理解为什么中国出口占 GDP 的比重从 2006 年的 35.4% 下降到了 2009 年的 17.4%,原因在于:2006 年中国人均 GDP 是 2 099 美元,经济体量占世界的比重为 5.3%,到 2019 年中国人均 GDP 提高到 10 098 美元,经济体量占世界的比重达到 16.4%;同时,中国服务业比重从 2006 年的 41.8% 提高到 2019 年的 53.6%。在以上两种因素的共同作用下,中国出口占 GDP 的比重下降为原来的一半左右。展望未来,随着中国经济的发展,经济体量会不断增加,出口的比重则会降低。另外,随着收入水平的提高,服务业占比会提高,出口的比重也会下降。以上原因都会强化国内大循环的主体地位。

既然这是经济发展的一个基本规律,习近平总书记为什么要提出这个论断?原因在于,过去中国经济长期被认为是外向型经济,在百年未有之大变局的国际格局中如碰到风吹草动、风高浪急,很多人可能就容易丧失信心。如果是一条小船,碰到大风浪可能会翻船,但如果是一条大船(一个大经济体),以国内大循环为主体,只要我们自己"开好船",做好自己的事情,不管是风高浪急还是惊涛骇浪,我们都能够稳定前进。所以,在这个紧要关头提出构建新发展格局、以国内大循环为主体,让全国人民知道真实情况,是增强信心的重要论断。

那么,既然以国内大循环为主体,过去提出的充分利用国内国际两个市场、两种资源还重不重要?其实还同样重要。因为如果想提高国内循环的比重和地位,经济必须继续发展,经济发展越快,中国经济在世界经济中的占比就越高。同时,服务业的发展是与人均GDP的水平成正比的,人均GDP增长越快,服务业的占比就越高。而要快速发展经济,提高人均GDP,最好的办法是按照比较优势发展。对于有比较优势的产业,在有效市场和有为政府的共同作用下,把比较优势变成竞争优势,充分利用国内、国际两个市场;对于没有比较优势的产业,尽量利用国际资源。对于可能被美国"卡脖子"的高科技产品,我们需要跟踪相关技术,具备做"备胎"的能力,但是,只要买比自己生产便宜,则还是要买,万一被"断供"了,就可以迅速将"备胎"作为正品来生产。这样,就能够完整、准确、全面贯彻新发展理念,同时又能够加快构建以国内大循环为主体、国内国际双循环相互促进的新发展格局。

中国未来发展的前景

我在本书序言中指出,要驾驭百年未有之大变局,中国的人均

GDP必须达到美国的一半。按购买力平价计算,2019年中国的人均GDP仅为美国的22.6%,离目标还有很大差距。中华民族伟大复兴的第二个百年奋斗目标是到本世纪中叶全面建成社会主义现代化强国。我们对全球70个高收入经济体进行了分析,发现其中28个经济体的人均GDP达到了美国的一半,包括欧美的老牌工业化国家,以及"亚洲四小龙"和以色列等新兴经济体。假设要在2049年人均GDP达到美国的50%,中国需要平均每年人均GDP的增长率比美国高2.7个百分点。在过去的五六十年里,美国的人均GDP平均每年增长1.8%,因此中国的人均GDP需要平均每年增长4.5%。由于中国已经进入人口老龄化时代,人口不增长,因此人均GDP的增长基本等于GDP的增长。

本讲的分析则指出,要实现中国式现代化和高质量发展,就必须按照比较优势来发展。那么,按照比较优势来发展经济,到2049年之前,平均每年4.5%的GDP增长目标能不能实现?

首先,我们必须了解经济增长的本质和决定因素。经济增长的关键在于提高收入水平,前提是不断提高生产力水平。为了提高生产力水平,则必须不断进行技术创新,采用更先进的技术来生产,并进入附加值更高的新产业。通过将劳动力、资本和土地从附加值较低的产业转移到附加值较高的产业,生产力水平和收入水平才能不断提高。这种发展机制同时适用于发达国家和发展中国家。

目前,发达国家的收入水平非常高,生产力水平也非常高,其产业处于世界前沿水平,使用的技术也是世界最顶尖的。对于发达国家来说,技术创新和产业升级的唯一动力源于自主发明的新技术和不断升级的新产业。但是自主发明需要以非常大的物资投入为支撑,并且风险也非常高,虽然一些发明成功后可获得高额回报,但大多数发明投入都没有任何产出。正因为如此,自工业革命以来的第一个世纪,发达国家的人均GDP增长率平均每年仅为1%左右;19世纪中叶至今,发达国家的人均GDP增长率平均每年为2%左右。在过去的五六十年里,美国作为发达国家,其人均GDP增长率一直维持在1.8%左右。此外,美国的人口增长较为迅速,每年增长约1%,因此GDP总量年均增长率为3%左右。

对于发展中国家而言,技术创新和产业升级同样重要。发展中国家的人均收入低,代表着生产力水平低,并且所掌握的现有生产技术也非最优,所处的产业也不是附加值最高的。所谓的技术创新是指使用比现在更好的技术。发达国家已经处于世界技术的最前沿,所以要技术创新就必须自主发明更好的技术。由于发展中国家与发达国家的技术存在差距,所以发展中国家可以从发达国家引进成熟的技术,只要这些技术比现有的技术更好,就是一种技术创新。产业升级也是如此。发达国家的产业已经处于全球附加值最高的水平,因此它们必须发明新产业才可能实现产业升级。而发展中国家则可以通过引进发达国家的成熟产业来完成产业升级。因此,我们常说发展中国家拥有后来者优势,就是指发展中国家可以通过引进、消化、吸收并再创新的方式,来获得新技术、新产业,其成本和风险比自己发明要小。

第二次世界大战以后,一些经济体得到快速发展,例如"亚洲四小龙"和日本。这些经济体利用后来者优势,即与发达国家的产业和技术差距,实现了每年7%或更高的经济增长率,并且持续了25年甚至更长的时间。相比之下,发达国家平均每年的经济增长率仅为3%左右,人均GDP的增长率也只有2%左右。如果一个发展中经济体的经济增长率能够达到7%,那么其发展速度将是发达国家的两倍以上。在25年或30年的时间内,这个经济体将大幅缩小与发达国家的差距。

自改革开放以来,中国经济平均每年增长9%左右,是发达国家经济增速的约三倍。这主要得益于我们利用了后来者优势,并且将这种优势持续了四十多年。

面向未来,中国是否还有后来者优势呢?

判断后来者优势的大小并不在于过往优势保持的时间,而在于与发达国家之间的差距还有多大。在2019年时中国的人均GDP为美国的22.6%,相当于德国在1946年、日本在1956年、韩国在1985年与美国的差距水平。这三个国家此后分别保持了16年人均GDP年均8.6%、8.6%、8.1%的增长。从与中国相似的发展阶段来看,这些发展好的国家其人均GDP增长率都达到8%以上,说明中国也有实现这样高速增长的潜力,在2021—2035年这段新征程上,中国应该也有

8%的增长潜力。并且,与德国、日本、韩国相比,中国目前还有一个它们当年没有的优势,那就是在大数据、人工智能、互联网和新能源等新经济领域的换道超车优势。在新经济领域,中国不仅和发达国家站在同一条起跑线上,而且新经济还有一个重要特性,即新产品和新技术的研发周期非常短,通常为12—18个月甚至更短,因此所需资本投入相对较少,主要依靠人力资本的投入。在新经济领域的技术研发上,我国具有人才多、国内市场大、硬件配套齐全的优势,这也是为什么中国在新经济领域已经超越了日本、韩国和德国。而在独角兽企业的竞争中,基本就是中美两国之争。

当然,德国、日本、韩国等国家当年没有面临严峻的百年未有之大变局,也没有在高科技产品上被美国"卡脖子"。但是,这些国家也没有中国这样的举国体制优势。尽管美国想限制中国的发展,但是大部分技术并不是美国独家拥有,德国、法国、意大利、瑞士、日本、韩国等国都有类似的技术。美国能限制中国的都是高新技术,而这些技术需要大量的研发投入。从企业的角度来讲,研发经费的投入取决于市场盈利的高低。因此,如果它们失去中国这一庞大市场,企业的盈利就会受到严重影响,进而影响到研发投资,最终影响到生产力。因此,从企业的角度来看,它们并没有主动参与制裁中国的意愿。

此外,中国有传统产业的经验和优势,并且拥有新兴产业带来的新机遇和优势,并可以用新型举国体制来应对可能的"卡脖子"的挑战。因此,我认为在2035年之前,中国还有8%的经济增长潜力,这是平衡各种情况后的估计。

增长的潜力是从技术供给侧来看的,实际的增长也决定于需求侧和其他的需要,除了动员资源来解决"卡脖子"的问题,中国还需要实现"双碳"目标、缩小地区差距和实现绿色发展等。综合考虑,我认为在2035年之前,中国还有年均8%的经济增长潜力,如果按照上一讲所讨论到的,在有效市场和有为政府的共同作用下进行技术创新和产业升级,应该可以实现年均5%—6%的经济增长。同理,到21世纪中叶,中国应该有6%的经济增长潜力,可以实现3%—4%的经济增长。如果能够实现这样的增长,到21世纪中叶,中国的人均GDP可以达到美国的50%。到那时,中国将可以成功驾驭百年未有之大变局,同时成为一个先进的、发达的国家,实现以中国式现代化全面推进中华民族伟大复兴的目标。如果中国能够通过以高质量发展进行中国式现代化实现中华民族伟大复兴的目标,这将对中国和世界都具有重要意义。

参 考 文 献

林毅夫,"百年未有之大变局下的新结构经济学自主理论创新",《上海大学学报(社会科学版)》,2021年第39卷第6期。

林毅夫,"中国式现代化的经济学逻辑与世界意义",《科学社会主义》,2023年第1期。

林毅夫,"百年未有之大变局中如何以中国式现代化引领新疆高质量发展",《新疆财经》,2023年第2期。

林毅夫,"党的二十大报告提出的中心任务和首要任务的实现路径:新结构经济学的视角",《辽宁大学学报(哲学社会科学版)》,2023年第51卷第3期。

林毅夫、蔡嘉瑶、夏俊杰,"比较优势产业政策与企业减排:基于新结构经济学视角",《改革》,2023年第5期,第1—17页。

第十四讲

中国经济发展与文化复兴*

中国是世界文明古国之一。在18世纪工业革命之前,有一千多年的时间,中国文化的成就处于世界顶峰。工业革命以后,西方社会科学技术日新月异,经济发展一日千里,中国的经济和国际地位急剧下滑,到了19世纪中叶,沦为一个贫穷落后、任人宰割的半殖民地国家。中国的知识分子向来以天下为己任,从鸦片战争到现在的一百多年时间里,一直在探讨怎么样让中华民族能够重新复兴起来。

我们在第二讲已经讨论了中国在工业革命以后急剧衰落的原因。有很长一段时间,不少国内外的学者把中国的落后归结为中国儒家文化的保守和顽固,提出"打倒孔家店",认为中国要复兴必须彻底铲除传统儒家文化的影响。这种传统文化导致中国落后的说法影响深远。20世纪80年代,有一部在国内名噪一时的纪录片把中华文明称为"黄色文明",把西方文明称为"蓝色文明",认为"黄色文明"是内向的、保守的,"蓝色文明"是外向的、开放的、积极的,中国要实现现代化,就必须从"黄色文明"变为"蓝色文明"。

改革开放以来,中国显然并未如上述学者所思考的那样,先进行文化的改造再取得经济的发展。1979—2019年间,中国GDP年均增

---

* 本讲主要依据作者发表于《北京大学学报(哲学社会科学版)》2009年第46卷第3期的"经济增长和中国文化复兴",以及2011年11月4日在北京论坛"文明的和谐与共同繁荣——传统与现代、变革与转型"上的主旨发言。

长速度达到9.4%,成为世界第二大经济体,国际地位大为提升,堪称世界经济史上的奇迹。而且,自2008年国际金融经济危机爆发以来,在全球经济不景气的大环境下,中国经济仍维持了强劲增长,成为全球经济复苏的主要拉动力。

自18世纪工业革命以来,由少数几个欧美工业化国家主导的全球格局在21世纪初终结,取而代之的是多极增长的世界。中国、印度、韩国、巴西等新兴经济体对全球经济增长的贡献总和在21世纪的第一个10年已经超过美、日、德、英、法、意、加等老牌工业化国家。历经了四十多年高速增长的中国经济在这样一个多极增长的全球格局中,很有可能继续引领全球经济的增长,到2030年左右成为全球最大的经济体。①

关心中国文化或中华民族前途之士,不禁要问:经济的发展是否代表着文化的复兴?几千年绵延不断的中国文化是否可以承载中国的现代化?中国文化最终能否实现复兴?要回答上述问题,我们必须了解什么是文化,以及什么是文化复兴。

文化的内涵

根据《汉语大词典》的定义,文化是人类在社会发展过程中所创造的可代代相传的物质财富和精神财富的总和。除了强调"可代代相传",此定义跟马克思所主张的人类社会是经济基础与上层建筑所组成的统一整体之内涵基本一致。然而不同的学者因分析的方便,对文化的内涵会有不同的划分。我个人在研究一个国家社会的发展时,倾向于使用费孝通先生的老师——马林诺夫斯基的划分法,他将文化分为三个层次:器物层次,也就是生产、生活工具和生产方式;组织层次,

---

① 蔡昉、李周和我在1994年所著的《中国的奇迹》一书中曾经预测,到2030年中国有可能超过德、日、美,成为全球最大的经济体。当时少有人相信,现在这个预测已成为国际上许多学者和研究机构的共识。

包括社会、经济、政治组织;精神层次,即人的伦理、价值取向等。① 其实,这三个层次与马克思对经济基础和上层建筑的划分有异曲同工之妙。对应来看,器物层次是经济基础,而组织、精神层次是上层建筑。

马林诺夫斯基(Bronislaw Kaspar Malinowski, 1884—1942)在文化研究中注重深入当地居民的日常生活(图为马林诺夫斯基1918年独自去特罗布里恩群岛与当地人一起生活)

一个文化体,在没有外来文化冲击的时候,它的经济基础与上层建筑会形成一个自洽的实体。比如,在原始社会里,生产工具是石头,生产方式是游猎,组织方式是公社,伦理价值是共有、共享。当时的生产力水平很低,公社的组织方式有利于发挥打猎时的规模经济,共有、共享的伦理价值则有利于克服因生产力水平低、食物不可储存而给每个人的生存带来的风险。所以,这种伦理价值和组织方式与当时的生产力水平是相洽的。后来生产力水平提高了,生产方式由游猎进入农耕,生产工具由石头演进为铜器、铁器,组织方式则演进为以家庭为单位的宗族社会,伦理价值由原来的共有变为私有。这种演变归因于生产力水平的提高:在农耕的生产方式中,只要每个人努力,将来生产、收获多少是可以预期的,而且生产出来的粮食是可以储存的,所以,以家庭为单位的宗族社会组织和私有制的伦理价值有利于提高每个人的生产积极性,以及有利于单个家庭为克服各种风险通过血缘的纽带来解决生存保障的问题。如果没有外来文化的冲击,在长期的实践中,每个文化体应该都会是器物、组织、精神三个层次自洽的实体。

---

① 马林诺夫斯基的文化三因子论可参见费孝通所译的《文化论》中的介绍。

文化复兴的内涵

文化复兴的概念应该与"先进文化、落后文化"以及"绵延不断的文化"相对应。谈文化的复兴表示我们的文化过去曾经是先进的文化,而后来变为落后的文化。那么,何谓先进文化?何谓落后文化?此外,如果不是一个"绵延不断的文化",也就无所谓复兴不复兴的问题。如果一切都是重新开始,复兴从何而来?

第一,文化的先进与落后其实是一个相对的概念,其决定的标准在于经济基础。当两个文化相冲突时,其差异性会在前面提到的三个层次上表现出来。1840年鸦片战争时,从器物层次看,中国的生产活动以农耕为主,西方已进入工业化生产,中国的战争武器是弓箭、长矛,西方则是铁甲船、大炮。从组织层次看,中国是中央集权的帝制,西方则是民主共和制或君主立宪制。从精神层次看,中国是以儒家伦理为核心的价值体系,而西方则是以基督教伦理为核心的价值体系。

当文化的三个层次都存在差异时,何谓先进?何谓落后?原始共产主义社会的共有、共享与农耕社会的私有相比,前者有利于分担风险、保障生存,后者有利于调动积极性,可谓各有利弊。儒家的核心伦理价值"仁"和基督教的"爱",都有"爱人"之义,前者从自己的内心感受出发,而有亲疏远近之分,后者则以神为纽带,而有教徒和非教徒之别,也难分高下。其实,把人类文化分为先进与落后的主要评判标准是经济基础,也就是器物这个层次,如生产工具、战争工具等。当我国还在用耕牛时,西方国家已用拖拉机,生产效率高下不言而喻。19世纪时,我国使用大刀、长矛,而西方使用洋枪、大炮,因此英法联军能以两万余人,长驱直入北京城,火烧圆明园。所以,文化的先进、落后主要在于经济基础的差异。①

---

① 强势文化与弱势文化的差别其实也在于经济基础。现在各个文化体都担心美国文化的侵略,但是在一百年前,美国曾被认为是"文化沙漠"。一百年间,美国文化的核心伦理价值没有变化,之所以从"文化沙漠"变成强势文化,无非是因为经济基础提高,成为全世界最大、最强的经济,美国的生活方式、价值取向也成为不少人羡慕、模仿的对象。

第二,文化的绵延不断则在于其核心价值的延续不断。文化的绵延不断,是与文化的消亡相对应的。埃及、罗马、希腊、巴比伦,这些都是举世闻名的文明古国,然而今天这些名词对应的仅为政治和经济实体,它们曾代表的古文化已经消失了。但是,消失的是什么?中国有五千年绵延不断的文化,指的又是什么?从文化三个层次中的经济基础来看,中国有著名的四大发明——火药、造纸术、指南针、印刷术,这些发明让中国当时的生产力水平大大提高,研究中国经济史的学者普遍同意在宋朝曾经有一段技术发展相对快速的时期,伊懋可等学者还把它称为"中国的工业革命"。因此,在过去的五千年中,中国的器物和经济基础是在不断变化的。从组织的层次看,周朝时为井田制,为近似农奴社会的一种制度安排。秦朝以后,土地可以自由买卖,劳动力可以自由流动。明朝初期资本主义萌芽出现,中国有了资本主义的组织与生产关系。① 中国的经济组织方式是随着生产力水平的变化而不断演进的。从政治组织方式来看,周朝实行的是封建制(即分封制),秦朝废除封建制,设立中央集权的郡县制,汉朝以后一直延续这种方式。

《南都繁会图》(局部)描绘了明朝永乐年间秦淮两岸的繁荣景象

既然经济基础、经济与政治组织方式均在变化,那么何者让中华文化绵延不断?"绵延不断"所指的应为儒家以"仁"为核心的伦理价

---

① 有学者的研究表明,明朝时长治县生产的农具已达到70万套,远销韩国、越南、泰国等地,资本主义的雇佣生产关系已经出现。

值体系。孔子称"仁者爱人","爱人"是"仁"的本性。冯友兰认为"《论语》中言仁处甚多,总而言之,仁者,即人之性情之真的及合礼的流露,而即本同情心以推己及人者也"①。2008年5月汶川大地震时,死伤甚多,虽然与死者、伤者素不相识,但见此景此情,国人内心所受煎熬就像死难者为自己亲人一样,这就是所谓的"仁"。这种以"仁"为核心的伦理价值在中国数千年未变,所以,中国文化也就数千年绵延不断。同理,在西方社会,经济上从原来的封建地主制变成现在的工业化大生产,政治上从原来的君权神授变成现在的民主共和,让西方作为文化实体继续存在的则是两千年来未变的以基督教伦理为核心的价值体系。

中国文化能否复兴

中国文化能否复兴取决于三个问题。第一,儒家文化以"仁"为核心的伦理价值能否支撑起经济基础,即器物层次的不断发展、创新,生产力水平的不断提高?第二,在以"仁"为核心的伦理价值下形成的组织层次能否与经济基础的发展相适应而不断演进?第三,以"仁"为核心的伦理价值在经济基础不断提升以及政治、经济、社会组织不断演化的过程中能否保持其精神实质,并根据经济基础和组织层次的需要以相应的形式形成一个完整的内部自治的文化体系?

第一个问题:儒家文化以"仁"为核心的伦理价值能否支撑起经济基础,即器物层次的不断发展、创新,生产力水平的不断提高?首先,从经济基础来看,中国继续快速发展的潜力巨大。中国完全有可能继续保持二三十年的快速增长。这是因为生产力水平或经济基础的提高,从长远来看最重要的是技术的不断创新。以西方为例,麦迪森的研究发现,在18世纪以前的一两千年,平均每年人均GDP的增长速度仅为0.05%,要1 400年左右才能翻一番。18世纪以后,这一速度迅速加快。18世纪前后剧变的关键就在于工业革命以后技术发明创

---

① 冯友兰,《中国哲学史》,上海:华东师范大学出版社,2000年。

新的速度在不断加快。中国在19世纪之前领先于西方,以后迅速落后,其原因在于工业革命以前技术发明以经验为主,中国人多,工人、农民数量多,生产经验多,技术发明的速度也就快[1];但因技术发明方式未能从以经验为主转型为以科学实验为主,所以,在西方科技的发明创新速度加快以后,中国的经济地位就日益落后了。然此非关以"仁"为核心的伦理价值体系,而是因为科举取士的制度安排未能强调数学、可控制实验等内容,阻碍了科学革命自主产生于中国的可能。因此,技术变迁的方式未能从以经验为基础转变为以科学、实验为基础。只要改变教育的内容,中国人在科学技术方面的创新能力并不亚于其他任何国家和地区的人。

中国现在作为一个发展中国家,经济要持续快速发展,最重要的还是技术的不断创新。我们在第一讲就讨论过,利用与发达国家的技术差距,以引进技术来取得技术创新是发展中国家追赶发达国家的最好途径。[2] 延续着引进技术这条道路,把这些潜在的技术可能性转化成经济的现实增长率,通过改革开放来克服当前经济中存在的问题,保持政治稳定、社会和谐,提高教育、产业水平,不断吸收外来的技术、管理,中国就有可能在未来10年、20年或者更长的时间里,继续保持经济快速增长,再次成为世界上最大、最强的国家。

第二个问题:在以"仁"为核心的伦理价值下形成的组织层次能否与经济基础的发展相适应而不断演进?经济组织方面,现在的发达国家实行的都是市场经济,多数学者也认为和现代经济相适应的经济组织是市场经济。从理论上来看,以私有制为基础的市场经济确实比较有利于调动生产者的积极性,实现资源的有效配置和技术的不断创新。我国的文化体系能否和市场经济相容?这一点应该毫无疑问,因为当西方还是封建农奴社会的时候,我国就已经是一个市场经济体系

---

[1] 18世纪以前中国之所以强盛,另外一个可能的原因是在儒家文化的影响下,中国长期维持大一统,人口多,市场规模大,分工细,如亚当·斯密在《国富论》中所强调的,生产力水平也就高。

[2] 强调引进并不是说中国在现阶段就不需要研发,有些中国有优势的产业和技术已经处于世界的最前沿,这些产业和技术的提升就必须要靠自己的研发。此外,从国外引进技术和产业时也必须根据自己的条件在流程上加以改进,这种流程的改进本身也需要研发。只有这样,中国才有可能在越来越接近世界的产业和技术前沿时有能力逐渐走向产业和技术层面的自主创新。

的社会。早在战国时期,我国就已经开始推行土地私有,并已经有了相当活跃的劳动力市场,商品市场更是如此。此外,如前所述,在明朝时我国就已经出现资本主义萌芽。资本主义的生产关系既已萌芽,为何未能茁壮成长为资本主义?同样,这并不是以"仁"为核心的价值体系所致,而是因为技术变迁的方式未能从以经验为基础转变为以科学实验为基础,技术变迁的速度非常慢,资本难以深化,因此资本主义的生产关系也就不能得到深入发展。上述种种说明中国以"仁"为核心的伦理价值跟市场经济体系是共容的。

随着收入水平的提高,人民群众的参政意识会越来越强。与西方文化比较起来,中国文化自古以来强调"民为贵,社稷次之,君为轻","天视自我民视,天听自我民听"。这与西方君权神授的思想不同,人民的利益是政治的目标,群众的意见是政治决策过程的依据,有这种政治理念包含在中国儒家文化体系内,作为组织层次的文化应该有能力随着经济基础的不断提升而进行必要的调整。

第三个问题:以"仁"为核心的伦理价值在经济基础不断提升以及政治、经济、社会组织不断演化的过程中能否保持其精神实质,并根据经济基础和组织层次的需要以相应的形式形成一个完整的内部自洽的文化体系?很多学者认为以孔子为代表的儒家文化是保守落后的,是妨碍中国发展的,因为孔子自称"述而不作"(《论语·述而》)。但这种理解并不全面,孟子称孔子是"圣之时者"(《孟子·万章章句上》),也就是孔子之所以是圣人,是因为在各种不同的情况下,他的行为总是能够因地制宜,做得恰到好处。孔子主张"仁",在《论语》中谈到"仁"的地方有二十多处,但是说法各有不同,就是因为对象、情况不同,所以要求或是表现形式也就不一样。他的"述而不作"是有选择的,是把过去的典章制度按照所处时代的需要给予了创新性的整理、诠释。他的内涵是"苟日新,日日新,又日新",是在不断变动,不断与时代相适应的。

从孔子以后,中国历代圣贤继承了儒家的核心价值,但表现方式不断变化和丰富。儒家的第二个代表人物是孟子。"孔曰成仁,孟曰取义",孔子强调"仁",孟子强调"义"。孔子强调"己欲立而立人,己欲达而达人"(《论语·雍也》),"己所不欲,勿施于人"(《论语·颜渊》),孔子的"仁"是"视人如己"的道德关怀。孟子的"义"是"义者宜也","义者人之正路也"(《孟子·离娄章句上》),也就是人所应该遵循的行为准则。但是,"义"的判断标准还在于自己的内心,所以,孟子有"自反而缩,虽千万人吾往矣"(《孟子·公孙丑章句上》)的说法。和孔子相比,孟子的"义"更强调的是人对社会的积极责任,反映的是战国末期社会纷乱的现实。

孟子之后儒家文化又继续发展,到了宋明时期,社会经济基础改变的同时又受到印度佛学的冲击。在佛学的冲击下出现了理学,强调心性。理学家坚持的行为标准同样是儒家的"仁"。中国儒家文化在吸收了佛学的同时,也把佛学融合成为中国文化体系的一部分。佛学在印度、泰国重视的是小乘,小乘追求自我的解脱,到中国以后发展成为大乘,讲的是普度众生,和儒家的"仁"有异曲同工之妙。"仁者爱人",希望每个人都好,把儒家的核心价值移植到佛学里面,变成中国文化不可分割的一个部分。

时至明朝,社会分工进一步完善,出现了资本主义的萌芽。王阳明的心学和"知行合一"的学说应运而生。心学和理学的差异可以从王阳明和朱熹对《大学》一书中"亲民"和"格物致知"的理解之不同反映出来。朱熹认为"亲民"当作为"新民"(教化百姓使其自新),"格物致知"则是"即物穷理",也就是从各个事物上去认识做人做事的道理,以最终明了人心之全体大用。王阳明则认为"亲民"是"亲亲仁民"(即仁的意思),"格物致知"则是"致良知",也就是去除蒙蔽每个人良知的物欲以恢复其与生俱有的良知。

从上述脉络来看,作为上层建筑的儒家文化完全有能力随着时代、环境的不同而不断调整、创新,以适应新的经济基础的需要,而不是顽固、保守、一成不变,成为制约经济发展的障碍。实际上,这一点也可以从日本和亚洲"四小龙"有能力在儒家文化基础上实现现代化得到证明。

最后,还有一个问题:一个文化的核心伦理价值会不会消失?如果儒家以"仁"为核心的伦理价值消失了,我们就会像今天的埃及文明、两河流域文明、希腊文明一样,即使有一个经济实体在相同的土地上,但已经是不同的文化了。从理论上来说,这不容易出现,但并非不可能。一个人的伦理价值取向不是与生俱来的,而是在很小的时候学会并确定下来的。中国有一句古话:"三岁看大,七岁看老。"一个人三岁时,其行为、价值取向就已经固定,到七岁时,基本上就已经内化了。而一个民族文化的核心伦理价值就是靠人们这样一代代地传承下来的。然而,不容易变并不代表不能变,否则也就不会有古埃及文明、两河流域文明、古希腊文明的消失。在我国当前经济快速发展的过程中,有些人为名为利昧着良心干坏事的情况时有发生,并且,在现代化的过程中通过传播、接触,人们也容易不自觉地受到外来文化伦理价值取向的影响。如果这样的事发生多了,影响到下一代的成长,传统文化的核心伦理价值也可能会逐渐消失。所以,在现代化的过程中,各界有志于民族文化复兴的人士,尤其是属于社会精英的知识分子,不仅有责任与义务推动社会的物质进步,献身于经济社会政治的现代化,同时也必须要有"死而后已"的任重道远之责任心,以"仁"为己任,用适合时代特质的形式,身体力行地实践,为社会做楷模。政府和舆论界也应该通过教育和媒体报道有意识地倡导适合时代的、以"仁"为核心的伦理价值。只有这样才能在提高经济水平、实现社会经济政治体制现代化的过程中保持中国文化的核心伦理价值,实现中国文化的复兴。

结语

总之,文化包含多个层面,当一个文化体与另一个文化体相互碰撞的时候,就会有先进落后、强势弱势的差别,其决定因素在于经济基础。理论和实践都已经证明,中国的经济基础,也就是中国文化的经济基础的不断提高,是完全有可能实现的。而且,只要有意识地实践、倡导,中国文化也有能力保持以"仁"为核心的伦理价值取向,根据时代需要不断进行上层建筑的创新。21世纪上半叶很有可能迎来中华民族的全面复兴,中国有望成为世界文明史上第一个拥有由盛而衰,再由衰而盛文明的国家。

参 考 文 献

〔英〕马林诺夫斯基,《文化论》,费孝通等译,北京:商务印书馆,1946 年。

冯友兰,《中国哲学史》,上海:华东师范大学出版社,2000 年。

林毅夫、蔡昉、李周,《中国的奇迹:发展战略与经济改革》,上海:上海三联书店和上海人民出版社,1994 年。(英文版)*China Miracle*:*Development Strategy and Economic* Reform, Hong Kong: The Chinese University of Hong Kong Press, 1996.

林毅夫,"李约瑟之谜、韦伯疑问和中国的奇迹——自宋以来的长期经济发展",《北京大学学报(哲学社会科学版)》,2007 年第 4 期,第 5—22 页。

〔德〕韦伯,"儒教中国政治与中国资本主义萌芽:城市和行会",载《韦伯文集:文明的历史脚步》,黄宪起、张晓琳译,上海:上海三联书店,1997 年。

Cipolla, C. M., *Before*: *European Society and Economy*, 1000—1700, second edition, New York and London: Norton, 1980.

Elvin, M., *The Pattern of the Chinese Past*, Stanford: Stanford University Press, 1973.

Kuznets, S., *Modern Economic Growth*: *Rate*, *Structure and Spread*, New Haven and London: Yale University Press, 1966.

Lin, J. Y., "The Needham Puzzle: Why the Industrial Revolution Did Not Originate in China?", *Economic Development and Cultural Change*, 1995, 41, 269-292.

Lin, J. Y., *Economic Development and Transition*: *Idea*, *Strategy and Viability*, Cambridge: Cambridge University Press, 2009.

Lin, J. Y., *Demystifying the Chinese Economy*, Cambridge: Cambridge University Press, 2011.

Lin, J. Y., "China and the Global Economy", *China Economic Journal*, 2011, 4(1), 1-14.

Maddison, A., *The World Economy*: *A Millennial Perspective*, Paris: OECD, 2001.

Subramanian, A., *Eclipse*: *Living in the Shadow of China's Economic Dominance*, Washington, DC: Peterson Institute of International Economics, 2011.

Weber, M., *The Protestant Ethic and the Spirit of Capitalism*, New York: Charles Scribner's Sons, 1958.

World Bank, *Multipolarity*: *The New Global Economy* (*Global Development Horizons 2011*), Washington, DC: World Bank, 2011.

第十五讲

新古典经济学的反思与总结*

改革的成果与国际经济学界的看法

从1978年年底至今的四十多年间,中国的改革开放取得了举世瞩目的成就。1978—2022年,中国GDP年均增长9.0%,对外贸易按美元计算年均增长13.9%,成为全世界第二大经济体、第一大贸易国;人民收入和生活水平明显提高,城乡收入差距缩小,消除了绝对贫困。

中国的改革所取得的成绩堪称人类经济史上的奇迹,但是在改革之初,国际经济学界对中国的改革方式不甚了解,甚至有许多经济学家不看好中国的改革。他们认为市场经济应以私有产权为基础,资源应该完全由市场配置,而中国的经济并非如此,国有企业没有私有化,资源配置实行的是双轨制,国家计划还在资源配置中发挥相当重要的作用。他们认为计划与市场的双轨制会导致配置效率损失、寻租行为、国家机会主义的制度化等问题,是比完全的计划经济更为糟糕的制度安排,有些经济学家甚至认为中国的转型最终会不可避免地因为改革不彻底而失败。

---

* 本讲主要依据林毅夫,"自生能力、经济转型和新古典经济学的反思",《经济研究》,2002年第12期。(英文稿)" Viability, Economic Transition and Reflection on Neoclassical Economics", *Kyklos*, 2005, 58(2), 239-264.

相反，当时多数经济学家看好的是苏联、东欧的改革，因为这些国家基本上是按照现代主流的新古典经济学理论的基本原则来进行改革。最有代表性的就是在波兰、捷克、俄罗斯等国家推行的"休克疗法"，它包含三方面的内容：价格完全放开，由市场来决定；全面、大规模、快速地实现私有化；消除财政赤字，维持宏观经济的稳定。这三方面是西方主流经济理论所认为的一个有效的经济体系最基本的制度要求。这些主流经济学家也知道，从一种经济体系向另一种经济体系过渡，建立新的制度安排需要时间，打破旧的既得利益需要成本，但他们乐观地设想，在推行"休克疗法"初期国民经济虽然会有所下降，但半年或一年以后经济就会快速增长，形成一个"J"形的发展曲线。据此，他们认为，苏联、东欧的改革虽然比中国起步晚，但很快就会超过中国，而中国由于改革得"不彻底"，经济内部的矛盾将会引发种种困难而致失败。

然而，转眼三十年过去了，事实结果与20世纪90年代初许多著名经济学家的预言恰恰相反，中国经济继续保持了快速增长，而推行"休克疗法"的国家反倒出现了极其严重的通货膨胀，经济发展经历的不是暂时下降然后持续快速增长的"J"形曲线，而是先急剧倒退然后长期疲软的"L"形曲线（见图15.1）。1993年俄罗斯的通货膨胀率达到8 414%，即一年中物价上涨了84.14倍；乌克兰的通货膨胀率达到10 155%，即一年中物价上涨了101.55倍。不仅如此，其GDP急剧下滑，1995年俄罗斯的GDP只达到1990年的50%，乌克兰的GDP只达到1990年的40%。随着人均收入的急剧下滑和收入分配的极端恶化，各种社会指标也在降低。1990年俄罗斯男性的寿命预期是64岁，1994年下降到了58岁。据2006年欧洲银行所作的一项23国23 000户的调查，70%的受调查者认为当时的生活比转型开始时（20世纪90年代初）差。总之，推行"休克疗法"的国家改革困难重重，并未出现西方主流经济学家预期的效果。在东欧国家中，波兰经济发展得最好，GDP下跌了20%左右，但是，波兰并没有真正推行"休克疗法"，虽然价格全面放开了，但是绝大多数大型国有企业并没有私有化。

在整个20世纪90年代，中国经济确实出现了不少问题，例如从70年代末期就开始的国有企业改革到了90年代仍未彻底完成；地区

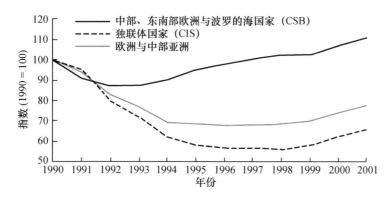

图 15.1　1990—2001 年实际产量

注：欧洲与中部亚洲取 CSB 和 CIS 的均值。所有统计数据按人口加权。2001 年的数据为预测值。

资料来源：世界银行。

差距、城乡差距有所拉大；金融体系仍比较脆弱；环境的可持续发展境况堪忧；对外贸易的巨额盈余与外汇的大量积累造成巨大的人民币升值压力；等等。但更值得注意的是在整个 90 年代，国民经济年均增长 10.1%，对外贸易年均增长 15.2%。人民生活水平得到大幅度提高，尤其城市生活水平提高得更快。90 年代之前，北京、上海新建筑很少，可到 90 年代末，北京已发展成一个现代化的城市，上海浦东的变化更是举世震惊。中国经济发展也为国际经济做出了很大贡献，1997 年至 1998 年的亚洲金融危机发生时，人民币没有贬值，对东南亚经济在短期内得到恢复和增长起了很大作用。

中国经济改革在 20 世纪 80 年代已经取得了许多实实在在的成就，但是，国际上一些主流经济学家却一致不看好中国。参与了苏联、东欧改革的许多堪称大师的哈佛大学、MIT(麻省理工学院)的经济学家，许多前沿理论都是他们研究、发展出来的，但他们为什么无法预测、解释推行"休克疗法"所带来的困境，又为什么不看好中国的经济转型呢？我认为除了这些经济学家对社会主义国家的历史、计划经济形成的原因和经济系统转型的实质问题的认识不够，最主要的问题还在于现有的主流经济学理论本身在分析转型问题上存在着先天的缺陷。

自生能力与新古典经济学的反思

现代经济学的暗含前提和推论

理论应该能够用来解释和预测现象,若不能如此,则说明这个理论存在根本性的缺陷。现代主流的新古典经济学理论用来解释发达国家的经济现象是非常合适的,但用来解释转型国家和发展中国家的经济现象却未必合适。新古典经济学有一个"理性人"假设,即在各种可能的选择中,一个决策者永远会做最符合他的目标的选择,这个假设是大家熟悉的。但除此之外,还有一个假设暗含在现有的新古典经济学理论中,被经济学家不自觉地当作经济研究、经济理论的既定前提,我称之为"企业是有自生能力的"假设。对于"自生能力"(viability),我在第五讲给出的定义是:在一个开放、竞争的市场中,只要有着正常的管理,就可以预期这个企业可以在没有政府或其他外力的扶持或保护的情况下,获得市场上可以接受的正常利润率。在企业都具有自生能力的暗含前提下可以推论出,如果一个企业在竞争的市场中并未获得大家可以接受的正常利润率,则一定是由于缺乏正常管理。其中可能有公司治理、激励机制或是产权方面的问题,也可能有政府对企业经营的不当干预问题。社会主义国家的国有企业确实表现出了这些问题,在这个理论框架之下,社会主义经济转型的成功,有赖于消除原来计划经济体制之下妨碍企业正常经营管理的产权、公司治理和政府干预问题,让企业能够有正常的管理。"休克疗法"就是建立在上述理论基础之上的。

自生能力的理论总结

经济理论是用来解释经济现象的,新古典经济学理论发展于发达的市场经济国家,所要解释的是发达国家的现象。在发达的市场经济中假定企业具有自生能力是合适的,因为发达的市场经济国家中的政府,一般是不会给予企业保护和补贴的(除了很特殊的产业中的企业)。一个企业如果在正常管理下不能获得市场上可以接受的正常利润率,那么根本不会有人投资、建立这样的企业,如果这样的企业因为错误的信息和信念而被建立起来,投资者也会"用脚投票"而使这家企业垮台。所以,在开放、竞争的市场上存在的企业应该都是具有自生能力的,也就是只要有正常的管理就应该能够获得正常的利润率。既然如此,发达国家主流的经济学理论用它作为暗含前提来构建理论模型是合适的。

但是,在本书中,我们已经一再讨论,事实上在转型和发展中国家,很多企业是不具有自生能力的,也就是即使有了正常的管理,在竞争的市场中也无法获得大家可以接受的预期利润率。在一个开放、竞争的市场中,一个企业是否能够获得可以接受的利润水平,亦即是否具有自生能力,取决于它所采用的技术和所在的产业特性是否和这个经济的要素禀赋结构所决定的比较优势相一致。如果不一致,这个企业即使有很好的管理,在开放、竞争的市场中也不能获得可以接受的利润水平,它的存在有赖于国家的保护和补贴。

一个企业的自生能力取决于其产业、产品、技术选择,对此的一个很好的例证是日本的农业。日本的农业以小农为主,农场主既是所有者也是经营者,所以不存在产权方面的问题,也不存在任何信息不对称和激励不相容所导致的公司治理问题。但是日本是一个土地极端稀缺的国家,在土地密集型的农产品(如粮食)上不具有比较优势;日本又是一个劳动力价格极端高昂的国家,在劳动密集型的农产品(如蔬菜、水果)上也不具有比较优势。日本农业的精耕细作在世界上是有名的,但是,日本农场的生存有赖于日本政府的高额财政补贴和关税保护,如果日本政府开放农产品的自由进口,日本绝大多数的农场可能都会倒闭。

转型国家的许多国有企业也和日本的农场一样存在自生能力的问题。因为转型经济中的许多国有企业是政府为了尽快赶上发达国家的产业、技术水平而违反其比较优势建立起来的,尤其重工业中的大型国有企业更是这样。转型国家,如俄罗斯、中国等,在实行计划经济之前原本是资金稀缺的落后的农业国家,在一个资金稀缺的发展中国家要发展不符合比较优势的资本密集型重工业项目必须克服许多困难。这些国家一般因为经济剩余少而存在资金短缺,因为出口少而存在外汇短缺,又因为剩余分散而存在资金动员困难。这些困难与重工业项目大、建设周期长、关键设备和技术需要大量进口,以及一次性投资特别大的特点刚好形成了矛盾。因此,政府为了使周期长的项目能够被建立起来,只好把利率压低;为了让这些项目能够以低廉的价格进口机器设备,只好扭曲汇率,人为抬高本币价值;为了集中剩余,只好让已经建成的企业有很高的利润,以作为下一个投资项目的资金来源,而要让已经建成的企业有很高的利润,就要压低包括工资在内的各种投入的价格,并且要给这些企业在产品市场的垄断权。这些价格信号的扭曲必然造成资金、外汇、原材料和生活必需品的供不应求。为了保证稀缺的资源能够被配置在要优先发展的产业和项目上,就必须要有国家计划,并且用行政的方式按照计划配置资金、外汇、原材料等,从而形成传统的计划配置体系。

在价格扭曲并且用计划替代市场配置资源的经济体系中,如果企业是私人拥有的,那么国家就无法保证以价格扭曲集中起来的剩余会按照国家的计划再继续投入重工业项目中去。因此,国有化成为政府直接掌握这些剩余支配权的一项制度安排。在上述的计划体制下,一个企业所在的是政府所要优先发展的最终产品部门,其产品市场是垄断的,价格会很高,而且可以享受各种廉价的投入,必然有很高的盈利;反之,如果其所在的是生活必需品或重工业投入品的部门,其产品价格被人为压低,即便经营得再好很可能也有亏损。因此,一个企业盈利或亏损,很大程度上并不取决于经营的好坏,而取决于这个企业在整个产业链中所处的位置。在信息不对称、激励不相容而且缺乏市场竞争的情况下,政府不知道一个盈利企业该有的正常盈利水平,也不知道一个亏损企业该有的亏损水平。如果给企业自主权,企业经营人员容易产生多吃、多拿、多占的道德风险。为了防止利用价格扭曲创造出来的剩余被企业侵占,政府就剥夺了传统计划体制下国有企业"人财物、产供销"的权利。

实际上,传统的经济体制下全面扭曲资金、外汇、原材料、工资、物价等各种价格信号,以计划取代市场配置资源、剥夺企业经营自主权的各项制度安排,内生于发展战略所要优先发展的企业没有自生能力的现实。这种安排用现代经济学的术语来讲是在限制条件之下的"次优"选择。通过它可以把分散在各个产业部门的剩余最大限度地集中起来,投资到政府所要优先发展的项目里去。所以,像中国这样落后的农业经济,也可以在很短的时间里建成完整的重工业体系,成功试爆原子弹、发射人造卫星。但是,资源配置的效率低,而且,企业因为没有自主权,干得好的企业和干得坏的企业以及干得好的工人和干得坏的工人待遇一样,导致企业和工人的积极性差,整个经济的效率非常低。

在社会主义计划经济和转型经济中,大量企业是不具有自生能力的,为了扶持和保护这些没有自生能力的企业,内生出一系列干预市场运行的制度安排和后果。那么,运用以企业具有自生能力为暗含前提的新古典经济学理论来分析这些国家的经济现象和问题时,提出的政策建议与推行的结果达不到预期的效果,甚至事与愿违,也就不足为奇了。

现实观察与理论发展

新古典经济学理论下的政策失败

"华盛顿共识"的提出与主要内容

在社会主义国家可以看到很多扭曲的现象,存在公司治理、政企不分、裙带关系、政府对金融和外贸的干预等一系列问题,这些问题导致经济效率较低。这些现象在很大程度上内生于政府的发展战略所要建立的企业是没有自生能力的这一事实。如果企业自生能力的问题不解决,而政府又不愿意或不能让这些企业破产,那么这些扭曲和干预就无法根除。

可是我们对客观世界的认识,必然受到头脑中理论框架的限制(North,2002)。现代主流的新古典经济学理论暗含企业有自生能力的假设,当受到这个理论体系训练的经济学家,看到转型中国家普遍存在的、在新古典经济学体系里已被证明会降低经济运行效率的公司治理、产权、政府干预等问题时,他们就会认为现有的新古典经济学理论是分析转型中国家问题的合适工具(Murrell,1991),而忽视了这些问题其实是内生于政府试图去建立的企业缺乏自生能力这一事实的。于是,当社会主义国家请国际上著名的经济学家来帮助设计改革方案时,他们提出的方案、政策只强调产权私有化,放弃政府对经济的干预,实行完全市场化等,而且,在训练有素的经济学家间会有超乎寻常的共识(Summers,1994)。

根据新古典经济学理论来制定改革政策最具体和集中的表现就是所谓的"华盛顿共识",其内容有如下几项:强化政府的财政纪律,增加政府在改进收入分配和过去受忽视而又有高回报的领域的公共投资,扩大税收的基础,统一汇率,贸易自由化,消除外国直接投资的障碍,国有企业私有化,放松对市场准入的管制和保护私有产权等(Williamson,1997)。社会主义国家转型时,外国经济学家提出的"休克疗法",其实也是依据上述共识而设计的(Kolodko,2001)。由此,我们也就明白为什么在20世纪90年代初,国际经济学界普遍看好推行"休克疗法"式改革的苏联、东欧,而不看好实行渐进式改革的中国。

现代新古典经济学的理论框架,不仅影响了发达市场经济中的主流经济学家对其自身问题的看法,而且使他们在分析其他国家、其他经济体系的问题时,或其他国家的经济学家在思考自己国家的问题时也不自觉地以此为参考框架。例如,在20世纪30年代发生的著名的社会主义大辩论,不管是赞成方的奥斯卡·兰格,认为社会主义计划经济可以利用模拟市场的方式使资源配置的效率高于市场机制(Lange,1936,1937),还是反对方的哈耶克和米塞斯,认为计划经济不能克服信息问题而必然失败(Hayek,1935),其实都以社会主义国家所要建立的企业具有自生能力为暗含前提。在社会主义国家,科尔奈是分析社会主义经济问题最杰出的经济学家之一,他的最大贡献是提出了预算软约束的概念(Kornai,1986)。在许多社会主义国家,经营不好的企业随时可以向国家要更多的优惠和更多的补贴;而在市场经济国家,企业经营不好则要破产。科尔奈认为预算软约束是国有企业缺乏改进生产的积极性、道德风险普遍存在的主要原因,而预算软约束的存在则是因为社会主义政府对国有企业的"父爱主义"所致,所以,要提高企业效率,必须进行产权改革,切断企业与政府的关系以消除预算软约束。科尔奈的理论体系也不自觉地把国有企业具有自生能力作为前提。但是,社会主义经济中预算软约束的产生其实是因为企业没有自生能力,在竞争的市场经济中没有人会去投资、经营,为了把这些企业建立起来,政府就必须负起保护和补贴的责任。但因为信息不对称,政府并不知道要给企业多少保护和补贴才够,因此,企业会把因经营不善引起的亏损的责任也推给政府,说是政府的保护和补贴的力度不够,在政府不愿让这些企业破产,又对其亏损负有责任的情况下,就形成了预算软约束的现象。企业预算软约束的根本原因在于企业缺乏自生能力,而不在于社会主义政府的"父爱主义"。因此,即使在非社会主义国家,如果有由政府推动而建立起来的缺乏自生能力的企业,预算软约束的问题也同样会存在。例如,具有赶超特性的韩国的大企业集团就是一个例子。同时,在社会主义国家,即使推翻了社会主义政府,将国有企业私有化了,企业预算软约束的现象也不能消除。

苏东的改革失败

既然社会主义经济中的公司治理不完善、政企不分、市场扭曲等一系列问题是内生于政府所要优先发展的企业不具有自生能力,那么,不解决企业自生能力的问题,而按新古典经济学理论来改变产权安排,解决政企不分、公司治理不完善等问题,其结果不仅不能达到政策设计的预期,而且经常使问题恶化。苏联、东欧在换掉了社会主义政府,推行了"休克疗法",实行了私有化之后,并未能消除企业的预算软约束,而私有化后的企业经理向国家要保护和补贴的积极性反而会高于国有企业。世界银行1996年的《世界发展报告》和2001年的《改革的第一个十年》的研究表明,苏联、东欧在实行全盘私有化以后,政府给国有企业的扶持不仅没有减少,有些反而还在增加。同时,这些国家在转型前推行的是统收统支,转型后政府的税收能力大大降低,在给予企业的扶持不能减少的情况下,出现恶性通货膨胀也就不奇怪了。

中国的改革挫折

不仅按现有的经济理论设计出来的"休克疗法"在苏联、东欧的推行没有产生预期的结果,而且在我国按照新古典经济学理论或发达国家的经验设计的改革方案,也经常遭遇和"休克疗法"同样的命运。中国的改革从1978年开始,效果最显著的是邓小平总结出来的两个"意想不到":第一个是家庭联产承包责任制巨大的生命力和对农业的巨大推动力;第二个是乡镇企业的异军突起对农村经济发展的巨大贡献。而这些改革措施并不是改革者事先设计出来的,而是农民在实践中自发推动的。在中国改革的进程中,由政府设计出来的改革方案,有不少的命运和苏联、东欧的"休克疗法"一样。以国有企业改革为例。改革初期,人们认为国有企业的问题在于,国有企业的厂长、经理缺乏自主权,盈利的企业和亏损的企业、干得好的工人和干得坏的工人在激励上没有差别,因此,推行了放权让利的改革,扩大了厂长、经理的自主权,让企业分享一定比例的新增收益。这种改革措施在试点时有效,全面推广后就无效,形成所谓生产率提高利润率却下降的现象。于是,理论界认为这是因为产权安排不完善,国有企业归全国人民所有,但交由厂长、经理管理,出现产权缺位,没有人真正关心国有企业的保值与增值。到20世纪80年代末90年代初,改革的方向转变为明晰产权,推行现代企业制度,建立董事会、监事会等。产权安排和公司治理最完善的应该是股份制公司,因为股份制公司上市之前有多少资产是要评估确定的,上市以后,一部分股份归国有,一部分股份归非国有的股东所有,除了董事会和监事会,非国有的股东应该会为了自己的股票的保值和增值而关心公司的经营、管理,国有大股东就能搭非国有股东的便车而获取企业管理改善的果实。可是这一措施推行几年后,上市公司的各种指标基本上与未上市公司差别不大。开始时,理论界以为这是因为非国有股东都是散户,每个股民对每家企业拥有的资产比例非常小,因此对管理企业、监督经营没有多大积极性。因为即使由于他们的努力而使企业经营好了,每个股民也只不过拿了改善经营绩效的万分之一或几万分之一,所以他们不关心企业的经营管理,只关注股票价格的涨跌,造成股市很大的投机性,很多股票一年被炒卖好几次,基本没有人长期持有股票。后来,理论界认为国外的股份公司的大部分股票是机构投资者拥有的,一个机构投资者可能拥有一家企业股票的5%或更多,而且作为机构投资者可以请专业人员对企业的各种报表进行分析,真正形成对企业的有效监督。为此,我国在1998年引进了投资基金。但引进投资基金以后,在相当长的一段时间里,股票市场的投机行为并没有减少,反而更严重,因为这些机构投资者不仅投机而且还"坐庄",操纵股票的市场价格。之所以会出现这种情况,其实还是因为这些上市公司并没有解决自生能力问题,因此在竞争的市场中不能盈利。不能盈利就不能有分红,散户拿了不能分红的股票等于是一张废纸,当然只能靠股票价格涨跌的投机行为来获利。而机构投资者虽然拥有企业的很多股票,但它们同样不可能靠长期持有不分红的股票来获利,而且它们可动用的资金多,而流通的股票少,当然可以通过操纵股价涨跌来获利。这样看来,按照新古典经济学现有的理论设计改革方案,或是照搬西方的经验之所以不成功,原因就在于这些理论的前提以及西方企业普遍存在的情况与我国的企业特性是不一样的。

其他国家的赶超失败

企业自生能力不仅是转型国家中最核心的问题,而且在发展中国家也普遍存在。第二次世界大战以后取得独立的一些非社会主义发展中国家的政治领导人,看到发达国家的工业化水平对其政治、经济力量的决定作用,而没有认识到发达国家的产业结构是内生于其要素禀赋结构的,于是试图在自身比较优势不具备的条件下去发展和发达国家同样水平的产业,于是靠对要素价格、金融体系、国际贸易、投资等进行了一系列干预而把这些产业建立起来。但是,这些产业中的企业是没有自生能力的,只有在政府的持续保护和补贴下才能生存,而政府对价格信号、资源配置、市场竞争的干预必然导致寻租行为和裙带资本主义等现象,从而使收入分配不公,效率低下,经济、社会不稳定等。

上述情况不仅存在于发展中国家,即使在一些新兴工业化经济体中也存在,韩国就是一个很好的例子。中国台湾地区的人均收入比韩国高，但韩国的大企业集团与中国台湾地区的同类企业相比，在技术、资金密集程度上高了一个档次。在1998年的亚洲金融危机中，台湾地区的汇率只贬值了15%，而且除了人民币不可自由兑换、资本账户没有开放的大陆，台湾是东亚地区唯一维持正增长的经济体，增长率在1998年达4.5%，1999年达5.7%。在这个恶劣的环境中能维持这样的增长率，证明它的企业是有竞争力、有自生能力的。而韩国经济在亚洲金融危机中崩溃了，不得不向国际货币基金组织（IMF）申请援助，以渡过难关。在推行了国际货币基金组织的援助条款、取消了对大企业的各种保护和补贴以后，韩国的30家大企业集团中有17家破产了。这表明这些企业是没有自生能力的，在竞争的市场中，如果没有政府的保护和补贴是难以生存的。

在市场经济国家，政府对没有自生能力的企业的保护手段与社会主义国家的保护手段很相似，政府压低利率，对银行及其他金融机构的贷款方向进行干预，用廉价的资金来支持缺乏自生能力的企业，并对进口贸易设置各种障碍，使得这些企业免于和发达国家的企业竞争。没有比较优势而靠政府的保护和补贴建立起来的企业难以创造真正的剩余，而有比较优势、能够创造剩余的企业在政府的歧视政策下难以发展，因此，整个经济可以动员的资金将逐渐枯竭。如果像印度和巴基斯坦等国家那样不对外举债，那么经济发展将陷入停滞的困境。如果像拉丁美洲国家或亚洲金融危机前的韩国、泰国、印度尼西亚等国家那样允许政府或企业对外举债，那么最终将出现债务危机（Krueger，1992）。

当一个国家出现债务危机时，在目前的国际金融框架下，只好向国际货币基金组织寻求援助。[①] 国际货币基金组织在给予贷款时，通常会附带一个"援助条款"（conditionality），要求受援国家进行一系列改革。这个"援助条款"的基本理念就是建立在现代经济学理论基础上的"华盛顿共识"。这些条款要求解决宏观政策扭曲、政府对银行和企业的干预、公司治理等方面的一系列问题，但由于这个共识的理论基础假定了企业是有自生能力的，所以在上述诸多措施中不仅没有任

---

① 关于国际援助的更多内容可参见我的《超越发展援助：在一个多极世界中重构发展合作》一书（北京大学出版社2016年版）。

何一项措施是用来改善企业的自生能力的,而且有多项措施实际上是取消了对没有自生能力的企业的保护和补贴。如果像韩国和某些市场经济国家那样,缺乏自生能力的企业仅是经济中的一小部分,那么一步跃过鸿沟是可能的,实行这个共识的改革措施以后,经济效率的提高可以抵消这些没有自生能力的企业的破产所带来的震荡从而经济能够很快恢复增长。可是,如果像转型中国家那样,没有自生能力的企业在经济中占有重要份额,推行"休克疗法"之后,经济就不会像"J"形曲线那样稍微下滑后很快就恢复增长,而可能会像"L"形曲线那样急剧下滑后陷入长期停滞而后才恢复一点增长。

世界银行与国际货币基金组织同为联合国下属机构,世界银行主要支持发展中国家长期项目,国际货币基金组织主要通过提供短期贷款帮助成员平衡其国际收支[图为世界银行(左)与国际货币基金组织(右)的标志]

企业缺乏自生能力既然是社会主义计划经济、转型中国家与发展中国家的普遍问题,那么,在研究和解决这些国家的问题时,就不能再把企业具有自生能力作为经济理论分析的一个暗含假设,而必须把企业是否具有自生能力作为任何发展和转型问题的理论分析和政策制定时需要具体考虑的变量。

新古典经济学的发展

其实现代的新古典经济学本身也是在放弃一些不合实际的、暗含的基本假设的过程中不断发展深化的。现代新古典经济学分析的基本框架,在1890年马歇尔出版的《经济学原理》(*Principles of Economics*)中即已粗具雏形。在马歇尔的理论体系里,除了本讲所提出的、到现在还为经济学家普遍接受的企业具有自生能力的暗含假设,还假设了信息是充分、对称的和交易费用不存在等。

经济理论是解释人们所观察到的和预测将发生的经济现象的工具。按照弗里德曼(Friedman,1953)的观点,一个理论是否可以被接受,不在于假设是否和实际条件一致,而在于理论的推论是否和现象一致。马歇尔的理论体系在解释和预测众多经济现象上非常有力,例如当某种商品的价格上涨时,人们购买该种商品的数量通常会下降。但是,这些暗含假设也限制了马歇尔体系对某些现象的解释力。例如,在完备信息的暗含假设下,每种商品在竞争的市场中就只会有一个价格,因此,就不该出现所谓的"货比三家不吃亏"的现象。芝加哥大学经济系教授乔治·斯蒂格勒的最大贡献之一就是放弃了完备信息的暗含假设,提出了信息不充分、信息有价值、信息的获取有成本,使信息成为现代经济分析的一个重要考虑变量,这也是他获得诺贝尔经济学奖的重要原因之一。2001年获得诺贝尔经济学奖的约瑟夫·斯蒂格利茨、乔治·阿克罗夫和迈克尔·斯宾塞则进一步提出,不仅信息是不完备的,而且信息的分布在生产者、消费者、所有者、委托代理者之间也是不对称的,所以会出现道德风险问题,因此必须有各种制度安排来克服信息不对称问题,经济才能有效运行。另外,根据马歇尔的体系,市场竞争的资源配置是最有效率的,按此难以解释为何存在非市场配置的企业,诺贝尔经济学奖获得者罗纳德·科斯的贡献则在于放弃了马歇尔体系中市场交易没有交易成本的暗含假设,开启了现代经济学对契约、产权和非市场制度的研究,形成了交易费用学派。

将自生能力引入发展经济学和转型经济学的重要性

经济理论的作用就像一张地图,地图不是真实世界本身,而是帮助我们了解周遭的环境以及下一步如果往前、往后、往右或往左会遇到什么样的新景象。地图一定要有一定程度的抽象和简化,但如果把重要的地标忽略了或画错了,经常会造成人们行动的失误。当我们察觉到这个问题时,就应该及时根据实际的情况来改正地图。企业不具有自生能力的情况在转型国家和发展中国家普遍存在,因此,在分析转型国家和发展中国家的经济问题以及制定解决问题的有关政策时，应该放弃现有新古典经济学理论中企业具有自生能力的暗含假设，把许多企业可能不具有自生能力作为理论分析和政策制定的一个重要前提。有了这个前提，也就不会无条件按"休克疗法"和"华盛顿共识"来制定转型和改革政策，明白成功的转型和改革还有赖于创造条件使绝大多数企业从没有自生能力变为有自生能力。

另外，根据自生能力的概念，一个国家发展的目标也必须重新定位。传统上，一个发展中国家的政治领袖、经济学家和社会精英把现代化的目标定位于如何在最短的时间里建立起最发达国家具有优势的产业，采用同样先进水平的技术，生产同样的产品。但是，一个国家具有比较优势的产业、产品、技术结构是内生决定于这个国家的要素禀赋结构的，不顾自己国家的要素禀赋结构的现状，试图去建立、生产、采用和发达国家同样的产业、产品和技术，其发展目标的载体——企业必然没有自生能力，在开放、竞争的市场中无法生存。因此，为了这个发展目标，政府就必须靠扭曲价格信号，干预资源配置来保护和补贴这些没有自生能力的企业，寻租、预算软约束、宏观不稳定、收入分配不公等现象接踵而至，结果是好心干坏事，经济发展欲速则不达。

从自生能力的概念出发，一个国家经济发展的目标应该定位在要素禀赋结构的提升上，因为要素禀赋结构提升了，在开放竞争的市场中，企业为了自己的生存自然必须提升其产业、产品、技术水平。在每个国家的土地（自然资源）禀赋给定的前提下，要素禀赋结构的提升指的是每个劳动者所能支配的资本量的增加，资本来自剩余的积累，要最快地提升一个国家的要素禀赋结构，这个国家就必须在每个时点创造最大的剩余，并将剩余中最大的部分用作积累。一个国家如果能在每个时点上按其当前的要素禀赋结构所决定的比较优势来选择产业、产品和技术，整个经济就会有最大的竞争力，能够创造最大的剩余，并且资本的回报率会最高，积累的意愿会最大，要素禀赋结构提升的速度会最快。

企业关心的是产品的价格和生产的成本，而不是一个国家的要素禀赋结构本身，只有产品的价格反映国际市场的价格，投入要素的价格反映要素禀赋结构中各种投入要素的相对稀缺程度，企业才会自动地按照一个国家的比较优势来选择其产业、产品和技术。因此,以最大限度加快要素禀赋结构的提升为发展政策的具体目标时,维持经济的开放和市场的充分竞争就成为政府的基本经济职能。同时,由于企业的产业、产品和技术升级是一种创新活动,需要充分掌握合适的关于新的产业、产品和技术的信息,但是这些信息具有公共产品的性质,信息的收集和加工需要花费大量成本,而一旦各项工作完成,信息分享的成本就会接近于零。所以,政府可以收集关于新的产业、产品和技术方面的信息,然后以产业政策的形式免费提供给所有企业。此外,经济中的技术和产业升级还常常要求不同企业和部门协同配合。例如,新的产业和技术对人力资本或技巧方面的要求可能不同于老的产业和技术,一个企业也许不能将这些新的条件的供给完全内部化,需要依赖来自外部的帮助。除了人力资本,这种升级也可能需要有新的金融制度、贸易安排、市场营销渠道等。因此,政府可以使用产业政策来协调不同产业和部门的企业实现产业和技术的升级,并为其创造必要的法律、监管体系等。最后,产业和技术升级是一种创新活动,本质上是有风险的。政府的产业政策也可能过于冒进或保守,第一个响应政府产业政策的企业不管成功或失败都会为其他企业提供有价值的信息和外部性。为了补偿外部性和可能的成本与收益之间的不对称性,政府可以向首先响应政府产业政策的企业提供某种形式的补贴,如税收激励或贷款担保等。

  上述利用一个国家的比较优势来发展经济的政策,可以让一个发展中国家充分利用与发达国家之间的技术差距,以低成本引进技术的方式来加快经济发展,而实现在收入、产业和技术水平上向发达国家的收敛。需要注意的是,在以提高要素禀赋结构为目标的发展政策和以提高产业、产品和技术为直接目标的发展政策下都可能有产业政策,但前者所要支持的企业是具有自生能力的,而后者所要支持的企业是没有自生能力的;前者所需要的补贴是少量的,是有一定期限的,而后者则需要依靠政府提供大量、连续的政策优惠或支持。

  传统计划经济体系的形成内生于政府所要优先发展的重工业中的企业在开放、竞争的市场中不具有自生能力。传统计划经济转型的目标是建立开放、竞争的市场体系,在转型过程中,传统企业不具有自生能力的问题就会由隐性变为显性,企业自生能力问题的解决情况如何成了决定转型能否平稳和成功的关键。

缺乏自生能力的企业既然在开放、竞争的市场中无法生存,那么,以"休克疗法"的方式试图一步跳过计划经济和市场经济之间的鸿沟,必然造成大量企业破产、失业、经济崩溃和社会动荡。大量的企业破产和失业实际上是任何社会都难以接受的,因此,在实行了"休克疗法"以后,政府仍然会继续补贴那些不具有自生能力的企业,结果造成有"休克"而无"疗法"的尴尬局面。像我国这样以渐进的方式实行双轨制,一方面放开政府对资源的严格控制,允许新的企业进入具有比较优势的部门,改进资源配置的效率,创造新的资源增量,为传统部门的改革创造条件;另一方面继续给予传统部门的企业必要的保护和扶持,使其不会马上面临倒闭、破产的危险,然后创造条件解决传统企业自生能力的问题。这种方式有可能既维持经济和社会的稳定,同时又保持较高的增长速度,使转型有可能在帕累托改进或卡尔多改进的方式下进行。

在一个转型中国家,当国有企业的自生能力问题得到解决以后,企业能否盈利的问题就转变为新古典经济学理论里讨论的公司治理、市场竞争的问题了。国家对企业的盈亏不再负有责任,由传统的计划经济体制延续下来的保护补贴国有企业的制度安排能够彻底得到改革,从计划经济体制向市场经济体制的转型也就能够完成。

然而,向市场经济过渡的完成有赖于政府放弃赶超战略而采取比较优势战略,否则,政府不但难以放弃现有的不具有自生能力的企业,还有可能再创造出更多不符合比较优势、缺乏自生能力的企业,这样政府就难以从扭曲、干预市场的"拔苗助长型政府"转变为克服信息不对称、协调外部性等市场失灵问题的"因势利导型政府"。

发掘理论创新金矿,推动学科全面发展,致力民族复兴大业

回顾本书的内容,我们主要探讨了中国在近代由盛转衰的原因,

以及此后几代中国知识分子为复兴民族大业所作的努力、所遭遇的挫折和取得的成就,并分析了中国未来发展的潜力和可能。

一个国家长期、持续的经济发展有赖于技术的不断创新发明和相应制度的不断完善。在前现代社会,技术发明的机制是以工人和农民的经验为主。由于中国人多,工人、农民的数量多,在技术发明创新上具有优势,再加上当时中国有相对先进的市场制度和有利于维持国家大一统的儒家哲学和科举制度,因此在前现代社会,中国市场规模大,分工相对细化,技术和生产力水平较高,从而成为长期领先于世界的先进文明。

西方在15世纪时发生了以数学和可控制实验为支撑的科学革命,并由此引发了18世纪中叶的工业革命,技术发明的主要机制转变为以科学为引导的实验,于是西方国家科技水平日新月异,经济发展一日千里,许多亚非拉国家和地区最终在冲突中不敌西方列强而沦为其殖民地。

中国的科举取士以儒家经典为主要内容,由此形成的激励机制不利于数学和可控制实验等"奇技淫巧"的学习,因此,中国也就无法自发地产生科学革命和工业革命,从而在西方发生工业革命后的短短几十年时间内,科技和经济发展水平迅速由领先变为落后。自1840年鸦片战争以后,中国又屡遭西方列强的欺凌,民族面临生死存亡的挑战。在儒家思想的熏陶下,中国的知识分子以民族兴旺为己任,救亡图强成为几代中华志士不舍的追求与奋斗目标。当时北京大学的师生以高度的责任感与使命感,高举启蒙的大旗,积极引进西方先进的哲学、社会与自然科学知识和思想,发起新文化运动,推动了社会主义革命。然而,直到1949年中华人民共和国成立,特别是在1978年年底开始的改革开放以来,经济保持连续四十多年的高速增长,创造了举世瞩目的"中国奇迹",中国才改变了贫穷落后的面貌。

第一次世界大战以后,民族主义运动在世界各地风起云涌;第二次世界大战以后,亚非拉各殖民地纷纷摆脱了列强的统治,赢得了独立。这些亚非拉新独立国家同中国一样,在第一代革命家的领导下,根据当时主流的理论来推动国家的现代化。然而经过了一两代人的不懈努力,它们却普遍遭遇到各种困难,经济、社会危机频繁发生,人均收入水平和发达国家的差距越来越大。到了20世纪70年代末，只有东亚的几个国家和地区成为新兴工业化经济，实现了发展中国家和地区共同追求的缩小与发达国家之间差距、赶上发达国家的目标。但是在20世纪五六十年代这些东亚国家和地区的政府所采取的各种政策，却被当时的国际经济学界普遍认为是错误的政策。

同样的情形也出现在改革之初的中国。始于1978年年底的改革在中国政府的领导下以渐进式的双轨制方式进行，当时许多政策一出台即遭到国际学界的普遍批评，但是中国经济却在一片非议声中取得了一个又一个让世人为之惊叹的成就。而恰好相反的是，20世纪90年代的苏联与东欧国家根据当时国际普遍接受的理论进行政治体制改革和"休克疗法"，结果经济却出现了崩溃和长期停滞。此外，20世纪80年代中国开始进行改革的同时，其他发展中国家也在国际发展机构的指导下，按当时流行的理论和共识进行各种改革，四十多年过去了，虽经多方努力却并未达到预期目标，经济增长率比改革前还要低，原有的经济、社会危机也没有得到解决反而日益恶化。

以上经验说明了目前国际上尚缺乏可以指导发展中、转型中国家有效推动经济、社会、文化、政治发展和转型，使其既快又好地实现现代化的成熟理论。

社会科学学者提出的理论通常来自对其所在国家的社会经济现象的观察和问题的思考。以经济学理论为例，自从亚当·斯密在1776年出版《国富论》奠定了现代经济学的基础以来，当前国际上通行的经济学理论主要由发达国家的经济学家提出，以解释、解决发达国家的现象和问题为目的。但是，发达国家的背景和所处阶段与发展中国家不同，社会、政治、文化结构有异，所面临的机遇和挑战也不同，能够解释、解决发达国家问题的理论不见得适用于解释、解决发展中国家的问题。而且，由于发达国家社会经济条件和出现的问题不断变化，其社会科学理论也在不断地创新。因此，以引进发达国家先进理论为目的的运动和其他各种努力，难免遇到不知引进何种理论以及所引进理论出现"淮南为橘，淮北为枳"现象的困境。

社会科学理论本质上是一些简单的因果关系逻辑体系。社会科学理论是否适用于某个国家,取决于其理论的前提假设是否和该国重要的社会经济条件一致。从复杂的社会经济现象中找出关键的条件变量,从而建立一个简单的因果逻辑体系,通常只有生活在这个社会中、对这个社会的历史文化有深刻了解的社会科学学者才能做到。因此,中国的知识分子也必须摆脱"西天取经"的思维定式,在政治、经济、社会科学各个领域,深入了解中国的历史,积极研究中国与其他发展中国家过去一百多年来现代化探索的成功经验和失败教训,以及当前国内、国际社会的现实,创造性地构建出一套能够揭示中国现代化问题的本质、面临的限制和机遇的新的思想体系、理论观点。只有中国的知识分子才能以其科研成果引领社会思潮,以其教学活动培育一批又一批了解中国国情和社会经济政治文化问题解决之道的高素质人才,掌握未来发展中出现的机会,克服改革中存在的困难,真正实现民族复兴大业,并使中国屹立于世界强国之林。

进一步来说,中国作为一个发展中、转型中国家,在现代化进程中面临的挑战和机遇与其他发展中和转型中国家在本质上较为接近,能够解决中国现代化进程中所面临的困难,把握中国发展的机遇,推动中国较好、较快地实现现代化的理论,对于处于相同发展阶段的发展中、转型中国家来说,在解决它们的问题、把握它们的发展机遇上必然要比发达国家学者提出的理论更具有参考价值和借鉴意义。目前,世界上还有三分之二的人口生活在发展中、转型中国家,因此,在社会科学领域进行有益于中国现代化的理论观点、思想体系的创新,也将对世界其他发展中国家的发展、转型、现代化做出巨大贡献。我自2009年在世界银行首席经济学家任上提出、2012年回国后继续倡导的新结构经济学,把发达国家和发展中国家的产业、技术、制度等结构的内生差异和转型中国家存在的各种内生的制度扭曲引入现代经济学的分析框架中,就是朝这个方向所做的一个努力。欢迎有志于中华民族伟大复兴和人类共同繁荣的青年,一起深化这一理论创新,以期使经济学理论在发展中国家实现认识世界和改造世界目标的统一。

参 考 文 献

林毅夫,"信息产业发展与比较优势原则",北京大学中国经济研究中心简报,2000 年第 19 期(总第 151 期)。

林毅夫,"关于中国股市的四个问题",北京大学中国经济研究中心简报,2001 年第 7 期(总第 229 期)。

林毅夫,"发展战略、自生能力和经济收敛",《经济学》(季刊),2002 年第 1 卷第 2 期。

林毅夫,《新结构经济学:反思经济发展与政策的理论框架》,北京:北京大学出版社,2012 年。

林义相,"证券市场的第三次制度创新与国有企业改革",《经济研究》,1999 年第 10 期。

林毅夫、蔡昉、李周,《中国的奇迹:发展战略和经济改革》,上海:上海人民出版社和上海三联书店,1994 年。

林毅夫、蔡昉、李周,《中国的奇迹:发展战略和经济改革(增订版)》,上海:上海人民出版社和上海三联书店,1999 年。

林毅夫、蔡昉、李周,《充分信息与国有企业改革》,上海:上海人民出版社和上海三联书店,1997 年。

国家统计局,《中国统计摘要 2002》,北京:中国统计出版社,2002 年。

Balcerowicz, L., "Common Fallacies in the Debate on the Transition to a Market Economy", *Economic Policy*, 1994 (supplement), 9(19), s16-s50.

Blanchard, O., R. Dornbusch, P. Krugman, R. Layard and L. Summers, *Reform in Eastern Europe*, Cambridge, MA: MIT Press, 1991.

Maxim, B., A. Shleifer and R. Vishny, *Privatizing Russia*, Cambridge, MA: MIT Press, 1995.

Brada, J. C., A. E. King, "Sequencing Measures for the Transformation of Socialist Economies to Capitalism: Is There a J-Curve for Economic Reform?" *Research Paper Series* #13, Washington, D.C.: Socialist Economies Reform Unit, World Bank, 1991.

Eliana, C., A. Helwege, *Latin America's Economy: Diversity, Trends and Conflicts*, Cambridge, MA: MIT Press, 1992.

Chen, K., H. Wang, Y. Zheng, G. Jefferson and T. Rawski, "Productivity Change in Chinese Industry: 1953-1985", *Journal of Comparative Economics*, 1988, 12(4), 570-591.

Chenery, H. B., "Comparative Advantage and Development Policy", *American Economic Review*, 1961, 51(1), 18-51.

Dabrowski, M., "Ten Years of Polish Economic Transition, 1989-1999", in M.

I. Blejer and M. Skreb, eds., *Transition: The First Decade*, Cambridge, MA: MIT Press, 2001, 121-152.

Desai, P., *The Soviet Economy: Problems and Prospects*, Reprint Edition, New York: Blackwell, 1990.

Djankov, S., P. Murrell, "Enterprise Restructuring in Transition: A Quantitative Survey", NBER Discussion Paper Series, No. 3319, 2002.

Friedman, M., "The Methodology of Positive Economics", *Essays in Positive Economics*, Chicago: University of Chicago Press, 1953.

Gregory, P., R. Stuart, *Russian and Soviet Economic Performance and Structure*, 7th edition, New York: Addison Wesley, 2001.

Hayek, F. A. ed., *Collectivist Economic Planning*, London: Routledge and Kegan Paul, 1935.

Harrold, P., "China's Reform Experience to Date", World Bank Discussion Paper, 180, Washington, D. C.: the World Bank, 1992.

Kolodko, G. W., "Postcommunist Transition and Post-Washington Consensus: The Lessons for Policy Reforms", in M. I. Blejer and M. Skreb, eds., *Transition: The First Decade*, Cambridge, MA: MIT Press, 2001, 45-83.

Kolodko, G. W., *From Shock to Therapy: The Political Economy of Post-socialist Transformation*, Helsinki, Finland: Unu/Wider Studies in Development Economics, 2000. (中译本)格泽戈尔兹·德克勒克,《从休克到疗法:后社会主义转轨的政治经济》,上海:远东出版社,2000 年。

Kornai, J., "The Soft Budget Constraint", *Kyklos*, 1986, 39 (1), 3-30.

Kornai, J., *The Road to a Free Economy*, New York: Norton, 1990.

Krueger, A. O., "The Political Economy of the Rent-seeking Society", *American Economic Review*, 1974, 64(3), 291-303.

Krueger, A. O., *Economic Policy Reform in Developing Countries*, Oxford: Basil Blackwell, 1992.

Jefferson, G. and T. Rawski, "How Industrial Reform Worked in China: The Role of Innovation, Competition, and Property Rights", *Proceedings of the World Bank Annual Conference on Development Economics 1994*, Washington, D. C.: World Bank, 1995, 129-156.

Lange, O., "On the Economic Theory of Socialism: Part One", *Review of Economic Studies*, 1936, 4(1), 53-71.

Lange, O., "On the Economic Theory of Socialism: Part Two", *Review of Economic Studies, 1937, 4(2), 123-142.

Lavigne, M., *The Economics of Transition: From Socialist Economy to Market Economy*, New York: St. Martin's Press, 1995.

Lin, J. Y., "Rural Reforms and Agricultural Growth in China", *American Economic Review*, 1992, 82, 34-51.

Lin, J. Y., "Transition to a Market-Oriented Economy: China versus Eastern Europe and Russia", in Y. Hayami and M. Aoki, eds., *The Institutional Foundations of East Asian Economic Development*, New York: St. Martin's Press in Association with International Economic Association, 1998, 215-247.

Lin, J. Y., F. Cai and Z. Li, "The Lessons of China's Transition to a Market Economy", *Cato Journal*, 1996, 16(2), 201-231.

Lin, J. Y., F. Cai and Z. Li, *China's State-owned Enterprise Reform*, Hong Kong: Chinese University of Hong Kong Press, 2001.

Lin, J. Y., G. Tan, "Policy Burdens, Accountability, and the Soft Budget Constraint", *American Economic Review: Papers and Proceedings*, 1999, 89(2), 426-431.

Lin, J. Y., Y. Yao, "Chinese Rural Industrialization in the Context of the East Asian Miracle", in J. E. Stigilitz and S. Yusuf, eds., *Rethinking the East Asian Miracle*, Oxford and New York: Oxford University Press, 2001, 143-195.

Lipton, D., J. Sachs, "Privatization in Eastern Europe: The Case of Poland", *Brookings Papers on Economic Activities*, 1990, 2, 293-341.

McKinnon, R. I., "Gradual versus Rapid Liberalization in Socialist Economies: Financial Policies and Macroeconomic Stability in China and Russia Compared", *Proceedings of the World Bank Annual Conference on Development Economics 1993*, Washington, D. C.: World Bank, 1994, 63-94.

McMillan, J., B. Naughton, "How to Reform A Planned Economy: Lessons from China", *Oxford Review of Economic Policy*, 1992, 8(1), 130-143.

Murphy, K. M., A. Shleifer and R. W. Vishny, "Industrialization and Big Push", *Journal of Political Economy*, 1989, 97(5), 1003-1026.

Murphy, K. M., A. Shleifer and R. W. Vishny, "Income Distribution, Market Size, and Industrialization", *Quarterly Journal of Economics*, 1989, 104(3), 537-564.

Murphy, K. M., A. Schleifer and R. W. Vishny, "The Tradition to a Market Economy: Pitfall of Partial Reform", *Quarterly Journal of Economics*, 1992, 107(3),

889-906.

Murrell, P., "Can Neoclassical Economics underpin the Reform of Centrally Planned Economies?", *Journal of Economic Perspectives*, 1991, 5(4), 59-76.

Murrell, P., "Evolutionary and Radical Approaches to Economic Reform", *Economic Planning*, 1992, 25, 79-95.

Murrell, P., "The Transition According to Cambridge, Mass", *Journal of Economic Literature*, 1995, 33(1), 164-178.

Naughton, B., *Growing out of the Plan: Chinese Economic Reform 1978-1993*, New York: Cambridge University Press, 1995.

Nehru, J., *The Discovery of India*, New York: John Day Company, 1946.

North, D., "The Process of Economic Change", *China Economic Quarterly*, 2002, 1(4), 787-802. (中译本) 道格拉斯·诺斯, "经济变迁的过程",《经济学》(季刊), 2002年第1卷第4期, 第797—802页。

Perkins, D. H., "Reforming China's Economic System", *Journal of Economic Literature*, 1988, 26(2), 601-645.

Qian, Y., C. Xu, "Why China's Economic Reforms Differ: The M-Form Hierarchy and Entry/Expansion of the Non-state Sector", *Economics of Transition*, 1993, 1(2), 135-170.

Sachs, J. D., D. Lipton, "Poland's Economic Reform", *Foreign Affairs*, 1990, 69(3), 47-66.

Sachs, J. D., W. T. Woo, "Structural Factors in the Economic Reforms of China, Eastern Europe and the Former Soviet Union", *Economic Policy*, 1994, 18, 101-145.

Sachs, J. D., W. T. Woo, "Understanding China's Economic Performance", Manuscript, May 1997.

Sachs, J., W. T. Woo and X. Yang, "Economic Reforms and Constitutional Transition", *Annals of Economics and Finance*, 2000, 1(2), 435-491.

Singh, I. J., "China and Central and Eastern Europe: Is There a Professional Schizophrenia on Socialist Reform", *Research Paper Series*, #17, Washington, D.C.: Socialist Economies Reform Unit, World Bank, 1991.

Srinivasan, T. N., *Agriculture and Trade in China and India: Policies and Performance Since 1950*, San Francisco: ICS Press, 1994.

Stiglitz, J., "More Instruments and Broader Goals: Moving Toward the Post-Washington Consensus", WIDER Annual Lecture 2, Helsinki: United States University World Institute for Development Economic Research, 1998.

Summers, L. H., "Russia and the Soviet Union Then and Now: Comment", in O. J. Blanchard, K. A. Froot and J. D. Sachs, eds., *The Transition in Eastern Europe*, 1, Chicago, IL: Chicago University Press, 1994, 252-255.

Swamy, D. S., *The Political Economy of Industrialization: From Self-Reliance to Globalization*, New Delhi: Sage Publications, 1994.

Wiles, P., "Capitalist Triumphalism in the Eastern European Transition", in H.-J. Chang and P. Nolan, eds., *The Transformation of the Communist Economies*, London: Macmillan Press, 1995, 46-77.

Williamson, J., "The Washington Consensus Revisited", in L. Emmerij, ed., *Economic and Social Development into the XXI Century*, Washington, DC: Inter-American Development Bank, 1997.

Woo, W. T., "The Art of Reforming Centrally-Planned Economies: Comparing China, Poland and Russia", Paper presented at the Conference of the Tradition of Centrally-Planned Economies in Pacific Asia, San Francisco: Asia Foundation in San Francisco, May 7-8, 1993.

附录一

经济增长与制度变迁

前现代经济增长与现代经济增长

前现代经济增长的特征

第一讲中提到中国未来经济快速增长的潜力主要来自中国与世界发达国家之间存在的巨大技术差距。在研究技术进步与经济增长的关系上,最有名的学者是1971年诺贝尔经济学奖获得者西蒙·库兹涅茨(Simon Kuznets)。[①] 他在研究中有一项非常有趣的发现:在前现代社会(工业革命前的社会),经济增长的特性是人口增加,经济规模扩大,但是人均收入却基本保持不变,这种增长属于外延性的增长。

有众多例子可以验证库兹涅茨的发现。例如,美国哈佛大学研究中国经济的权威学者德怀特·珀金斯(Dwight Perkins)所著的《中国农业的发展:1368—1968》[②]一书研究了从明朝开始一直到20世纪60年代中国农业的发展情况。他逐一统计了中国两千多本县志中有关生产、人口的各种数据,然后把它们拼成一幅完整的图像。根据他的

---

① 关于现代经济增长,可参考 Kuznets(1966)。
② 关于珀金斯的这本著作,可参见本讲参考文献。

研究,在1368—1968年这600年当中,中国的人口增加为原来的10倍,耕地面积增加为原来的5倍,单产增加为原来的2倍。由此算出,粮食产量增加,但是人均粮食产量却维持不变。在比较落后的农业经济中,粮食生产是主要的生产活动和收入来源,因此人均粮食拥有量就代表着实际的收入水平。人均粮食拥有量基本不变,就反映出实际人均收入水平也基本没有变化。这是典型的前现代社会的经济增长特性:人口增加但是人均产量并没有增加;国家经济规模的扩大主要依赖于人口的增加;技术进步非常缓慢,在经济增长中的贡献相对不大。

另外一位具有相应研究贡献的学者是麦迪森,他研究的领域包括从公元元年一直到现在的长期经济增长史。2003年我在哈佛大学参加了一个研讨会,讨论麦迪森教授的新作《世界经济千年史》。按照他在那本书中的估算,1500年(中国的明朝时期)中国的人口约有1.3亿。按照以1990年的国际货币单位为基础的国际元进行计算,1500年中国的人均收入是600国际元,而当时欧洲的人均收入是450国际元,中国的人均收入高于欧洲。到了1820年(中国的清朝时期),中国的人口达到3.8亿,而人均收入同样是600国际元。这表明中国在前现代社会时期的经济增长是一种依靠人口增加的外延性的经济增长。

现代经济增长的特征

现代经济增长(modern economic growth)的一个特性是人均国民收入会长期持续地增加,当然人口数量也会有所增长。同样以中国为例,改革开放之后的情形与明清时期或更早相比完全不同。1978年改革开放刚开始的时候,中国的人口数量是9.6亿,2001年达到12.8亿,增加了3亿多。1978年,中国人均收入以人民币计算是379元。到2001年,不扣除通货膨胀因素的人均收入是7 081元,如果扣除通货膨胀的因素,按照1978年不变价计算,人均收入是2 255元,个人生产的实际价值和产量相对于1978年增加了将近5倍。在1500—1820年的三百多年的漫长时间中,中国的人均收入基本未发生任何改变;而在改革开放后的仅仅二十多年间,人均收入就增加了将近5倍。这就是现代社会和前现代社会经济增长方式的显著差别。

现代经济增长不仅带动了人均收入的增加,还使得人们的工作时间相应减少。经济学的前提假设是人是理性的,理性人除了追求收入的最大化,还会尽可能地争取最多的休闲时间。收入增加会导致收入的边际效用递减,这样就会促使人们不断减少工作时间以换取更为有价值的休闲时间。具体的例子是在改革开放初期,每周有6个工作日,而现在减少到5个。萨缪尔森所著的教科书《经济学》中有一个关于工作时间变化的案例:在19世纪末20世纪初,美国的工人每星期工作6天,每天工作12个小时,一周的工作时间超过70个小时;而现在美国工人每星期只工作5天,每天只工作7个小时,一周的工作时间还不到40个小时。工作时间不断减少的同时人均产出却不断增加,根本原因就是生产效率的提高。生产效率的提高是技术进步的结果,所以技术进步是现代经济增长最重要的决定因素。

在第一讲中我们知道,不仅投入的增加和技术的进步能够促进经济增长,产业结构的升级同样也是经济增长的重要决定因素,然而产业结构变化本身可以在技术变迁的过程中被诱导出来。自工业革命以来,技术变迁在某个时期通常会集中在某个产业上。在工业革命刚开始的时候,技术变迁集中于纺织业,然后转移到钢铁产业和机械制造业。到19世纪末期以后,技术变迁主要集中在化工业,飞机被发明出来以后就集中在航空、航天产业,到现在则是集中在电子和IT产业。发展到现在,可以看到纺织业等传统产业的技术变化速度已显得较为迟缓,相对而言,技术的发明创新最为活跃、最为集中的领域正是那些新兴的产业部门。尤其是在技术领先的发达国家的经济发展过程中,不同产业在不同时期会有不同的技术变迁速度。技术不是一直沿着一个产业的发展路径而不断更新变化,而是会随着技术变迁重点的变化引导产业的重点发生转移。新的技术可能创造出新的高附加值的产业,从而带来新的经济增长点。也就是说,技术变迁可以通过影响产业结构的变化而作用于经济增长。

此外,还可以从需求变化的角度分析现代经济增长。经济学中在讨论收入变化与需求变化的关系时有一个非常重要的概念——需求的收入弹性。人们对不同产品的需求收入弹性也是不同的。例如,对于休闲这一需求的收入弹性就非常大,当收入增加到一定程度时,休闲的需求就会大幅上升。如果把消费产品分为农产品和工业产品,那么农产品的需求收入弹性就会相对较小,而工业产品的需求收入弹性则相对较大。如果收入增加10%,正常情况下对农产品和工业产品的总需求也会增长10%,但其中对农产品的需求增长一般会低于10%,而对工业产品的需求增长一般会超过10%。在经济增长过程中,因为农产品的需求收入弹性小,农业在经济中所占的比重就会不断下降,而制造业和服务业等产品需求收入弹性大的产业部门在经济中所占的比重就会越来越大。

正是由于农业部门在现代经济增长的过程中所占的比重会不断下降,政府相对不重视农业的发展也被视为理所应当。但是从以下几个方面的分析便能看出,在现代经济增长的过程中必须同时重视农业的发展。

首先,在现代经济中,农业的相对比重会下降,但是对农产品需求的总量并不会下降,原因如下:第一,农产品的需求收入弹性只是小于1但并不是负数,所以对农产品的需求还会随收入增加而增加。第二,在现代社会,从一般的情况来看,虽然人口出生率和自然增长率都在下降,但各地的人口总量还是在不断增加,对农产品的需求总量也一定会不断增加。第三,收入增加以后,人们消费的食品结构会发生改变。通常在收入增加以后,人们对粮食的直接消费会减少,但对其他农产品的消费会增加。例如,人们对肉类的消费量会增加,而肉类的生产都是由粮食转化而来的。根据经验数字,粮食到肉类的转化率是一斤牛肉需要八斤粮食,一斤猪肉需要四斤粮食,一斤鸡肉需要两斤粮食。因此,虽然直接的粮食消费量在减少,但是间接的粮食消费量会增加,粮食的总消费量依然在不断上升。

其次,在现代经济增长过程中,农业部门所雇用的劳动力比重会逐步减少,劳动力的就业结构会随着产业结构的变化而发生变动。任何国家在开始现代经济增长之前,大部分生产活动都是农业生产活动,大部分劳动力也都集中在农业区。例如,美国在1870年,50%的劳动力是农民;而到1980年,农业劳动力只占总劳动力的2%;到了2000年,农业劳动力占总劳动力的比重低于2%。再如,日本在1870

年明治维新时期,农业劳动力占总劳动力的 70%;1950 年,这一比率为 48%;而到 1990 年这一比率则只有 6%。韩国、中国大陆以及中国台湾地区也有同样的趋势。从世界银行的统计数据看,1990 年全世界低收入经济体的农业劳动力占总劳动力的比重是 69%,但高收入的 OECD 国家的平均水平是 5%。OECD 国家在前现代社会中与其他发展中国家一样,主要的劳动力集中在农村,但随着经济增长和人均收入的提高,农业和农村劳动力的比重逐步降低。这是经济发展过程中的一个必然规律。

既然随着现代经济的增长,对农产品的需求会不断增加,而农业和农村劳动力的比重却在急剧下降,这就需要农业的技术进步发挥超凡作用。从技术变迁的速度来讲,农业的技术变迁速度一直不亚于工业的技术变迁速度。对于一些发展中国家而言,具有比较优势的产业应该是农业部门,而不是在发达国家更具优势的工业部门,但是不少发展中国家却忽视了这一点,以致在农业发展中出现了一些问题。农业是国民经济的命脉,对于基础薄弱的发展中国家来说,农业方面的问题可能会给经济带来重大打击,因此作为一个发展中国家,在重视发展工业的同时,也一定要重视农业发展以及农业的技术进步。

制度变迁的内在机制

生产增长的潜力是否能够被挖掘,除了是否发生技术变迁,还在于是否有配套的制度作保障。例如,把一个新的高产品种引入一个非常落后的国家,农民可能因为市场、保险和金融等制度不完善而拒绝采用该技术。如果市场条件不好,增产的粮食卖不出去,粮食价格下跌,就会出现"谷贱伤农"的情形,造成增产不增收。此外,即使有有效的商品市场,如果缺乏好的金融制度,也会缺乏储蓄的方式。当农业减产的时候,虽然农民预期将来能够增产赚钱,但缺乏借贷的方法,农民的生活甚至生存就会因为金融保险市场的不完善而受到威胁,特别是当产量突然降低的时候,农民的收入水平会下降到生存水平以下。所以,为了使技术的潜力得以发挥,还必须深入了解当地的各种制度安排。另外还需注意的是，在经济发展的过程中，制度会随着经济形势的变化而不断进行调整和完善，完善的制度可以有效地推动经济增长，这也是制度变迁最重要的意义所在。

原始人为什么躲在树后

现在被认为非常重要的市场制度，早在原始共产主义社会就已经出现了某种雏形。按照一些人类学研究和小说的描述，在原始社会和现代社会的某些原始部落，人们采用最原始的以物易物的方式进行交易。在那些原始的地方，交易时双方通常不见面，如果人们的生产有剩余，就有可能拿出去和别人交换。他们把物品放在路边的大树旁，然后人躲在树后，路过的人走过去，如果正好看到有他需要的东西，可能就会把它带走，然后留下等价的物品。

原始社会的人在交易的时候为什么躲在树后？原始社会的人是理性的还是非理性的？这是一个经济行为还是一个文化行为？一个通俗的说法是原始社会的人非常怕生、害羞，所以要躲在树后，不与人相见。但是，经济学家应该提出更好的经济解释。如果原始人不躲在树后，他就需要站在交易物品的旁边，直到有恰好需要这个物品的人从旁经过，并找到合适的物品来与他进行交换，这个过程也许需要三个月或者半年。这就需要把劳动力长期绑在一个地方，大大增加了交易的成本。原始人躲在树后有一个好处，那就是前来交换的人不知道他是否在旁边，这是用一种随机检查的方式来节约原始人自己的劳动时间。还有一种情形是东西被拿走了，但留下的物品并不与原物等价。为了防止这种情形的出现，就产生了一些惩罚严厉的制度安排。按照一些描述，在原始共产主义社会中，如果有人把东西带走而没有留下等价的物品，物主会选择"千里追杀"。这有两层含义：一是因为追到"凶手"的概率非常小，所以要一追"千里"，毫不松懈；二是一旦追到就一定要把对方杀掉。之所以需要施以如此严酷的惩罚措施，就是为了增加"违规"的预期成本以降低"违规"的概率。在这一点上，原始社会的人和现代社会的人一样聪明。其实这些方法在现代也有研究和应用。根据芝加哥大学诺贝尔经济学奖获得者加里·贝克尔

(Gary Becker)的研究①,政府如果要降低犯罪率,有这样几个办法:一个办法是增加警察的数量,这样会使罪犯被抓到的概率提高,从而使得罪犯的预期收益减少;另外一个方法不是增加警察,而是加重处罚,这样也能够使犯罪率下降。而且通过加重处罚来减少犯罪的政府成本较低。

随着原始社会生产力的提高和剩余产品的增加,需要交换的东西也越来越多,慢慢地,交易就开始采用比较固定的、文明的方式。例如,许多地方都有庙会。在庙会期间,人们就可以把剩余的产品带来进行交换,从而形成了一个集中的交易场所。随着生产的进一步发展,交易活动也日渐频繁,农村中每月一次的集市最终形成了固定的市场。固定的市场形成的前提是生产的发展和剩余的增加,如果交易的产品非常少,设置一个固定市场就非常不经济。例如1978年改革开放以后,许多地方政府纷纷设置商品交易市场,但是却出现了交易者与交易量都不足的情况。当时依靠知识分子的设想和政府的推动所形成的市场并不成功,其中最主要的原因就是当时的经济发展水平不够高。同样的市场交易制度,从躲在树后发展到庙会和集市,再到每天都有的固定市场,制度不断地演化,但是变化背后的原因是能够进行交换的剩余在不断增加。

制度的定义

制度②在英语中是"institution",它有众多不同的定义,其中比较适用于这里的一个定义是:"制度是一套由人制定出来的、用以规范人们互动行为的规则。"制度是由人们在共识的基础上制定出来,用以规范人的行为的。它如同设计一副框架把自己禁锢在一定的范围之内,以达到规范自己和他人的行为的目的,从而使社会更好地运转。

早在原始社会就已经出现的市场制度有着多种内涵,包括交易的

---

① Becker(1968),可参见本讲的参考文献。
② 关于制度的更详细的论述可参考我和Nugent合作的论文"制度与经济发展",原文发表于《发展经济学手册》,后收录于我的著作《再论制度、技术与中国农业发展》(北京大学出版社2001年版)。

地点和时间等。在原始社会只要把东西摆在路边就可以进行交易,交易者拿走路边的物品,并留下自己的等价物品。但是,在现代社会,如果随便拿走路边的物品,即使留下费用,也会被人认为是偷窃行为,因为大家现在所共同接受的交易制度已经发生了变化。现代社会如果需要进行商品交易,就会去固定的商场、超市或在网上下单购买,因为现代的市场制度中规定了明确的交易地点和方式。

另外,市场制度还需要规定交换的原则。最简单的原则就是交换必须经由双方同意。如果有一方不同意,交换就不能发生。另一个原则是等价交换。经由双方同意之后,交易产品的价值还应该相当。此外,市场制度还规定了交换媒介。例如在原始社会中是以物易物,后来就逐渐开始使用贝壳作为交换媒介,再后来慢慢地变为以贵金属为交换媒介,现在则是以纸币和信用卡为交换媒介。所有的交换媒介都包含在市场制度中,这些制度都是为规范交易双方的互动行为而产生和存在的。交易的行为、地点和原则都被社会所共同认定,并且都包含在交易的制度之中。

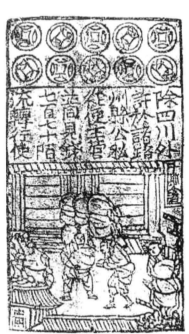

中国最早的纸币"交子"的出现除了为满足当时市场交易日渐频繁的需要,也与北宋雕版印刷技术的成熟与鼎盛有关

制度的分类

制度一般可分成两种不同类型:一种是正式的制度,另一种是非正式的制度。正式的制度和非正式的制度的差别在于,正式的制度通常经过政府或者权威机构制定公布,例如法律和大学制度等。非正式的制度由社会成员自发产生,并为大家共同遵守,没有经过政府的认定。常见的非正式制度有乡规民俗、家庭责任、婚姻道德等,这些在法律中都没有正式规定。

除正式与非正式的制度分类方法外,还有一个非常重要的分类方法,就是将制度分为单一的制度安排和整个社会的制度结构两类。单一的制度安排一般也称为制度,但有的时候制度是指整个社会的各种单一制度安排的总和,即制度结构。典型的单一制度安排是婚姻制度。婚姻制度有多种,在不同的历史阶段也有所不同。例如,历史上有"一夫多妻""一妻多夫"和"一夫一妻"等各种婚姻制度,它们是在逐渐变革的。单一的制度安排规范人在某个方面的行为,规定出可接受与不可接受的范围、权利与义务的范围等。

制度结构是社会中各种单一制度安排的总和。例如,原始共产主义社会制度、奴隶社会制度、封建社会制度和资本主义社会制度,都是宏观的制度结构,其中每一个都包含着众多单一的制度安排。谈到制度变迁的时候,我们首先需要明确是单一的制度安排的变化,还是整个制度结构的变化。只有众多单一的制度安排都发生变化,整个制度结构才会出现从量变到质变的飞跃。

制度产生的原因

人们要互相交往,利益就会产生冲突。如果每个人都一味地追求个人的利益最大化而罔顾对他人的影响,那最终的结果就只可能是鱼死网破。例如《鲁滨孙漂流记》中的鲁滨孙,在认识"星期五"之前就不需要与别人交往,既不需要规范自己的行为,也不用去规范别人的行为,因此制度安排也就不必要。制度是由人们制定出来、用以规范其自身行为的一套准则,这套准则虽然束缚着个人,但也能给个人带来巨大的收益。人们互相交往,形成一个群体在一起生活,可以给群体中的每个人都带来诸多好处,其中既有直接原因,也有间接原因。

直接原因中重要的有以下几个:

第一,人一生当中生产与消费的时间不一致。人要到十几岁以后才能够参加劳动,一直到退休以前,当中有四十多年的工作时间。在十几岁成年以前和退休以后,还有几十年的时间需要消费,但却不参加工作,所以能够赚钱的时间与生活的时间并不完全一致。在这种状况之下,就必须有制度安排,使得人在不生产的时候也能够消费,只有这样人才能够活下去,社会才能够延续下去。

第二,不仅从生命周期的角度看每个人的生产和消费的时间不一致,在生产的过程中也存在着一定的风险。例如,当一个青壮劳动力发生意外事故的时候,就需要有一个制度安排,使得青壮劳动力因为意外事故丧失劳动能力的那段时间也能够维持基本的生计。

第三,规模经济。人与人在一起劳动的时候,经常会出现"1 加 1 大于 2"的情况,这就是规模经济的结果。例如在原始部落,生产活动主要是狩猎,但是一个人只有一个大脑和两只手,反应速度以及体力都远不及野兽。即使原始人会使用一些简单的工具和武器作为身体的延伸,狩猎的难度依然大得超乎想象。一个人打猎困难,一群人就容易得多,因为相互的配合产生了规模经济。所以单纯从生产角度,人与人也需要生活在一起来提高共同的福利。

第四,人与人共同劳动形成专业分工。同样是在狩猎这一项生产活动中,有的人变成武士,有的人变成工匠,有的人上场司职打猎,有的人在后方专门制造武器。进行了分工以后,效率就会大大提高。

综上可知,一群人在一起生活与一个人独自生活相比,不仅能够提高生产和消费的总量和效用,而且能够提高消费的人均量和效用。作为一个理性人,必然会追求更高的消费水平和效用。这就是原始人选择群居、现代人选择社会作为栖息之地的原因所在。

人们生活在一起固然可以得到规模经济、克服风险等好处,但是人与人交往多了也会产生各种各样的问题。首先是协调的问题。"日中为市"就是一个协调的例子,它规定了交易的时间与地点。其次是需要防止"搭便车"。与"1加1大于2"的规模经济效应相反,利用群体生活而偷懒、"搭便车"会使群体工作的效率低于个人努力相加之和。例如,在原始社会中,个人离开部落就无法生存。因为狩猎是非常危险和不确定的生产活动,所以在原始社会中,并不是整个部落的人一起狩猎,而是分成几组人分别去打猎,这样可以起到减少获猎不确定性的作用。在狩猎的过程中,有的组有收获,有的组却两手空空,打到猎物的一组就会与其他没有收获的人共同分享猎物。因为在当时生产力极端落后的情况下,很难预测何时能再捕到猎物,加上食物难以保存,与其自己吃不完让剩下的食物很快腐烂,还不如分给别人吃,这样当下次自己没有收获时还可以分享别人的劳动果实。但也会有一些人在打猎的时候偷懒,想在回去后不劳而获,这就是"搭便车"的行为。为了防止这种行为的发生,在原始社会中,会出现一些迷信思想,例如认为如果部落成员打猎偷懒就会触犯神灵等。虽然人们看不到神灵,但是神灵可以看到每个人并处罚他们的过失。这种以禁忌和鬼神为形式的制裁,能够降低"搭便车"的个人进行投机取巧的动机,所以在这里迷信起到了制裁"搭便车"行为的作用。此外,原始人还会报复违背交易规则的人,例如前面提到的"千里追杀",形式虽然危险,但却能有效地制约别人把自己的东西拿走而不留下等价物品这一行径,做到以儆效尤。因此报复行为也是一种减少"搭便车"行为的制度安排,它规范着人们的行为。

总而言之,规模经济、专业分工等好处决定了人们在一起生活是必要的,它有助于克服生产和消费时间不一致、风险等方面的个人问题,然而群体生活所产生的协调问题与"搭便车"现象又有待解决,这就产生了对制度的需求。

制度安排与意识形态

在制度经济学中,减少"搭便车"行为和降低交易成本的最重要的制度安排就是意识形态(ideology)。意识形态在任何社会都会存在。关于意识形态,一种定义是"反映一个人、一个群体、一个阶级或一种文化的社会需要与意愿的思想总和";另外一种定义是"关于政治、经济、社会以及其他制度基础的一系列主义或信仰"。既然意识形态是政治、经济、社会以及其他制度的基础,那它当然也同样可以被看作一项非常重要的制度安排。诺贝尔经济学奖获得者道格拉斯·诺斯(Douglass North)认为意识形态非常重要。根据他的研究[1],意识形态有几个特性:首先,意识形态是一种世界观,它描绘了理想社会的蓝图。其次,意识形态是一种非常强的价值判断,告诉人们好与坏的区别,而这种价值判断本身就是一种信息节约的工具。通常每个人都想当好人做好事,意识形态会告诉人们什么是好人好事和理想社会。最后,意识形态虽然是社会制度的基础,但是当价值判断与经验长期不一致的时候,意识形态会发生改变。例如学生在学校中会学会一套行为规范,但如果学生在毕业后将学校的行为规范应用在社会当中时四处碰壁,久而久之,这些人的意识形态就会发生改变。

研究意识形态的学者通常认为意识形态不能通过理性来解释。例如,在革命战争时期,社会主义是一种世界观,为社会主义革命抛头颅、洒热血被认为是好的行为。很多共产党员为革命献出了生命,但是奉献出生命似乎是非理性的行为。在资本主义社会中也有类似的被认为是非理性的行为。例如,民主制度是资本主义社会的制度基础,在民主制度下,选举是最重要的一项活动,在民主制度中,需要民众投票来选举国家领导人。某些研究意识形态的学者认为投票是非理性的行为,例如美国的总统选举,假设有1.3亿人投票,两大党总统候选人的得票数各为6 500万左右,则每个公民的投票只是6 500万分之一,对选举的结果几乎没有影响,而参加投票却需要花费时间和精力。经济学家所认为的理性是边际成本等于边际效用,但是参加选举的边际效用近似于零,边际成本却不小,这一现象难以从理论上进行解释。所以有众多研究意识形态的学者认为选举是非理性的。

然而,如果采用芝加哥大学诺贝尔经济学奖获得者加里·贝克尔的解释[2],选举就是一种理性的行为。因为一般人都有成为好人的愿

---

[1] 参见 North(1981)。
[2] 可参考贝克尔的著作《人类行为的经济学分析》(上海三联书店和上海人民出版社1995年版),英文版可参见本讲的参考文献。

望,做好人就需要干好事。意识形态给定了好事的标准,在民主国家中,参加投票选举既是权利也是义务,属于应做的好事。一般人如果做了好事,心情就会变得舒畅;相反,如果做了坏事,心里就会觉得内疚。做好事会得到来自内心的无形收益,所以参加选举从意识形态的角度来看是理性的。

换句话说,意识形态可以解释为一种人力资本。这种人力资本的形成过程有点像听古典音乐,有些人非常喜欢古典音乐,因为他们熟悉这种音乐,已经培养出了一种欣赏古典音乐的素质,内心能与音乐产生共鸣。欣赏能力是一种人力资本,只有欣赏古典音乐的能力足够强的人才会喜欢听,享受听古典音乐的过程。理性人追求个人效用最大化,听音乐能够增加效用,所以听音乐是理性的行为。而随着听古典音乐的时间越来越长,对古典音乐的欣赏能力也会逐渐加强,欣赏的乐趣也会不断增加。音乐的欣赏能力需要培养,意识形态也是如此。如果相信民主制度是一种理想的制度,并接受这种意识形态,那么对意识形态越虔诚,投票后内心得到的满足感就会越大,不去投票时内心受到的"惩罚"就会越大。意识形态并非与生俱来,它需要花时间去学习、了解和接受。意识形态是一种投资,当意识形态被接受以后,就会保持相对的稳定,具有类似于资本的特性。资本的特性就是相对稳定。例如,一个人投资建一个工厂,一旦建成后可以带来多期的生产,这就是资本的相对稳定性。教育可以提高人力资本,因为接受教育的效益具有长期性。意识形态作为一种人力资本,意识形态教育的效益也具有长期性。意识形态的教育越强,对这种意识形态的接受程度就会越高。有时并不一定要有外在的奖励才能诱导出某些行为,依靠内心的自我奖励就可以决定是否做这些事情。

把意识形态解释为人力资本的理论,可以用几种方式来进行检验。例如,可以从人力资本的角度解释"为什么年轻人比较容易改变自己的意识形态,而上了年纪的人不容易改变自己的意识形态",其中有以下两个方面的原因:第一,年纪大的人往往已经接受了某种意识形态,如果要改变旧的意识形态,就需要把旧的意识形态替换掉。只有当积累的许多经验与当前的意识形态不一致时,他才会有动力把旧的意识形态替换掉。第二,建立新的意识形态需要进行学习和了解，这也可以算作一种投资。如果预期生命比较短，那么享用一个新的意识形态这一投资回报的时间就比较短。对年轻人而言，旧的意识形态对他们的影响较小，而且年轻人的预期寿命还很长，新的意识形态的回报就会比较高，所以年轻人比较容易替换掉旧的意识形态。

意识形态非常重要，它是一个社会政治经济的制度基础。意识形态最重要的功能是证明现有政治体制的合理性。在所有的国家，不管是社会主义国家，还是资本主义国家，抑或是封建社会、奴隶社会中的国家，当权者都会花大量的时间和力量来进行意识形态的教育。因为意识形态是社会稳定的基础，关系到民众对统治者合法性的承认。

一个社会中还有其他的制度安排，虽然没有上升为意识形态，但是与意识形态非常接近，例如道德、价值观等，它们在规范和协调人的行为方面也发挥着非常重要的作用。意识形态中有很多的道德与价值观，有些与意识形态无关，例如博爱、互助、同情弱者等。这些道德和价值观同样影响着人们的行为。例如人们在路上看到一个可怜的乞丐，可能会不自觉地把钱掏出来给他，虽然从投入产出的角度来看并没有得到任何物质回报，却因帮助了别人而得到内心的满足。所以，道德与价值观有着与意识形态类似的性质，它们也是通过教育获得的，也可以从人力资本的角度进行解释。在任何社会中都需要强化道德教育，只有这样，才能创造出一个和谐的、充满人情味的社会。

最优的制度安排

制度是发挥技术潜力和促进经济增长的重要保障。当经济持续发展时，制度本身也会不断地发生变化。这自然就引出了一个重要问题，即什么是最优的制度安排，以及什么是最优的制度结构。

制度结构过于复杂，我们可以从单一的制度安排谈起。关于最优制度安排，我们首先必须明白，最优的选择不是唯一的，可能会有多种。制度有多种功能，它能够带来规模经济，能够减少"搭便车"的行为，能够解决收入和支出的时间不一致性问题，等等。这些都是制度能够提供的服务。对于每种制度服务,都可以由多种制度安排来实现。例如,一个人工作的时间与消费的时间不完全一致,人老的时候不能工作却要消费,社会就必须有养老的制度安排,以消除人的后顾之忧。养老的制度安排有多种形式,原始共产主义社会的保险制度就是一种群体保险(group insurance)的制度安排。在原始社会中,总有老人与年轻人一起生活。年轻人的收获可以与小孩和老人共同分享,这可以被看作一种保险制度。分组打猎的形式也是一种减少风险的保险行为。人类进入农业社会以后,原始共产主义社会的制度已经瓦解,就改为养儿防老的形式。进入现代社会,不再依靠子女养老,这时就需要社会保险为老年人提供保障。人们年轻的时候进行储蓄,年老的时候再动用储蓄来养老。同样是以养老为目的,在不同的时期会有不同的制度选择。

交易的方式也有多种制度安排:可以躲在树后进行,也可以采取庙会和集市的形式;可以是以物易物,也可以是以贝壳、黄金、纸币、信用卡作为媒介。制裁违反交易制度的方式,可以是"千里追杀",也可以是起诉。在原始社会,交易的方式是以物易物,看起来非常落后。现代的纸币制度就非常方便,只要口袋中有钱,即使没有可供交换的产品,也可以进行交易。

现代的交易方式似乎大大优于古代的方式。纸币作为交换媒介看起来固然方便,但前提是必须有政府和中央银行发挥作用,同时需要先进的印刷技术来防止假钞。所以,使用纸币这种交易方式需要支付一定的成本,如果交易的密度没有达到一定程度,那么高昂的交易费用就会使得纸币交易得不偿失。制度可以提供服务,各种不同的制度安排可以提供完全不同的服务,也可以通过不同的方式提供某一种相似的服务以满足不同的情况需求。但是每种制度安排都有它存在和维持的成本。要确定最优的制度安排,自然要从能达到同一个目的的众多制度安排中选出成本最低的那一个。在原始社会和农耕社会,交易的数量和频率都较低,以物易物的制度安排比贵金属和纸币的制度安排更能以较低的成本完成同样的交易数量,所以在当时的条件下,它是更好的制度选择。判断一种制度安排的好坏,必须将它放在当时的经济发展阶段、交易情形以及社会状况等背景下,权衡这种制度安排的成本与效益是否相等。制度经济学研究中常用这样一个例子来说明问题：在哥伦布发现美洲大陆之前，美洲的印第安人还处于原始共产主义社会阶段，他们以狩猎为生，没有产权的概念。欧洲人到达美洲以后，当地的印第安人开始把森林划界，一个重要的原因是当时北美的森林中有一种野兽，这种野兽的毛皮在欧洲有着相当广阔的市场，所以价值非常高。在与欧洲市场进行交易之前，印第安人并不重视这种毛皮。但是，当这种毛皮越来越值钱的时候，印第安人就开始把森林划界，目的在于划分森林中的猎物。森林划界需要有成本，需要派出武士去守卫，未经允许就擅自出入其他部落的森林甚至会导致战争。愿意付出成本去维护对森林的产权，是因为产权界定以后可以带来更高的收益。

归根结底，最优的制度安排取决于几方面的因素：需求的密度、制度安排的效益与成本、交易的费用等。意识形态以及制度结构中其他的制度安排也会在某种程度上影响到最优的制度安排，例如法律制度、政府执法能力、法律的完备性等。

影响制度变迁的因素

制度不是某种自然资源，而是要人为地去进行创造和规范，当目前的制度因维护的成本增加或相对收益较小而不再能满足需要时，就会产生一种动力去改变和替代它。影响制度变迁与决定最优制度安排的因素有着共通之处，之所以要改变一种制度安排是因为看到有更有效的制度安排可以带来更大的收益。这种更有效的制度可以通过学习借鉴来获得，也可以通过自己的摸索找到最优的一种。

（1）交易技术的变化可以引起制度安排的变化。在18世纪至19世纪的时候，美国出现了西部大开发的热潮。在开发的初期，市镇周围的土地一般都是公共土地，可以进行公共放牧，于是人们都会有过度放牧的倾向，由此出现了一个在经济学中非常有名的现象——公地悲剧（tragedy of commons）。比较好的解决方法是土地划界，划界以后再把土地租出去。在18世纪和19世纪之交的短暂时期内,美国大部分的公共地都变成了私人圈地,因为当时出现了一项非常重要的技术发明——带刺铁丝。过去划地界需要建木围栏,而木材的价格又非常贵,带刺铁丝的出现则极大地节省了划界的成本,所以土地划界的过程能够在短期内迅速完成。从宏观历史看还有一个著名的例子。欧洲在罗马帝国崩溃以后,就变成了封建社会。在封建城邦有众多贵族,每个贵族都有一个城堡。到14、15世纪以后,欧洲封建社会逐步崩溃,形成了许多民族国家,一个非常重要的原因就是火药进入了欧洲。在封建社会时期,进攻的主力是骑兵,防御的方式是城堡。骑兵难以攻破城堡,因此王室的力量也就很难强加于这些封建贵族之上。因为城堡易守难攻,在这种状况下要想加强中央政府的力量,就得劳民伤财、大动干戈,花费高额的成本。所以在火药传入欧洲之前,欧洲虽然维持着封建的君臣关系,但中央的权力非常小,地方有很大的自主权。火药传进欧洲以后,城堡便不再坚不可摧,此时加强君权的成本大大缩小,民族国家(nation state)也就应运而生。这种制度变迁与交易技术的变化大大降低了交易费用是密不可分的。

(2)意识形态的变化也会影响一些制度的选择。奴隶社会的基础是奴隶所接受的意识形态。在电影《角斗士》中,主人公本来是一名将军,战败后沦为奴隶。他很快接受了从将军到奴隶这一身份的剧变,是因为当时战败后沦为奴隶是天经地义的事,所以他也接受这种制度的合理性。这就是奴隶社会的意识形态。在现代社会,战争中的俘虏必须按照《日内瓦国际公约》的规定被善待,不但不会沦为奴隶,而且一旦被虐待,还可以在战后到军事法庭上起诉,由此可见意识形态的变化所造成的影响。再如市场交换制度,在原始共产主义社会中,如果拿走放在路边的物品却不留下相应的等价交换物,可能会招致物品主人"千里追杀"的报复,但现在这样的报复却是违法的行为,可行的做法是到法院起诉,但前提是必须存在法院和法律的保护。所以,最优的制度安排还取决于其他制度安排的存在。

(3)制度的选择和采用还受到历史、地域、文化等各种条件的限制。虽然同一个服务可以由众多制度安排来实现,但是可以选择的制度安排经常会受到认知能力和当时历史环境的局限。许多在现实世界中存在的制度安排,因为某些国家或地区不知道其存在或者没有认识到其优越性,所以不在它们可供选择的范围内。还有一些制度安排,因为政府不允许,也不在可供选择的范围内。例如,1958—1978年中国农业的私营生产方式就不被允许存在。另外,即使是最优越的制度也并不是放诸四海而皆准的。在评判最优制度时我们必须考虑制度安排所能够带来的效用和维持这种制度安排所需要的成本。最优的制度安排是在可选择的范围内达到同样目的的成本最低的制度。外国的制度,例如外国的信用制度等,虽然能够扩大可以选择制度的集合,但是只有在它的成本比国内制度的成本更低时才值得学习。在很多情况下,外国制度的成本并不一定比国内制度的成本更低,所以需要进行仔细的甄别。先进国家的制度并不一定就是适合落后国家的最优制度。

(4) 经济发展的过程同时也是制度不断变化的过程。一项最有效的制度安排是达到同一个目的或完成同一项服务的制度安排中成本最低的那一种。制度变化最主要的原因是制度带来的服务的总量、价值与成本发生了变化,这些变化导致原来的制度不再是最优的制度。诺贝尔经济学奖获得者道格拉斯·诺斯的主要贡献在于对长期历史发展的制度变化的研究。他认为,奴隶社会最重要的制度是对人的拥有,封建社会最重要的制度是对土地的拥有。关于从对人所有的制度到对土地所有的制度的转变,他提出一个可验证的假说:土地的面积基本固定,短期内不会增加,但是人口数量会不断增加。当人口非常稀少的时候,获得财富的最终途径是占有人,拥有了人就拥有了财富,因为土地基本上是无限的,只要拥有劳动力就可以随时开垦土地。在这种状况下,财富主要来源于对劳动力的占有,所以社会形态是奴隶社会。随着人口的增加,可供开垦的土地越来越少,财富数量的决定因素从对人的拥有转移到对土地的拥有。只要拥有土地,劳动力可以随时雇用。贵族作为一个强势群体,从自身利益最大化的角度考虑,选择占有土地而把人释放出去。这种制度变化的根本原因在于人口增长导致各种生产要素的相对价格和财富的主要来源(或者说是主要的资源约束)发生了变化。

（5）经济增长也是导致社会制度变迁的重要原因。随着经济的增长,人均收入高于维持个人基本需要的部分越来越多,人们的风险承担能力也就越来越强。例如,原始社会的人过着群体生活,是因为在当时的状况下个人的生产力非常低,人越多就越有保障。当生产力提高以后,生产劳动就转变为以家庭为单位进行。在狩猎社会中,猎获的野兽是无法储存的,而农耕比打猎有更明确的预期,只要播种就会有收获,风险大大减小,而且收成好的时候,剩余的食物还可以留下来以作储备。在狩猎社会中虽然有各种禁忌来防止成员偷懒,却总有人仍旧不愿劳动;而在家庭生产的情况下,每个人对自己负责,"搭便车"的行为就可以大大减少。个人承担风险能力的变化导致原始共产主义社会逐步走向瓦解,变成后来的农耕社会。再如,就养老制度而言,由于农业社会中基本没有社会保险,所以以养儿的方式充当保险;而现代社会有一些家庭选择不生育,成为"丁克"(double income and no kids, DINK)家庭,是因为现在已经不需要用养儿的方式来养老了。因为制度需求是变动的,有了新的制度服务,原来那些能够提供服务的旧制度的价值就降低了。

（6）制度的变化有时来自制度集合的变动。首先,制度集合的变动有一部分可能是政府政策的变动。例如,从20世纪50年代中期以后一直到1978年,中国农村的个体经营一直被压制着,并不是农民不会进行个体生产,而是因为政府政策的限制。1978年政府的政策改变后,农村在短短几年之内就完成了从集体经营向个体经营的转变。另外,与外界的接触也可以导致制度集合的扩大。在研究一些非洲国家和东南亚国家的制度变迁的过程中,学者们发现商贩(traders)起的作用非常重要。在社会经济比较落后的时期,不断流动的商贩对外部世界有更多的了解,他们到各地行商时会了解到许多有关外界的信息,当地人通过跟商贩的接触也可以知道外界还有众多不同的选择,从而扩大了可供其选择的制度集合。这也是为何有些保守者对商贩非常反感,认为他们会"伤风败俗",因为他们改变了原有的许多制度安排。

中国唐代开放的环境与当时繁荣的通商关系有关,传说大诗人李白祖上就是丝绸之路上的商旅(图为中国国家博物馆馆藏的李白画像)

制度变迁的方式

制度变迁的两种方式

当一个社会的制度出现不均衡的时候,制度变迁可以促进效率的提高、社会财富的增加以及个人福利的增进。制度变迁分为两种方式①:第一种方式是自发性变迁(spontaneous changes)。自发性变迁的发生是因为出现了制度不均衡,通过制度变动可以带来整个社会效率的提高。在研究自发性制度变迁的学者中,最著名的是诺贝尔经济学奖得主道格拉斯·诺斯,他在研究欧洲历史上的制度变迁及其原因的过程中,提出了效率假说(efficiency hypothesis)理论,即当一种制度的不均衡会导致效率损失的时候,制度变迁中会有自发的力量来提高效率,从而恢复到一个新的高效率的均衡水平。另外,日本学者速水佑次郎和美国经济学家拉坦提出了诱致性制度变迁(induced institution-

---

① 关于制度变迁的两种方式的更详细论述可参见我发表在 Cato Journal 第9卷第1期上的论文,见本讲的参考文献。另外,本文提到的诺斯(North)、速水佑次郎(Hayami)和拉坦(Ruttan)的研究,读者可自行查阅相关论文,这里不再一一列出。

al innovation)理论,用来解释制度变迁的过程。第二种方式是强制性制度变迁。强制性制度变迁依赖于政府的强制力,即政府可以运用政治力量进行制度变革。

自发性制度变迁的案例

有一些案例可以用来说明上述自发性制度变迁的过程。

例如,速水佑次郎曾经研究了一个制度变迁的著名案例。亚洲许多地区以生产稻子为主,土地归地主所有。在泰国、菲律宾、印度尼西亚等亚洲国家都曾经有过一个关于水稻收割的制度传统。水稻在播种和收割时需要大量的劳动力,而平时对劳动力的需求则相对较少。地主在水稻播种和收割时通常会临时雇用一些劳动力帮忙。按照传统的分配体制,被雇用来割稻子的农民在完成工作后可以拿走所割水稻的六分之一作为劳动报酬。这样的传统分配制度维持了相当长的时间。但是,当20世纪60年代"绿色革命"出现以后,这项传统的制度安排发生了改变。随着"绿色革命"的到来,农田单位面积的产量大幅增加,而劳动力的增长速度也非常快。在这种情况下,劳动力的工资本应下降,因为如果劳动力继续拿走所收割水稻的六分之一,对地主来说就很不合算。这时出现了一些新的制度安排,主要表现为两种形式。一种形式是,劳动力可以继续取走所收获水稻的六分之一,但必须付出额外的劳动,例如在水稻插秧后还要进行除草的工作。速水佑次郎的研究发现,如果把除草的劳动投入加到总劳动中,获得所收割水稻的六分之一作为工资报酬,这就与原来的分配方式下获得的基本相同,接近于市场的均衡工资水平。另外一种方式是,地主将播种和收割水稻的工作转包出去,承包者再以市场价格雇用劳动力进行劳动,不再遵守传统的六分之一的规则。研究表明,这两种情况下,地主所付的工资水平基本相同。在这个案例中,技术和经济因素的变动导致了制度的相应变动,因此这种工资制度的变动方式属于诱致性制度变迁。

在非洲也有一个自发性制度变迁的例子。非洲有很多部落在近代仍保留着比较接近于传统的原始公社的组织方式。因为非洲气候干旱，耕作的产量不稳定，所以大部分部落都有集体生产的习惯，个人财产没有明确的界定，类似于原始共产主义的生产方式。在非洲国家纷纷沦为西方国家的殖民地以后，殖民地政权雇用了一些当地黑人在政府机关工作。这些当地黑人变成领工资的白领阶层后，收入开始趋于稳定。在这种情况下，这些成为白领阶层的当地黑人就不愿再与原有部落里的人共享自己的财产。由于这些白领黑人很难再回到部落里与其他人共享财产，就导致了原有的原始公社组织方式逐渐解体。原始共产社会采取的是财产共享的组织方式，在防范风险上有其存在的必要性，所以没有明确的财产界定；但当其成员获得固定的收入后，这种制度安排就不再适用。

另一个值得关注的案例是中国1978年后的制度变迁过程。从1958年至1978年的20年间，我国农村唯一的生产组织方式是集体生产。集体生产的生产队制度是在当时的意识形态下唯一被政府接受的制度安排。集体生产时人的生产积极性比较低，用当时的顺口溜来形容就是"上工一条龙，到地一窝蜂，干活磨洋工"。人们不积极劳动，产量就会下降，到最后每个人的收入都减少，所有人的生活都非常贫困。比较有效率的组织方式是单家单户的经营。家庭联产承包责任制不是政府设计出来的，而是当时安徽凤阳县小岗村的村民自发创造出来的。1978年年底开始改革开放，思想观念有了一些变化。这给他们进行这种提高生产、增加每个家庭福利的制度变迁提供了一个机会，于是他们就率先行动起来。

按照小平同志的说法，中国的改革过程中有两个意想不到，一个是家庭联产承包责任制，一个是乡镇企业的异军突起。乡镇企业有点儿"三不像"，它不是私有制，也不是国有制，而是集体所有制。这种方式同样不是政府设计出来的。农民看到20世纪80年代初城里的很多生活必需品都非常短缺，有很多获利机会，尽管当时不允许私有制，但集体所有制是能够被接受的，所以他们就创造了以集体经济为组织方式的工业组织形式，即乡镇企业。这也是一种很重要的制度变迁。虽然这种制度是一个过渡的形态，但它也是一种制度变迁，而且在当时的条件下推动了经济的发展。

在经济发展的过程中，有很多制度变迁是自发的——看到一个获利机会后,行为主体创造一个新的制度来推动经济的发展,以获得更大的经济利益。但是一般来说,仅仅依靠自发的制度变迁很难实现最优的制度变迁,因为制度是人与人的互动,它不是一个人就可以决定的行为,而是一群人的行为。个人率先推动制度变迁要付出成本(这里的成本包括组织成本,即说服其他人接受这样一个组织安排的成本),而且还可能要冒点风险。这里所说的"冒点风险",可以用前面举过的非洲白领阶层的例子来说明。非洲白领阶层如果不让他原来部落里的人进城来与他分享财富,部落里的人就有可能会说他进城之后道德败坏了,原来那种财产共享的美德没有了。当很多"道德败坏"了的白领阶层的人都这样做了以后,大概就不会再有什么风险。但是第一个这样做的人,风险是相当大的,部落里的人很可能对他生出怨恨,并且有可能对他采取致命的报复性措施。倒霉的是第一个人,所以最好让别人去当"第一个吃螃蟹的人",这就是制度变迁上发生"搭便车"现象的原因。

在安徽小岗村的例子中,当时农民推动家庭联产承包责任制的制度变迁也冒了相当大的风险。我在1985年到访安徽小岗村时,那个生产队长向我讲述过当时的过程。安徽小岗村一直非常穷,十年有九年荒,一年当中有半年或三个月到外面去行乞。在20世纪七八十年代,姑娘们一般都不愿意嫁给安徽出来的人,在部队里如果说是从安徽来的也会被人瞧不起。70年代的时候由于小岗村太穷了,县里曾经派干部到村子里来帮助他们,村里一共18户,县里派了17个干部"蹲点"半年,结果半年以后县里的干部也放弃了,因为他们感觉看不到希望。1978年秋,安徽凤阳地区遇到旱灾,农民眼看收成要减少,估计按照这样的收成状况第二年春天会有饥荒,可能要出去行乞相当长的时间。在集体制度下,这些农民已经努力了二十多年,但生活状况还是没有改善,于是干脆决定单干,把土地分到各家各户,交给集体的提留和公粮也全都分到各家各户。在"文化大革命"期间,单干是"资本主义尾巴",是要被"割掉"的,所以当时他们这样做冒着相当大的风险。尽管1978年年底党的十一届三中全会承认农村贫困的问题没有得到解决,也承认农村生产队的集体生产方式效率不高,从某种意义上说,这为新的制度变迁提供了一个机会,但在当时,人们对单干还是有着恐惧心理的。当时小岗村18户农民签有一纸"秘密契约",上面写着,如果单干被发现,干部被抓去坐牢,其他社员就负责把他的孩子养大成人。这份"秘密契约"现在已经成为历史文件被放到历史博物馆。

那一年安徽凤阳县普遍减产30%以上,但小岗村在单干以后不仅没有减产,反而增产了30%。一个增产30%而一个普遍减产30%,对比效果非常明显。事情传到当时的安徽省委书记万里那里,万里感到奇怪,就到当地考察,问了几句以后,生产队长不得不老实招认自己犯了一个错误,即把地包到各家各户。万里同志是一个真正的社会主义革命家,他说社会主义革命就是要增加生产,改善人民的生活,也就是后来小平同志所说的"三个有利于"。万里告诉他们,只要能够增加生产的就是社会主义。后来,万里向小平同志汇报说,小岗村把地分到各家各户后效果非常好,应该给予肯定。1980年,中央表示允许那些"吃粮依靠返销、生产依靠贷款、生活依靠救济"的"三靠队"以及那些非常贫困的地区把地包到各家各户,使得农民自发的制度变迁因有了政策的支持而得以固定下来。

政府与制度变迁

安徽小岗村的制度变迁是一个先出于自发,然后政府事后追认的过程。大部分人都是理性的,由于第一个推动制度变迁的人至少要付出可能的成本,所以大家都不想去当"第一个吃螃蟹"的人。这样一来,自发的制度变迁很难在速度上达到最优,以致在机会到来的时候没有办法把握住。因为制度是一种集体行动(collective action),是集体行为的决策过程,所以自发的制度变迁要想成功,通常必须由所谓的制度企业家——一个社会里的积极分子来推动。积极分子看到机会,然后花时间来说服其他人,或是自己冒一定的风险率先这样做。制度企业家通常会付出一些成本甚至要冒一定的风险,因此往往需要获得一定的报酬。比如说他在政治上有抱负,他做了好事,获得了一定的声望,下次选举或是下次政治变动的时候,他就会变成一个领袖。但是制度企业家是否会出现并没有一定的规律。既然制度变迁本身是一个集体行为,就有可能出现所谓的"搭便车"问题,那么政府就可以发挥一定的作用来克服这个问题。政府本身就是一个制度,但政府作为制度有其比较特殊的地方——它可以合法地使用暴力。政府可以规定哪种制度或是组织形态可以存在,社会中的单个人很难去反对政府的规定。当一个社会出现制度不均衡的时候,政府有可能会干预制度变迁的过程,从而推动某种制度的产生。但重要的问题是,政府到底有没有这样的积极性和能力让一个处于不均衡的制度安排恢复均衡。要弄清楚这个问题就必须研究政府到底是什么,政府有没有这样的能力,以及政府有没有这样的激励。

对于政府的研究,传统政治学者主要提出了两种观点:一种是政府主体说,另一种是利益集团说。这两种观点虽然有一些贡献,但也有一定的局限性,尤其在研究发展中国家政府的时候常常会不适用。我个人认为,研究发展中国家政府最适合的一种方式是领导人加上委托—代理的理论。

政府主体说把政府看作一个主体,认为政府有自己的意志,可以像一个人指挥自己的手脚一样指挥政府的各个机构按照它的意志来运行。这在传统上一般是把政府作为一个人来研究,尤其认为政府有自己独立的思想,假定它认为自己该怎样做就会怎样做。因为政府作为一个有机体,理应有一个思想者来推动整个政府的各个机构运行。这种理论经常在政治学里被采用。

利益集团说是由一些经济学家提出来的。从 20 世纪 50 年代开始,公共选择(public choice)学派的一些经济学家,包括芝加哥大学的教授加里·贝克尔等,认为在一个社会中有各种利益集团,政府的行为是各种利益集团角逐后的一种均衡。各种利益集团在政治的决策过程中都有一定的声音并能产生一定的影响,这些声音和影响相互之间可能会有冲突,最后达到一个均衡。公共选择学派的这种说法与政府主体说正好相反,它基本上假定政府没有一个主导的意识决定要往哪边走,政府决策只不过是各个利益集团之间的一个制衡。他们把政府看作一个"黑盒子","黑盒子"是利益均衡的结果。

这两个极端学说对研究发展中国家都不适合。政府主体说对一些独裁的国家也许还适合,比如说希特勒有非常大的个人影响力,纳粹德国基本上完全是按照他的个人意志来运作的。公共选择理论主要适合于研究美国、英国这样的发达国家的政治过程。这些发达国家的政治过程确实存在所谓的利益集团,比如议员参加选举一般是依靠各个利益集团的支持,因此被选上的议员也只能代表利益集团的利益。

正如前文所说,研究发展中国家最适合的理论应该是领导人加上委托—代理的理论。不管在发展中国家还是发达国家,一般来说每个社会都有一个最高领导人。比如说,美国的最高领导人是总统,中国的最高领导人是国家主席。最高领导人一般都有一定的决策自由度,例如美国的政治制度虽然是三权分立,但是美国总统还是有一定的决策自由度,因此才会说克林顿总统的政策方向与布什总统的政策方向大有不同。要研究一个政府的行为,首先必须了解政府领导人的行为是怎么样的。但这与所谓的政府主体说不太一样,因为最高领导人需要很多官僚来执行他的命令,而官僚的利益和最高领导人的利益可能不完全一致。比如说,最高领导人可能希望青史留名,但官僚一般不会有这种"奢望",所以历史如何评价并不会进入官僚的目标函数,或者即使进入目标函数也不是主要的目标。既然领导人和官僚的目标函数不能完全重合,他们的决策就有可能会不一样。最高领导人会采用一些制度安排来诱导这些官僚比较好地执行他的意志,比如说考核制度和奖惩制度等。但是这种考核制度和奖惩制度还有"天高皇帝远"的问题,因为领导人了解的信息显然不充分。套用现在的公司治理理论来讲就是,会有激励不相容以及信息不对称的问题。所以我认为,要研究一个政府的行为,就必须从最高领导人的目标以及政府中多层委托—代理的信息和激励安排来入手。

当一个社会出现制度不均衡的时候,照理说,政府作为一个可以合法使用暴力的组织应该可以通过干预来使制度恢复均衡。从理论上讲,政府确实有这个功能,但我们在现实中更多看到的是两种情形。一种情形是原来的制度比较落后,而政府并没有改进这种落后的制度;另外一种情形是政府超越了社会的制度变迁或经济发展阶段来干预社会经济。这两种情形都属于政府的失败。大多数政府干预都是不成功的,在此引用诺贝尔经济学奖获得者阿瑟·刘易斯在《经济增长理论》(Lewis,1955)里的一段话:"任何一个经济发展非常成功的国家背后都有一个非常明智的政府,但更多的可以长篇累牍来写的是,那些不明智的政府对经济干预的失败造成的整个经济发展的停滞或衰败。"

政府干预失败的原因

从领导人加上官僚的委托—代理的理论体系出发,可以把政府干预失败归结为以下原因:

(1)领导人个人的效用与社会的效用不一致。我们这里的讨论基本上是从一个社会经济发展的角度来看制度变迁。有变化、有增长才会有发展。技术变迁了就要改变组织形态,让技术变迁的效率得以发挥;收入增加了就要改变收入分配的方式,让收入得到更好的分配。这才是最优的制度变迁,所谓有效的制度变迁指的也正是这样。但领导者个人并不一定追求社会财富的增加。首先,任何一个国家的领导人,即使是非洲穷国的领导人,他的生活大概也都非常好,所以国家财富的增加并不会导致领导人个人财富增加很多。其次,领导人首要的目标是巩固自己的政治权力。领导人为了不失掉权力而维护社会稳定,为了维护社会稳定而推动经济发展,这是一种好的情形;但领导人为了巩固和加强权力也可能导致社会发展的失败,这是一种坏的情形。最后,领导人还有可能关注的一个主要目标是"名垂青史",而这一目标也可能与社会福利最大化的目标不一致。

以一个具体的例子来说明。菲律宾原是美国的殖民地,第二次世界大战之后取得了独立。在20世纪五六十年代,菲律宾被认为是亚洲地区除日本外最有希望的一个国家,菲律宾的货币比索是亚洲的硬货币,地位仅次于日元。在马科斯总统之前没有人连任过菲律宾的总统,马科斯上台之后为了巩固自己的政治地位,就在70年代初开始建立自己的利益集团。他垄断了很多产业,然后把垄断利润分给他的亲友以及在政治上支持他的人,最终形成了一个经济实力非常强大的利益集团。竞选总统需要高昂的花费,而马科斯控制了国家的经济命脉,于是果然成为菲律宾历史上第一个连任的总统。他前后当了17年的总统,也是在这17年当中,菲律宾变成了亚洲最落后的国家之一。

另外,如果领导人关心个人的历史地位和国际地位,他就很可能强化军事力量去支持其他国家或者干预其他国家内政。但是加强军备力量的大部分投资并不能增加财富,所以这种行为妨碍了经济发展。因此,政府的政策固然会有一定的自由度,但是自由度不一定被用来真正地推动社会的制度变迁以及经济发展,因为领导人自己的利益与整个社会的利益并不完全一致。

(2)政府领导人希望进行推动社会进步的改革,但是迫于政治生存的压力不能施行。一个领导人需要面对统治正当性(legitimacy)的问题,统治正当性指社会大众接受统治者,认为统治者的统治是合理的。在发展中国家,正当性并不完全依靠法制来规定,而是更多地依靠领导人的威信,依靠他的决策方向得到社会大众的普遍认可。通常领导人为了树立威信会用一套意识形态来强化他的领导地位,但他所倡导的意识形态不一定适应社会进步的需要。而即使他所倡导的意识形态不适应社会需要,通常在他的执政时期也很难改变,因为改变意识形态就等于放弃其统治的合法性。领导人明明知道意识形态要改,但为了自己的政治生存也不能去改。意识形态不改,很多制度安排也就改不了。

(3)政府最高层的决议有时还会与官僚阶层的利益相违背。政府是一个多层的委托代理体系,即使领导人的利益与社会进步的利益是一致的,领导人所倡导的意识形态也适应社会进步的要求,他也必须依靠官僚阶层来推行社会变革。官僚阶层都有自己的利益。例如原来的计划经济给了官僚很多权力,包括在物质分配上的权力、在定价上的权力、在市场准入上的权力等。这些权力都可以通过寻租变成官僚的金钱收入。如果往市场方向变革,尽管对社会来讲肯定是进步的,但这些官僚的利益会受损。因此从计划经济向市场经济的过渡从全国的角度来讲是好的,从领导人的角度来讲也是好的,却不一定会得到官僚阶层的真心拥护而得以顺利推行。这是政府在发生制度不均衡的时候可能不一定会真的按照社会最优的方式来推动制度变迁的第三个原因。

(4)按照公共选择学派对政府行为的解释,政府政策完全是利益集团角逐的结果。越是在发展中国家政府领导人的自由度就越大,领导人在发挥这些自由度的时候也就越要依靠一些利益集团的支持。所以,有时候即使政府看到了社会发展的方向,也可能牺牲社会的进步来满足某些利益集团的要求。

前面都假设领导人作为最高领导者基本上清楚地知道社会需要什么样的制度变迁,但现实中的领导人并不完全理性,有时他们并不能清楚地认识到什么样的社会制度安排最有效。毕竟,即使是领导人,他的社会科学知识也可能相当有限。在这种情况下,如果领导人的决策是正确的,那毫无疑问是好事情;一旦领导人决策发生失误,就会由于他个人的原因给国家和社会带来比较大的损失。

社会科学在相当大程度上是可以分析出什么样的制度安排比较有效的。我的导师西奥多·舒尔茨在研究了工业革命以后欧洲的重大社会变革后发现,巨大社会变革的背后通常都有社会思潮的推动,但是多数社会思潮并不正确。这在苏联与东欧的改革中可以看得很清楚。当时国际学术界的共识以及苏联与东欧内部的共识是使用"休克疗法",但是这样的共识推行起来的效果却很差,原因是现代社会科学知识本身是有局限的。新古典经济学对市场经济发达的国家的现象有相当强的解释力,但是对转型国家的解释力就比较差。转型国家经济中出现的问题与发达国家的问题虽然从表面上看有类似的地方,但实际上背后的机制并不完全一样。由于社会科学知识的限制,领导人有可能一心想做好事,结果却南辕北辙。就叶利钦而言,我相信他是希望俄罗斯变好的,但他推行"休克疗法"的结果是使俄罗斯的GDP在很短的时间内减少了一半。根据经济学家斯蒂格利茨的研究,1989年俄罗斯的经济规模比中国大三分之一,但是到了1997—1998年,中国的经济规模反而比俄罗斯大了三分之一。叶利钦绝不是有意要通过推行"休克疗法"把俄罗斯搞垮,而是在有限的社会科学知识条件下怀抱好的愿望却得到了坏的结果。历史经验证明,主流的、有共识的思潮未必是完全正确的。

制度本身有两个层次,一个是组织的层次,另一个是价值和精神的层次。比如,在组织层次上,政治上的三权分立是一种用宪法规定下来的正式的组织形式,但是其他国家采取三权分立的组织形式是不是能像美国和英国那样发挥三权分立的作用,还取决于社会的每个参与者有没有民主和法制的精神,取决于这个社会中的个人能否很好地理解并遵守民主和法制的游戏规则。

民主和法制的精神在不同的国家是不一样的。根据道格拉斯·诺斯的研究,如果从正式的组织层次,比如三权分立的组织层次来看,宪法在北美与南美是一样的,没有什么差别。但是南美洲国家经常发生军事政变,军队领导人政变上台以后一般老百姓也并不反对他,他可以慢慢坐稳那个位子直到当上总统。而美国的一个将军如果要政变,就没有人会跟随他,他即使可以把总统暗杀掉自己也绝对当不上总统。所以,在这里民主与法制的精神就不相同。

既然民主和法制的精神不同,相同的组织不一定发挥相同的作用,那么哪种组织最有效率、最能推动整个社会的发展进步就不太清楚了。在一个社会里有效率的组织在另外一个社会里不一定有效率。政府能改变正式的组织,例如推行民主选举、三权分立,但是对于精神层次的东西,政府则只能倡导,没有办法硬性规定每个人都必须从心底接受政府倡导的这种精神。打个比方,倡导民主是好事,但是如果倡导民主的人对任何异议都坚决不予接受,那么他自己首先就不一定那么民主。倡导民主精神是很困难的事情,不是说政府有这样的意愿或者社会精英有这样的意愿就能够实行。

总之,自发的制度变迁可能不是最优的,政府可以扮演一定的角色,但是由于以上种种原因,政府在干预的时候失败的概率会很大,好心干坏事的情况时有发生。政府是由人组成的,这是研究政府的任何学说都无法否认的事实。人非圣贤,孰能无过。现实世界的事情千头万绪,经济社会的利益千差万别,走错一步就可能满盘皆输。虽然不能完全否定政府干预的作用,但至少可以确定的是政府干预绝不是包医百病的良药,领导人在做出干预决策之前,必须考虑到多种因素。

小结:自发性与政府强制性制度变迁的结合

一种有效的政府强制性制度变迁方式是以自发性的制度变迁作为基础,这样的制度推行的过程会更加顺利。家庭联产承包责任制的推行就是这样一个过程。它是安徽小岗村的老百姓最先创造出来的，农民看到制度存在不均衡，发现个体生产能够提高产量以及增加每个人的福利。政府刚开始是反对这样的自发性制度变迁的，后来看到变迁在实际中行之有效，按照小平同志后来讲的"三个有利于"标准，才予以肯定，允许在全国各地推动这项改革。如果没有自发性的制度变迁作为基础，仅仅由政府和社会精英来推动，那么通常只能是以行政命令的方式，而不是用法律的手段在组织层面建立起来，即使在组织层面建立起来以后，如果没有配套的价值观和意识形态，也很难发挥应有的作用，结果往往会以失败告终。

参 考 文 献

林毅夫，《再论制度、技术与中国农业发展》，北京：北京大学出版社，2001年。

Becker, G. S., "Crime and Punishment: An Economic Approach", *Journal of Political Economy*, 1968, 76(2), 169-217.

Becker, G. S., *The Economic Approach to Human Behavior*, Chicago: University of Chicago Press, 1976.

Becker, G. S., "A Theory of Competition among Pressure", *Quarterly Journal of Economics*, 1983, 98, 371-400.

Kuznets, S., *Modern Economic Growth*, New Haven: Yale University Press, 1966.

Lewis, A., *Theory of Economic Growth*, London: Allen and Unwin, 1955.

Lin, J. Y., "An Economic Theory of Institutional Change: Induced and Imposed Change", *Cato Journal*, 1989, 9(1), 1-33.

Lin, J. Y. and J. B. Nugent, "Institutions and Economic Development", In J. R. Behrman and T. N. Srinivasan (eds.), *Handbook of Development Economics*. Vol. 3A, 1995, Amsterdam: Elsevier Science Publishers (North-Holland), 2301-2370.

Maddison, A., *The World Economy: A Millennial Perspective*, Paris: OECD, 2001.

North, D. C., *Structure and Change in Economic History*, New York: Norton, 1981.

Perkins, D. H., *Agricultural Development in China*, 1368-1968, Chicago: Aldine, 1969.

Schultz, T. W., *Transforming Traditional Agriculture*, New Haven: Yale University Press, 1964.

附录二

前现代社会中国人均收入水平长期保持不变和人口众多之谜

谜题一：中国的人均收入为什么在历史上长期保持不变

通过附录一的内容我们了解到,前现代社会的经济增长和现代社会的经济增长最主要的差别就是在经济总量保持增长的前提下,人均收入是否随之增加。换句话说,就是经济的增长速度是快于人口的增长速度还是与之持平。根据哈佛大学学者珀金斯的研究,中国从明朝开始直至20世纪60年代末的600年中,人口与粮食总产量的增长速度的平均水平几乎是完全一致的。在漫长的历史时期,中国作为一个不发达的农业国,人均粮食产量几乎是实际收入的全部,那么中国的人均收入在这段历史时期就是基本保持不变的。也就是说,中国经济的增长方式在相当长的历史时期都停留在了前现代社会的水平上,经济增长伴随着人口规模的扩大,技术变迁速度缓慢,人们的收入增长相对停滞。

人们对必需品的消费受收入状况的影响不大。收入水平的提高,一般反映在非必需品消费的增加上。因此,人均收入水平长期没有提高的另一面就是人均非必需品消费没有增加。那么,为何在前现代社会人均收入水平长期没有提高,技术变迁的结果只是表现为人口的增加,而在现代社会技术变迁的结果却是人均收入的增长?在解释这一谜题之前,我们首先需要了解一下两个常用的经济学概念。经济学家强调商品的相对价格,例如一个有趣的现象是,日本人一般房子小而电视机特别大;美国人则正好相反,房子大而电视机非常小。这一选择上的差异固然有消费偏好和生活习惯上的原因,但更为重要的影响因素是相对价格。从收入水平看,美国与日本的收入水平基本一样,所以这种差异不是由收入差距所造成的。根据相对价格原理,日本土地资源稀缺,所以房地产价格非常高,美国相对日本来说地广人稀,房地产价格便宜。20世纪80年代有个笑话说,只要日本人把全国的房地产都卖掉,就可以买回八个美国。对于日本人而言,相对于高昂的房价,电视机就显得较为便宜,住小房子看大电视就是一种理性选择。同样,美国人住大房子看小电视也是一种理性选择,两种选择都是基于相对价格而做出的。

另一个需要了解的概念是需求的收入弹性。当收入增加时,总需求会增加,但对各种产品需求的增加幅度会有所不同,需求增长相对于收入增长的比值就是收入弹性。如果某种产品的需求收入弹性大于1,当收入增加10%时,对这项产品的需求增加就会大于10%;相反,如果某种产品的需求收入弹性小于1,当收入增加10%时,对这项产品的需求增加就小于10%。人们消费的商品可以分为必需品和非必需品两大类。当收入水平提高时,对非必需品的消费增加幅度会大于对必需品的消费增加幅度。必需品和非必需品在一定时期可以发生转变。例如,在前现代社会,因为养儿防老的需要,养孩子可以被看作一种"必需品"。但在现代社会,因为有了更多的养老方式,养儿不再是防老的唯一选择,所以对有些人来说,养孩子可能已经不再是一种"必需品"。

回过头再来看中国人均收入长期不变的历史经济谜题,在明初以后的几百年时间里,中国作为一个已经长期维持统一又相对封闭的封建国家,疆域内的资源条件基本上是固定的,这一时期技术变迁的结果主要表现为人口的增长和人均收入不变的经济规模的扩张。在上述谜题中,我们看到的结果是经济增长与人口增长保持同步,也就是说,技术变迁所带来的福利都转化为人口数量的增加,而对人均收入水平的提高则贡献不大。这与现代社会的情况恰恰相反,在现代社会,很多发达国家的人口增长已基本停滞,技术变迁对人均收入的增加有着极为明显的影响。其中的主要原因就在于,前现代社会的技术变迁大多发生在农业部门,现代社会的技术变迁则大多发生在工业部门。尽管技术变迁在两个部门都有发生,但是工业部门的技术变迁速度显然更快。技术变迁集中在不同的产业部门,就会导致不同类别产品的相对价格发生变化。

必需品主要为农产品,非必需品主要为工业产品。技术变迁会导致总的生产水平提高,因此对必需品和非必需品都会有一个正的收入效应。如果技术变迁集中于农业部门,农产品产量增加,必需品价格下降,对非必需品需求的收入效应为正,相对价格效应为负,所以以农业技术为主的技术变迁对非必需品需求的影响不大。同时,由于农产品属于必需品,必需品的需求收入弹性非常小,每个人的农产品需求量增加不多,但是养孩子的成本主要是作为必需品的农产品,只要农产品的价格降低,养孩子的成本就会降低。因此,如果一个社会的技术变迁主要集中在农业部门,人们对养孩子的需求不管从收入效应还是从相对价格效应来讲都是正的,其结果自然是人口增长,而非必需品和必需品的人均需求均没有太大变化。从1369年到1957年,中国的农业生产率增长了1倍,耕地面积增加为原来的5倍,人口增加为原来的10倍,人均粮食产量却没有发生变化,原因就在于技术变迁主要集中在以养人为主的农产品这种必需品上。这是前现代社会的一个普遍现象。

工业产品一般属于非必需品。在现代社会,技术变迁主要集中于工业部门,导致非必需品变得相对便宜,对非必需品的收入效应和相对价格效应都是正的。也就是说,以工业产品为主的非必需品的技术变迁的结果必然是人均非必需品消费的增长,即生活水平的提高。但是,以必需品为主要成本的养孩子就变得相对昂贵,所以从相对价格效应的角度来说,对养孩子的需求就会减少。虽然技术变迁对养孩子的收入效应是正的①,但如果相对价格效应比较强,人口增长的速度就会放缓甚至出现负增长。因此,当进入现代社会,技术变迁主要集中在工业部门时,经济增长就表现为经济总体规模的扩张以及人均收入水平的不断提高,人口增长率则表现为先升后降。

由上述讨论可以看出,前现代社会与现代社会经济增长方式最大的不同,并不在于前现代社会没有技术变迁,而在于前现代社会的技术变迁主要集中在农业部门,而现代社会的技术变迁主要集中在工业部门,并由此导致必需品、非必需品的相对价格和养孩子的相对成本的变化。

谜题二:为什么中国在历史上一直是一个人口众多的国家

中国和欧洲的面积大致相当,分别是 960 多万平方公里和 1 040 万平方公里,但以 2016 年的数据来看,中国的人口数为 13.8 亿,欧洲则为 7.4 亿,中国的人口总量是欧洲的将近 2 倍。中国的人口数量多主要是因为人口密度高,这不仅是中国的特色,也是东亚国家的特色。例如,日本的人口数量超过 1 亿,朝鲜和韩国的人口数量之和也有近 8 000 万,都是世界上的人口大国。

关于东亚地区人口数量多、人口密度高的原因有各种不同的假说。一种是文化差异说,认为中国人讲究"不孝有三,无后为大",出于传宗接代的需要有早婚早育的传统;而且对生儿子非常在意,通常要多生几个,因为一个儿子可能会夭折。早生多生的观念导致中国人口众多。另一种是宗教因素说,比如东亚的宗教都限制堕胎等。以上两种假说是从文化和宗教的差异进行解释的,但是它们无法解释为什么中国东部的人口密度高于中西部的人口密度,以及为什么汉族地区的人口密度高于民族地区的人口密度,等等。如果是宗教的因素,孟加

---

① 但是,如果收入增长伴随着金融、保险等制度的变迁,父母自我储蓄养老的能力增强,那么,收入增长可能会因为养儿防老的需求降低而减少对养孩子的需求。这可能是在现代社会收入增长和人口增长之间会呈倒 U 形曲线关系的原因之一。

拉国和巴基斯坦曾经是同一个国家,都信奉相同的宗教,应该有相似的人口密度。但是根据世界银行公布的数字,1999年孟加拉国平均每平方公里有981个人,而巴基斯坦只有175个人,孟加拉国的人口密度是巴基斯坦的5倍以上,信奉同样宗教的国家在人口密度上却有如此大的差别。

我认为不同地区人口密度的差异主要与不同地区的养人成本有关。养人成本越低的地方,通常人口密度就越高。中国的地理特征是西部高东部低,西部地区最高的青藏高原平均海拔在4 000米以上,东部沿海地区的海拔则在几百米以下。这种地形条件受到太平洋季风的影响,使得中国的降雨主要集中在5—10月。农作物的生长需要水分和温度两个重要条件,中国每年的5—10月正好是"雨热同期",特别适合粮食尤其是高产水稻的种植。欧洲也是人类文明的发源地,但在欧洲文明起源的希腊、罗马等地,雨季主要集中在冬春两季,正是温度较低的时候。由于降雨与高温不同期,欧洲比较适合小麦与草原畜牧业的发展。不同作物的单产有很大的不同,中国1952年农作物的单产,水稻是每亩161公斤,小麦是49公斤,玉米是90公斤,高粱是79公斤,小米是78公斤,甘薯是126公斤。水稻的单产是小麦的3倍多。

在中国这种适合种植水稻的地区,单位面积的粮食产量较高,以粮食作为计价单位来计算,养人成本较低,单位面积所能供养的人口数量较多,人口密度就会较高。欧洲适合种植小麦和发展畜牧业,单位面积的粮食产量较低,以粮食作为计价单位计算,养人成本较高,单位面积所能供养的人数就较少。因此,欧洲的人口密度和人口总数历来就比中国低,大约只有中国的一半。

同样,巴基斯坦和孟加拉国虽然曾属同一个国家,拥有同一种文化和宗教,但孟加拉国适合生产水稻,人的生存成本相对较低,所以孟加拉国的人口密度就比较高;巴基斯坦比较干旱,适合生产小麦,所以人口密度就比较低。

同样的道理可以解释中国的人口总量为什么到明朝以后突然急剧膨胀,从几千万快速膨胀到三四亿。原因是在哥伦布发现新大陆以后,玉米和甘薯两种新的农作物引入中国。玉米的单产比小麦高出很多，按照以上提到的数据，中国1952年小麦的单产是每亩49公斤，玉米是90公斤，甘薯更是达到126公斤。虽然它们的单产都低于水稻，但是甘薯在几乎任何地区都能够生长，原来不能生产粮食的地区也能够生产甘薯，这相当于一种技术变迁。粮食供给增加，导致粮食价格下降，人的生存成本随之下降，所以人口就一直不断地增长下去。中国在历史上人口密度一直高于欧美国家，最主要的原因就是气温适合生产亩产更高的粮食作物，单位面积里养人的成本更低，相等面积的土地能够养活更多的人，所以人口密度也就居高不下了。

结语

本附录讨论了中国经济史上的两大谜题。首先，在前现代社会，中国和其他国家之所以人均收入长期没有提高，经济的增长表现为人口增长而人均收入不变的总量扩张，是因为当时的技术变迁集中在农业部门，降低了养人的成本，技术变迁对于养孩子的相对价格效应和收入效应均为正，而对非必需品的收入效应为正但相对价格效应却为负，因此，技术变迁的结果就主要表现为人口的增长。要打破传统的经济增长方式，就必须引进以非必需品为主的技术变迁方式，这只有在工业革命以后才会出现。其次，中国历来人口密度高、人口总量大，其原因主要在于中国和东亚其他一些地区的特殊地理和气候条件，降雨集中在温度条件好的5—10月。这种温热条件适合高产的水稻作物生长，因此单位面积里以粮食计价的养人成本低，人口密度高，人口总量大。

参 考 文 献

Maddison, A., *The World Economy: A Millennial Perspective*, Paris: OECD, 2001.

Perkins, D. H., *Agricultural Development in China*, 1368-1968, Chicago: Aldine, 1969.

附录三

我到底和杨小凯、张维迎在争论什么[*]

2014年7月5—6日杨小凯逝世十周年追思会在复旦大学召开,会议主办方原定将这场追思会办成一个闭门会,不对外宣传,邀请经济学界的朋友坐下来用一两天的时间认真思考和探讨一下我国经济学科未来发展道路乃至中国社会发展的整体问题。我认为这个倡议在我国经济改革与转型已经进行了35年、取得的成绩斐然但是问题也同样尖锐的当下十分必要,就欣然应邀前往,并根据即将发表于《经济政策改革杂志》(Journal of Economic Policy Reform)上的"反思华盛顿共识:新结构经济学的视角"一文的内容,准备了"中国经济改革和经济学科的发展"的发言。主办方后来邀请了多家媒体的记者参会,对会议上的发言和讨论进行了详细报道,我想这也是好事,对上述问题的讨论确实值得社会各界关注。

按会议安排,由黄有光、我和张维迎先做主旨发言,发言之后进行相互评论。维迎和我的发言及相互评论在媒体上广受关注,并连带地追述到1995年我和维迎有关国有企业改革以及2002年我和杨小凯有关"后发优势与后发劣势"的争论。

学者所做的工作是对所观察到的现象背后的因果逻辑做出解释,并根据这种解释提出改进的建议以供社会各界(包括个人、家庭、企业

---

[*] 本文于2014年8月13日刊登于FT中文网,标题改为"中国学术界不能只引进",http://www.ftchinese.com/story/001057679?full=y,访问日期:2018年8月31日。

和政府)作为决策的参考。每个学者的研究其实都是"盲人摸象",由于观察的角度和掌握的资料有异,提出的解释和建议不同在所难免,学者间的争论是正常的,是相互切磋以完善各家之言的必要途径。不过争论要具有建设性,而不仅仅是"公说公有理,婆说婆有理"的口舌之争,双方应该对争论对方的观点和逻辑有准确的把握,从内部逻辑的自洽和逻辑的推论与所要解释的现象是否一致,以及理论的政策建议在实践中是否取得预期的效果等方面来评论对方的观点。这次会上由于时间限制未能做到这一点,在事后的媒体报道中也未准确反映出争论双方的逻辑、观点和实证经验的证据,许多评论就像某位媒体的主编指出的,"基本取决于评价者个人的左右倾向而不是观点本身"。为了使这场争论能够实现会议主办方原先所设想的"认真思考和探讨一下我国经济学科未来的发展道路乃至中国社会发展的整体问题"的初衷,我想对照我国和其他转型中国家的实践,再次回顾20年前关于国有企业改革、12年前关于"后发优势与后发劣势"的争论,并就中国经验和回归亚当·斯密等问题作进一步的阐述。

国有企业改革的争论

1995年我和维迎就国有企业改革问题的辩论,被媒体称为"北大交火事件",那次争论媒体进行了许多报道,其后我和蔡昉、李周合作出版了《充分信息与国有企业改革》一书并发表了其他文章,维迎也有系列论著问世,系统阐述各自的观点。

张维迎的论述从现代企业理论出发,强调企业剩余索取权和控制权对称安排的重要性。他认为负责经营决策的人应该享有剩余索取权和控制权,让真正承担风险的资产所有者选择经营者,优先成为企业家,才能保证真正有经营能力的人占据经营者岗位。当一个经济中不允许个人成为财产所有者时,就等于失去了判断经营者才能的可靠信息。国有企业改革的出路是民营化,将企业中的国有资本变成债权、非国有资本变成股权。

我则认为国有企业问题的关键是委托人和代理人之间是否会产

生道德风险的问题。国有企业，尤其大型国有企业，是在资金稀缺状况下政府为推行优先发展重工业的战略而设立的，由此承担了因违反比较优势而在公平、开放的竞争市场上缺乏自生能力的战略性政策负担，以及为解决就业和社会稳定问题而产生的冗员、养老等社会性政策负担。在有政策负担的情况下，政府无法摆脱给予企业保护补贴的责任，从而形成了预算软约束。在有政策负担的情况下，任何有关公司治理的改革都难以奏效，尤其是国有企业私有化后，所有者以政策负担为借口寻租的积极性会更高，效率会更低。我同时认为，享有剩余索取权的所有者和经营者要统一起来，只有中小企业才能做到，大型企业不管是国有还是民营都同样面临委托—代理问题，要避免代理人利用信息不对称产生道德风险，侵蚀所有者的利益，必须依靠公平竞争的市场使企业盈利状况成为企业经营好坏的充分信息，并据此来制定经理人员的奖惩制度，以使代理人和委托人的激励相容。如果是垄断行业，则大型的民营企业也无法解决效率问题和代理人的道德风险问题。因此，改革的起点应在于剥离战略性政策负担和社会性政策负担，以硬化预算约束，创造公平竞争的市场环境。在此公平竞争的基础上，中小型国有企业以私有化为宜，以达到所有者和经营者的统一。大型企业，不管是国有还是民营，如果经营得好，则都可以发展；如果经营得不好，则都可能被其他所有制的企业兼并，甚至破产。在复旦大学的讨论会上，当我主张对于大型国有企业的改革，创造公平竞争的环境比简单的私有化更重要时，维迎据此认为我主张把大型企业都国有化，这显然是一个误解。

维迎和我的观点就内部逻辑来说都是自洽的。从实践来讲，在抓大放小的思路下，我国的中小型国有企业基本都已经私有化，大型国有企业没有进行大规模的私有化，而是按照现代公司治理的思路进行了改革，建立了董事会、监事会，有不少还成为上市公司，到现在为止，冗员等社会性负担基本已经剥离；并且，由于三十多年的快速发展，资本迅速积累，许多原来不符合比较优势的大型装备、汽车等产业在我国已经符合比较优势，在国内外市场有了竞争优势。因此，我在2008年出版的《中国经济专题》一书以及发表的其他一系列文章中，建议消除双轨制遗留下来的以金融抑制、资源低税费和市场垄断的方式对大型国有企业的暗补,放开要素市场,建立完善的公平竞争的市场环境,允许民营企业进入,在市场上让各种所有制的企业公平竞争。极少数和国防安全有关、资本技术极端密集、仍然违反我国比较优势的国有企业,则应和发达国家一样,由财政拨款直接补贴。

维迎的观点则在苏联和东欧国家中得到实践。除了波兰、白俄罗斯、斯洛文尼亚和乌兹别克斯坦等少数国家,苏联和东欧国家基本按现代企业理论的政策建议,把国有企业都私有化了,但是,结果和改革预期达到的目标正好相反。世界银行、欧洲开发银行和其他许多国外学者的实证研究发现,除了在私有化过程中出现许多低价甩卖国有资产造成分配不均和寡头垄断的情形,大型企业的情形就像二十多年前我和维迎争论时所预测的那样,目前从国家拿到的补贴比在国有时期更多而不是更少,效率也是更低而不是更高了。并且,就经济总体表现来看,在东欧国家中表现最好的波兰和斯洛文尼亚,以及在苏联国家中表现最好的白俄罗斯和乌兹别克斯坦,都没有实行大规模私有化。

后发优势与后发劣势

杨小凯是我在留美经济学会成立之初就认识的朋友,自那时开始直至 2004 年他不幸病故,我们保持了 20 年深厚的友谊。他对推广以超边际分析将斯密的分工理论模型化所作的贡献,以及他对中国现代化的思索所作的努力都是我所尊敬的。本着同样对中国学术发展和现代化的关心,我一向秉持 2004 年他病逝后我在北京大学中国经济研究中心的悼念会上所说的"众士之诺诺不如一士之谔谔"的精神,有不同的观点,就直接提出来和他切磋。

2002 年 12 月小凯在一个讲座中提出了后发劣势的观点,认为落后国家模仿发达国家的技术容易而模仿发达国家的制度难。落后国家倾向于模仿发达国家的技术和管理而不去模仿发达国家的制度,这样落后国家虽然可以在短期内获得快速的经济增长,但是会强化制度模仿的惰性,给长期增长留下许多隐患,甚至使长期发展变为不可能,因此,他认为后发国家有"后发劣势"。为了克服后发劣势,他主张后发国家应该由难而易,在进行较易的技术模仿前,要先完成较难的制度模仿。在杨小凯、杰弗里·萨克斯和胡永泰2000年合作的一篇论文中,他则提出最好的制度是英国和美国的共和宪政体制,并指出中国作为一个后发国家,尽管改革后二十多年的经济发展很成功,但是没有进行根本的宪政体制改革,而俄罗斯虽然当时看起来在经济发展方面比中国失败,但进行了根本的宪政体制改革,因此俄罗斯的成就将来会超过中国。

和小凯主张发展中国家应该先推行"共和宪政",等宪政建立起来以后再来发展经济以克服不去模仿发达国家优秀制度的"后发劣势"的观点不同,我从1994年和蔡昉、李周一起出版《中国的奇迹:发展战略与经济改革》一书以来,就一直认为从理论和经验的角度来看,后发国家固然在经济发展过程中有必要不断对现有的经济、社会体制做出改革,但一个后发国家并非一定要在先进行英美式的宪政体制改革以克服"后发劣势"以后才去发展经济。

我认为经济发展的本质是基于劳动生产率水平不断提高的技术不断创新和产业不断升级,一个发展中国家可以利用与发达国家的技术差距所形成的"后发优势"来加速经济发展。我同时认为,由于过去的赶超发展战略,转型中国家有许多资本密集、违反比较优势、在开放竞争的市场中缺乏自生能力的大型国有企业,在转型过程中以渐进双轨的方式来改革,一方面保留一些扭曲,给予违反比较优势的产业中没有自生能力的企业以必要的转型期保护补贴,另一方面放开原来受抑制的、符合比较优势的产业的准入,经济转型期才能取得稳定和快速发展,并创造条件改革各种制度扭曲,最终建立起有效的竞争性市场。

在复旦大学的会上和其后的媒体报道中对我和小凯的争论有两个误读:第一,认为我强调后发优势,所以,我主张只要发展经济就不需要进行制度改革;第二,我国现在出现的腐败等一系列问题,证明了小凯所主张的后发劣势的观点的正确性。

任何人只要细读我2002年发表于《经济学》(季刊)上的"后发优势与后发劣势——与杨小凯教授商榷"一文和我出版的从《中国的奇

迹》到之后的《充分信息与国企改革》《中国经济专题》《新结构经济学》等一系列著作,就可以了解我在强调发挥"后发优势"来加速发展经济的同时,也强调在经济发展过程中要创造条件,审时度势,推进制度改革,把旧体制中的各种扭曲消除掉,以建立完善、有效的市场。把我的主张简化为不需要制度改革是严重误读。

关于第二点,我国在取得快速的经济发展的同时出现了腐败等一系列问题是否就是没有先进行"共和宪政"改革的结果?是否就证明了"后发劣势"观点的正确性?未必!原因是根据世界银行和欧洲开发银行等机构的研究,在先进行"共和宪政"改革并推行"休克疗法"、试图一次性地把各种扭曲消除掉的苏联和东欧国家,在我国广受诟病的腐败、收入分配恶化等一系列问题也同样存在,而且,和我国相比有过之而无不及。所以,这些现象的产生不在于我国没有按"后发劣势"的观点先进行"共和宪政"改革。

在《中国的奇迹》等著作中,我分析、预测到,由于我国推行了渐进式的双轨制改革,对于违反比较优势、不具有自生能力的资本密集型大型国有企业,为了以压低各种要素价格或是市场垄断的方式给予其保护和补贴,就会创造制度租金,就会有腐败、收入分配恶化等问题。这些问题是双轨制改革引起的,解决这些问题的"釜底抽薪"的办法是在条件成熟时,深化市场改革,把各种要素扭曲消除掉。苏联和东欧国家虽然进行了"共和宪政"的改革并采用了"休克疗法",但是为了避免私有化以后的大型企业破产倒闭造成大量失业和社会、政治不稳,或是因这些企业是国防安全和国家现代化所需而不愿让其破产,在"休克疗法"消除了旧的补贴以后,又引进了新的更大、更隐蔽的补贴,结果寻租、腐败和收入分配不均现象也就愈发严重。所以,腐败、收入分配恶化的问题不在于有没有进行"共和宪政"改革,而在于有没有保护和补贴所形成的制度租金。

我和小凯争论的核心其实在于:第一,"共和宪政"是否就是最优的制度安排?第二,是应该采取"休克疗法"把各种制度扭曲都一次性消除掉,再来发展经济以克服"后发劣势",还是应该利用"后发优势"来加速经济发展,边发展经济边改革完善制度?

对于前者,小凯和萨克斯等合作者认为英美的"共和宪政"是最好的体制,所以,为了推行"共和宪政",小凯认为美国出兵伊拉克是值得支持的。他也把日本在20世纪90年代出现的金融危机作为日本没有推行英美"共和宪政"的结果。但是,美国在2008年也爆发了金融危机。同时,欧洲有许多国家没有采行英美的宪政体制,发展水平、社会公平、政府清廉程度等却高于英美,亚洲国家中唯一收入水平高于美国的新加坡也没有采行英美的"共和宪政"体制。和我国同样作为新兴市场经济大国的印度虽然有英美的"共和宪政"体制,但是印度的经济发展绩效一直低于我国。斯密在《国富论》中记载了英国在18世纪令人触目惊心的腐败现象,哈佛大学的格莱泽(Glaeser)和萨克斯(Saks)教授在2006年的研究也发现19世纪和20世纪初美国的腐败普遍化程度不比我国现在低。这些事实证明,小凯认为英美"共和宪政"是最优制度安排的看法只是理想条件下的臆想,在现实中是站不住脚的。

对于第二点,小凯主张在转型过程中先难后易,先推行"共和宪政"改革,并推行"休克疗法"一次性地把各种扭曲消除掉,等建设完理想的制度体制再来发展经济才能避免"后发劣势"。但是,实际的结果是不是这样?现在回头来看,苏联和东欧国家不仅没有我国经济的稳定和快速发展,而且如前所述,世界银行、欧洲开发银行的许多研究一再发现,出现于我国的腐败和收入分配不均的问题在这些国家同样存在,而且有过之而无不及。

我不知道12年后的今天小凯若是有生,在这些事实面前是否还会坚持我国应该先进行"共和宪政"改革以克服"后发劣势",等他心目中理想的宪政体制建立起来后再来发展经济。但是,20世纪八九十年代倡导"休克疗法"最有力,和小凯一起发表了引发我与其商榷的"经济改革和宪政转轨"一文的萨克斯的观点显然是变了。2014年3月他到清华大学参加一个会议时,接受了李稻葵的访谈,在访谈中他高度赞扬了中国改革开放以来取得的巨大成绩,认为"这在人类经济史上都是很罕见的"。对于中国当前的挑战他则认为:"国与国之间很难相互比较。每一代人都有自己的任务,都有自己的困难和挑战,都要学会解决自己的问题。"在2005年出版的《贫困的终结》一书中,他则高度评价中国的减贫成绩,大力向非洲推荐中国的发展经验。

中国经验的解读

在复旦大学的争论和后来的媒体评论中,多数参与者认为,过去三十多年中国的增长绩效是政府选择退出经济领域,废除众多管制,选择性地提供了有利于工商业发展的政策法规环境,创造和维护了一个相对促进绩效的竞争秩序框架所取得的成果,以此证明市场的重要性,反对政府在经济发展过程中发挥超过"保护产权、加强法治和维持社会秩序"的作用。

显然在争论中多数学者把转型问题和发展问题搞混了。就从计划经济向市场经济转型而言,不管是发展绩效好还是发展绩效差的国家,政府对经济的干预和管制都必然减少,否则,就没有所谓的转型可言。问题是,是否政府的干预取消得越彻底,经济发展的绩效就越好?从苏联、东欧和拉美、非洲国家的经验来看,那些推行"休克疗法"的国家经历了初期的经济崩溃、停滞后,目前大多仍然危机不断;拉美国家在推行"华盛顿共识"的改革以后,虽然有不少像智利那样,各种市场自由化的指标都很超前,被认为是"华盛顿共识"改革的模范生,但是,经济绩效改善有限,普遍仍然深陷中等收入陷阱。所以,不能因为在我国的转型过程中确实是政府的干预越来越少,就认为这是市场自由主义的胜利。

同时,我认为在我国的转型过程中政府的政策绝大多数是正确的,但是,这并不代表我就像媒体上所评论的那样,认为这些政策不需要改革。

首先,如果像维迎认为的那样,除了保护产权、加强法治、维持社会秩序(显然在这三点上我国还有很大的改善空间),我国政府的其他政策都是错误的,那么,我国怎么能够维持三十多年的高速增长,创造人类经济史上不曾有过的奇迹,并且是唯一没有出现过严重金融经济危机的新兴大国?何谓正确的政策应该是以政策的结果,而不是以先验的标准来评定,从这些成绩来说,应该肯定我国政府过去三十多年采取的政策绝大多数是正确的。

维迎等人之所以认为我国绝大多数的政策是错误的，实际是因为我国的经济转型没有按照西方的主流思潮来进行。在20世纪80年代社会主义国家开始转型时，曾任世界银行首席经济学家、美国哈佛大学校长和美国财政部部长的劳伦斯·萨默斯曾说："经济学界有一个难得的共识就是，从计划经济向市场经济过渡应该遵循华盛顿共识的休克疗法。"当时主流思潮认为我国推行的"渐进双轨的制度是比计划经济还糟的制度"。但是，这种被普遍认为错误的渐进双轨制改革，却让我国维持了稳定和快速发展，取得了人类经济史上不曾有过的奇迹。

可是，过去正确的政策并不代表现在就不需要改革，因为条件在不断变化：过去以价格扭曲和市场垄断来保护、补贴违反比较优势的产业中缺乏自生能力的国有企业是维持经济社会稳定的必要措施，是"两害相权取其轻"的政策；现在，经过三十多年的高速发展，我国已经是一个中等偏上收入的国家，资本已经不再极端短缺，许多原来不符合比较优势的产业已经变得符合比较优势，再给这些产业中的企业以保护和补贴，对稳定经济没有必要，只会加剧寻租、腐败和收入分配不均，因此就需要与时俱进地推行改革。那些通过我主张政府过去三十多年的政策绝大多数是正确的，就推论我认为我国政府过去推行的政策不需要进行改革的人，显然没有理解我过去的一系列著述以及在复旦大学的主旨演讲中所做的论述：随着资本积累和要素禀赋的提升，原来违反比较优势的产业逐渐变得符合比较优势，原来保护补贴是雪中送炭，现在变成锦上添花，要消除腐败和收入分配扩大化，就必须把保护补贴消除掉，也就是深化改革。

中国的经济改革和发展的经验到底有没有一般意义？在2002年的争论中，小凯认为后发国家在模仿好先进国家的"共和宪政"制度前是没有资格讲制度创新的，主张市场自由主义的学者把中国过去三十多年的成绩都归因于向自由市场制度的回归，把存在的问题都归因于向市场制度的转型还不彻底。按照这种说法，我国这三十多年的经验也就不存在一般意义，有的也仅是负面的教训。可是，问题是那些彻底按自由市场制度的要求来改革的国家，我国的快速发展它们没有，我们存在的问题它们也都有，而且有过之而无不及。少数几个在转型中发展绩效比较好的国家也都和我国一样推行的是渐进双轨制改革,包括越南、柬埔寨和20世纪70年代初就开始改革的非洲小岛国毛里求斯等,都推行了这种所谓的"最糟"的转型策略。我们应该以开放的心态,客观地了解上述两种转型绩效差异背后的原因,而不是教条主义式地把与先验理论不同的经验都认为是没有价值的经验。

毛里求斯通过发展出口加工业实现了经济的稳定和快速发展(图为毛里求斯首都、非洲第二大金融中心和重要港口城市路易港)

转型中国家最终所要达到的目标是消除存在于经济中的各种制度扭曲,建立完善的、有效的市场经济体系,这一点我与小凯和维迎是有共识的,不同的是对制度扭曲存在的原因的认识。在小凯和维迎的框架中这些扭曲是政府强加的,是外生的,所以避之唯恐不及,去除得越快越好。我也认为这些扭曲是政府强加的,是有代价的,但也是内生于保护补贴因违反比较优势而没有自生能力的企业的需要的,所以,我认为渐进双轨制改革既能维持稳定,又能让具有比较优势的产业充分利用后发优势来取得快速增长,并为改革原来不具比较优势的产业和制度扭曲创造条件,因此,渐进双轨制改革是在局限条件下的最优选择。

按照维迎和小凯的意见,中国的改革取得的成绩是没有一般意义的。不过我认为绝大多数发展中国家都有许多因政府过去的错误干预所形成的违反比较优势、不具有自生能力的企业存在,并且有许许多多的扭曲,因此,在1994年我和蔡昉、李周合著的《中国的奇迹》一书中,我们认为我国的这种务实的、能够同时实现稳定和快速发展的转型策略对它们来说是值得参考借鉴的。到了世界银行工作以后,我发现目前世界上发展较快的发展中国家,除中国外,越南、柬埔寨、印度尼西亚、巴西等国家的制度改革也都很不到位,这一点让我更加相信中国和其他发展绩效较好的发展中国家的经验虽然违背了主流的理论,但总结其背后的原因,对启发其他发展中国家改进其发展绩效至关重要,中国的转型经验是有一般意义的。

回归亚当·斯密到底回归到什么

在复旦大学的会上,维迎和我都主张,我们在讨论政府的作用时,应该回归到亚当·斯密。但是要回归到什么?维迎主张回归到他所总结的斯密在《国富论》中提出的观点,也就是他认为的政府最重要的职能是"创造给人自由的环境、法治,包括产权制度的保证"。我则主张回归到斯密的研究方法,也就是在《国富论》的完整书名上所昭示的"对国民财富的性质和原因的研究"。

为何我不主张回归到斯密提出来的观点,而主张回归到斯密研究问题的方法?首先,认为政府的责任只在维护自由的环境、法治和保护产权是否完整、全面地总结了斯密的观点?显然不是。斯密在《国富论》第五篇中对政府责任的描述还包括"维持某些公共机关和公共工程。这类机关和工程,对于一个大社会当然是有很大利益的,但就其性质来说,设由个人或少数人办理,那所得利润决不能偿其所费。所以这种事业,不能期望个人或少数人出来办理或维持。并且,随着社会发达时期的不同,履行这种义务的费用的大小也非常不同"①。斯密还认为:"一国商业的发达,全赖有良好的道路、桥梁、运河、港湾等等公共工程。"②世界银行在第二次世界大战后成立,当时最主要的任务之一就是帮助发展中国家改善基础设施,但是,在20世纪80年代新自由主义盛行以后,基础设施的建设被认为是企业家的责任,应该依靠市场,而不应该依靠政府来建设,世行负责基础设施的部门被

---

① 亚当·斯密,《国富论》,北京:中国工商联合出版社,2017年。
② 同上。

撤销。结果过去三十多年,拉丁美洲、非洲的许多国家在这样的思想指导下,除了易于收费的移动通信行业有私人企业投资,基础设施没有得到任何改善,到处成为发展的瓶颈。

其次,即使有了完整的斯密的观点是否就足够?显然也不是。因此,维迎自己在小凯的追思会上演讲的题目是"修正的斯密模型",把熊彼特重视企业家精神的主张也添加进来。但在复旦大学的会上,当我提出斯密的观点来自对工业革命以前西欧发达国家发展经验的总结,而现代的快速经济增长是工业革命以后的现象,不能简单照搬《国富论》里的观点时,维迎回答:"人类在认识世界的过程中是免不了犯错误的。比如说日心说,其实古希腊人就提出来了,后来被否认,一直到哥白尼才得到认同。经济学更是这样。所以我认为不能说因为亚当·斯密那时候不具有现代的技术,他的理论就比现在的更差。"显然他这个回复和他的演讲"修正的斯密模型"的精神是相左的。

我与维迎和小凯,以及在很大程度上与国内经济学界多数经济学家的差异在于:我们应该回到斯密,或是,斯密加熊彼特,甚至加凯恩斯、科斯、哈耶克的研究所得出的观点,还是应该回到斯密所倡导的对现象的"性质和原因的研究",按照这个方法对我国社会所出现的问题自己独立进行研究来得出自己的分析、观点和解决办法?斯密、熊彼特、凯恩斯、科斯、哈耶克等经济学大师都是以这种方法来研究他们所在的社会、所处的时代的问题而得出他们的观点,做出理论贡献的。这也是放弃了"华盛顿共识"和"休克疗法"的萨克斯在接受李稻葵的访谈时所主张的:"每一代人都有自己的任务,都有自己的困难和挑战,都要学会解决自己的问题。"

计划经济向市场经济转型的问题是在我们这一代才出现的问题,想从斯密或其他过去的经济学大师的著作中去寻找经济转型的答案是缘木求鱼,把他们的理论观点作为经济转型的政策依据,而不是去深入了解转型中国家问题存在的真实根源,据此寻找解决问题的新办法,是"华盛顿共识"失败的主要原因。

不仅在转型问题上是这样,在发展问题上也是这样。在和维迎争论时,我已经指出,《国富论》出版于1776年,是斯密研究西方地理大发现后工业革命尚未发生前，国际贸易盛行时期的经济现象的著作，所以，他强调市场、分工等。而现代的快速经济增长则是工业革命以后才出现的现象，斯密不可能超越时代，对现代经济增长的本质和原因有先见之明。

其实，即使在工业革命以后才出现的理论也不见得对发展中国家都有指导意义。这是因为这些理论都来自发达国家，而自工业革命以后发达国家的技术和产业都处于世界的最前沿，对于它们来说技术创新和产业升级都只能靠自己发明，而发展中国家的产业和技术大多处于世界的前沿之内，它们的技术创新和产业升级可以有后发优势。并且，发达国家和发展中国家可以动员的资源以及面对的各种要素价格、风险因素和软硬基础设施的瓶颈限制也不一样，适用于发达国家的发展政策和制度不见得适用于发展中国家。忽视了这种差异性，是从第二次世界大战以后按西方主流观点来制定发展政策的国家没有一个成功，而极少数成功国家的发展政策从西方主流理论来看却是错误的原因所在。

在小凯的追思会上，就发展的问题，我从新结构经济学的视角做了些阐述，认为现代经济增长的本质是技术的不断创新、产业的不断升级以不断提高劳动生产率水平，以及与产业、技术相适应的"硬"的基础设施和制度（"软"的基础设施）的不断完善以降低交易费用的结构不断变迁的过程。在这个过程中要有"有效的市场"，企业家才能自发地按照要素禀赋结构所决定的比较优势选择产业和技术，这样才能使要素生产成本达到最低；同时，要有"有为的政府"来解决技术创新和产业升级过程中必然出现的外部性问题和软硬基础设施完善的协调问题，这样技术创新和产业升级才能顺利进行，并且有足够低的交易成本来使比较优势变成竞争优势。由于政府的资源是有限的，而不同的产业所需要的软硬基础设施不完全相同，因此，政府必须对有限的资源进行有选择性的使用，优先支持对经济发展有最大贡献的技术的创新和产业的升级，也就是必须有"产业政策"。

维迎和媒体上的评论认为我这样的主张是倡导由政府来决定哪些产业符合比较优势，其实，这是一种没有仔细了解我的论述，根据过去的经验从字面上片面理解"有为政府"所产生的误解。新结构经济学中所倡导的产业政策制定的框架是"增长甄别与因势利导",其步骤如下:第一步是政府从人均收入水平比自己高一两倍,过去二三十年发展得很好的国家现有的可贸易产业中去甄别可能符合自己国家现阶段经济的潜在比较优势的产业,也就是从要素生产成本来看已经处于全球最低,但由于软硬基础设施不完善而交易成本太高,以至于未能发展成为具有竞争优势的产业。第二步是看是否已经有国内的企业自发进入上述产业;如果没有,则进行第三步,招商引资。第四步是看在第一步所确定的产业之外,是否有企业发现并已经进入其他有潜力并可以迅速获得竞争优势的产业。第五步则是为上述第二至第四步中的企业解决扩大生产或新企业进入的软硬基础设施的瓶颈限制以降低交易费用。第六步是给予创新企业一定的外部性补偿。上述六步法是根据16、17世纪以来经济发展取得成功并实现了追赶的发展中国家的产业政策特征总结出来的,在这个框架中企业是否进入某种产业,也就是第二到第四步,是企业自己的选择,而不是政府指定的。所以,需要有第一步是为了避免政府太冒进,这是过去绝大多数发展中国家产业政策失败的原因,同时,也是为了避免企业以发展某种先进产业为由向政府寻租,这是在拉美和其他许多发展中及发达国家经常出现的现象。需要指出的是,企业家除了像维迎所宣扬的那样会靠创新来获利,也会利用各种理由寻租、"绑架"政府来谋利。2008年发生的国际金融经济危机,就是华尔街的金融寡头"绑架"美国政府政策的结果。所以,政府固然要给企业家的创新提供自由的环境,也要提防被企业家"绑架"。

上述框架可以让收入水平较低的发展中国家在有效市场的基础上,政府发挥积极有为的作用,帮助在第二到第四步中有企业家精神的企业利用后来者优势来加速经济发展。对于中等收入国家,多数产业和发达国家仍有差距,少数产业则可能接近或已经达到国际先进水平。对前一类产业的升级,上述六步法依然适用;对后一类产业,若要有新技术或新产品,企业需要自己开发,发展中国家的政府则需要和技术、产业都已经处于国际前沿的发达国家的政府一样,对开发新技术、新产品所需的基础科研给予支持。需要指出的是,发达国家的政府由于预算有限,对基础科研的支持是需要有所选择的。同时,发达国家还用税收和政府采购等来支持新技术、新产品的创新，并用政府资金支持创新企业。以大家熟知的乔布斯为例，1976年推出的苹果 I 型计算机是建立在20世纪60年代和70年代以美国政府的公共资金支持的计算技术的研发成果上，2001年推出的 iPod 和其后的 iPhone 也是建立在政府资金支持而研发出来的卫星定位、声控和大规模储存等新技术上的，乔布斯的天才之处在于把这些新技术组合开发成消费者喜爱的新产品。值得一提的是，苹果公司在上市之前，除了得到风险投资的资金，也得到美国小企业局50万美元的风险股本投资。同样，Google 的核心计算技术也是来自政府资助的研究项目。对政府支持的基础研究在美国现在居全球领先地位的航天、信息、生化、纳米、医药等各种新技术、新产品的开发中所发挥的重要作用感兴趣的读者，可参考马祖卡托(Mariana Mazzucato)在2014年出版的著作《企业家型政府》(*The Entrepreneuial State*)。

在复旦大学的会上，当我提出在新产品和新技术的研究和开发中，开发有赖于企业的创新精神，但基础研究则需要政府支持时，维迎回答："中国最伟大的思想家孔子不是政府资助的。"显然他忽视了现代科研需要大量的资金投入，并不只是逻辑思辨的过程。而且，组成我国传统文化的儒释道三家中，老子是周朝的史官，释迦牟尼是个王子，用孔子不是政府资助的来举例难以令人信服。

结语

自科斯提出中国缺乏思想市场的忠告以后，"思想市场"一词在国内学界成为一个热门词汇。思路决定出路，对于思想的重要性我完全赞同。学者的工作是提出或介绍新的思想，并通过著作、文章、讲演使新的思想成为社会思潮，以引领社会变革的方向。在2007年的马歇尔讲座上我对思潮做了专章的讨论，后来出书时以《经济发展与转型：思潮、战略与自生能力》为书名来彰显思想的重要性。我在芝加哥大学的导师、诺贝尔经济学奖获得者舒尔茨教授在研究近三百年来西方各国社会思潮的演变时发现："主流社会思潮塑造社会的制度化秩序,……并且,业已建立的制度的失灵反过来会改变社会思潮。"我们所处的社会有许多制度失灵和缺位,确实需要有新的思潮来催生新的制度。不过,舒尔茨也发现:"近三百年来根据主流社会思潮进行的重要社会变革绝大多数是失败的。"在自第二次世界大战以来,根据发达国家的主流理论来制定发展和转型政策的众多发展中经济体中,尚未有成功的例子,而极少数成功的经济体的政策从主流理论来看都是不正确的事实面前,我国的思想市场是否仍应该只引进发达国家的各种大师提出的思想?我国的学者在引进西方大师的思想时,是否还应该以客观的态度来观察理解我们所处的社会的现象和问题的本质,提出我们自己的思想?科斯在提出中国缺乏思想市场的警告时,先说了一段:"回顾中国过去三十年,所取得的成绩令人惊叹不已,往前看,未来光明无量。但是,如今的中国经济面临着一个重要问题,即缺乏思想市场,这是中国经济诸多弊端和险象丛生的根源。"我国过去三十多年改革发展的成绩不是在西方主流思想的指导下取得的,所以,我想科斯的原意不是中国学界缺乏从西方引进的各种思想,中国所缺乏的是从深入了解自己过去这三十多年的成功经验以及未来的机遇和挑战的本质中去总结出来的新思想吧!如前所述,从第二次世界大战到现在,近两百个发展中国家尚无根据西方主流思想而发展成功的先例,科斯指出中国缺乏思想市场是诸多弊端和险象丛生的根源,是否也是警告我国学界需要放弃一看到我们的国家、社会出现了问题就去西方现有的主流理论或大师所写的故纸堆中去对号入座寻找解决问题的办法,而不是自己去了解这些问题的本质和原因,自己提出解决办法的思维模式呢?

附录四

"一带一路"与自贸区:中国新的对外开放倡议与举措*

改革开放初期,我国是世界上最贫穷落后的国家之一,在资本密集的先进产业上没有比较优势,直到2001年我国才迈过低中等收入国家人均GDP 1 200美元的门槛。但是,现在我国已经成为一个人均GDP达8 000多美元①的中等偏上收入国家,原来一些资本密集型的产业,像汽车、装备、炼钢、炼铝等,均已成为我国的比较优势。继续给予这些企业保护和补贴,其后果可能是创造了租金,导致了寻租行为,败坏了社会风气和产生收入分配不均。因此,十八届三中全会提出全面深化改革,对内必须取消双轨制转型遗留下来的各种扭曲,价格由市场决定,让市场在资源配置中起决定性作用。

对外开放方面也是如此。改革开放初期,为了保护一些不符合比较优势的产业,外资在很多投资领域受到限制,资本不能自由流动。现在我们要全面深化改革,不仅是对内改革的深化,对外开放也必须深化。中国自由贸易试验区的实践,就是为了探索怎样取消投资领域的各种限制,采取国际通行的负面清单方式,除对少数几个关系到国防安全的产业继续限制外商投资外,对其他不在负面清单上的产业都开放外商自由投资。同时,开放对资本账户的管制,让资本在境内外

---

* 本文主要依据作者2016年11月6日在北京论坛闭幕式上的主旨演讲。

① 2016年左右的数据。2022年,我国人均GDP已达到12 720美元左右,接近世界银行2022年确定的高收入国家的标准(13 845美元)。——编者注

自由流动。

在具体的改革推进上,我国政府仍然采取务实的态度,也就是先在某个特定的地区试验,看看效果怎么样,效果好的就扩大试点范围,乃至在全国推广;有不利影响的,则将风险控制在试验区之内。2013年上海自由贸易试验区率先试点,起到的就是这个作用,现在自贸区的试点已经扩展到天津、广东、福建等11个区域。

"一带一路"倡议为什么会被提出来呢?改革开放以来,我国已经发展成为一个中等偏上收入的国家。要实现中华民族伟大复兴,我国必须进一步发展成为一个高收入国家。从改革开放的经验来看,我国应该更充分地利用国内、国际两个市场和国内、国际两种资源。同时,作为世界第一贸易大国,以及按照市场汇率计算的世界第二大经济体、按照购买力平价计算的世界第一大经济体,我国在国际上也应该承担相应的责任,在国际事务和规则制定上拥有相应的影响力和发言权。

上述转变符合国内、国际经济和政治发展的规律和要求。可是目前的国际规则是在第二次世界大战之后由以美国为首的发达国家制定的,服务于发达国家的利益和要求。如今整个国际经济板块已经发生了变化,如果要求中国承担更大的义务,也应该给予中国相应的权利,对此国际上已有共识。2009年,胡锦涛主席与奥巴马总统在G20(二十国集团)峰会上已经达成协议,增加中国在世界银行和国际货币基金组织中的投票权,但这一协议却被美国国会一再阻挠,直到2016年才通过。此外,美国为了维护自己在亚太地区的利益,提出了"重返亚太"和"亚太再平衡战略",加强在东亚的军力配置,并且煽风点火,制造东海和南海争议。中国现在已经是世界第一贸易大国,对于太平洋周边的国家而言,不是其第一大贸易伙伴就是第二大贸易伙伴,可是在美国主导的为构建新贸易框架的"跨太平洋伙伴关系协定"(TPP)的谈判中,我国却没有受邀参加。这明显是想在我国周边制造事端,形成包围圈,以维护美国在亚太地区的战略优势,以及确保美国的地缘政治经济利益。以战国时代的例子来做比喻,美国正是以"合纵"的策略来制约我国的对外开放和经济发展。

为了应对这种国际格局,习近平主席在2013年9月访问哈萨克斯坦时提出了共建"丝绸之路经济带"的构想,同年10月访问东盟国家时,在印度尼西亚提出了共建"21世纪海上丝绸之路"的倡议,旨在推动一个自东向西横跨亚洲,直达欧洲、非洲的地区发展合作框架,目标是实现沿线各国的"政策沟通、道路联通、贸易畅通、货币流通、民心相通",从而建立"利益共同体、命运共同体、责任共同体"。这一倡议以基础设施建设为抓手,并为此成立了亚洲基础设施投资银行和丝路基金。

亚太地区的发展中国家亟须消除基础设施瓶颈来发展经济,对此美国也是了解的。在推出"重返亚太"战略时,它提出了建立"印度太平洋经济走廊",以及以"新丝绸之路"连接阿富汗和中亚国家的设想。美国提出的"印太经济走廊""新丝绸之路"未见任何具体行动,而我国为推动"一带一路"建设而建立的亚洲基础设施投资银行则经营得风生水起。即使在美国对其盟友施压,反对它们加入的情况下,仍有57个国家成为该组织的创始成员,涵盖了除美国、日本和加拿大外的主要西方国家,以及亚欧区域的大部分国家,遍及五大洲。

我国在提出"一带一路"倡议时有三大优势:第一,在基础设施建设方面,我国无论是在生产建筑材料还是在施工能力上均具有比较优势,建筑所需的钢筋、水泥,我国的生产能力超过全世界的一半,工程建设价格远低于其他发达国家。第二,我国有超过3万亿美元的外汇储备,未来还将可能继续增加,所以有充足的资金来支持"一带一路"所需的基础设施建设。很多发展中国家的一个重要发展瓶颈就是基础设施,如果能够帮助它们解决基础设施的瓶颈问题,我们的倡议将会广受欢迎。第三,我国还有发展阶段的优势。改革开放以来我国依靠劳动密集型加工制造业的发展成为"世界工厂"和最大的出口国。随着工资水平不断上升,劳动密集型加工业在我国逐渐失去比较优势,需要转移到其他工资水平更低的发展中国家。"一带一路"沿线绝大多数国家的人均GDP水平不及我国的一半,是承接此类产业转移的最佳目的地。以"一带一路"的基础设施建设来帮助这些国家承接劳动密集型产业,能够为其创造就业、增加出口。第二次世界大战以来世界各国的发展经验表明,哪个发展中国家能够抓住劳动密集型产业国际转移的窗口机遇期,它就能够获得二三十年的快速发展,摆脱贫困,进入中等收入甚至高收入国家的行列。这些发展中国家的快速发展以及收入和购买力水平的提高,也会给发达国家带来它们梦寐以求的广阔市场。

20世纪60年代,日本的劳动密集型产业向海外转移时,其制造业总体雇用人数是970万。到了80年代,亚洲"四小龙"的劳动密集型加工产业向境外转移时,韩国制造业的雇用人数是230万,中国台湾地区是150万,中国香港地区不到100万,新加坡是50万。中国内地制造业的雇用人数,按照第三次工业普查的数据是1.25亿,其中属于劳动密集型加工业的就有8500万,有足够的机会让"一带一路"沿线的所有发展中国家同时实现工业化、现代化。因此,"一带一路"倡议提出后能够得到这么多国家的响应,最主要的原因就在于这个倡议不仅符合我国自己的利益,而且能够打造一个和平的国际发展环境,让我国能够更好地利用国内、国际两个市场和国内、国际两种资源,也会给其他发展中国家带来千载难逢的发展机遇,助推其实现工业化、现代化的梦想,而这些国家的持续快速发展也有利于增加美、欧、日等发达国家的出口、就业和增长,帮助其走出2008年国际金融经济危机以来的经济疲软,恢复增长的常态。

总之,自由贸易试验区政策以及"一带一路"倡议,都是我国在当前发展阶段,根据国内、国际形势的变化,与时俱进提出的新的改革开放战略。这些战略的落实,能够让我国有一个更加完善的市场经济体系,以及一个更好的对外开放环境,这不仅能够帮助我们实现中华民族伟大复兴的中国梦,也可以帮助其他发展中国家实现它们工业化、现代化的梦想,并且帮助发达国家走出当前困境,共同实现"一花独放不是春,百花齐放春满园"的美好愿景。"一带一路"倡议的落实将会为世界带来一种全新的和平、发展、共赢的新秩序、新格局。

后　记

对近期中国发展悲观论调的剖析和辩驳*

"中国经济专题"这门课程以宏大的史观回顾了中国的发展。历史上中国曾是个文明鼎盛的国家，但后来由于错过了18世纪工业革命的浪潮，迅速沦为一个"人为刀俎，我为鱼肉"的落后国家。

鸦片战争之后，几代以天下为己任的中国知识分子为了中华民族伟大复兴，前仆后继，进行了艰苦卓绝的奋斗。在中国共产党的领导下，1949年中华人民共和国成立以后，尤其是1978年改革开放以后，中国迎来了奇迹式的发展。1978—2022年的44年间，中国的年均GDP增长率达到9.0%，2022年的经济规模为1978年的44.8倍。中国现在按购买力平价计算是世界第一大经济体，按市场汇率计算是世界第二大经济体，同时中国还是世界第一大贸易国，应该会很快跨过人均收入13 845美元的门槛，成为一个高收入国家。这是人类经济史上不曾有过的发展奇迹。中国现在比历史上任何时期都更接近民族复兴的梦想。

虽然改革开放后中国取得的成绩有目共睹，但是，"中国崩溃论"一直此起彼伏。近年来，因为自2013年以来中国经济增速持续下滑，而且，2023年走出新冠疫情之后，经济的复苏低于预期，"中国崩溃论"的声音又非常盛行，还出现了认为中国繁荣已经接近尾声的所谓"中国见顶论"，对中国未来的发展有很多悲观的论调。这种悲观看法不仅在

---

* 本文根据2023年12月28日林毅夫在北京大学讲授的"中国经济专题"课程最后一堂课的录音整理而成。

国外盛行,在国内也得到不少学者和媒体的附和。我想利用本学期"中国经济专题"的最后一堂课,对一些盛行的看法进行梳理剖析。

"中国崩溃论"的 N 种说法

说法一:"经济增速下滑,是国进民退造成的"

在"中国崩溃论"的各种观点中,一个盛行的观点是把中国自 2013 年以来经济增速的持续下滑,归因于所谓的"国进民退"。

这个观点以产权理论为依据。改革开放初期,中国的国有经济在整个经济中的占比非常高,尤其在制造业中的占比接近 100%;改革开放后,民营经济发展非常快,在制造业中的占比从一开始的基本为零增加到 2008 年的将近 75%。产权理论认为民营企业效率高、国有企业效率低,因此把改革开放后中国经济的快速发展归因于"国退民进"。

但是 2008 年以后,尤其是 2013 年以后中国经济增速持续下降,并伴随着国有经济比重的上升以及民营经济比重的下降。因此,持此论点者认为,民营经济比重的下降是中国经济表现不好的主要原因,并且认为民营经济比重的下降是政府的政策导向造成的。因为中央提出要做大做强国有企业,而"国进民退"正是做大做强国有企业的结果。而且,民营企业贷款占银行贷款总额的比重也不断下降,国有企业贷款的比重则不断上升,这使他们更加相信,中国经济增速的持续下降是政府的政策导向造成的。

这是一种比较流行的说法,听起来似乎有道理,从数据指标来看也能得到支持。因此,很多学者就提出,只有恢复"国退民进"才能扭转经济下行的局面。这个说法有盛行的经济学理论为支撑,看似非常有说服力,因此很多人也就相信了。

说法二:"人口红利消失,所以中国经济增长放缓了"

另外一种流行的说法认为,中国改革开放之后发展那么快,主要原因是劳动年龄人口比重上升形成的"人口红利"为经济发展提供了廉价劳动力。现在人口老龄化与改革开放初期的情形正好相反：人口负增长，而且劳动人口比重在下降。中国的人口红利没了，所以经济增长放缓了。日本就是这样，第二次世界大战后经济发展很快，到了20世纪90年代以后面临和中国目前同样的人口严重老龄化问题，因而经济增长放缓了，中国将会步日本的后尘。这种说法听起来好像也很有道理。

说法三："中国陷入资产负债表衰退"

最近，日本经济学家辜朝明提出中国经济表现不好的另一种解释，就是出现了所谓的"资产负债表衰退"。

什么叫"资产负债表衰退"？辜朝明认为，20世纪80年代，日本出现房地产泡沫和股市泡沫，泡沫最严重的时候，如果把日本东京皇宫的土地卖掉，就可以买下整个美国西海岸的加利福尼亚州，如果把日本的房产都卖掉，可以买回8个美国。房地产泡沫出现时，日本的房地产价格涨得非常快，房地产业成为最赚钱的行业，原本做实业的企业纷纷转去投机房地产，许多家庭也去从事房地产投机。企业和家庭投机的钱一般来自银行贷款。1991年，日本泡沫经济破裂，整个日本的房地产价格跌去一半，东京的房地产价格更是暴跌到原来的20%，导致企业和家庭背负大量的银行负债。企业赚了钱，优先去还债，而不是去投资，因而投资增长很慢；家庭也是如此，拿了工资，优先考虑去还房贷，因此居民部门除保持基本生活外，消费也不增长。企业的投资不增长，居民的消费不增长，整个经济的增长就停滞了，日本的GDP增长率持续30年在0和1%之间徘徊。辜朝明称企业和家庭在泡沫破灭后的还债过程为"修复资产负债表"，并给这种经济低迷起名为"资产负债表衰退"。

中国近年来的房地产价格也非常高，现在房地产价格在下跌，企业和家庭也出现提前还贷的情况，因此辜朝明认为：中国的投资不振，是因为企业要还银行的贷款；家庭部门的消费增长比预期慢，也是因为他们要还房贷。这种解释好像很有道理，既有理论分析，又有日本经验作为支持。

说法四："中国不可能赶上美国，日本是前车之鉴"

上述几种观点都把中国经济增速不断下降归因于中国的体制及结构问题，这些因素的叠加，就形成了中国未来永远赶不上美国的预期。

"按照市场汇率计算，中国经济规模到2030年左右会超过美国"是我在1994年出版的《中国的奇迹》中提出的，当时也是"中国崩溃论"盛行的时候。当时国外很多学者和媒体在唱衰中国，认为中国存在各种体制、结构问题，经济面临崩溃的危险。当时相信中国的经济发展是奇迹的人很少，但是到了2000年以后，随着中国经济的持续快速发展，国际上越来越多的机构接受了我的分析和判断。所以在相当长一段时间内，国际上对"中国的经济规模会超过美国"逐渐形成了共识。

但是现在，国际上有不少权威学者和机构，转而认为中国经济永远不会赶上美国。比如美国财政部前部长、哈佛大学前校长、世界银行前首席经济学家劳伦斯·萨默斯教授，最近在媒体和各种论坛上表示，过去他认为中国会超过美国，但现在他认为中国不会超过美国。

他的判断好像也有历史经验为支持：按照市场汇率计算，中国现在的GDP是美国的70%左右；20世纪90年代中期，日本的GDP曾接近美国的70%，但是现在，日本的GDP只相当于美国的16.6%；日本的人均GDP也从超过美国下降到如今只有美国的一半左右。有了前车之鉴，他认为中国也不可能赶上美国。

现在这些声音在国际上非常盛行。

到底如何看待中国经济？中国要追求中华民族伟大复兴，提出了到2035年基本实现社会主义现代化、人均国内生产总值要达到中等发达国家水平，到本世纪中叶把我国建设成为社会主义现代化强国的远景目标。我曾经多次讲到，要达到这个远景目标，到2049年我国的人均GDP应该达到美国的一半。

我也曾经做过分析。2019年，按照世界银行的标准，全世界有70

个高收入经济体,其中28个经济体的人均GDP已经达到了美国的一半或更高,包括工业革命之后欧洲那些老牌的资本主义国家,以及后来崛起的发达国家如日本、韩国、以色列等。2019年,按照购买力平价计算,中国的人均GDP只有美国的22.6%;按照市场汇率计算,中国的人均GDP只有美国的16%。根据我的测算,2019—2049年的三十年间,我国的人均GDP要从美国的22.6%提高到50%,年均增长率必须比美国高2.7个百分点。美国在过去半个世纪人均GDP的年均增长率为1.8%,在未来很可能还会保持这个水平,这样,中国在2019—2049年间的人均GDP的年均增长率必须达到4.5%,才可以实现在2049年人均GDP达到美国一半水平的目标。

但是现在国际舆论认为,我国的经济增速会一路下滑。比如大家就很担心,2023年中国的经济增长速度在5%左右,2024年可能就只有4.5%,2025年可能会更低。过去"中国崩溃论"也盛行多次,而且说起来头头是道,但中国一直保持稳定快速增长,因此,我们不能因为现在国外的那些说法听起来有理有据就相信,必须自己研究这些现象,去了解其背后的原因。

驳斥"中国崩溃论"

"国进民退"是经济增速下滑的结果,而不是原因

我们首先来分析第一个现象:整个经济中国有企业的比重上升,民营企业的比重下降,国有企业的贷款比重增加,民营企业的贷款比重下降,这与2013年以来中国经济增速持续下滑是同时存在的、是相关的。但哪个是因,哪个是果?

相信产权理论的人认为,中国从2013年经济增速持续下滑,是因为在产权制度改革上倒退了,是"国进民退"造成的。党的十八大确实提出了"做大做强国有企业"的说法,但是中央也提出了"毫不动摇鼓励、支持、引导非公有制经济发展"。

如果把现在经济表现不好归结于政策导向造成的,这跟事实不

符。其实中国现在增长最快、在国际上最有竞争力的"新三样"——电动汽车、太阳能电池和锂电池——等行业的发展主力基本都是民营企业。如果按照流行的说法,认为近10年来中国经济下行是中国政府做大做强国有企业、"打压"民营企业造成的,那为什么同一时期增长最快、出口表现最好的是以民营企业为主的行业?

所以,我们不能听别人一说,就相信。我认为,"国进民退"是经济增速下滑的结果,而不是经济增速下滑的原因。

为什么这样说?

大家知道,2008年的国际金融经济危机是从雷曼兄弟倒闭触发美国金融市场崩盘后演变成世界性危机的。在2008年国际金融经济危机发生以后,发达国家一直没有真正复苏。在2008年之前,发达国家的年均经济增长速度是3%,美国略高,在3%和3.5%之间。但是2008年之后,即便利用美元是国际通货的优势采取积极财政政策和量化宽松货币政策的美国,其经济增速也只恢复到2.5%左右;欧洲国家的经济恢复更慢,经济增速一般就在2%左右;日本更疲软,经济增速只有1%甚至更低。OECD国家的经济增速也从危机前(1960—2008)的年均3.4%降为危机后(2008—2022)的年均1.5%。受此影响,世界经济增长率从1960—2008年的年均3.7%降为2008—2022年的年均2.6%。

对我国来讲,经济增速下降更为重要的原因是发达国家经济增长慢,居民消费增长慢,带来的直接结果就是它们的进口增长下降抑制了国际贸易的增长。在2008年之前,世界贸易增长率是世界经济增长率的两倍以上,而在2008年之后,国际贸易的增长速度比国际经济的增长速度还要低。我国是世界第一大贸易国、第一大出口国,发达国家进口放缓对我国的影响最大。

我们可以看到,按美元计算,在国际金融经济危机之前,中国连续30年实现年均出口增长18.1%。但是在危机之后的2008—2012年,年均出口增长率下降为9.4%,2013—2022年则进一步下降为5.7%。出口增长率的大幅持续下降影响最大的就是我国的出口部门,而我国的出口部门是以符合我国比较优势的民营企业为主的部门。

外需的疲软导致民营企业经营困难,而且,由于未来前景不明,民营企业也就缺乏投资意愿。由于民营企业对未来增长预期不好,投资意愿低,当然就不会去银行借钱。即使去银行借钱,银行也要评估企业的行业发展状况,市场预期不好的行业,银行也会审慎。所以在这种状况之下,民营企业的银行贷款也就减少了。

面对同样的国际国内环境,为什么国有企业会扩张,贷款会增加?

短期经济增长的"三驾马车"中,出口这驾"马车"跑慢了,另外一驾"马车"是投资,在民营企业投资意愿低迷的情况下,投资增长率也会低。民营企业是就业的主力军,一旦民营企业发展不好,家庭的收入增长和就业预期也会不好,家庭消费的增长也会受到抑制,这种情况下经济当然会下行。在经济下行的时候,为了稳定经济、稳定就业,政府负有逆周期投资、实施积极财政政策的责任。

2008年中国政府启动积极财政政策,推出了"四万亿"经济刺激计划,投资了大量基础设施项目。2008—2012年,我国高速公路的里程从6.03万公里增加到9.62万公里,同期高速铁路的里程从1 035公里增加到9 643公里。由于出口增速的进一步下降,我国政府继续推行了积极的财政政策。到2022年,我国高速公路里程增加到17.73万公里,高速铁路里程则达到4.2万公里,占到全世界高速铁路里程的70%;此外,我国还投资建设了4G、5G通信基站等公共基础设施。这些基础设施项目具有很强的外部性,投资回报率不高,民营企业不愿意做或是做不了,只能由国有企业来投资,国有企业投资的钱则来自银行贷款。

所以,国有企业在经济中的比重以及国有企业银行贷款比重的上升,是在外需不足、经济发展不好的情况下,政府实施积极财政政策的结果,而不是像悲观论者描述的,是国有企业比重上升、"国进民退"挤压私营经济,导致了经济增长放缓。

而且在经济发展不好的时候,如果没有国有企业投资的这些重大的基础设施项目,民营企业的发展可能会更难。这是因为,虽然这些重大基础设施项目的执行是由国有企业来承担,但建设高速公路、高速铁路需要水泥、钢筋,建设5G通信基站需要基站设备,这就给民营企业创造了很多市场需求。民营企业有了市场需求,就会创造就业;就业增加以后,家庭收入才能维持在一定的水平,才会有消费能力;这又为家庭消费品的生产企业创造了市场机会,而这个领域还是以民营企业为主的。

总的来说,在外需不足、经济下滑的时候,如果政府不经由国有企业去做逆周期的基建投资,民营企业在经济中的比重可能会高一点,但是民营企业的日子会比现在更难过,经济增速也会比现在更低。

人口老龄化不是"黑天鹅"

再来分析人口老龄化。过去有些学者认为,中国经济增长之所以那么快,是因为人口红利,现在我们的人口开始进入负增长了,劳动力占总人口的比重也在下降,人口红利消失了,因此经济增速就必然下降。此外,他们引用日本经验来加以佐证,日本20世纪90年代之后经济增长放缓,原因之一也是人口老龄化。中国现在出现了人口老龄化,未来很有可能就会像日本那样经济增速一路下降。这也是国外很多人认为中国赶不上美国的一个很重要的原因。

对这个问题最近我做过分析,到现在为止,全世界进入重度人口老龄化阶段(65岁以上人口占总人口的比重超过14%)的国家有53个。我们可以将这53个国家分成两组。第一组有27个国家,它们在进入重度人口老龄化阶段的时候,人均GDP已经达到美国的一半或以上;另一组有26个国家,是在人均GDP还不到美国的一半的时候就进入重度人口老龄化阶段,也就是所谓的"未富先老"。韩国、日本、德国、法国属于前一组,中国则属于后一组。

我们一般认为,人口老龄化以后,经济增长会放缓。但是实际上第一组国家在进入人口老龄化阶段之前已经是发达国家了,进入人口老龄化阶段之后的10年与之前的10年相比,经济增速只是略有下降。这些发达国家的人均GDP增长率基本没有变化,GDP增长率只因人口的增长停滞而略有下降。

有趣的是第二组"未富先老"的国家,这些国家是还处在追赶阶段的国家,进入人口老龄化阶段之后的10年与之前的10年相比,不管从人均水平还是总体水平来看,经济增速不仅没下降,反而还上升了,这跟我们的印象正好相反。

我刚看到这组数据时也有点惊讶,因为大家都在说进入人口老龄化阶段之后经济增速会下降,听多了就难免会相信几分(尤其是看到日本的经验),但事实却是另外的样子。

我想其主要原因是人口老龄化不是"黑天鹅"事件。人们可以提前预测到人口老龄化何时会到来。既然是可以预期的事件,政府就不会束手待毙,就会采取相应的应对措施去避免其对经济的负面影响。对经济发展来讲,最重要的不是劳动力的数量,而是有效劳动,有效劳动则取决于劳动力数量和劳动力的教育水平。人口老龄化到来前,政府一般会增加教育投入,提高劳动力的质量,所以,在进入人口老龄化阶段以后,有效劳动不一定会下降。

比如,中国进入劳动力市场的年轻人的年龄是 16 岁到 25 岁,他们的平均受教育年限达到 13.8 年,全部劳动人口的平均受教育年限是 10.8 年,而现在退休的人口的平均受教育年限估计只有 6 年。因此,虽然出现了人口老龄化,但我国每年的有效劳动是在增加的,正如李强总理在 2023 年两会后的记者招待会上谈到的,我们要将人口数量红利变成人口质量红利,谈的正是有效劳动的增加。其他"未富先老"的发展中国家也会是同样的情形。而且,对正在追赶的第二组国家而言,技术创新、产业升级的空间较大,新进入劳动力市场的劳动力教育水平的提高,不仅可以使得有效劳动继续增加,而且,随着教育水平的提高,劳动者掌握新技术的能力更强,这样产业升级和生产力水平的提高就会更快,所以,在进入重度人口老龄化阶段之后,反而能取得更高的经济增长速度。

为什么第一组的高收入国家在人口老龄化之后经济增长率有所下降?主要原因是当它们人均 GDP 达到美国一半的时候,已经是高度发达国家了,教育水平高,退休的劳动力和新进入劳动力市场的劳动力的教育水平接近,在劳动力数量减少的情况下,有效劳动难以提高,人均 GDP 的增长率不变,总体经济的增长率就会略有下降。

日本的经验不适合中国

那么,如何解释日本20世纪90年代以来的经济低迷?

经济增长要求平均劳动生产率水平提高。劳动生产率水平的提高需要技术不断创新,产业不断升级。日本在20世纪90年代已经发展成为最发达的国家之一,它要继续增长,同样需要技术不断创新,产业不断升级。

在20世纪80年代末,日本的GDP已接近美国的60%,但是因为日本人口只有美国的一半,日本的人均GDP超过美国,达到美国的近110%。人均GDP代表的就是平均劳动生产率水平和平均产业技术水平。所以日本当时实际上已经是世界上产业技术水平最高的国家之一,至少比美国高。所以美国才会在1985年的时候采取打压日本的策略,就像现在美国对中国进行科技制裁、贸易制裁的情况一样。

20世纪80年代,为了遏制日本发展,美国国会通过"301法案",以日本对美国构成了不公平竞争为由打压日本的贸易,也打压日本的科技产业。当时世界上最先进的产业是半导体芯片行业(甚至到今天为止仍是如此)。在20世纪80年代,日本的半导体产业领先于美国,日本的日本电气、东芝和日立在世界半导体产业中排名前三位。美国觉得半导体行业太重要了,不能让日本领先,于是就采取现在限制华为发展的那些办法限制日本的半导体企业的发展。

美国打压华为的目标非常明确,比如,2023年9月,美国商务部部长雷蒙多到中国来之前就曾表态说,只要华为放弃5G和芯片研发,美国就取消对其进行制裁。当时美国对日本也采取了同样的政策,要求日本企业和美国的企业共享技术。日本接受了,所以日本基本上放弃了半导体产业。现在日本的半导体产业,生产方面不如台积电和三星,创新方面不如英特尔、高通等。不仅如此,日本还接受了新自由主义的观点,放弃了以产业政策来支持新产业的做法。20世纪80年代之后,日本就没有出现过领先于世界的新产业。有人说日本汽车产业还处于世界领先地位,但是日本汽车产业早在20世纪80年代以前就领先世界了。

对于任何一个发达国家而言，如果没有不断涌现领先于世界的新技术、新产业，生产力水平和经济增长就只会在原地踏步，而美国还在不断发展，所以日本的人均 GDP 从最高曾经比美国高 50%，下降到现在只有美国的 50% 左右。

日本经济增速的放缓确实和人口老龄化是同时产生的。但是，同时产生不见得就有因果关系。一个发达国家在人口老龄化阶段到来的时候，如果能够提高教育水平，技术不断创新，产业不断升级，人均 GDP 的增长率还可以维持在 2% 左右。但是日本的人均 GDP 增长率只有 1%，关键在于日本技术创新、产业升级停滞了，这才是日本经济增长放慢的原因。

日本的情况在中国会发生吗？不会。原因有两点：

首先，在新经济的绝大多数领域，我国和发达国家处于同一条起跑线上，我国可以利用人才多、国内市场大、产业配套齐全的优势而领跑世界，新能源汽车、太阳能、锂电池等新经济领域就是例子。固然，在有些前沿技术和产业上，我国还落后于发达国家并确实遭到美国的封锁和打压，但是大部分高新技术不是美国独家拥有，美国不卖给我们，我们可以从其他发达国家引进，如果其他发达国家受美国压制也不卖给我们，我国可以依靠大的国内市场，利用新型举国体制争取在被打压的技术领域取得突破。比如华为，美国举全国之力来对其进行打压，华为都没有被打倒。

其次，我国还有 85% 的产业属于传统产业，大部分还处于追赶阶段，这些传统产业基本影响不到美国的霸权地位，而且这些传统产业美国已经基本放弃了，我国还可以利用后来者优势继续引进消化吸收。教育水平的提高、有效劳动的增加，将有利于我国在传统产业领域的追赶。

所以，日本的经验并不适用于中国。日本在进入人口老龄化阶段的时候，人均 GDP 已经超过美国，意味着日本的产业已经处于世界的最前沿，技术创新、产业升级已经没有后来者优势，只能靠自己研发新技术、发展新产业。但是，日本受到美国打压时，基本上"举了白旗"，放弃了当时在半导体芯片产业上的创新和领先。同时，日本也接受了美国新自由主义的观点。20 世纪 80 年代以前，日本是通过产业政策扶持新产业很有名的国家,"产业政策"这个词就是日本创造出来的。到了20世纪80年代,新自由主义思潮兴起,新自由主义的观点认为政府不应该推行产业政策,应该让市场去配置资源。日本就跟着做了,技术创新、产业升级、经济增长也就停滞了。

但是,实际上美国一直在支持其新产业发展,这也是美国技术能够一直保持世界领先的原因。美国作为发达国家,新产业要发展,新技术要涌现,必须自己做研发。企业对新产品研发有很高的积极性,因为这些新产品、新技术可以申请专利。企业对基础科研是不感兴趣的,因为基础科研的成果往往只是一篇论文,会变成公共知识,赚不了钱。但是没有基础科研的突破,新产品、新技术的开发就会变成无源之水。

在这种情况下,发达国家的政府就必须投资基础科研。政府能支持基础科研的资金是有限的,必须做出选择,有针对性地去支持那些对本国的技术创新和产业升级最有帮助的领域——这就是产业政策。

2014年,一位在英国伦敦大学学院工作的意大利籍著名女经济学家马祖卡托(Mariana Mazzucato)出版了一本专著《企业家型政府》(The Entrepreneurial State),该书研究了微软、谷歌、英特尔等国际上领先的美国前沿行业的先行企业。她的研究发现,美国这些企业的先期研发和基础科研,基本都是美国政府支持的,所以她称美国政府为"企业家型政府",意即善于发现新的机会,并且能够动员资源、配置资源帮助企业家抓住机会。美国政府扮演的正是这样的角色。

我在与国内学者的产业政策辩论中讲过,就像一个企业进行创新时绝大多数尝试都会失败一样,确实绝大多数支持新产业发展的产业政策是失败的,但是没有一个发展中国家不用产业政策就能够追赶上发达国家,也没有一个发达国家不用产业政策就能够继续维持技术领先。中国近年来能在新科技领域有所突破,而且达到全球领先,离不开中国政府的产业政策。

一直以来,美国都在要求别的国家不使用产业政策,但自己却一直在实施同样具有产业政策性质的科技政策,同时,还以国家安全的名义,动用国家的力量打压和美国企业竞争的其他国家的企业。20世纪80年代以后,日本在美国的压力下放弃了当时领先世界的半导体芯片产业,同时放弃了以产业政策支持新技术、新产业的努力,这才导致90年代以后日本不再涌现新的引领世界的新技术、新产业,生产力水平不能持续提高,经济才长期陷入衰退。

我国确实已经进入人口老龄化阶段,但只要继续投资教育,提高有效劳动,继续利用我国与发达国家的产业技术差距和后来者优势,以及在新经济领域的换道超车优势(即使有些技术可能被美国"卡脖子",但是那些领域的数量很少,我国可以依靠国内大市场,采用新型举国体制来克服),就会不断推动技术创新、产业升级,生产力水平和收入水平就能够继续提高,经济就能够继续发展。人口老龄化不应该也不会让我国像日本一样陷入经济增速不断放缓的局面,甚至不会让我国的经济增长率下降。

资产负债表理论不适用于中国

接下来我们来讨论"资产负债表衰退"的问题。日本泡沫经济破灭以后,企业和家庭确实存在所谓"修补资产负债表"的情况——企业要还债,投资增长慢;家庭要还债,消费增长慢。因此,整个经济增长放缓了。这个解释对日本倒是适用,但并不适用于中国。

我国的房地产价格只是不上涨了,但下跌并不明显或是只下跌了一点。不像日本,房地产价格在短时间内大幅下跌,东京房价甚至跌到原来的20%,中国还没有到这个程度。而且中国投资房地产的企业虽然从数量上看不少,但因为我国人口多、企业数量多,从比例上看,搞房地产投机的企业相对较少。

更重要的问题是:企业投资与否是取决于负债的水平还是取决于增长的机遇?企业是因负债高不投资,还是因投资机会少不投资?显然是后者。"资产负债表衰退"理论的一个暗含前提是企业缺乏好的投资机会。

日本为什么没有好的投资机会?因为自签订《广场协议》之后,日本不仅接受了美国的条件,放弃了先进的半导体芯片产业的发展,并且接受了美国倡导的新自由主义的观点,不再采用产业政策支持新产业、新技术的发展。没有新的获利高的新技术、新产业,企业的投资意愿必然降低;同时,没有新技术、新产业带来的生产力水平的提高,工人工资也不增长,消费增长当然也就疲软。

中国的情况则不一样,中国还有很多投资的机会。一方面,在一些传统领域,我国还存在追赶发达国家的机会;另一方面,在以人工智能、大数据为特征的新经济领域,我国和发达国家站在同一起跑线上,而且跟发达国家相比,我国有三大优势,这些优势都有利于我国在新技术领域取得突破和快速发展。

一是人力资本优势。新经济领域的投资主要是以人力资本为主的,而中国拥有人力资本的巨大优势。中国作为一个人口大国,天才多,教育水平与发达国家之间已经没有太大差距,可以更快地推动科技创新和突破。

二是巨大的国内市场优势。按购买力平价计算,中国是全世界最大的市场。因此新技术、新产品研发出来之后,马上就可以投入国内市场,很容易形成规模经济效应。例如,在美国下载量最大的5个应用软件中,有4个软件来自中国企业——TikTok、Shein、剪映、Temu,它们在海外市场的成功,正是源自在中国国内市场多年来的打磨和经验积累。

三是全世界最齐全的产业配套。在这方面最好的例子是特斯拉。特斯拉电动汽车在美国发展了十几年,年产量最高时不过3万辆。2019年特斯拉上海工厂建成之后,第二年就交付了48万辆电动汽车。本来特斯拉电动汽车公司都快破产了,但由于中国的硬件配套很好,特斯拉实现了快速发展。

从特斯拉的例子可以看出,新经济会带来新技术、新产业的不断涌现,同时,在传统产业领域我们也还有好多投资机会。面对这样的市场状况,即使企业负债比较高,它们也敢借钱去投资(不像当年的日本企业,由于没有新的投资机会,只能还钱,不敢借钱)。家庭也是这样,因为生产力水平在不断提高,就业在增加,家庭的收入预期就会好(或者不会太差),居民的工资还在上涨,大家就敢去消费,就不会为了还贷而不敢增加消费。

在房地产泡沫破灭后出现"资产负债表衰退"的前提,一方面是企业和家庭负债高,另一方面是企业没有新的投资机会。这是日本出现

"资产负债表衰退"的根本原因,而中国不会出现这种情况。

中国还是世界上机会最多的国家

在"中国经济专题"课上,我曾经讲过对未来的预期:从现在起到2035年,中国应该还有每年8%的增长潜力。尽管在百年未有之大变局之下,我国要面对与美国的大国竞争,还要应对全球变暖等问题,但我认为,在2035年之前,我国还有每年8%的增长潜力,可以实现每年5%—6%的增长。从2036年到2050年,我国应该还有每年6%的增长潜力,最终可以实现每年3%—4%的增长。这样到21世纪中叶,我国的人均GDP就可以达到美国的一半,就可以建成社会主义现代化强国,实现中华民族伟大复兴。

在这个过程中,中国还是全世界市场扩张最快的国家,因为中国现在的经济规模已经占到世界的18.5%。如果我前面的增长预期可以实现,中国每年对世界的经济增长贡献还能达到30%左右,这意味着,全世界每年的经济增长30%左右还是会来自中国。

尽管大家看到今年经济很困难,但应该想到,其他国家比我们更困难。根据国际货币基金组织的预测,美国2023年的经济增长率只有2.1%,欧洲、日本的经济则比美国还要困难。固然,跟过去相比,我国的增长慢多了,但从全世界来看,我国还是增长贡献最大、市场扩张最快的国家。

所以,如果你们是做企业的,中国还是世界上投资机会最多的国家。如果你所在的是传统产业,面临产能过剩,你就应该进行产业升级,一方面进行产业数字化转型,提高竞争力,另一方面针对国内进口的产品,靠引进、消化、吸收再创新,做一些进口替代的产业升级的投资,并转而出口。另外,也要利用国内人力资本、市场规模和产业配套的优势,探索抓住新经济带来的换道超车的机遇。

总之,近年来因为经济增速持续下降,自改革开放以来就一而再、再而三出现的"中国崩溃论"的悲观论调又再次涌现。为什么很多人会相信这种论调?我认为主要原因是中国在转型过程中采取的是渐进双轨制的改革,没有采用发达国家主张的"休克疗法",所以,在相信主流理论的学者看来,我国存在许多体制、机制问题。因此,只要看到中国经济增长放缓,他们就会用发达国家的理论来分析,认为中国的经济发展不可持续。但是这些看法都没有真正弄清楚中国经济增速下降的原因,也没有看到中国经济发展的机遇和条件。过去是这样,现在是这样,未来还会是这样。

我相信在前进的道路上,中国还会面临不少问题,也会有不少年份经济增长低于预期,到时候"中国崩溃论""中国见顶论"等说法还会再次盛行。但是我们要保持独立思考的能力,看清挑战的根源和机遇所在,抓住发展的机遇,创造条件,克服挑战。当然,随着经济的发展,会出现新的挑战,但也必然会出现新的机遇。

我在这堂课上给大家分析的道理一以贯之,希望大家对中国的前景保持信心。因为我相信中国还是世界上机会最多的国家,只要抓住这个机遇,诸位中就会出现许多引领世界各个领域的时代人物,到你们四五十岁、年富力强的时候,就可以见证中华民族伟大复兴目标的实现!